汉语古籍电子文献知见录

张三夕 毛建军 主编

世界图书出版公司
广州·上海·西安·北京

图书在版编目（CIP）数据

汉语古籍电子文献知见录 / 张三夕，毛建军主编
. -- 广州：世界图书出版广东有限公司，2025.1重印
ISBN 978-7-5100-9923-6

Ⅰ. ①汉… Ⅱ. ①张… ②毛… Ⅲ. ①汉语—古籍—电子文献—图书目录 Ⅳ. ① Z838

中国版本图书馆 CIP 数据核字 (2015) 第 167800 号

汉语古籍电子文献知见录

责任编辑： 钟加萍

封面设计： 彭　琳

出版发行： 世界图书出版广东有限公司

地　　址： 广州市新港西路大江冲 25 号

电　　话： 020-84459702

印　　刷： 悦读天下（山东）印务有限公司

规　　格： 787mm × 1092mm　1/16

印　　张： 21

字　　数： 400 千字

版　　次： 2015 年 9 月第 1 版　2025 年 1 月第 2 次印刷

ISBN　978-7-5100-9923-6/H · 0965

定　　价： 98.00 元

前言

学术的发展，往往与文献的发掘和整理有很大关系。20世纪的甲骨学、敦煌学、简帛学的兴盛，是以相关新文献的利用为前提的。陈寅恪先生在《陈垣〈敦煌劫余录序〉》中指出:“一时代之学术，必有其新材料与新问题。取用此材料，以研求问题，则为此时代学术之新潮流。治学之士，得预此潮流者，谓之预流。其未得预者，谓之不入流。此古今学术之通义，非彼闭门造车之徒，所能同喻者也。”[1]陈先生的“预流”说，要义是说明学者顺应学术潮流的重要性，这一点在当今学界同样适用。

当今文献数字化、数据库的建设与利用是大势所趋，如何使得学术在信息时代能够更好的发展，如何“预流”，这是治学者要思考的问题。我们习惯称呼第一次工业革命时期为“蒸汽时代”，第二次工业革命时期为“电气时代”，对于当下生活的时代，则多以电子信息时代（或曰数字时代）来命名。如今，我们每个人都能深刻体会到信息技术对人类生活的巨大影响。近年来，大数据、云计算、云存储等一些新的技术和概念的层出不穷，昭示着数字化对我们的工作和生活的影响还将继续下去，而且这种影响会越来越大。“世界正在步入IT革命和全球化的第二乐章——‘云时代’。通过互联网，数据中心的巨大计算和存储功能像云彩般覆盖世界的每一个角落。今天，无论是企业还是个人都可以超越国境便利和自由地利用高性能的云计算系统，人类的生活、工作和创业环境骤然剧变。”[2]数字化与我们的生活息息相关，正如印刷术的产生对于书籍出版、文化传播的巨大影响，信息技术的产生与发展也对传统文史哲人文学科的发展造成巨大影响。作为传统的文史哲学科，其研究领域、研究方法，也随着文献的数字化而发生变化。现代人的知识体系与我们的先辈们有着较大不同，在不同的知识结构下，我们应该视技术的进步而适当调整、优化我们的研究方法。因此，如何合理利用信息技术促进我们的学术发展，是我们应该予以关注的。当下，数字出版产业的快速发展、出版界对古籍数字化的重视程度，都能让我们感受到汉语古籍电子文献的整理、研究和开发正处于蓬勃的上升期。

[1] 陈寅恪：《金明馆丛稿二编》，上海古籍出版社，1980年，第236页。

[2] 周牧之：《步入云时代·前言》，人民出版社，2010年。

汉语古籍电子文献是指以数字代码方式将古籍文献以文字或影像等形式存储在磁、光、电等介质上，并通过计算机或具有类似功能的设备检索或阅读利用的新型文献。二十年前，我就较早地开始关注并思考电子文献以及汉语古籍电子文献的问题，这种持续关注直到现在。汉语古籍电子文献的发展给古籍整理、文献检索、学术研究所带来的巨大便利，既让人震撼，又激发个人的研究兴趣。

1996年，我撰写了《电子时代谈考据学功夫》（载《中外文化与文论》第2辑，四川大学出版社1996年10月版。此文后收入拙著《通往历史的个人道路——中国学术思想史散论》，社会科学出版社2001年1月版），对传统考据学面临的新挑战与新机遇进行了初步探索。记得当时就此文还与业师程千帆先生做过汇报与沟通，程先生提醒："电脑可代替记诵之学，事不尽然。"[1]程先生的提醒，使我对利用汉语古籍电子文献的限度保持必要的警觉。进入新世纪，我针对电子时代对文献学学科的发展进行了较多思考。在《简论电子时代历史文献的整理与研究》（载《历史文献研究》第21辑，华中师范大学出版社2002年7月版）中，我认为，文献学学科的发展，应该跟上电子信息时代的发展，传统文献的整理与研究，也应该与时俱进。所以，在我主编的"十一五"国家级规划教材《中国古典文献学》（华中师范大学出版社2003年1版，2007年2版），我在"古典文献的载体与类型"这一章中，将电子列入甲骨、金石、竹木、缣帛、纸张之后，作为专门的文献载体予以介绍。同时又另在"古典文献的检索"这一章中，对电子文献的检索与利用做了详细论述（本章具体由王兆鹏教授撰写，兆鹏兄对汉语古籍电子文献及其检索也有持续的关注，他和武汉大学的同仁尚永亮教授利用电子文献对古代文学展开定量分析研究卓有成效）。自较早地在教材中对古籍电子文献予以格外关注之后，我又对一些重要的汉语古籍电子文献进行了目录学的研究，以期引起学界的重视。在《汉语古籍电子文献提要（一）》（与盛莉博士合作，载（台湾）《书目季刊》第39卷第3期，2005年12月）中，我们对当时几大重要的电子文献进行了介绍与得失检讨。紧接着，我两次在学术会议上提交了关于汉语古籍电子文献的文章。其中，《论电子文献的发展对古典文献学学科建设的影响》（载《中国古代文学文献学国际学术研讨会论文集》，凤凰出版社2006年1月1版），我再次论及：古典文献学教材编写中应包括电子文献的内容、古典文献学要加强对古籍整理的电子出版物进行研究、汉语学术界缺乏全面、系统地对古籍电子文献的研制、开发和利用的统一与协调、古典文献学要注重研究电子文献网络化、数字化发展的趋势。总的说来，古典文献的数字化无疑是文献学科建设的一个重要发展方向，不得不引起我们的重视。

从我个人对汉语古籍电子文献的持续关注来看，深刻感受到传统人文学术面临

[1] 程千帆：《闲堂书简》，上海古籍出版社，2004，第332页。

的巨大机遇与挑战。如何合理利用信息技术带给我们的便利，是作为学人应该思考的问题。汉语古籍电子文献作为新型文献的出现，使得文史哲学科的研究发生了巨大变革，一方面它表现为学者利用和处理古典文献的能力得到极大提升，另一方面则体现在新的研究方法或工具性质的掌握上。所谓“工欲善其事，必先利其器”，“器”在各项工作中的作用巨大。检索、分析、存储、查阅等功能，是汉语古籍电子文献最为突出、最为重要的功能。今凡研究传统文史学科之人，已充分感受到古籍电子文献这一技术革命的各种便利，各种古籍电子文献已经成为人文社会科学研究者的得力助手。作为文史哲研究者，利用《四库全书》电子版、《四部丛刊》电子版、“中国基本古籍库”、“雕龙古籍数据库”等进行检索，个人电脑或移动硬盘中装有或多或少的电子文献，都已成为习以为常的事情。然而，在信息时代下，电子产品的更新换代日新月异，汉语古籍电子文献同样如此。对于海量的电子文献数据库资源，个人寓目毕竟有限。所以，要想全面而简便地了解当下主要的汉语古籍电子文献的资源情况，需要有一个从整体上进行宏观把握的目录书，这一点显得尤为重要。众所周知，目录学乃传统学术的入门之学，是文献学的基本组成部分。近20年来，汉语古籍电子文献大量问世，但至今未见有一本全面的汉语古籍电子文献目录书出现，这不得不说是一个很大的遗憾。作为文献学工作者，编纂一本汉语古籍电子文献目录书，一直是我心中的强烈愿望。只是因各种杂务缠身，不能集中时间和精力投入此事。

2011年，毛建军博士来华中师范大学随我做访问学者。毛建军君毕业于南京大学中文系，师从著名文献学专家徐有富教授。他十年前就开始专门从事古籍电子文献及汉语电子语料库研究，目前已成为该领域排名第一的核心作者。毛建军君已主持多项省、部级项目，已出版《古籍数字化理论与实践》著作一部，参编文献学教材两部，并发表数十篇学术论文，乃术业有专攻的专家。得知他也有意编纂一本有关汉语古籍电子文献的目录书，我特别高兴，我们两人可谓一拍即合，决定立即着手合作，以期为学界提供便利。

于是，我将部分研究生召集在一起，开始了对这本目录书的编纂。我们对编纂体例进行了反复的讨论和斟酌，对全部书稿不断进行推敲和修订。虽然我们人数不算少，但是毕竟学识和资源有限，在大致完稿之后，给本书起名时以“知见录”为名，以表示所录文献数据库乃编纂者自己曾经亲眼见过的。《汉语古籍电子文献知见录》一书，也算是为了应广大文史研究者要求而编著的一本实用性很强的工具书。该书对国内外的汉语古籍文献数据库进行了较为全面的介绍和分析，同时从古典文献学教学资源利用视野对这些电子文献进行了科学分类与导航设计。

该书的亮点与价值主要如下：

一、收录的文献数据库数量众多。基本将编者目见所及的汉语古籍电子文献全部收录，应该说囊括了当今已经问世的大部分汉语古籍电子文献，可谓是国内外第一部公开出版的有关汉语古籍电子文献目录的工具书。

二、收录的古籍电子文献内容全面、涉及的地域范围宽广。凡是以汉语书写的古籍文献都在收录之列（少数古籍涉及少数民族语言，如清代满文资料）。时间限定在 1912 年之前书写或印刷的汉语书籍，及以 1912 年之前书写或印刷的汉语书籍为内容的近现代和当代出版物。涉及的地域包括中国大陆、中国台湾、中国香港、中国澳门、国外（日本、韩国、美国、欧洲、澳洲）等多地区的汉语古籍电子文献。

三、该书图文并茂。除了文字描述，更有图片形式的直观表达，有利于读者理解相关数据库的使用。

四、该书除了作为工具书使用以外，还可与文献学教材作为配套教材使用。教师在授课时，可以利用此书，对古籍电子文献的发展与现状进行讲述，便于学生了解古籍数字化的概貌，并学会如何利用相关的文献数据库。

毋庸讳言，该书也存在一定的局限性，如：由于电子文献的发展与更新较快，所以部分汉语古籍电子文献数据库的网址可能出现更新不及时的问题，以及会有部分电子文献被遗漏。我们在尽量统一体例的情况下进行编纂，但由于书成于多人，仍然会有一些不如人意的格式问题，甚至可能出现一些知识性错误。欢迎读者在使用过程中对我们提出批评与建议，以期在对此书进行修订时加以改正、吸取和采纳。我们计划每隔两三年对此书进行一次删订和补充。

该书由我与毛建军主编，参与编纂的人员大多是我带的博士生与硕士生。前期初步分工由张世敏负责，后来移交给罗昌繁统筹安排。昌繁君为全书的统筹分配与数次初步统稿付出了辛勤的劳动，我本来希望他署名副主编，他坚辞不就，这种谦让的态度是青年学者很好的一种品德。其他博士生、硕士生也在繁重的学习生活之余，积极参与本书的编纂，任劳任怨。建军博士对本书的贡献很大，他和我商议后提出了初步构想，提供了丰富的资料，最后也做了书稿的统稿工作。在此，我作为主编和导师，要对全体参编人员说一声：谢谢大家！

最后需要说明的是，本书参编人员姓名如下（依据参撰具体条目顺序排列）：

张世敏、毛建军、郑诗傧（马来西亚）、罗昌繁、李程、茶志高、张三夕、盛莉、孙德贤、李世中、苏小露、张海燕、郑若萍、毋燕燕、王叶迟、温燎原、汶莹莹、彭琴、杨毅。

张三夕

2015 年 3 月 31 日于武昌桂子

凡 例

1. 本目录所指涉的“古籍”为汉语古籍，不包括我国少数民族语文古籍和其他外语种古籍。其载体包括甲骨、金石、竹帛、纸质文献以及缩微胶片等。其时间限定为 1912 年以前书写或印刷的汉语文书籍或以 1912 年以前书写或印刷的汉语文书籍为内容的近现代和当代出版物。其地域限定在中国或中国以外地区书写或印刷的汉语文书籍，包括中国历代汉语古籍的外国版本、外国出版的中国人在外国的汉语著述、国外制作的外国人汉语文著述（如日本和朝鲜古籍）等。

2. 本目录古籍电子文献包括古籍书目数据库、古汉语电子语料库、古籍全文数据库、数字图书馆以及古籍电子出版平台等几种类型。

3. 解题内容主要包括：电子文献名称、开发或建置单位、数据库性质、数据库包含的内容、检索方式、检索语言、数据库评价、参考网址等。

4. 一级目录的安排次序为：中国大陆、中国台湾、中国香港、中国澳门、国外（日本、韩国、美国、欧美、澳洲）；二级目录安排次序为：图书馆、档案馆等古籍典藏机构、高校等研究机构、古籍数字化企业公司、个人等。

5. 凡提供在线服务的数据库，均在数据库介绍之后罗列参考网址。需要说明的是，由于单位的分合或所属部门的变化，加之部分数据库网络升级等原因，部分网址可能会有所变化。

目 录

中国大陆

1. 联机公共目录查询系统（中国国家图书馆）

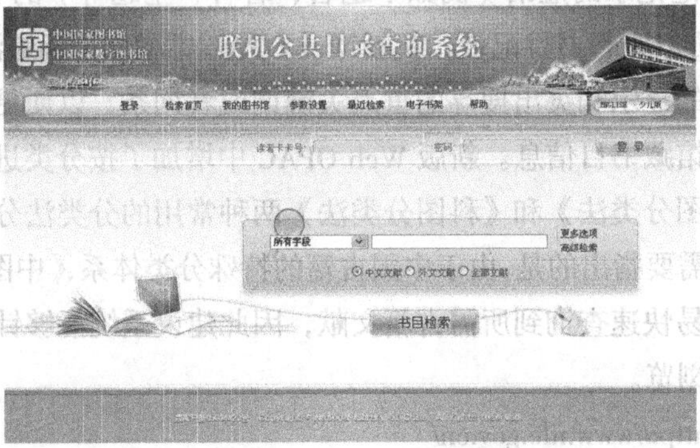

中国国家图书馆古籍馆藏有 27 万余册中文善本古籍，其中宋元善本 1,600 余部；164 万余册普通古籍，其中有万余种地方志及 3,000 余种家谱、3.5 万片甲骨实物、8 万余张金石拓片以及 20 余万件古今舆图。古籍馆还藏有 2.5 万余册外文善本。另外，古籍馆还藏有 3 万余件新善本，主要内容包括辛亥革命前后的进步书刊、马列经典著作的早期译本以及革命文献、近代名家手稿等。

“联机公共目录查询系统”的汉语古籍文献库包含中文及特藏数据库、中文普通图书库、中文期刊、中文报纸、中文缩微文献、台港图书及海外出版的中文图书、普通古籍（含新线装）、善本古籍文献、地方志、家谱文献等。

“联机公共目录查询系统”使用的是 ALEPH 500-Web OPAC 系统。ALEPH 500 系统的中国用户目前正在使用的是该系统的 14 版，系统开发商 Ex Libris 公司于 2004 年正式推出升级新版本 16 版。Web OPAC 是一种强大而易用的检索工具。ALEPH 500 支持无限量的浏览和检索索引数。结果按图书馆定义的缺省排序顺序显示。ALEPH 500 中的数据按 Unicode 保存，这意味着，记录可以按 Unicode 字符集支持的任何语言显示。ALEPH 500 支持 MARC 基础的连接字段，电子和 Internet 资源就很容易访问。通过 Z39.50 网关可以快速、有效的检索世界范围内的图书馆。

"联机公共目录查询系统"可以用词、短语或直接索引从数据库中检索记录，系统提供基本检索、多字段检索、多库检索、组合检索、通用命令语言检索、分类浏览、末次检索结果。

读者可以在完整记录显示的界面中选择记录的显示格式：标准格式 -- 包括预置字段,并允许通过单击（带图标）字段中的文本内容,激活 ALEPH 系统服务窗口（重新在数据库中浏览或检索与文本内容相关的记录,或者通过外部搜索引擎检索记录）。也可以卡片格式、引文格式、字段名格式（记录中所有字段标识符都用字段名表示）、MARC 字段（记录中所有字段标识符都用 MARC 字段标识符表示）显示。

对于不熟悉古籍的读者，可以通过分类进行浏览查询。浏览可以让读者通过来自书目记录或规范记录的短语（例如：题名、著者、主题等）的字顺列表来检索，由该字顺列表，可以查看书目记录。新版 Web OPAC 中增加了标签浏览的检索方式，目的是为了更好的显示和突出搜寻的重点关键词或者词条，以便更好地索引和指导读者浏览图书馆馆藏书目信息。新版 Web OPAC 中增加了按分类进行浏览的检索方式，提供按《中图分类法》和《科图分类法》两种常用的分类法分类浏览图书馆馆藏书目的功能。需要指出的是,由于中国古籍的特殊分类体系,《中图分类法》和《科图分类法》都不易快速查询到所需古籍文献，因此建议系统能够针对古籍文献数据库增添四部分类浏览。

参考网址：http://www.nlc.gov.cn/

（张世敏 辑）

2. 中华古籍善本国际联合书目系统（中国国家图书馆）

"中华古籍善本国际联合书目系统"是由"中文善本书国际联合目录项目"（即 Chinese RareBook Projecf，简称 CHRB 项目）发展而来的新数据库。"中文善本书国际联合目录项目"由美国研究图书馆组织（Research Libraries Group or RLG）于

1992年建立，约有30余家图书馆参加了CHRB项目。中国方面参与的图书馆主要有中国科学院图书馆、北京大学图书馆、天津图书馆、辽宁省图书馆、湖北省图书馆、复旦大学图书馆及中国人民大学图书馆等。在北美，除了美国国会图书馆以外，所有主要的有中文古籍善本收藏的图书馆都参加了这一项目。“中华古籍善本国际联合书目系统”著录了北美图书馆的几乎全部藏书以及中国图书馆的部分藏书。“中华古籍善本国际联合书目系统”以古籍善本目录数据库为基础，主要用来对现存的古籍善本目录数据进行浏览和检索。

（1）主要功能

古籍善本目录数据库主要用来对现存的古籍善本目录数据进行浏览和检索。系统以古籍善本目录数据库为基础,主要用来对现存的古籍善本目录数据进行浏览和检索。

古籍分类导航:在古籍分类导航中,古籍被分为五大类:经部,史部,子部,集部,丛部。可以根据目录所属类别来进行浏览。

古籍藏地导航：在古籍藏地导航中，可以浏览各大图书馆所存放的目录。

版刻朝代导航：在版刻朝代导航中，可以浏览各个朝代所出版的目录。

关键词检索：可以输入想要查询的关键词，系统会在数据中找到所有包含此关键词的目录，以表格的形式罗列出来，以供进行察看。

高级检索：在高级检索中，可以输入多种查询条件，进行多条件查询，以便查询到更精确的目录数据。

数据分析：在数据分析中，可以对人物与人物之间的关系，人物与动作之间的关系，动作与朝代之间的关系进行分析。数据分析的图形显示需要Sun java JVM运行环境，可以从http://java.com/下载。

（2）检索使用

关键词检索：在系统的每个页面都可以进行关键词检索。在检索框输入想要查询的关键词，选定检索框的下面选定检索范围，系统会显示出所有在检索范围内拥有该关键词的目录。高级检索：在每个页面的关键词检索后面，都可以进入高级检索的页面。在高级检索中，可以进行多条件的组合查询，以便检索出更精确的目录其中的“年份”检索条件可以把输入的年份转化成符合该年份的朝代和年号，例如，在“年份”后的输入框中输入“1670”。系统会自动分析所输入的年份，找到与其对应的朝代和年号，并和其他条件组合，显示所有匹配条件的目录信息。

（3）数据分析

在数据分析的任务分析中，可以在“人物或机构”后面的输入框输入想要分析的人物,后面的“最小相关数”输入框则代表该人物与其他人物最少相关目录的个数。“最小相关数”至少为五。点击“分析”后，则跳转到结果页面，该页面会列出目录相关性表。其中，横列标题为与该人物在同一本目录上做过相同动作的人物，纵列标题为动作类型，中间为相关目录的数量。在“目录相关性表”下面为“动作相关性分析图”，以图形的方式直观的展示出了该人物与其他人物的关系。其中点击后面人物列表中的人物名称会列出该人物与目标人物都在同一本书上有过动作的目录列表。

如果想把目标人物与特定人物作比较的话，可以进行进一步分析。可以直接点击目录相关性表中的人物，也可以在人物或机构两种输入新的人物名称，然后进一步分析。

此功能在数据分析页面也可以进行。只需要在人物相关性分析中输入两个人物姓名即可。点击“进一步分析”，就会进入到这两个人的静态 / 动态关系图中。

参考网址：http://mylib.nlc.gov.cn/web/guest/zhonghuagujishanben

（张世敏 辑）

3. “甲骨世界”资源库（中国国家图书馆）

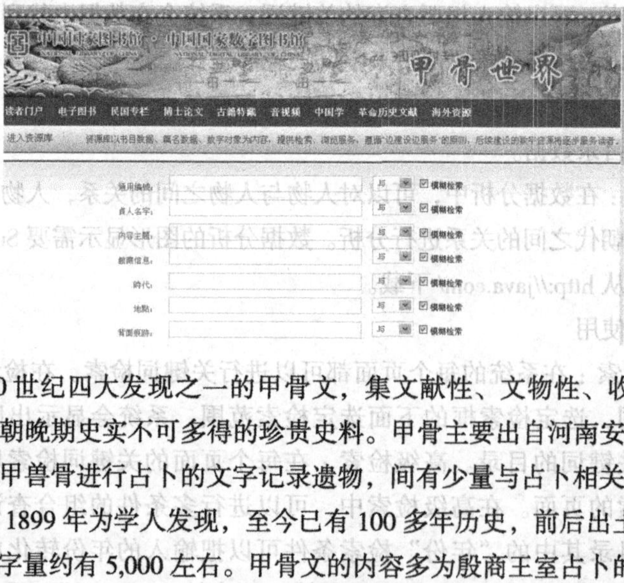

被誉为20世纪四大发现之一的甲骨文，集文献性、文物性、收藏性于一身，是考证我国商朝晚期史实不可多得的珍贵史料。甲骨主要出自河南安阳殷墟，是晚商王朝利用龟甲兽骨进行占卜的文字记录遗物，间有少量与占卜相关或其他类别的记事文字。自1899年为学人发现，至今已有100多年历史，前后出土累计达10万余片以上，单字量约有5,000左右。甲骨文的内容多为殷商王室占卜的纪录。

中国国家图书馆珍藏甲骨35,651片，多系名家捐赠和从市肆收购而来，约占出土总数的四分之一，是收藏甲骨最多的机构。数据库收录甲骨目录3,764条，影像7,532幅；甲骨拓片目录2,975笔，影像3,177幅。2006年数据库包括甲骨元数据2,964条，影像5,932幅；甲骨拓片元数据2,975条，影像3,177幅。2007年数据库更新甲骨元数据800条，影像1,600幅；甲骨拓片元数据800条，影像833幅。2008年数据库更新甲骨拓片元数据500条，影像504幅。

"甲骨世界"资源库包括甲骨实物和甲骨拓片两部分。"甲骨世界"资源库的著录包括馆藏号、来源号、贞人、断代、出土地点、原骨属性、原骨尺寸、卜辞内容类别、拓片来源、拓片尺寸、缀合情况、著录情况等；甲骨采用高清晰度拍摄，使甲骨的面背文字（尤其是小字）及背面的钻凿展现出来。对甲骨的特殊部位如有字的骨臼，采用多角度拍摄加虚拟空间技术，要求影像旋转起来，进而看到不同的面。对小片的甲骨只拍摄其骨的正反面。全部甲骨均附拓片，可与甲骨原像共置一个画面中。"甲骨世界"资源库并要求挂接系列工具库，如《甲骨文合集》来源表及释文部分、《甲骨文字典》、《金文字典》等，以便读者参考。

运用这些信息均可进行中图甲骨资料库中的资料检索。河南大学黄河文明与可持续发展研究中心门艺老师评价"甲骨世界"资源库说：该库图片清晰，检索方法多，资料全面，是不可多得的甲骨文实物与拓片资料库精品。尤其是清晰的照片（我们可以见到拓片中所不常见到的甲骨反面），更是方便了学者，并且该库的免费使用在甲骨文的普及方面起到了很好的作用。作为馆藏品的甲骨信息化，中图的"甲骨世界"数据库的确是已经做得相当完善。然而在释文文字的处理方面可能还是有一定的缺陷，例如有些隶定字在网页上显示不出来，只能利用代码，而这些代码则不见一个统一的说明。

"甲骨世界"资源库无疑是近几年来古籍数字化的重要成果之一，但其在检索方面尚有不尽人意之处。门艺老师进一步指出，我们理想中完善的甲骨文数据库应是以甲骨文文本库为主体，以甲骨文图片库为重要依托，以相关甲骨文文献库为补充的超大型数据库。甲骨文图片库是对所有甲骨材料的整合和处理，有比较清晰的拓片、照片和摹写准确的摹本；甲骨文文本库，即与甲骨文图片库相对应的释文，甲骨文字和隶定字相互对照，且是可提供随意检索的标注语料库；相关甲骨文文献资料库收录有关甲骨文研究的相关文献（类似于《甲骨文献集成》)。图片库的建设不是一个单位或一个国家可以做好的，此项工作的难度和工作量足胜于《合集》的编纂，中国国家图书馆的"甲骨世界"应该说是一个示范。相关文献库如今已经建成上网，有待于进一步的更新和完善。（门艺《甲骨文献的信息化与利用》,《兰台世界》, 2008 年第 8 期，第 26-27 页）此外,"甲骨世界"资源库还需要设定分类检索,这对于研究尚待社会政治、宗教、军事等方面的历史无疑是必需的，但由于甲骨文献研究中文字的考释、相关历史人物、制度名物等的研究同样占有相当大的比重，而这方面单靠分类检索无法满足检索需求。"甲骨世界"资源库以扫描的方式整理文献，对实现数据库检索带来很多不便。因此，建议使用新的输入技术改造数据库，建库立足点应该在检索。

参考网址：http://mylib.nlc.gov.cn/web/guest/jiagushiwu

（张世敏 辑）

4. “碑帖菁华”资源库（中国国家图书馆）

上古之时，碑主要用于封禅与宗庙，以金为之。后代才以石代金，但都有不朽之意。刘勰说：“自后汉以来，碑碣云起。”（《文心雕龙·诔碑》）由此可知，后来通行意义上的碑文的兴起在后汉之时。一般来说，碑文包括志文与铭文两个部分，其中的志文这一部分与史传相近，记录传主的生平事迹，这不仅对于研究传主的生平具有重要意义，而且对于研究传主所处时代的历史、地理、政治、经济、军事、民族、民俗、文学、艺术、科技、建筑等方面的研究者都可以从中找到有益的材料。碑帖往往将历史事件、文学、书法等内容融合为一，同时具有文献与艺术欣赏价值。

中国国家图书馆“碑帖菁华”2008年数据库更新元数据17,444条，影像21,687幅。2007年数据库更新元数据3,115条，影像4,403幅。2006年数据库更新元数据3,091条，影像4,142幅，现已有元数据2.3万余条，影像3万余幅，占中国古代石刻拓片总品种的三分之二。据悉，中国国家图书馆自晚清京师图书馆创办起，即设专科管理金石资料千余种，通令各省检送金石拓本。1929年，国立北平图书馆正式设立金石部，1953年，北平图书馆设金石组，90余年间，共采集、传拓、受赠和受拨拓片、拓本和实物等共13万余种27万多件。

“碑帖菁华”资源库的著录包括拓片题名、其他题名、责任者、年代、地点、拓片原物状况、附刻、拓片版本、拓片特征、数目与尺寸、题跋印记、文种、拓片内含书目索引、关联关系、馆藏信息、图片信息等项，影像有三种格式，75dpi小图、150dpi中图、300dpi大图。资源库内容以刻立石年月排序，可以提供单一字段的简单检索、多条件限定组合的高级检索和元数据内容关联检索等查询方式。

“碑帖菁华”资源库中所收录的文献资料，按照文体内容来分，包括墓碑文、碑帖以及颂、记、书信、敕、诗等碑刻，以墓碑文为主，墓碑文一类占了资源库中的大半。一篇墓碑文一般可以分为志文与铭文两部分，志文类似于传记，不仅是研究传主生平的重要材料，同时也是研究传主所处的时代的社会经济、政治制度、思想文化的重要材料。碑帖菁华”资源库中的所收的墓碑文与碑帖、颂、记等文，很多都是出自名家的手笔，往往同时具有史料价值、文学审美价值、书法艺术审美价值。按照时代划分，“碑帖菁华”资源库收录了从汉到当代的文献资料，中间没有间断。

“碑帖菁华”资源库收录的中国古代石刻拓片虽然占到了总品种的三分之二，但中文拓片分布的图书馆分散，其中中国国家图书馆23万件，上海图书馆15万件，北京大学图书馆7万件，中国科学院图书馆7万件，辽宁省图书馆100多件，天津图书馆2,000多件，山东省图书馆2万多件，南京图书馆数量不详，浙江图书馆1万多件，复旦大学图书馆数量不详，而且很多图书馆所藏的中文拓片都没有整理编目。中文拓片项目设立之初就因为“编目整理基础较差，合作建库难度很大”。(张志清、冀亚平《中文石刻拓片资源库建设》,《新世纪图书馆》，2005年第1期，第14-17页)因此，虽然基础较好的中国国家图书馆与北京大学图书馆密切配合，双方自建的资源库在客观上形成互补，但能够检索全国各主要图书馆碑帖的“中文石刻拓片资源库”还只是处在共建阶段。此外，“碑帖菁华”资源库只能进行拓片题名、责任者、年代、地点、关键词、索书号、模糊查询，不能分主题进行查询。

参考网址：http://mylib.nlc.gov.cn/web/guest/beitiejinghua

（张世敏 辑）

5. “数字方志”资源库（中国国家图书馆）

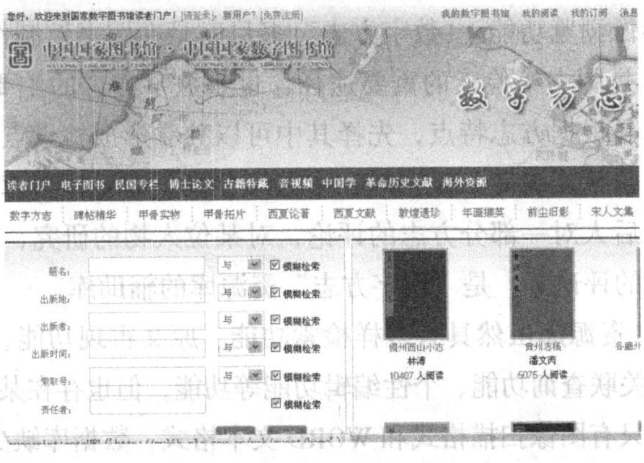

地方志简称“方志”，是按照一定的体例，全面记录某一特定的行政区域内的自然、社会、政治、经济、文化等方面情况的史学著作。方志有自己独特的写作体例与格式，选材要求严格，综合地反映了某一地区的自然条件、人文背景与经济环境。

方志与正史同样属于史学范畴，是研究某一区域的历史沿革、经济发展以及乡贤名人的重要的文献。

1985年出版的《中国地方志联合目录》收书8,264种，1996年出版的《中国地方志总目提要》收录8,577种，中国国家图书馆收藏的方志，占《中国地方志联合目录》的70%左右，按不同版本统计，占60%左右。中国国家图书馆丰富的馆藏，是进行“数字方志”资源库建设的基础。（刘刚《建设“数字方志”传承华夏文明》，《中国图书馆学报》，2003年第3期，第48—50页）

地方志文献是中国国家图书馆独具特色的馆藏之一，所存文献数量与品质极高。“数字方志”资源库采用数字图书馆方式，整理、加工编纂清代（含清代）以前的方志资源，将有利于保存、传播、研究、开发中华特色文化，推动数字资源建设。随着数据资源建设内容的不断扩大与完善，将会推介出更多更丰富的地方志数字资源。“数字方志”资源库已含有1949年前纂修的6,868种古旧地方志类图书，跨越明、清、民国三个朝代。“数字方志”数据库由全文影像库、全文文本库、书目库、专题库、相关文献库五个部分组成。“数字方志”全文影像库是“数字方志”资源库的基础库，它采用数字扫描技术对方志进行处理，形成图像资源库，向读者展现方志原貌。“数字方志”全文文本库是对方志全文影像文本进行OCR或采取人工录入的方式处理方志内容而形成的资源库，可以进行全文检索。“数字方志”书目库著录项包括文献的题名、责任者及责任方式、年代、地点、出版者、版本、文种、分类号、总册数、描述馆藏信息等。可以让用户实现书目、地名、作品、景点、插图、事件、全文的单项与复合检索，适应不同用户的不同检索需求。“数字方志”系统具有简单检索、高级检索、二次检索、关联检索和全文影像浏览功能。“数字方志”书目库是在图书馆制作的CNMARC上加上卷目名称，是图书馆检索的重要途径，也是数字方志的主要检索方式。“数字方志”专题库是根据方志特点，先择其中可以独立形成检索点的内容进行规范处理后形成的，包括地名库、人物库、作品库、景点库、插图库、事件库。相关文献库主要收录后人对一部分方志的评论，对某位人物的研究，对某一景点的考证，对某起事件的评论等，是“数字方志”资源库的辅助库。

“数字方志”资源库虽然具有多样检索功能、原文再现功能、多屏比较功能、版本校勘功能、关联查询功能、个性编辑功能等功能，但也存在某此不足。如“数字方志”数据库只有图像扫描格式和WORD文本格式，数据库缺少无缝链接软件，因此造成了检索的不便。

参考网址：http://mylib.nlc.gov.cn/web/guest/shuzifangzhi

（张世敏 辑）

6. “西夏论著”资源库（中国国家图书馆）

中国国家图书馆馆藏西夏文献大多为西夏、元代孤本，具有民族性与地域性特色。关于这批文献的来源，1917年宁夏灵武县知事余鼎铭修城时，于城墙内发现两箱西夏文文献，送往宁夏镇守使署。其中的大部分文献于1929年运往北京，当时的北京图书馆（今中国国家图书馆）对这批文献十分重视，用重金购买了下来，这些文献共计百余册。

“西夏论著”资源库含馆藏西夏古籍书目数据124条，馆藏西夏古籍原件影像近5,000拍，西夏研究论文篇名数据1,200余条。其中“西夏文献”收录的内容大多为佛经，如《金光明最胜王经》、《慈悲道场忏罪经》、《现在贤劫千佛名经》等，另外还有告状案、审案状、军抄人员装备文书、户籍、人口簿、贷钱账、粮账、卖粮账、贷粮账等文献残页以及未名名的西夏文佛经残页。“西夏论著”则多为近代与当代对西夏文献进行研究的论文和著作。

“西夏论著”资源库收录的文献多为孤本，具有文物价值、学术价值和版本价值，中国国家图书馆公布这些孤本西夏文献，可以推进学者对西夏的历史进行研究。然而，中国国家图书馆公布的西夏文献，只是整个西夏文献中的一小部分，还有相当一部分西夏文献藏于北京大学图书馆、中国国家博物馆、中国社会科学院考古研究所、故宫博物院、宁夏回族自治区博物馆等单位。除此之外，还有一部分西夏文献流落于日本、台湾等地，因而中国国家图书馆“西夏碎金”资源库中收录的西夏文献，不能反映西夏文献的整体面貌，与“碎金”之名相符。

参考网址：http://mylib.nlc.gov.cn/web/guest/xixialunzhu

（张世敏 辑）

7. 古籍特藏“宋人文集”资源库（中国国家图书馆）

宋人撰著的文集内容丰富，包罗万象，是研究宋代社会各方面不可或缺的第一手资料。据《宋史・艺文志》及其他目录资料记载，宋人文集约有 1,000 余种，流传至今尚有 700 余种。中国国家图书馆“宋人文集”资源库精选所藏宋人文集善本 275 部，首选宋元刊本，次及明、清精抄精刻，或经名家校勘题跋之本，通过缩微胶卷还原数字影像，并辅以详细书目建成本全文影像数据库，免费呈献读者利用。

“宋人文集”资源库著录项包括书名、责任者、合订书名及责任者、子目录名及责任者、版本类型、版本信息、载体形态、行款题跋、存卷及补配情况、系统外字附注、附注、四部分类、文献类型、馆藏书号、胶卷号等项。可以全文免费阅读，全文阅读建议使用 Acrobat Reader7.0 以上版本。

“宋人文集”资源库收录的宋人文集共 275 种，有总集，如杨亿等人所辑的《西昆酬唱集》、汪铕所辑的《新雕圣宋文海》等；有别集，如欧阳修所撰《居士集》、苏轼所撰《东坡先生翰墨尺牍》等。包括抄本、刻本和影印本。

“宋人文集”资源库能够按照题名、责任者、出版者、地点等项进行检索，并全文阅读，具有较高的版本价值，其中一些孤本还具有不可替代的文献研究价值。不过，相对于其他可以全文检索的电子文献库，“宋人文集”资源库也存在着明显的不足，就是不能进行全文检索。建议借鉴“数字方志”一样，进行 OCR 或采取人工录入的方式处理方志内容而形成的资源库，以便进行全文检索。

参考网址：http://mylib.nlc.gov.cn/web/guest/songrenwenji

（张世敏 辑）

8. 中华寻根网（中国国家图书馆）

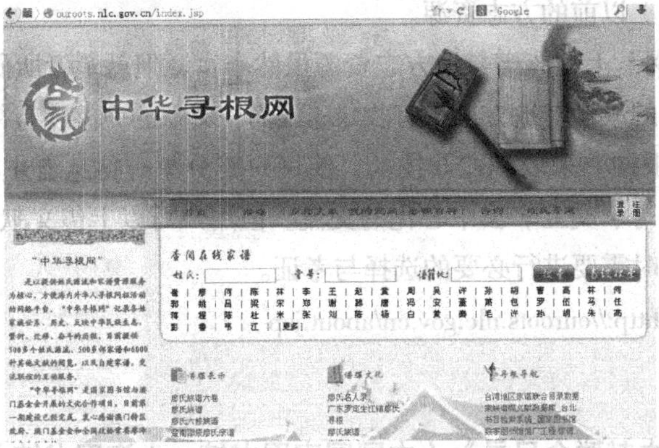

“中华寻根网”首页包括谱牒、乡邦文献、我的空间、寻根百科、咨询、姓氏专题等栏，资料以谱牒栏中的族谱和乡邦文献栏的地方志为主。“家之有谱，犹国之有史也。”一部家谱，就是一个家庭、家族的历史档案，就是家之“史记”。翻开家谱，可以了解到家庭、家族的历史变迁，人口繁衍，科第教育，创业发迹，成才之道，成功之路等一系列史料。

“中华寻根网”中的数据主要有两种来源途径。一是损赠，1949 年以前出版的旧谱，收藏者一般只愿捐赠复印件和扫描图像，新出版的家谱，损赠以原件为主，2000 年后，中国国家图书馆平均每年接受新修家谱捐赠超过 200 件。二是上载，在寻根网中，用户可以在线编制家谱目录数据，也可以上载家谱的数字化版本，以这种方式简单便捷地将家谱或家谱目录发布到网上，其他用户可以自由地获取和使用。（肖禹《Lib2.0 环境下谱牒文献的收集与整理 -- 以全球中华寻根网项目为例》,《科技情报开发与经济》, 2010 年 29 期，第 17-119 页）

“中华寻根网”族谱著录项包括题名、卷数、版本年、版本、谱籍地、堂号、始祖、始迁祖、收藏地、提要。地方志著录项包括题名、责任者及责任方式、年代、地点、出版者、版本、文种、分类号、总册数、描述及馆藏信息。

“中华寻根网”是建立在广泛合作基础上的全球家谱数字化服务、教育和研究项目，以保存人类文明的共同记忆为最终目标。该项目将在互联网上实现网络寻根、家谱编纂互动、家谱专家咨询、寻根百科、家谱在线阅览、家谱目录和全文检索、家谱谱系分析等功能。中国国家图书馆将组织专业队伍全面处理家谱的数据整理、软件开发及相关工作。基于“中华寻根网”工程浩大，工作将分阶段开展。项目第一期的建设目标是建立家谱数字字化综合服务系统，提供 500 个以上的姓氏、2 万条以上的家谱书目导航数据、1,000 部以上的家谱文献。乡邦文献栏中的地方志文献为我国所特有，所存文献数量与品质极高，采用数字图书馆方式，整理、加工编纂清代（含清代）以前的方志资源。

“中华寻根网”上的族谱与地方志资源虽然丰富，但就笔者所研究的领域来看，还有相当一部分的族谱与地方志没有收录，因而，文献的完整度有待于进一步提高。此外，“中华寻根网”采取 Lib2.0 技术，使用户充分享有信息自主权，国书馆与用户之间达成了平等、交互、去中心化的交流。但用户可以上传文献，加大了文献驳杂的程度，使用时需要进行必要的选择与考证。

参考网址：http://ouroots.nlc.gov.cn/about.jsp

（张世敏 辑）

9.《近代文献联合目录》（中国国家图书馆、上海图书馆）

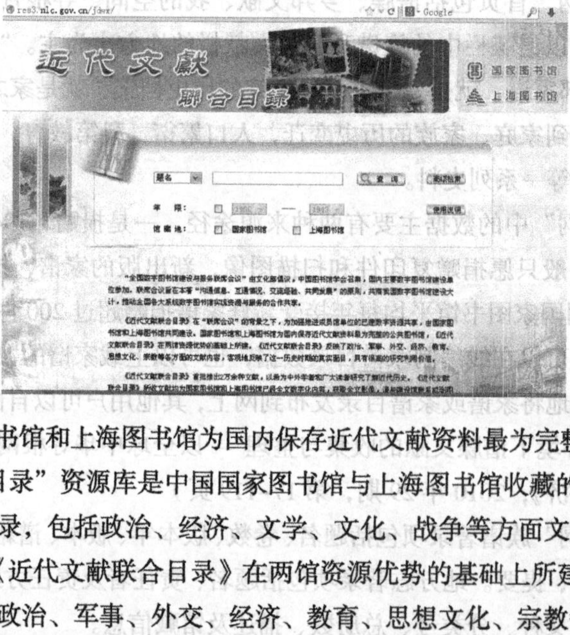

中国国家图书馆和上海图书馆为国内保存近代文献资料最为完整的公共图书馆。“近代文献联合目录”资源库是中国国家图书馆与上海图书馆收藏的 1900 年至 1949 年近代文献的目录，包括政治、经济、文学、文化、战争等方面文献的总目录，不包括文献原文。《近代文献联合目录》在两馆资源优势的基础上所建。《近代文献联合目录》反映了政治、军事、外交、经济、教育、思想文化、宗教等各方面的文献内容，客观地反映了这一历史时期的真实面目，具有很高的研究利用价值。《近代文献联合目录》首批推出 2 万余种文献，以希为中外学者和广大读者研究了解近代历史。

《近代文献联合目录》著录项包括记录标识号、题名、题名拼音、其他题名、丛书名、责任者、版本、出版地 / 出版者、出版年、载体形态、附注说明、主题词、中图分类号、全文影像收藏馆、内容摘要。

为了便于读者和研究人员更方便地查询近代文献资源，中国国家图书馆与上海图书馆共建《近代文献联合目录》。该系统提供了快速检索、高级检索等个性化查询方式，同时，检索结果可按字段自动排序。作为目录，使用起来是比较方便的，美中不足的是联合目录仅限于中国国家图书馆与上海图书馆的馆藏文献，未来可以进一步扩大收录的范围。

参考网址：http://res3.nlc.gov.cn/jdwx/

（张世敏 辑）

10. 古籍书目查询（上海图书馆）

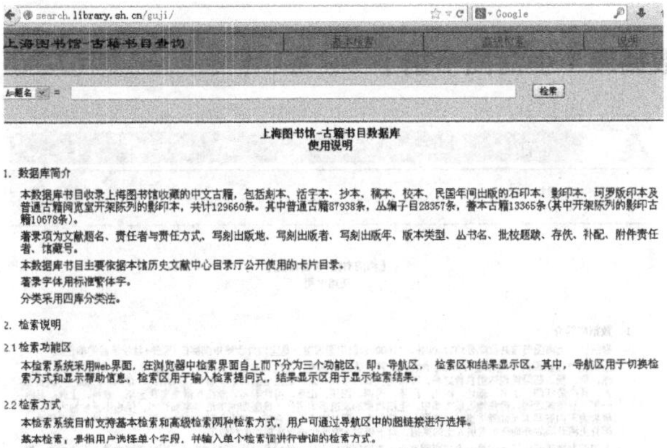

上海图书馆馆藏的古籍 170 万册，分为经、史、子、集四部，包括古籍图书、碑帖拓片、名人手札、专人档案资料等，其中不乏稀世珍品。

上海图书馆“古籍书目查询”的内容包括上海图书馆藏有古籍 170 万册，其中善本书有 2.5 万多种、17 万余册。数据库书目收录上海图书馆收藏的中文古籍，包括刻本、活字本、抄本、稿本、校本、民国年间出版的石印本、影印本、珂罗版印本及普通古籍阅览室开架陈列的影印本，共计 129,660 条。其中普通古籍 87,938 条，丛编子目 28,357 条，善本古籍 13,365 条（其中开架陈列的影印古籍 10,678 条）。

“古籍书目查询”著录项为文献题名、责任者与责任方式、写刻出版地、写刻出版者、写刻出版年、版本类型、丛书名、批校题跋、存佚、补配、附件责任者、馆藏号。数据库有四个可检索字段，它们分别是：题名，责任，分类，丛书。其中：题名和丛书两个字段支持全文检索。

作为目录，上海图书馆“古籍书目查询”能够技持基本检索、高级检索，并能在此基础上进行二次检索，对检索结果集进行控制，本身并没有什么缺陷。但作为上海图书馆古籍数字化中的一个部分，还存在着某些不足。上海图书馆古籍数字化可以分为建立书目数据库、建立古籍全文影像光盘数据库、建立古籍全文影像网络数据库三个阶段。现已完成了“馆藏善本古籍全文影像光盘数据库”、“馆藏家谱全文影像网络数据库”、“馆藏善本古籍全文影像网络数据库”的建设，但善本书以外的古籍数字化的工作还有待于进一步推进。另外，“上海图书馆未刊古籍稿本丛书”，以现代化的先进技术手段，严格按其原书原貌影印，以玉龙纯质纸书芯和大16开布面精装的形式，成60册之数。每种之前，各冠以特请朱维铮、周逸麟、葛兆光、周振鹤、陈尚君等有关专家精心撰作的解题文字，就该书的作者生平行略、治学专长造诣及学术价值所在等，作出全面客观的介绍和简明扼要的评述，可供读者了解参考。

参考网址：http://search.library.sh.cn/guji/

（张世敏 辑）

11. 家谱数据库（上海图书馆）

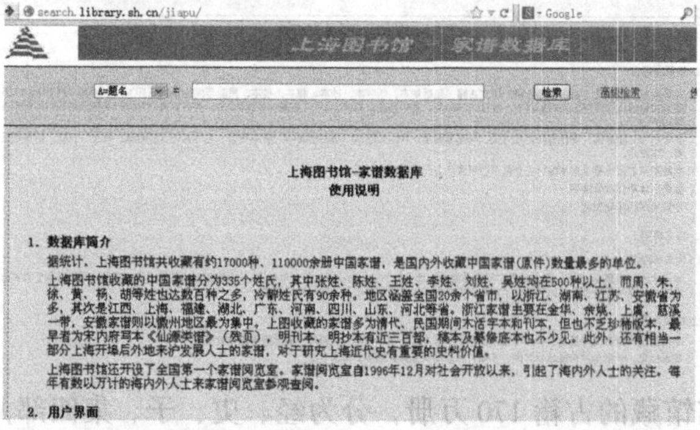

上海图书馆收藏的中国家谱分为335个姓氏，地区涵盖全国20余个省市，以浙江、湖南、江苏、安徽省为多。上海图书馆收藏的家谱多为清代、民国期间木活字本和刊本，但也不乏珍稀版本，最早者为宋内府写本《仙源类谱》（残页），明刊本、明抄本有近300部，稿本及纂修底本也不少见。

上海图书馆共收藏有约1.7万种、11万余册中国家谱，是国内外收藏中国家谱（原件）数量最多的单位。其中近1.2万种是在顾廷龙先生等老一辈图书馆工作者历年努力下积累起来的宝贵文献。近年来，历史文献中心仍不遗余力地继续采购家谱，从2002年至2006年间，共购买线装家谱4,300余种，6.4万余册。上海图书馆开设了全国第一个家谱阅览室。家谱阅览室自1996年12月对社会开放以来，引起了海内外人士的关注。每年有数以万计的海内外人士来家谱阅览室参观查阅。1998年上海图书馆启动馆藏家谱书目数据库建设项目，2000年初步建成，该数据库现已收录1.8万条家谱记录，多为明、清、民国期间的家谱稿本、钞本、铅印本、木活字本。采用TIF与JPEG两种格式，黑白图像与彩色图像并存。

上海图书馆“家谱数据库”著录项包括题名、作者、版本、居地/先祖、名人、摘要、索取号。数据库支持对七个字段进行检索：题名、姓氏、居地、堂号、著者、名人、丛书。同时可在检索字段中选择“全部索引”对这些字段进行合并检索。

上海图书馆“家谱数据库”本身的建设，无论是对家谱的保护还是对于研究者的利用来说，都具有积极意义。但是，中国家谱数字化的开发和建设的大环境存在着诸多的弊端：“一是部分部门或单位在数字家谱资源开发上，还存在着保守的思想观念。21 世纪是数字时代，其显著标志就是信息传播的数字化，对数字技术视而不见或者采取排斥的态度是不科学的做法。二是家谱种类开发不平衡。由于存在开发理念上的误区，部分开发单位对新家谱资源建设十分重视，而对旧家谱的数字化建设比较忽视。诚然，新家谱在为地方经济服务上具有非常重要的意义，但旧家谱对宣传地方历史文化也是不容忽视的。三是数据库形式单一，缺乏检索工具。从目前已开发的家谱数据库来看，主要是图像扫描格式和字符格式。更重要的是大多数数据库缺少无缝链接软件，没有人名、地名、名词数据库，因此给读者造成检索上的困难，这很不利于家谱文献信息的开掘。”（毛建军《中国家谱数字化资源的开发与建设》,《档案与建设》, 2007 年第 1 期，第 22—24 页）上海图书馆“家谱数据库”因为受到家谱数字化大环境的影响，也存在着一些可以改进的地方，如家谱分布的不平衡，家谱不能进行全文检索等。

参考网址：http://search.library.sh.cn/jiapu/

（张世敏 辑）

12. 晚清期刊全文数据库（1833—1911）（上海图书馆）

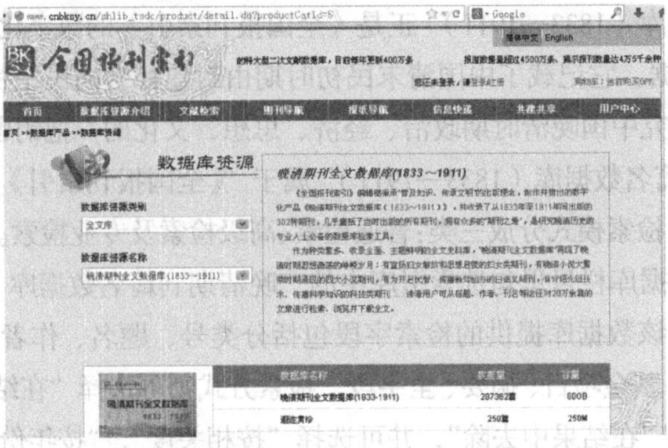

上海图书馆《全国报刊索引》制作出品。“晚清期刊全文数据库（1833—1911）”分为“晚清期刊”和“民国期刊”两个全文数据库。其中“民国期刊”部分目前可以试用第一至第三辑。具体内容如下：“晚清期刊全文数据库（1833—1911）”共收录了从 1833 年至 1911 年间出版的 300 余种期刊，再现了晚清时期思想激荡的峥嵘岁月，是研究晚清时期历史、文化、教育、思想、人物等领域专业人士的理想史料库之一。该库目前共收录全文 287,361 篇。

参考网址：http://www.cnbksy.cn/shlib_tsdc/product/detail.do?productCatId=5

（毛建军 辑）

13. 晚清期刊篇名数据库（1833—1911）（上海图书馆）

“晚清期刊篇名数据库（1833—1911）”由上海图书馆旗下《全国报刊索引》建置。《全国报刊索引》创刊于1955年，是国内最早的中文报刊文献检索工具。近六十年来，它由最初的《全国报刊索引》月刊，逐渐发展成集印刷版、电子版及网站为一体的综合信息服务产品。目前，《全国报刊索引》编辑部已拥有全文数据库、索引数据库、专题数据库和特色资源数据库四种类型数据库，收录数据量超过30,00万条，揭示报刊数量2万余种的特大型文献数据库，年更新数据超过350万条。“晚清期刊篇名数据库（1833—1911）”正是《全国报刊索引》的数字化产品之一，共收录460,884条数据。它记载了中国清末民初时期由封建社会向民主社会嬗变的过程，是后人了解和研究中国晚清时期政治、经济、思想、文化的一把钥匙、一个窗口。

“晚清期刊篇名数据库（1833—1911）”属于“《全国报刊索引》数据库”资源类别的“索引库”。检索模式分成三类：普通检索、高级检索及专业检索。普通检索方面，读者可在文献数据库栏目里勾选索引库中的“晚清期刊篇名数据库（1833—1911）”，集中搜索范围。该数据库提供的检索字段包括分类号、题名、作者、作者单位、刊名、期、主题词、基金项目、摘要、全字段。检索方式则可选择“在结果中检索”、“在结果中添加”及“在结果中去除”，并可选择“按相关度”、“按年份”或“按文献来源”显示检索结果条目。若读者掌握搜索资料的出版或发表年份信息，则可在“时间”一栏里选择检索年。高级检索方面，则提供了“增加字段”或“删除字段”两项，读者可根据自己所掌握的搜索资料信息来决定多少个搜索字段，并可选择“与”、“或”、“不包括”三种检索方法。专业检索方面，读者可选择文献类型及其字段代码对照表检索。该数据库提供了使用帮助予使用专业检索的读者。读者可下载所需资料。

参考网址：http://www.cnbksy.cn/shlib_tsdc/index.do

（郑诗傧 辑）

14. 《北华捷报 / 字林西报》全文数据库（上海图书馆）

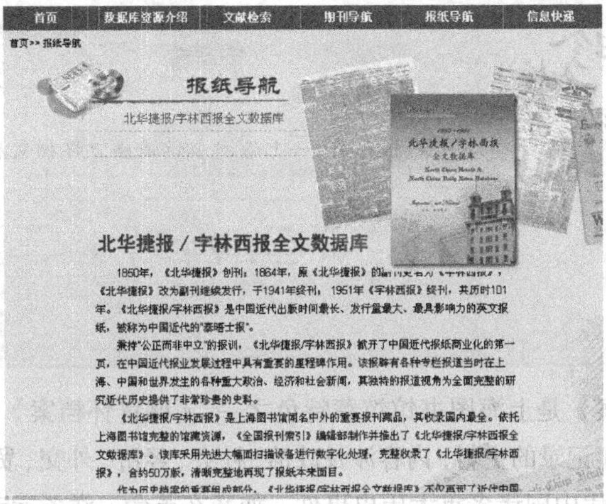

上海图书馆《全国报刊索引》制作出品。1850 年，《北华捷报》创刊；1864 年，原《北华捷报》的副刊更名为《字林西报》，《北华捷报》改为副刊继续发行，于 1941 年终刊；1951 年《字林西报》终刊，共历时 101 年。《北华捷报 / 字林西报》是中国近代出版时间最长、发行量最大、最具影响力的英文报纸，被称为中国近代的“泰晤士报”。

秉持“公正而非中立”的报训，《北华捷报 / 字林西报》掀开了中国近代报纸商业化的第一页，在中国近代报业发展过程中具有重要的里程碑作用。该报辟有各种专栏报道当时在上海、中国和世界发生的各种重大政治、经济和社会新闻，其独特的报道视角为全面完整的研究近代历史提供了非常珍贵的史料。

《北华捷报 / 字林西报》是上海图书馆闻名中外的重要报刊藏品，其收录国内最全。依托上海图书馆完整的馆藏资源，《全国报刊索引》编辑部制作并推出了“《北华捷报 / 字林西报》全文数据库”。“《北华捷报 / 字林西报》全文数据库”采用先进大幅面扫描设备进行数字化处理，完整收录了《北华捷报 / 字林西报》，合约 50 万版，清晰完整地再现了报纸本来面目。

作为历史档案的重要组成部分，“《北华捷报 / 字林西报》全文数据库”不仅再现了近代中国乃至世界各地独特的历史风貌，还原了历史记忆，更丰富了报刊数字化的资源。《北华捷报 / 字林西报全文数据库》将分上下两辑推出，提供网络远程服务模式，方便读者用户浏览和下载全文。

参考网址：http://www.cnbksy.cn/shlib_tsdc/mynewspapers/index.do

（毛建军 辑）

15. 《盛宣怀档案》全文数据库（上海图书馆）

《盛宣怀档案》是上海图书馆馆藏特色之一。《盛宣怀档案》是盛宣怀家族自1850年至1936年记录的史料，内容涉及政治、社会、经济、外交、贸易、军事、金融、教育等，涉及近代中国诸多重大历史事件，如辛亥革命、洋务运动、义和团运动、中日战争、中外商约谈判等。2008年上海图书馆“《盛宣怀档案》全文数据库”对读者开放。同时，拥有近16万件、1亿余字史料的盛宣怀档案，也全部上载上海图书馆局域网，供海内外专家学者浏览查询。目前盛宣怀档案的数字资源还在不断的制作增加中，已有178,633档，559,151拍图片。

参考网址：http://www.library.sh.cn/zthd/sdms/

（毛建军 辑）

16. 江苏文化数据库（南京图书馆）

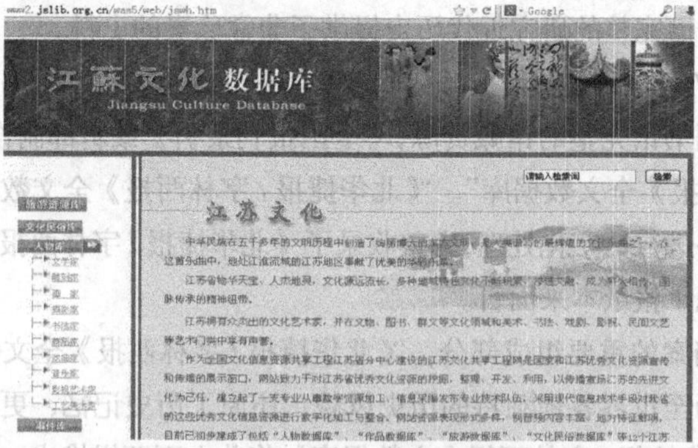

“江苏文化数据库”致力于对江苏省优秀文化资源的挖掘，整理、开发、利用，传播宣扬江苏的先进文化，采用现代信息技术手段对我省的优秀文化信息资源进行数字化加工与整合。资源表现形式多样，视音频内容丰富、地方特征鲜明，目前已初步建成了包括“人物数据库”、“作品数据库”、“旅游数据库”、“文化民俗数据库”

等12个江苏特色文化信息资源数据库。

参考网址：http://www2.jslib.org.cn/was5/web/jswh.htm

（毛建军 辑）

17. 吉林省地方文献提要数据库（吉林省图书馆）

吉林省图书馆是吉林省文献信息收藏和服务中心，目前拥有300多万册藏书和海量数字化文献信息资源，学科门类齐全，文种涉及中、英、日、俄等。其中古籍线装书41万册，唐人写经、宋、元、明刻本、稿抄本及名家批校题跋本堪称稀世珍品；民国书刊12万册，伪满资料5万册，颇具史料价值。“吉林省地方文献提要数据库”收录馆藏全部馆藏古籍的简编书目数据。该数据库基于卡片目录，提供古籍题名、责任者、出版项、版本类别、索书号等基本信息和检索途径。

参考网址：http://218.62.1.221：8080/opac/search.php

（毛建军 辑）

18. 古籍书目检索（辽宁省图书馆）

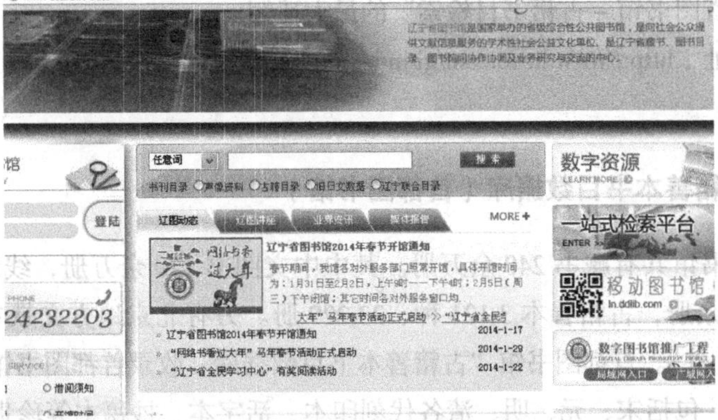

辽宁省图书馆现有古今藏书近500万册（件），10余个文种，并与17个国家和

地区的图书馆建立了文献交换关系。在56万册古籍藏书中，善本书约12万册，其中宋、元版古籍近百部。此外，还收藏有丰富的东北地方文献和有关满族、清代以及伪满时期的文献资料。

辽宁省图书馆“古籍书目检索”的内容包括经部、史部、子部、集部和丛书部五个部分。其中经部又分为易类、书类、诗类、周礼类、仪礼类、大戴礼记类等19类；史部分为纪传类、编年类、纪事本末类、杂史类等19类；子部分为儒家类、兵家类、法家类、医家类等20类；集部分为楚辞类、别集类、总集类、词类、戏曲类、小说类、评论类七类；丛书部分为汇编类、郡邑类、氏族类、自著类四类。

辽宁省图书馆于上世纪90年代开始馆藏古籍机读目录的编制工作，在没有成型的软件系统的情况下，辽宁省图书馆按照CNMARC格式的要求，先用了CDS/ISTIC通用数据库应用系统。为了适应古籍联合编目的要求，辽宁省图书馆又于2002年采用了ILAS系统、MARC格式，并按中国国家图书馆编辑的古籍编目字段手册中所确定的格式进行录入。

辽宁省图书馆“古籍书目检索”提供了两种检索方式，一是通过输入书名或作者名，点击“查询”来检索书目。二是按照经、史、子、集及丛书各部下面所细分的类与小类，按图索骥。显示格式只有标准格式，页显示20条数据。

“古籍书目检索”存在的不足是检索不是太方便，只能按五部浏览或者按作者、书名进行查询，不能进行高级检索，值得改进。另外，“古籍书目数据库建设的最终目的是服务于读者，读者检索古籍书目的最终目的是阅读馆藏文献。而目前各大图书馆所定位的读者服务群体只是以当地读者为主，而对于远程读者而言，尽管通过互联网能够检索到所需要的古籍书目，但由于各大图书馆网页上并没有设置远程文献传递服务系统，因此，只能‘望网兴叹’”。（毛建军：《国内公共图书馆古籍书目数据库的建设与思考》，《深图通讯》，2007年第2期，第43—45页；62页）这也是“辽宁省图书馆－古籍书目检索”的最大遗憾。

参考网址：http://www.lnlib.com/gj/index.htm

（张世敏 辑）

19. 古籍善本书目数据库（首都图书馆）

首都图书馆共有藏书240余万册。其中中文图书170余万册，线装古籍43万余种、42万余册，古籍善本3,121种、33,229册。另有北京地方文献专藏近1.3万种、3万册（件）。首都图书馆“古籍善本书目数据库”收录首都图书馆所藏善本古籍书目数据，包括宋、元、明、清各代刻印本、活字本、抄稿本等珍贵古籍文献数据，共计1万余条（其中包括丛书子目）。读者可以在此数据库中通过题名、责任者、出版者、分类、版本类型等不同途径检索读者需要的古籍。题名项用简体汉字和繁体汉字均可检索，其他项请用规范简体字检索。检索结果题名项显示为繁体汉字，其他项显示为简体汉字，显示内容包括：题名、责任者、版本类型、出版地、出版者、出版年代、卷页数、附注（行款、钤印等）、索取号等。借阅地点请详见“其他提示”。

参考网址：http://query.clcn.net.cn/

（毛建军 辑）

20. 古籍插图图像数据库（首都图书馆）

插图的内容和作用通常是与书籍的内容相关联，但古籍插图绝不仅仅是附属于书籍本身的图画，其自身也有不可低估的研究和利用价值。以插图的功用来划分，中国古籍插图大致可以归结为三大类。一为装饰类插图，如经卷扉页画等，此类插图数量相对较少。二为说明示意类插图，主要见于琴棋书画、考工、农医、兵器、金石、天文、地理等类典籍。第三为艺术欣赏类插图，主要见于小说、戏曲、人物、画谱等书籍中。

首都图书馆馆藏“古籍插图图像数据库”的文献资源目前主要以首都图书馆藏

书为基础。首都图书馆的古籍藏书达 43 万册，其中明、清戏曲小说是首都图书馆古籍藏书的特色，馆藏有大量珍稀版本的戏曲、小说插图，这一时期正是古籍插图发展的鼎盛时期。此外馆藏还有大量影印古籍，以及一直不为人们重视的清末石印古籍精美插图。这些构成了古籍插图库图像的丰富来源。另外，“古籍插图图像数据库”还扩展到馆外资源进行收集加工，使古籍插图库的规模继续扩大完善，逐步汇集成一个内容丰富的图像资源库。

“古籍插图图像数据库”的插图是从首都图书馆馆藏古籍文献中拣选制作的。每条数据包括插图全文影像和内容标引。插图内容包括人物、小说、戏曲、军事、宗教（佛教、道教）、动物、植物、风景、建筑、历史故事等几大类。读者可以通过插图题名、绘图者、刻印者、图像内容类别（前述各类）、图中人物、地点、成图方式（木板画、石印、影印）、绘制年代、插图选取文献题名等多种 途径使用关键词进行检索，也可以分类浏览，选图赏鉴。

“古籍插图图像数据库”著录项包括图题名、图责任者和责任方式、成图方式、图颜色、图尺寸、图像类别、图像内容年代、绘制年代、内容主题、人物主题、地域主题、说明文字、母体文献题名。读者可以通过插图题名、责任者、分类、主题、成图方式、绘制年代、母体文献等多种途径进行检索，找到各自需要的插图，并直接进行浏览和下载。使用起来方便快捷。

参考网址：http://query.clcn.net.cn/GJAndST/gjct1.htm

（张世敏 辑）

21. 北京记忆（首都图书馆）

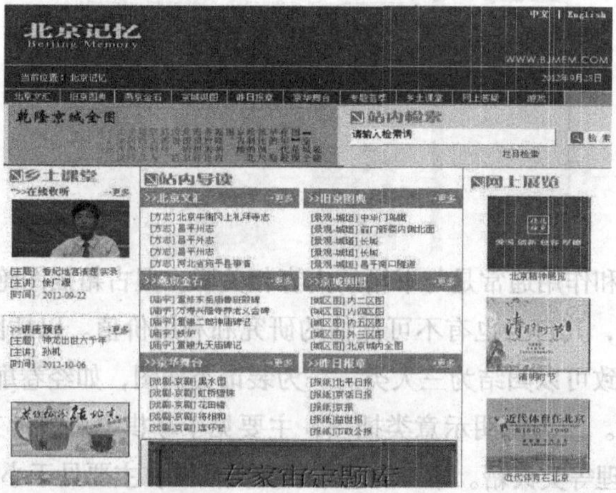

“北京记忆”作为首都图书馆主办的大型北京历史文化多媒体资源数据库。“北京记忆”所设栏目主要有以下几个：以经典文献为主的《北京文汇》；以老照片为

主的《旧京图典》；以金石拓片为主的《燕京金石》；以历史地图为主的《京城舆图》；以报刊资料为主《昨日报章》；以音视频文献为主的《京华舞台》等。

首先，以经典文献为主的《北京文汇》，收录地方文献1,200余种，可进行网上阅览和部分文献的全文检索。方志一类，目前收录了43种地方志，如明万历年间史国典、周仲士纂修《怀柔县志》，万历年间李体严、张士科纂修《永宁县志》，还有清代康熙、雍正、乾隆、咸丰、光绪年间以及民国时期所修关于昌平、顺天、平谷、房山、延庆、良乡、密云等地的地方志，此版块所录关于北京的地方志，较为全面。又如历史一类，下面收录了104种文献，有关于明、清宫史、北京建都、张勋复辟等诸多内容。文学类下面收录了清代民国时期近60种的诗、词、歌谣、小说等文学作品，大都与北京有关。除了方志、历史、文学等，其他分属版块下面所收关于北京的文献也不少，具有较大的价值。这些方志、历史、文学文献等，均可以在线阅览，大都为PDF格式。

其次，有以老照片为主的《旧京图典》，该版块下面分为景观：城垣、坛庙、交通市政、宫殿、故居会馆、陵墓遗址、园林、街巷、民居、使馆；历史：清代、北洋军阀统治时期、国民党统治时期、抗日战争时期、解放战争时期；人物：军政、文化教育、艺术；风俗：节令、礼俗；艺术：戏曲、曲艺杂谈；经济：店铺、招幌、庙会、五行八作；文教：学校、医院、体育等。这些珍贵的历史照片对了解北京的历史风俗等有很大参考价值。

再次、以金石拓片为主的《燕京金石》，收录3,000余种金石拓片。该版块下面分为庙宇、官署、陵墓、会馆、题咏等。这些金石拓片，以明、清及民国时期为主，但也有唐、宋、辽、元等时期的金石文献。这些拓片均可以在线阅览。

还有以历史地图为主的《京城舆图》，该版块下面分为城区图、郊区图、北京市图、乾隆全图、名胜、教育、衙署、治安、交通、市政、商业等。其中，城区图以光绪、民国时期的城区图为主，约百余种。郊区图也有百余种，主要是光绪、宣统、民国时期的北京郊区地图，小到村镇皆有图可查。北京市图，以民国时期为主，也收有明嘉靖时期的京师五城之图。而乾隆京城全图，是清内务府藏京城全图，也可以在线放大细览，众多殿、门、亭、楼、道等都有显示，还可进行地名检索，对于了解乾隆时期的北京城格局有极大帮助。其他名胜、教育、衙署、交通等图，也都较为全面，大都是以反映北京为主，也有反映河北省等周边地区的地图。众多地图都可在线阅览。

而以报刊资料为主的《昨日报章》，下面分为《北平日报》、《京话日报》、《群强报》、《益世报》、《京报》、《益世报》、《顺天时报》等，这些大都是光绪末年到民国时期北京地区发行的报纸，收录年限从2年到30余年不等，都可以在线进行PDF阅览。

除以上几个版块之外，“北京记忆”还专设了以音视频文献为主的《京华舞台》，该版块下面分为戏剧：京剧、昆曲、河北梆子、评剧；舞蹈；曲艺：京韵大鼓、北京琴书、相声；音乐：器乐。《专题荟萃》版块下面分为北京城市生活百年回顾、北京老车站、金石记忆、往日京华、岁末春明、京华文脉、北京近代报纸小史、北京老城门、老舍、北京公园开放记等。另外，还有以普及地域文化为目的的《乡土课堂》，多为讲座形式，主讲人为当下学者或相关研究人员，可以在线视听，该版块也更新发布一些讲座预告。

总的来说，读者可以对《北京文汇》、《旧京图典》、《燕京金石》、《昨日报章》、《京华舞台》、《京城舆图》、《乡土课堂》等几个类容版块分别检索。各个版块下支持关键词检索：《北京文汇》下关键词检索分类为书名、作者、分类号、摘要；《旧京图典》下关键词检索分类为题名、拍摄者、说明；《燕京金石》下关键词检索分为拓片题名、客观题名、责任者、年代、地点；《昨日报章》下为日期检索，检索结果为 PDF 格式浏览；《京城舆图》下关键词检索分为图片、承责者；《京华舞台》下关键词检索分为剧目名称、演员名称、剧目介绍。《乡土课堂》下关键词检索分为讲座题名、时间、主讲人。

如果要研究北京这座城市及相关民俗文化等，“北京记忆”这个网站能够提供众多资源，从文字文献到影像文献，可谓五花八门。这些文件中，有不少关于北京的古籍，其中《北京文汇》、《旧京图典》、《燕京金石》、《京城舆图》中的古籍文献尤为丰富。

参考网址：http://www.bjmem.com/bjm/

（罗昌繁 辑）

22. 馆藏地方史志丛书全文库（天津图书馆）

天津图书馆建置的天津图书馆馆藏“地方史志丛书全文库”是研究天津的第一手珍贵历史文献。主要有以下史志文献：《天津卫志》（康熙）、《宝坻县志》（康熙）、《天津卫考》、《宝坻县志》（乾隆）、《天津府志》（乾隆）、《武清县志》（乾隆）、《重修天津府志》（光绪）、《静海县志》（康熙）、《天津县志》（乾隆）、《静海县志》（同治）、《续天津县志》（同治）、《静海县志》（民国）、《天津县新志》（民国）、《宁河县志》（乾隆）、《天津政俗沿革记》、《宁河县志》（光绪）、《天津志略》（民国）、《宁河县乡土志》、《天津市概要》（民国）、《天津卫屯垦条款》、《天津杨柳青小志》、《宝坻政书》、《蓟州志》（康熙）、《津门保甲图说》（道光）。

这些地方史志文献为馆藏文献，目前仅限天津图书馆内网阅览。

参考网址：http://dlibrary.tjl.tj.cn/dfz/dfz1.htm

（罗昌繁 辑）

23. 馆藏地方民俗全文库（天津图书馆）

天津图书馆“馆藏地方民俗全文库”是该馆建置的有关天津地方民俗的文献汇集。“馆藏地方民俗全文库”是天津图书馆对其馆藏天津地方民俗书籍（包括古籍）数字化加工成果。主要有以下民俗文献：《宝坻县志》（民俗部分）、《天津志略》（民俗部分）、《蓟县志》（民俗部分）、《武清县志》（民俗部分）、《蓟州志》（民俗部分）、《竹枝词》（民俗部分）、《静海县志》（民俗部分）、《京津风土丛书》（民俗部分）、《天津府志》（民俗部分）、《天津皇会考记》、《天津卫志》（民俗部分）、《天津过年歌》、《宁河县志》（民俗部分）、《天津丧礼说略》、《天津县志》（民俗部分）、《婚丧礼杂说》、《天津县续志》（民俗部分）。

这些天津地方民俗文献中，有一部分是古籍文献，如《蓟州志》是清康熙 43 年（1704）刻本，《天津府志》是清光绪 25 年（1899）刻本。这些民俗古籍文献，都已经被录成简体中文，阅览起来较为方便，不过该数据库中的民俗古籍文献数量有限。读者可对这些民俗文献进行全文检索，检索范围可以设定在数据库所有文本内，或以标题、关键词、描述、文件名为检索范围进行全文检索，搜索匹配程度有所有词、任何词、完全匹配三种。目前仅限天津图书馆内网阅览。

参考网址：http://dlibrary.tjl.tj.cn/dfzqw/mly.htm

（罗昌繁 辑）

24. 缩微文献影像数据库（天津图书馆）

天津图书馆“缩微文献影像数据库”包括民国时期的期刊、报纸、图书和古籍文献子库。具备四大功能：（1）在线全文浏览功能。读者通过网络能了解到缩微文献的封面、封底等所有内容，并能全文浏览；（2）书目查询功能。该库具有多个字段的查询和浏览功能；（3）目次检索功能。文献的所有目次信息均能提供全文检索和定位到内容浏览；(4) 版权保护功能。该库既能对馆藏珍贵文献进行保护，又便于读者利用，实现多种保护手段单独或组合使用。

目前仅限天津图书馆内网阅览。

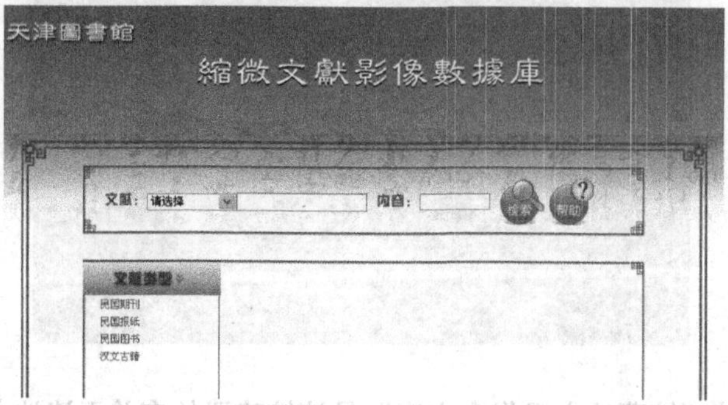

参考网址：http://swyx.tjl.tj.cn/

（毛建军 辑）

25. 西北地区文献联合目录数据库（甘肃省图书馆）

甘肃省图书馆的藏书目前已近 320 万册，其中尤以古旧籍和地方文献为特色馆藏。古旧籍藏书 38 万册，其中有善本 1,260 种，66,445 册。此外，还收藏有敦煌写经、宋、元、明、清至近现代的珍贵字画 2,000 余轴。作为特色馆藏的西北地区文献已收藏近 3 万种，8 万余册。“西北地区文献联合目录数据库”设题名、责任者、版本说明、出版发行、丛编、提要、自由词等项，揭示了甘肃省图书馆所藏清代至今成书或出版的有关陕西、甘肃、宁夏、青海、新疆五省（区），以及在自然区划、行政区划历史演变过程中与西北五省（区）的各科类图书的书目信息。

参考网址：http://www.gslib.com.cn/zxg/lhml/lhml.htm

（毛建军 辑）

26. 丝绸之路文献叙录数据库（甘肃省图书馆）

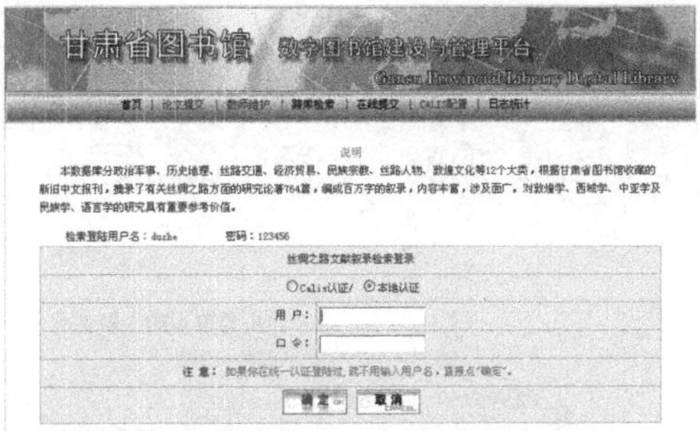

甘肃省图书馆“丝绸之路文献叙录数据库”分政治军事、历史地理、丝路交通、经济贸易、民族宗教、丝路人物、敦煌文化等12个大类，根据甘肃省图书馆收藏的新旧中文报刊，摘录了有关丝绸之路方面的研究论著764篇，编成百万字的叙录，内容丰富，涉及面广。对敦煌学、西域学、中亚学及民族学、语言学的研究具有重要参考价值。馆内检索阅读。

参考网址：http://dbase3.gslib.com.cn/tpi_40/sysasp/share/login.asp?sysid=122

（毛建军 辑）

27. 四库全书研究资源数据库（甘肃省图书馆）

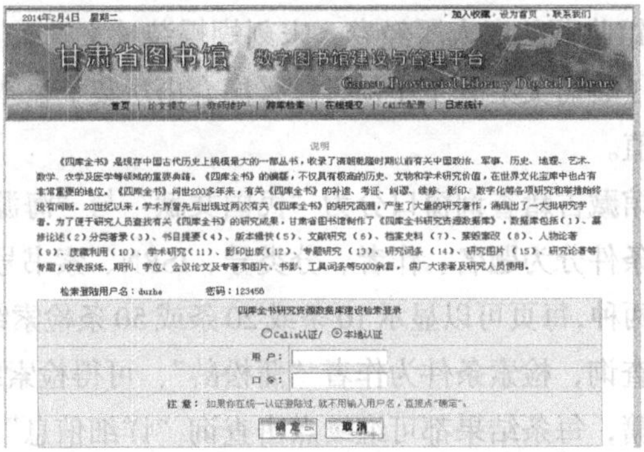

甘肃省图书馆从2006年开始建立“四库全书研究资源数据库”。数据库包括：（1）纂修论述；（2）分类著录；（3）书目提要；（4）版本辑佚；（5）文献研究；（6）档案史料；（7）禁毁窜改；（8）人物论著；（9）庋藏利用；（10）学术研究；（11）影印出版；（12）专题研究；（13）研究词条；（14）研究图片；（15）研究论著等专题，收录报纸、期刊、学位、会议论文及专著和图片、书影、工具词条等5,000余篇。

参考网址：http://dbase3.gslib.com.cn/tpi_40/sysasp/share/login.asp?sysid=130

（毛建军 辑）

28. 馆藏古籍查询（山东省图书馆）

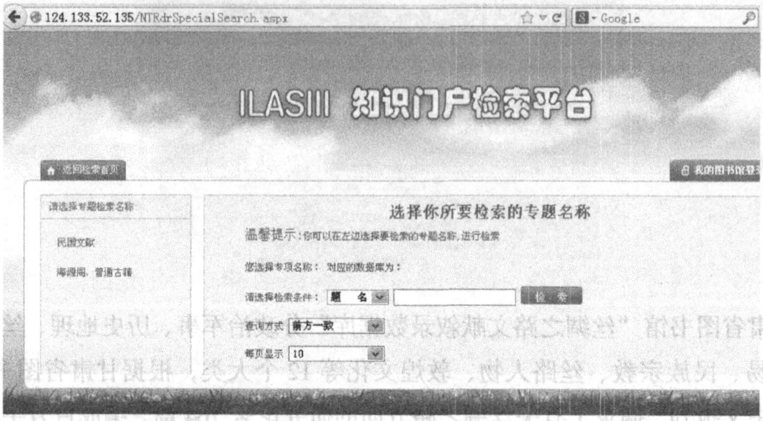

山东省图书馆现馆藏古籍文献，以历史悠久，馆藏宏富而著称。其中齐鲁方志专藏、海源阁专藏、易经专藏、山东革命文献等尤具特色，为国内翘楚。海内现存齐鲁方志约600种，而该馆馆藏528种，善本58种。如（万历）《兖州府志》为海内孤本，价值不言而喻。海源阁专藏古籍计2,280种32,000册，约占海源阁现存藏书三分之二。山东省图书馆还藏有如林则徐、吴式芬、钱仪吉、许瀚等人的书札若干。山东省图书馆馆藏易经文献1,317种，总计2,205个版本，近万册，确为易经文献渊薮。此外，山东省图书馆收藏的唐人写经卷、宋刻蝴蝶装《文选》、宋刻巾箱本《万卷菁华》、蒲松龄手稿《聊斋文集》、王士祯批校《昆仑山房集》稿本等，皆为传世精品，具有极高的文献价值。

山东省图书馆馆藏古籍查询窗口分为“民国文献”与“海源阁、普通古籍”两类查询系统。检索条件分为题名、作者、分类号、ISBN、索书号。查询方式分为前方一致与精确查询两种，每页可以显示10条或20条或50条检索结果。如在“海源阁、普通古籍”窗口下查询，检索条件为作者“蒲松龄”，可得检索结果44条，均为署名作者蒲松龄的古籍，每条结果都可继续点击查询“详细信息”。如第3条，《聊斋志异新评》，点击“详细信息”，可查询到该书版本信息为：

《聊斋志异新评》十六卷（清）蒲松龄撰 但明伦新评 刻本 济南 邵氏宝兴堂 清光绪乙酉 16册 2函

山东省图书馆馆藏古籍，无论从数量还是质量来说，都在全国占有重要地位，其文献价值、学术价值不容小觑。

参考网址：http://124.133.52.135/NTRdrSpecialSearch.aspx

（罗昌繁 辑）

29. 湖南氏族源流（湖南省图书馆）

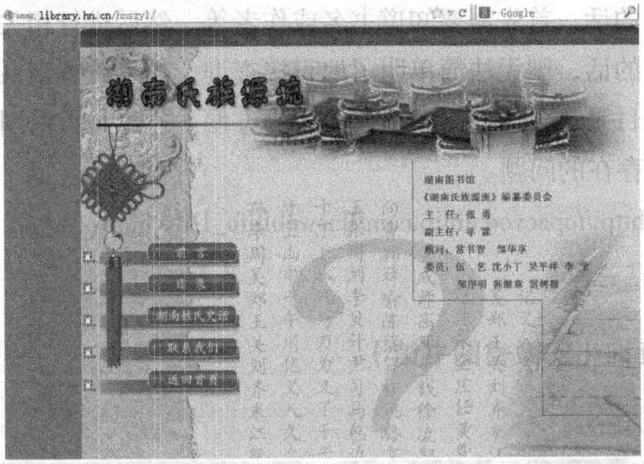

"湖南氏族源流"收录湖南各地200余个姓氏各类谱牒。每个姓氏下汇集该姓氏源流、馆藏目录、家训族规、名人世系及传记、重要序跋等资料。"湖南氏族源流"是研究人口学、社会学、经济学、历史学、民族学、教育学、人物传记以及地方史的重要资料库。

参考网址：http://www.library.hn.cn/hnszyl/

（毛建军 辑）

30. 地方文献书目查询（安徽省图书馆）

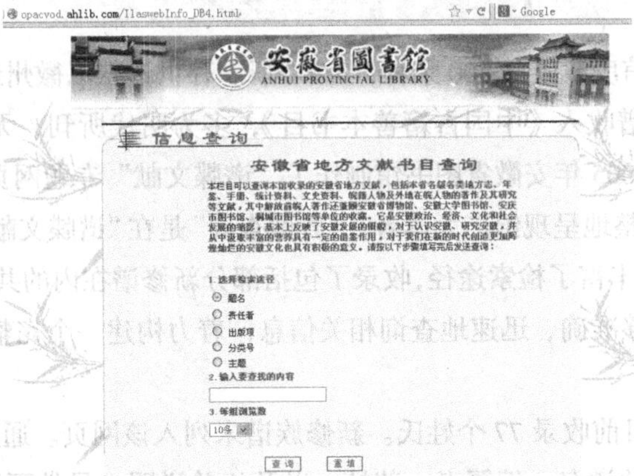

安徽省图书馆收录的地方文献，包括安徽省各级各类地方志、年鉴、手册、统计资料、文史资料、皖籍人物及外地在皖人物的著作及其研究等文献，其中解放前皖人著作还兼顾安徽省博物馆、安徽大学图书馆、安庆市图书馆、桐城市图书馆等单位的收藏。它是安徽政治、经济、文化和社会发展的缩影，基本上反映了安徽发展的概貌。

该文献书目查询系统，检索途径有题名、责任者、出版项、分类号、主题等，所以，如果要进行查询的话，首先需要知道书名或作者等，然后进行相关检索。如果不熟悉安徽地方文献的话，则无法简单明了地直接查询，如果该查询系统在首页提供一个所藏书目的总目录，会给使用者提供极大的方便。这也是目前国内众多书目文献查询系统所共同存在的问题。

参考网址：http://opacvod.ahlib.com/IlaswebInfo_DB4.html

（罗昌繁 辑）

31．族谱查询（安徽省图书馆）

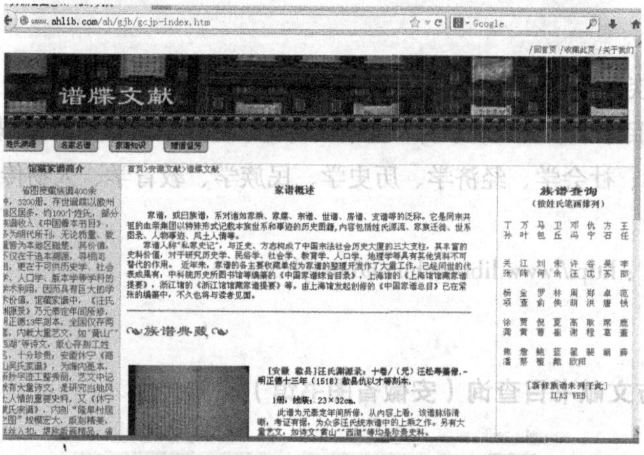

安徽省图书馆庋藏族谱400余种，3,200册。存世谱牒以徽州地区居多，约100个姓氏，部分族谱收入《中国古籍善本书目》，多为明代所刊，无论质量、数量皆为本地区翘楚。2005年安徽省图书馆制作了"谱牒文献"专题网页，首次将馆藏家谱（除新谱外）完整地呈现给广大读者。"族谱查询"是在"谱牒文献"专题的基础上，完善其检索功能，丰富了检索途径，收录了包括部分新修谱在内的共计900余条数据。目的是使读者能够准确、迅速地查询相关信息，着力构建一个完整、快捷的家谱信息平台。

该查询网页目前收录77个姓氏。新修族谱未列入该网页。通过点击这些姓氏，可以浏览该姓氏的谱名、编纂者、装帧，以及相关说明，另外可以浏览到索书号。该查询网页无法进行在线阅览，只能查询到有关图书的简单信息，如要阅读全文，需要入馆亲自翻阅。

参考网址：http://www.ahlib.com/ah/gjb/gcjp-index.htm

（罗昌繁 辑）

32. 家谱全文数据库（浙江省图书馆）

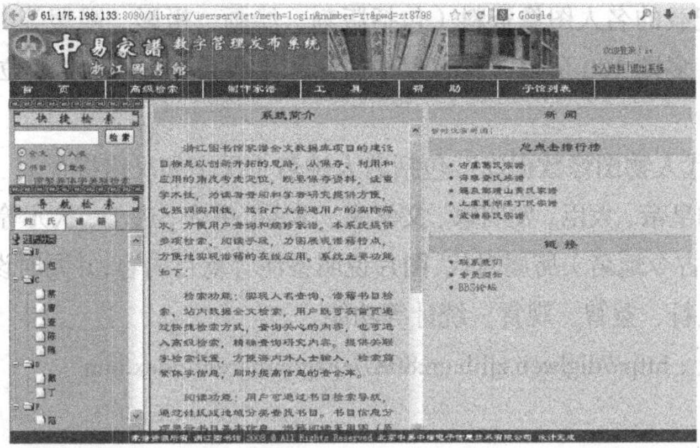

浙江省图书馆建置的“家谱全文数据库”系统提供多项检索、阅读手段，力图展现谱籍特点，方便地实现谱籍的在线应用。系统主要功能：(1）检索功能：实现人名查询、谱籍书目检索、站内数据全文检索，用户既可在首页通过快捷检索方式，查询关心的内容，也可进入高级检索，精确查询研究内容。2）阅读功能：用户可通过书目检索导航，通过姓氏或地域分类查找书目。书目信息分项显示书目基本信息。谱籍阅读采用图（原书扫描图像）/文（谱籍内容数字化全文）对照方式，世系图表通过深度编辑还原为完整、直观的谱系结构树，同时提供了一系列辅助阅读工具。(3）家谱制作：系统提供用户建谱、续谱功能。(4）辅助工具：系统提供多项用户阅读研究的辅助工具。

参考网址：http://www.zjlib.cn/Public/index.asp

（罗昌繁 辑）

33. 中国历代人物图像数据库（浙江省图书馆）

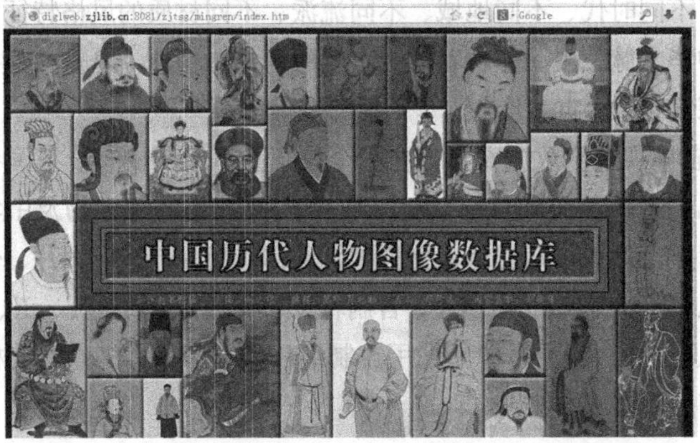

“中国历代人物图像数据库”始建于2002年4月，收录揭示涵盖自远古直至现代有文字记载的名人图像资料（包括版刻、绘画、摄影、雕塑等）。每位名人肖像少则一幅，多则100余幅，配有生平简介，已收录名人5,600余位，图像1.6万余幅。

“中国历代人物图像数据库”包括名人姓名（汉字和汉语拼音）、生卒时间、身份功名（例如皇帝、大臣、发明家、文学家、学者，举人、进士、状元等）、字号别称、出生籍贯（含古今地名）、所属时代、图片说明备注等款目内容，并同时设置为检索点。数据库具备史料、益智、观赏、统计等功能。

参考网址：http://diglweb.zjlib.cn:8081/zjtsg/mingren/index.htm

（毛建军 辑）

34. 中国寺庙祠观造像数据库（浙江省图书馆）

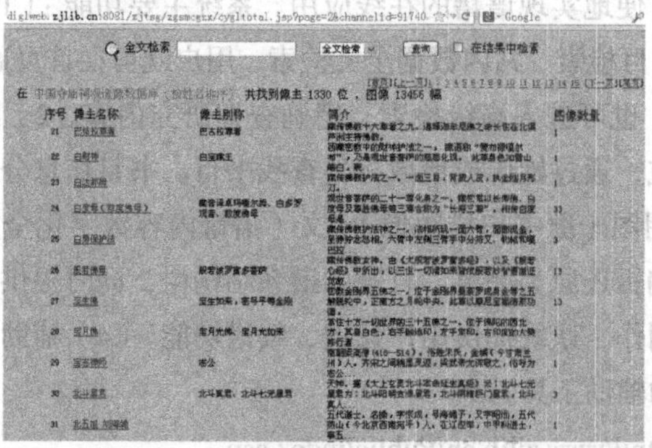

2012年11月浙江图书馆编，赵达雄主编，陈晔、吕波编程的“中国寺庙祠观造像数据库”正式亮相网络。两千余年前佛教传入中国，与源自本土的儒教、道教，交融 共存，成鼎足之势。遍布神州大地的古刹、庙宇、道观、祠堂、石窟所供奉的造像，彰显了不同时代、不同地域、不同流派、不同材质的风格特征，传承见证着源远流长的中华文脉，生动体现着传统文化的博大、精深、厚重，具备较高的学术研究、历史探索和艺术审美价值。

“中国寺庙祠观造像数据库”旨在尽全搜集荟萃星罗棋布于祖国各地寺庙祠观内造像（含已毁或流落海外者），涵盖神、佛、道、儒各等人物及中华始祖、历史名人。数据库条目设置包括造像人物称谓、别称、简介，造像图片，供奉处（含地名与寺庙祠观名），时代，品质描述，含制材（如泥塑，金属、石、玉、木雕、夹纻、脱胎漆塑等）、尺寸，图像来源。采用自制编程软件，具有多点智能检索功能，并动态增补修订。限馆域内使用。

（毛建军 辑）

35. 馆藏拓片数据库（浙江省图书馆）

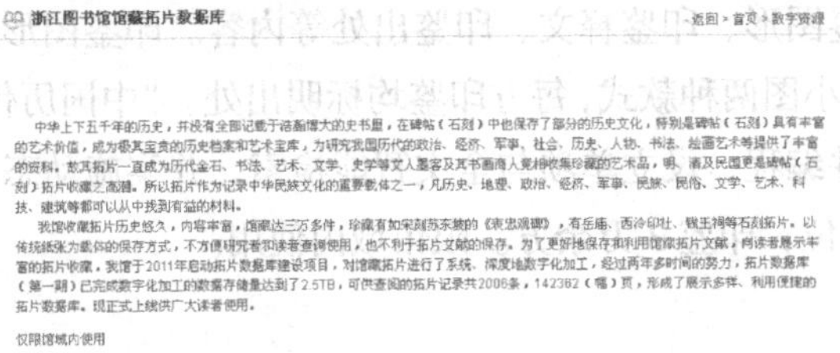

碑帖（石刻）具有丰富的艺术价值，已成为极其宝贵的历史档案和艺术宝库，为研究我国历代的政治、经济、军事、社会、历史、人物、书法、绘画艺术等提供了丰富的资料。拓片作为记录中华民族文化的重要载体之一，凡历史、地理、政治、经济、军事、民族、民俗、文学、艺术、科技、建筑等都可以从中找到有益的材料。

浙江省图书馆收藏拓片历史悠久，内容丰富，馆藏达3万多件，珍藏有如宋刻苏东坡的《表忠观碑》，有岳庙、西泠印社、钱王祠等石刻拓片。以传统纸张为载体的保存方式，不方便研究者和读者查询使用，也不利于拓片文献的保存。为了更好地保存和利用馆藏拓片文献，向读者展示丰富的拓片收藏，浙江省图书馆于2011年启动拓片数据库建设项目，对馆藏拓片进行了系统、深度地数字化加工，经过两年多时间的努力，“拓片数据库”（第一期）已完成数字化加工的数据存储量达到了2.5TB，可供查阅的拓片记录共2,006条，142,362（幅）页，形成了展示多样、利用便捷的拓片数据库。限馆域内使用。

（毛建军 辑）

36. 中国历代人物印鉴数据库（浙江省图书馆）

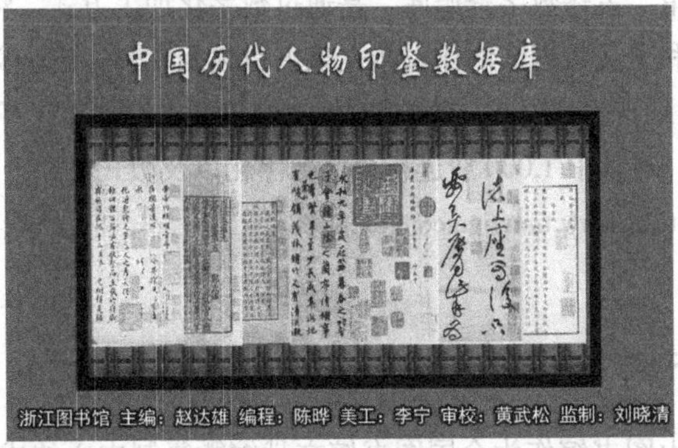

浙江省图书馆建置。“中国历代人物印鉴数据库”始建于2011年2月，旨在尽全收录我国历代知名人物印鉴，播扬中华优秀传统文化，取精用弘，含英咀华，为使用者搭建一个便捷观赏借鉴的平台。“中国历代人物印鉴数据库”涵盖人物姓名及汉语拼音、字号别称、生卒年、籍贯、所属时代、藏书楼（室）名或斋号、印主肖像、简介、印鉴图形、印鉴释文、印鉴出处等内容。印鉴图形按原尺寸以600像素扫描而成，分大小图两种款式，每方印鉴均标明出处。“中国历代人物印鉴数据库”采用自行设计软件编程，设立单项与全文智能检索，并实施动态增补修订。目前已收录人物2,000余位，印鉴3万余方。限馆域内使用。

（毛建军 辑）

37. 古籍数字资源库（天一阁博物馆）

天一阁是中国现存最古老的私家藏书楼，藏书5.3万余卷，内容包括：阁藏明代科举录370种，有72%是海内孤本；现存的271种明代地方志中，孤本量也占164种之多，天一阁自2008年以来入选的第一、二、三批《国家珍贵古籍名录》84部全部囊括其中。

天一阁博物馆“古籍数字资源库”是通过数字化加工方式，将天一阁馆藏古籍转换成影像数据和全文数据，制作古籍文献书目数据库和古籍全文数据库等数字资源，使古籍资源得到再生性保护。其中，对天一阁馆藏古籍善本3万册进行图像处理，共计约240万页，对其中1,000册进行全文数字化以及版式还原，共计约8万页。

参考网址：http://www.tianyige.com.cn:8008/

（毛建军 辑）

38. 民国报刊与古籍全文数据库（广东省立中山图书馆）

广东省立中山图书馆作为全国图书馆文献缩微复制中心的成员馆之一，自20世纪80年代以来，开展古籍善本、珍稀报纸的缩微拍摄工作，并为读者提供缩微资料的阅读服务。1998年引进缩微数字化设备，开始对缩微文献进行数字化和建库，使大量的原来需要使用缩微阅读设备才能阅读的文献，通过计算机和网络，可以直接为广大读者所利用。“民国报刊与古籍全文数据库”目前有民国时期旧报纸400多种，古籍善本300多种，共65多万幅，存储量达280GB。数据库提供简体、繁体、英文三种浏览方式，数据库目前仍在完善之中。

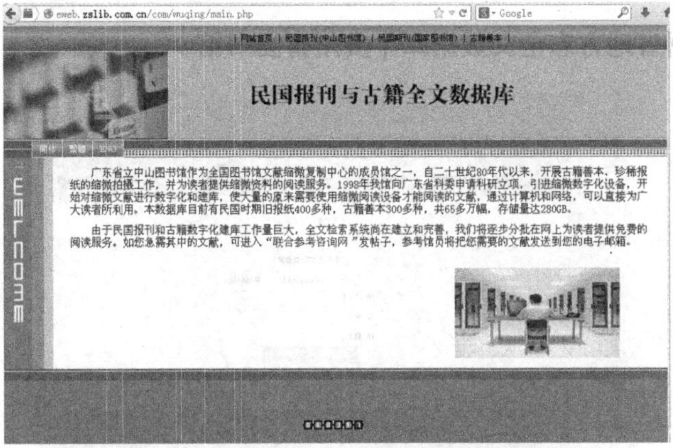

参考网址：http://eweb.zslib.com.cn/com/wuqing/main.php

（罗昌繁 辑）

39. 贵州古籍联合目录数据库（贵州省图书馆）

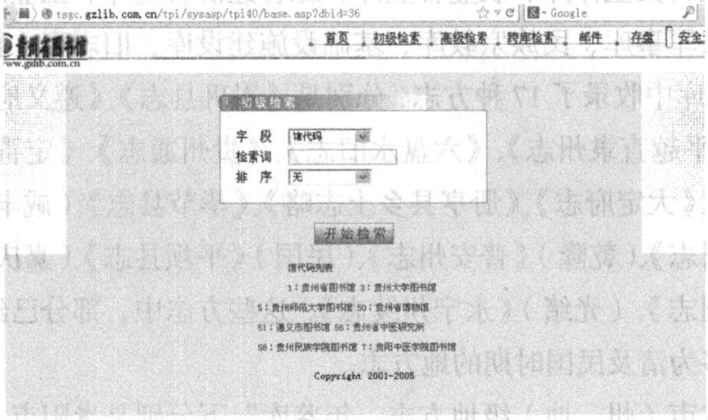

贵州省图书馆馆藏20余万册（件）古籍文献中，其中善本有72部1,033册，珍善本图书以兵书为主，有27种明、清版兵书。如《删定武库益智录》、《八阵合变图说》、《兵镜》等明代和清初刻印古典军事著作属全国孤本。作为全省地方文献收藏中心，较完整地收藏了自清代以来的各种地方文献，为全省最具研究价值、收录范围和品种最多的地方文献收藏地。贵州省图书馆还自建有“中文图书”、“外文图书”、“连续出版物”等14个馆藏书目数据库，以及“地方志全文图片”数据库和“中国古代名人评述”、“古诗百首鉴赏”、“家庭医疗保健”等8个专题全文数据库。

“贵州古籍联合目录数据库”目前只支持贵州图书馆内部访问。如果想检索贵州图书馆的馆藏古籍目录，可登陆贵州图书馆主页，进行书目查询。

参考网址：http://tsgc.gzlib.com.cn/tpi/sysasp/tpi40/base.asp?dbid=36

（罗昌繁 辑）

40. 贵州省地方志全文数据库（贵州省图书馆）

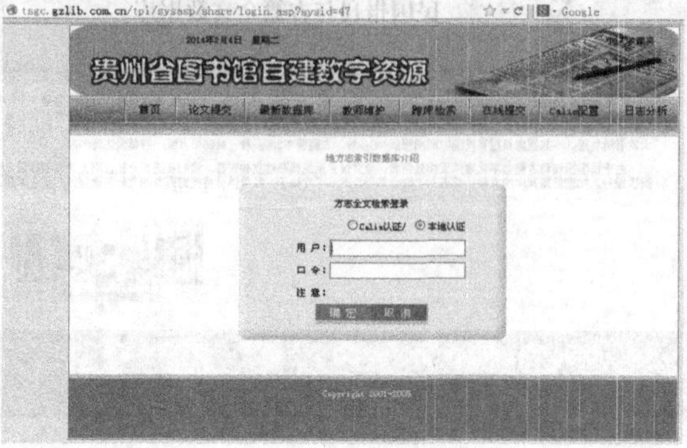

贵州省图书馆建置的“贵州省地方志全文数据库”主要分为两个分数据库，即“贵州省级方志全文库”和“贵州省市（州、地）级地方志、年鉴库”。

贵州省级方志全文库下又包含13个数据库，分别是：总目提要库、图片地图库、自然地理库、教科文卫体库、农业林业库、综合经济管理库、工业库、金融商贸旅游库、政治司法军事库、民族宗教库、基础设施建设库、旧志库、新编地方志全文库。其中，旧志库中收录了17种方志，分别是《岑巩县志》、《遵义府志》（点校本）、《镇远府志》、《平越直隶州志》、《六盘水旧志》、《贵州通志》、《定番州志》（民国增补康熙戊戌本）、《大定府志》、《册亨县乡土志略》、《毕节县志》、（咸丰）《安顺府志》、（乾隆）《黔西州志》、（乾隆）《普安州志》、（民国）《平坝县志》、（嘉庆）《黔西州志》、（嘉靖）《普安州志》、（光绪）《永宁州续志》。这些方志中，部分已经点校，大部分为旧志原文，多为清及民国时期的地方志。

而“贵州省市（州、地）级地方志、年鉴库”下分别是贵阳市、遵义市、黔东南苗族侗族自治州、毕节地区、黔西南布依族苗族自治州、六盘水市、黔南布依族苗族自治州、铜仁地区等市、州、地区的地方志全文库、图片库、年鉴全文库等。这些地方志和年鉴库是研究贵州省市州地区可资利用的较佳文献材料。

使用者可以一次性跨库检索所有数据库中的内容，也可以分库进行检索。并可下载全文（PDF格式）或在线浏览该数据库的内容。这对于研究贵州民风民俗等地方文化有极大帮助。

参考网址：http://dfz.gznu.edu.cn/tpi/sysasp/include/index.asp

（罗昌繁 辑）

41. 明清小说全文库（大连图书馆）

大连图书馆藏明、清小说是大连图书馆精华所在，是国内外收藏明、清小说最丰富的图书馆之一。该馆以大谷光瑞赠书为基础，共收藏明、清时代所刻中国通俗小说150种。大连图书馆藏明、清小说，以其系统、完整和版本精良为国际汉学界所瞩目，大连图书馆也因此成为国际性的研究中国古代小说的资料中心之一。“明清小说全文库”收集了《金瓶梅》、《飞花咏》、《定情人》、《鼓掌绝尘》等明、清小说40部，可免费点击阅读。

参考网址：http://www.dl-library.net.cn/book/list.php?id=4

（罗昌繁 辑）

42. 清代内务府档案（大连图书馆）

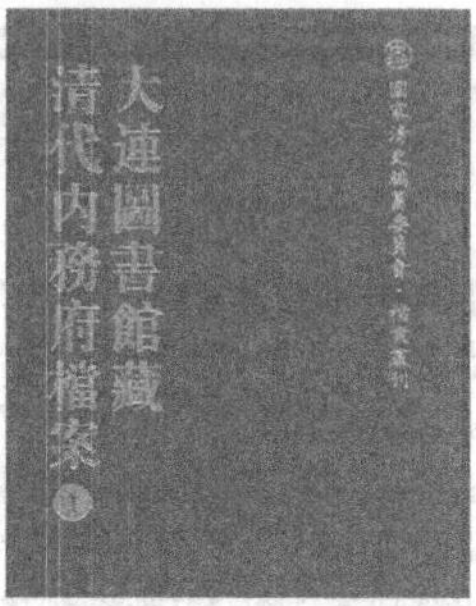

“清代内务府档案”是大连图书馆馆藏特色之一，共收藏2,000余件。大部分为总管内务府题本，有相当数量的各库月折以及少量的奏本、题本底稿、官员呈文、银物清册等。时间从清初顺治朝到清末光绪朝，几乎贯穿整个清代。目前仅支持馆内内部阅览。

参考网址：http://www.dl-library.net.cn/book/

（罗昌繁 辑）

43. 《小方壶斋舆地丛钞三补编》（大连图书馆）

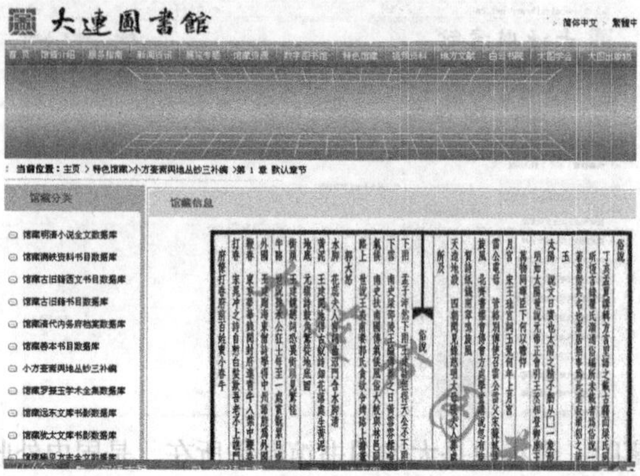

《小方壶斋舆地丛钞三补编》，清光绪 17 年（1891）上海着易堂铅印本，清王锡祺撰。《小方壶斋舆地丛钞三补编》稿本现存大连图书馆，为海内孤本。《中国科技史料》曾有披露。此编取材于清末翻译西书，包括江南制造局、京师同文馆和教会机构出版的地理文献。

参考网址：http://www.dl-library.net.cn/book/list.php?id=15

（罗昌繁 辑）

44. 古籍丛书目录数据库（金陵图书馆）

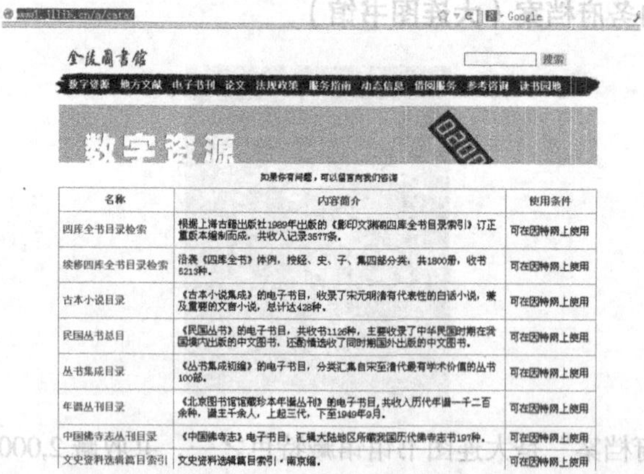

金陵图书馆“古籍丛书目录数据库”共编制有“四库全书目录检索”、“续修四库全书目录检索”、“古本小说目录”、“民国丛书目录”、“丛书集成目录”、“年谱丛刊目录”、“中国佛寺志丛刊目录”、“文史资料选辑篇目索引”、“馆藏碑刻拓片目录”。

“四库全书目录检索”根据上海古籍出版社 1989 年出版的《影印文渊阁四库全书目录索引》订正重版本编制而成，共收入记录 3,577 条；“续修四库全书目录检索”

沿袭《四库全书》体例，按经、史、子、集四部分类，共1,800册，收书5,213种；“古本小说目录”收录了宋、元、明、清有代表性的白话小说，兼及重要的文言小说，总计达428种；“民国丛书目录”收书1,126种，主要收录了中华民国时期在我国境内出版的中文图书，还酌情选收了同时期国外出版的中文图书；“丛书集成目录”以商务印书馆印行的《丛书集成初编目录》为依据，分类汇集自宋至清代最有学术价值的丛书100部；“年谱丛刊目录”是以《北京图书馆馆藏珍本年谱丛刊》为基础而编制的目录检索；“中国佛寺志丛刊目录”汇辑大陆地区所藏我国历代佛寺志书197种；“文史资料选辑篇目索引”主要收录了有关江苏省南京市及下属区县的近现代文史资料篇目总计4,900余种；“馆藏碑刻拓片目录”主要收录了金陵图书馆馆藏碑刻拓片目录，主要分为“砖瓦”、“唐开成石经”、“墓志”、“北魏郑道昭题刻”、“刻石”、“造像”、“三希堂法帖”，共计2,700余种。

这些目录检索系统，读者可选择查找书名或作者，输入检索词即可检出书名或作者中包含这些词的有关书籍，另外，检索系统为任意词检索，支持多检索点复合检索。

参考网址：http://www.jllib.cn/a/cata/

（罗昌繁 辑）

45. 古籍善本目录数据库（苏州图书馆）

苏州图书馆现有藏书110万册，其中古籍30万册，尤以2万余册善本书及地方文献而闻名全国。该馆为国内著名的古籍收藏单位之一，首批入选了“全国古籍重点保护单位”，两批入选《国家珍贵古籍名录》的古籍达56种，777册。古籍善本目录数据库现有1,710条记录。主要是宋、元、明、清时期的刻本，尤以明、清时期为主，另外还包括如日本等一些海外文献。读者进入该数据库网页后，可见每页显示20条的善本信息，进行点击可以进一步了解该书的详细版本信息。读者还可以根据标题、作者、朝代、分类等进行检索。

参考网址：http://61.155.22.100/szzy/zjzy/ancient_list.aspx

（罗昌繁 辑）

46. 苏州古籍阅览（苏州图书馆）

苏州图书馆馆藏苏州地方志多种，分别如下：《百城烟水》（清徐崧、张大纯辑）、《民国吴县志》（曹允源）、（绍定）《吴郡志》（宋范成大撰，汪泰亨订补）、《虎阜志》（清陆肇域、任兆麟编纂）、《吴郡西山访古记》（清李根源纂）、《苏州府志》（清冯桂芬纂）、《苏亭小志》（清李彦章撰，顾沅刻）、《苏州织造局志》（清吴江地方纺织局）、《吴门补乘》（清钱思元）、《具区志》（清翁澍）、《吴江水考》（明沈守义刻）、（乾隆）《吴县志》（清姜顺蛟、叶长扬修，施谦纂），共 12 条苏州古方志。这些苏州方志文献，读者可以进行全文影像在线阅读。

参考网址：http://www.szlib.com/szzy/zjzy/AncientDir.aspx#

（罗昌繁 辑）

47. 吴江古代地方志数据库（吴江市图书馆）

吴江市图书馆现有线装古籍57,280册，含善本8,967册和全国孤本数种。“吴江古代地方志数据库”系该馆自建古籍全文数据库，收录古代吴江县志十部，乡镇志十四部，能够在该馆电子阅览室、古籍阅览室阅读，提供任意关键词全文检索。

目前能够在线阅读的吴江地方志有：(乾隆)《吴江县志》、(乾隆)《震泽县志》、(康熙)《吴江县志》、(康熙)《吴江县志续编》、(嘉靖)《吴江县志》、(弘治)《吴江志》、(光绪)《吴江县续志》、(嘉庆)《同里志》、(道光)《平望志》、(光绪)《平望续志》、(乾隆)《盛湖志二卷》、(乾隆)《盛湖志十四卷》、(光绪)《盛湖志补》、(嘉庆)《黎里志》、(光绪)《黎里续志》、(道光)《黄溪志》、(道光)《震泽镇志》、(顺治)《庵村志》、(民国)《儒林六都志》、(道光)《分湖小识》等。这些方志对于吴江地区研究裨益颇大。

参考网址：http://www.wjlib.com/show_news.asp?id=1453

（罗昌繁 辑）

48. 馆藏汉语文古籍检索系统（中国社会科学院图书馆）

中国社会科学院图书馆(文献信息中心)现有藏书240万册，其中古籍约20万册，珍善本书达3,650多册。1995年院图书馆设立了地方志收藏中心，经过10余年的发展，已经成为全国最大的地方志收藏机构，馆藏志书总量已达5.36万册，其中新编地方志书为26,000册。收藏的地名志1,512册，涵盖全国地名志的93%。

目前，中国社会科学院馆藏古籍书目，相应分布在院图书馆和20多个各所馆。古籍书目检索系统正在研发之中，还没有对外开放，社科院古籍数字化工程正在完善相关事宜。如果要查询社科院图书馆馆藏古籍，目前只能亲自到馆查询。部分古籍书目可以通过中国社会科学院图书馆馆藏书目检索系统查询。

参考网址：http://222.128.59.146:8991/F

（罗昌繁 辑）

49. 馆藏中医古籍目录数据库（中国中医科学院图书馆）

中国中医科学院图书馆是我国中医药图书文献资源中心，是全国乃至全世界馆藏中医药书刊文献和收藏中医古籍珍善本最为丰富的单位之一。现有藏书 32 万余册，其中中医古籍 5 千余种 6 万余册，包括珍善本医书 2 万余册。中医古籍的保护、整理、研究与开发利用是中国中医科学院图书馆的一项重要工作。该馆编撰的《中国中医研究院图书馆馆藏中医线装书目》、《中国中医研究院图书馆馆藏善本丛书》、《中医主籍孤本大全》具有极高学术研究、文献研究及临床实用价值。“馆藏中医古籍目录数据库”可选择字段浏览：默认、正书名、交替书名、合订书名、著者、版本、索书号。中国中医科学院图书馆“馆藏中医古籍目录数据库”记录条数：10,610 笔。

中医是我国传统国粹，了解古代中医发展情况，离不开中医古籍，中国中医科学院图书馆馆藏古籍丰富。许多中医古籍，都有多个版本，比如《神农本草经》，既有国内诸多版本，还有海外如日本的版本。另外，还有收录了诸多有关医学、药学的丛书，如《古今图书集成医部全录》是《古今图书集成》的一部分，收录了自《黄帝内经》到清初的医学文献 100 余种，既有基础理论的介绍，也有分科治疗的记载，论方结合，叙述详细，还有一些关于医家的故事、传记等，文献价值较大。海外的药学丛书如《东医宝鉴》，是朝鲜古代药学史上的巨著，其在韩国医学史上的地位，可与中国李时珍的《本草纲目》相比，并且两书刊印时间相差不远，是具有很大价值的海外药学丛书。另外，如《中西汇通医经精义》等，有助于了解西医初入中国时，医家沟通中西医学的尝试与努力。总之，这是一个版本多样的海内外中医古籍文献渊薮库。

参考网址：http://lib.cintcm.ac.cn:8001/page/Brw_Tmpl1.cbs?ResName=gcgj

（罗昌繁 辑）

50. 馆藏古籍目录（清华大学图书馆）

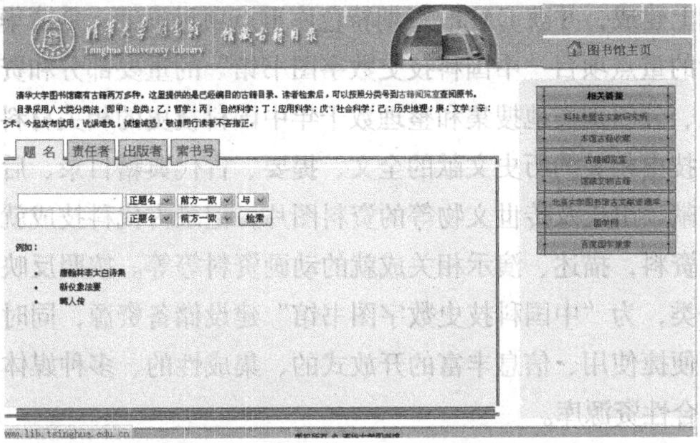

清华大学图书馆目前珍藏有中文古籍 2.8 万余种、23 万余册，其中被《中国古籍善本书目》收录者 1,885 种、孤本 425 种。这些馆藏古籍文献涉及文理各科，四部皆备。该馆馆藏古籍中有诸多善本，如宋宝祐 5 年（1257）刻元、明递修本《通鉴纪事本末》等。另外，如元刻本《唐翰林李太白诗集》，系全国孤本；明洪武 18 年（1385）内府刊本《御制大诰》，也系全国孤本；明蓝格精抄本郑良弼的《春秋续义纂要发微》，系全国孤本，这些孤本的文献价值不言而喻。清华大学图书馆还藏有商代甲骨、青铜器、金石及器物拓片、历代铜镜、古泉、唐人写经、字画、名人信札、清代缂丝佛像等文物，这些典籍与文物，都是弥足珍贵的文献材料。

清华大学图书馆馆藏古籍收藏于图书馆古籍书库，并设有古籍阅览室提供阅览服务，读者可通过馆藏古籍目录查询以后到馆阅览。

参考网址：http://166.111.120.21:4237/home/oldbook/htm/index_title.xml

（罗昌繁 辑）

51. 中国科技史数字图书馆资料库（清华大学图书馆）

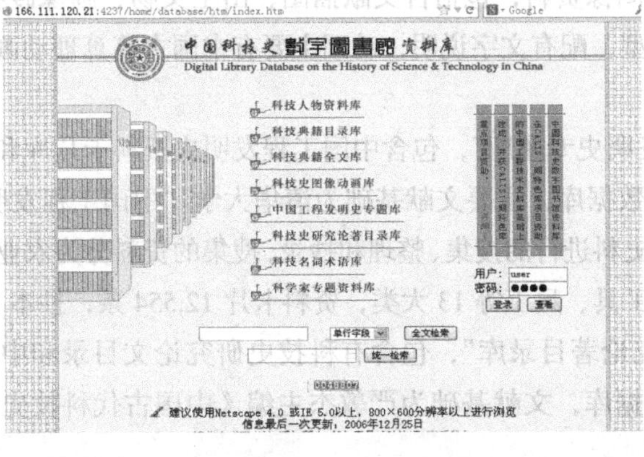

“中国科技史数字图书馆资料库”在 CALIS 一期特色库项目资助的中国工程技术史料库基础上建成，并获 CALIS 二期特色库重点项目资助，是清华大学图书馆数字图书馆建设的重点项目“中国科技史数字图书馆”的重要部分和资源基础。该资料库拟系统地、分门别类地搜集和整理数千年中国科技史的相关材料和记载，内容包括与中国科技史相关的历史文献的全文、提要、古代典籍目录、后人研究论著等成果，相关文献、出土及传世文物等的资料图片，记录古代科技成就及传统工艺等的音频、视频资料，描述、演示相关成就的动画资料等等。按照反映古代科技成就的学科门类分类，为“中国科技史数字图书馆”建设储备资源，同时，又为专业研究人员提供可便捷使用、信息丰富的开放式的、集成性的、多种媒体资源并存的有较大规模的综合性资源库。

中国科技史数字图书馆资料库下辖八个子数据库，每个子数据库下又分为数个小数据库：

“科技人物资料库”，包含有古代科学家传记全文库、科技人物籍贯、生卒年查询、明、清来华科技人物年表、近现代科技人物目录四个分数据库，主要文献基础为“二十五史”、清代学者阮元所著《畴人传》、李迪、查永平编撰《中国历代科技人物生卒年表》及附录“明清西方来华科技人物生卒年表”、《中国科学技术人物辞典》等资料；

“科技典籍目录库”，包含有清华大学馆藏古籍目录、国内中算典籍目录、日韩藏中算书目、民国科技著作目录四个分数据库，主要文献基础为清华大学馆藏古籍目录、李迪、查永平编撰《中算典籍书目汇编》、冯立升、徐泽林、郭世荣所编《日本、韩国现存中国历算书目汇编》等资料；

“科技典籍全文库”，包含有数学典籍、天文历法典籍、工程技术典籍三个分数据库，收录中国古代数学典籍 100 余种、工程技术典籍文字及图示；

“科技史图像动画库”，包含有图像资料库和动画视频资料库两个分数据库，图像主要是机械史图像资料，包括古文献插图、出土文物、画像砖石、绘画、壁画、手绘图和复原模型，配有文字说明，动画主要有中国古算算理动画演示和古代机械动画；

“中国工程发明史专题库”，包含中国工程发明史资料卡片库和中国工程发明史资料检索二个分数据库，主要文献基础为清华大学“中国工程发明史编辑委员会”对中国工程技术史料进行的搜集、整理和抄录，搜集的资料分为农业机械、纺织机械、天文仪器、交通工具、兵工等 13 大类，资料卡片 12,554 条，抄本 3,929 件；

“科技史研究论著目录库”，包含有科技史研究论文目录和中国数学史研究论文目录两个分数据库，文献基础为严敦杰主编《中国古代科技史论文索引》与李迪、李培业编撰《中国数学史论文目录》(1906—1985年)，收录了1900—1979年大陆地区中文期刊和报纸上所载科技史论文共计近7,500条，同时包括从1906年到2004年间我国学者发表的中国数学史研究论文目录和少量译自外文的中数学史论文目录数据；

“科技名词术语库”，主体为中国古算名词术语库，该数据库条目由徐泽林先生撰稿，包括大家熟知或不甚熟悉的筹、方程、勾股、算术、河图、洛书、太一算、两仪算、三才算等古算名词术语，也介绍了一些古代的儿童玩具，如七巧板等；

“科学家专题资料库”，包含有华罗庚照片库和刘仙洲照片库两个分数据库，收录华罗庚90余幅照片以及刘仙洲近80幅照片。

“中国科技史数字图书馆资料库”面向读者免费开放使用，读者登录清华大学图书馆网站后，在“特色资源”栏点击“中国科技史数字图书馆资料库”，进入数据库主页面，用户名和密码均已设定，读者直接点击“登录”，即可进入各分数据库进行浏览查询。该数据库主要提供文本文字与图像、视频资料的浏览和查询。每个分数据库检索栏基本设置框架为“检索词”、“检索点”、“匹配关系”、“关系词”四个组成部分，检索方式为字段检索，科技名词术语库为名词列表浏览。检索点依据各分数据库具体内容设定，如“科技人物籍贯、生卒年查询”检索点选项为“姓名、籍贯或族别、学科及成就”，“科技史研究论文目录”检索点选项为“题名、主要责任者、刊名、分类”。文本数据及图像视频的检索和浏览。

同时，“中国科技史数字图书馆资料库”还提供了包括牛津大学科学史博物馆、国际科学史学会、中央研究院汉籍电子文献等与中国科技史文献相关的研究机构和数据库链接，帮助读者和研究者了解更多资源。

“中国科技史数字图书馆资料库”作为专业数据库，旨在服务中国科技史领域的读者和研究者，在专业领域文献的整理和数字化方面做了很多基础性工作和尝试，各分数据库一直在不断进行建设。“科技人物资料库”、“中国工程发明史专题库”等分数据库都已建设较为成熟，内容丰富，文献价值较高。这一数据库提供的文本图像浏览及检索功能，基于各数据库实际情况设计，检索点简洁而方便，搜索功能强大而准确。但是，这一数据库也存在着其不足，在文献基础上，除了“二十五史”和部分科技人物传记辞典外，多依靠清华大学本校古籍文本和整理成果，范围未免狭小；分数据库“科技典籍全文库”本应为“中国科技史数字图书馆资料库”的最主要的分数据库，但是这一分数据库所建设的内容非常有限，仅有“数学典籍”、“天文历法典籍”、“工程技术典籍”三个下辖数据库，未能涵盖“中国科技史”的主题范围，且“天文历法典籍”数据库还在建设中，无法提供浏览和查询；“科学家专题资料库”所录科学家仅华罗庚、刘仙洲两人，还应加强建设；虽然数据库网站提供了相关研究机构和文献资源的链接，但是关联度不够，可以建立联合查询导航，构建更为宽广的中国科学技术史电子文献网络。

参考网址：http://166.111.120.21:4237/home/database/htm/index.htm

（李程 辑）

52. “学苑汲古”高校古文献资源库（北京大学图书馆等）

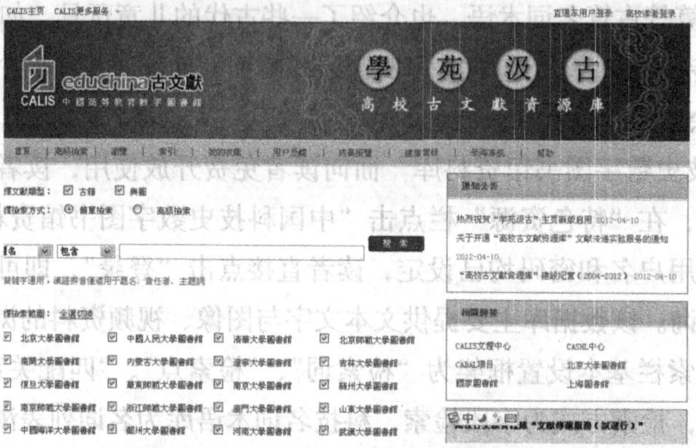

“学苑汲古－高校古文献资源库”是一个汇集高校古文献资源的数字图书馆。其最初是作为 CALIS 二期专题特色库的一个重点项目于 2004 年 6 月正式批准立项，由北京大学图书馆牵头，联合南京大学、北京师范大学和四川大学图书馆的古籍部共同建设，2006 年，该项目顺利通过验收，此后，成员馆不断增加，香港中文大学图书馆、华东师范大学图书馆、吉林大学图书馆陆续加入后，2010 年 9 月 20 日，CALIS 三期建设正式启动，CALIS 管理中心决定在 CALIS 三期建设中，将“学苑汲古－高校古文献资源库”升级为与专题特色库项目平行的重点建设项目，继续由北京大学图书馆作为牵头单位，在现有基础上吸纳古文献收藏丰富或有特色、技术力量好的高校图书馆加入，扩大联合建库的范围。新加入的成员馆有 17 所：复旦大学、中国人民大学、清华大学、中山大学、山东大学、武汉大学、南开大学、苏州大学、郑州大学、河南大学、厦门大学、辽宁大学、南京师范大学、内蒙古大学、浙江师范大学、宁夏大学、澳门大学。加上前期的七个参建馆，CALIS 三期“高校古文献资源库”项目的参建馆共有 24 个。

“学苑汲古－高校古文献资源库”采用元数据、书影、全文图像、电子图书多种形式并重的建库方式及相应的共享服务机制，资源库中的古文献类型目前为各馆所藏古籍和舆图，今后还要增加金石拓片等古文献类型。资源库内容不仅包括各参建馆所藏古文献资源的书目记录，而且还配有相应的书影或图像式电子图书。该数据库包含各成员馆馆藏古籍元数据总量 55 万条，书影 21 万幅，全文图像和电子书近10万册。

“学苑汲古－高校古文献资源库”具有对古文献的简单检索、高级检索、二次检索、索引、浏览等功能。此外，主页上方还设置了“用户反馈”、“成员概览”、“建库实录”、“学海导航”等栏目，用户可根据各自的需要浏览使用。用户分为社会用户和CALIS成员馆用户两类。社会用户为匿名用户，无需登录，即可直接进行各项检索，并查看古文献书目记录的简要和详细显示结果，以及所有书影的中精度图像。检索分为简单检索和高级检索，各馆各类型文献的简单检索界面默认为主页。检索栏首行默认“古籍”、“舆图”两种文献类型，如果只检索一种文献类型，可以只勾选所需文献类型。如要进行高级检索，点选“高级检索”，即转换为各馆的高级检索界面。系统规定使用中文繁体字或汉语拼音进行检索，汉语拼音检索仅限于题名、责任者、主题词三种检索途径。读者可以在数据库主页或高级检索页面进行检索，首先显示古文献的简要结果。古籍简要结果显示页面分页显示所有检中记录的信息，每条记录包括题名、主要责任者、出版信息、版本类别、数量、典藏号、书影或电子图书图标。点击题名，可查看该记录的详细信息。该数据库具备索引功能，点击页面上方的功能栏中的“索引”，即进入各类型文献的索引界面。索引提供题名和责任者两个途径。系统默认题名索引。在索引界面的文本框中输入检索词，点击“索引”，即可在其下方显示索引结果。如果有相关的内容，即显示在索引结果的左上角第一条。索引结果为超链接。点击索引结果，即可显示所有相关书目记录的简单结果。该系统同时提供浏览功能，点击页面上方的功能栏中的“浏览”，即进入浏览界面。古籍浏览目前设有三种：版本类别，出版年代，出版地点。点击浏览节点前的“+”号，其下位类目展开；直接点击浏览类目，可以浏览该类目项所有相关书目数据的简要显示结果，并可进一步查看详细显示结果。CALIS成员馆用户还可以申请文献传递。

“学苑汲古－高校古文献资源库”在数字资源建设上有着多方面的优势：

（1）资源库规模的系统性和庞大性。成员馆单位均为馆藏丰富的高校图书馆，北京大学图书馆藏古150万册，中国人民大学图书馆、中山大学图书馆收藏古籍均达40万册，各高校图书馆统一协调，分工协作，该数据库较为鲜明地反映了高校图书馆系统的古文献资源收藏；

（2）内容的完备性和整体性。“学苑汲古－高校古文献资源库”的建设宗旨之一，就是全面反映每一个参建馆完整的古籍收藏，所以要求参建馆尽可能提交该馆全面完整的古籍书目记录，随着参建馆的日益增多，该资源库也必将成为一个名副其实的系统而完备的高校馆藏古籍联合目录数据库；

（3）数据的针对性和规范性。“学苑汲古－高校古文献资源库”对书目记录的著录系以每个藏本为单位，资源库中所有的书影图像，也是分别挂接在每一条书目记录之上，反映的是某馆某个具体藏本的面貌，为学术研究者提供了查找的便利；

（4）高效便捷的检索与目录组织体系。“学苑汲古－高校古文献资源库”没有限制性检索，所设十多个检索途径都可以进行单独检索，同时还允许各种复杂的组配检索。甚至还提供对整条书目记录的全文检索，在常规的各项检索途径之外，还提供了古籍版本类别、出版年代、出版地的浏览功能，题名和责任者的索引功能，这些独特而完备的检索手段的设置，极大地提高了数据库的使用效率，赋予了检索结果以很高的学术含量；

（5）资源库的动态性和开放性。“学苑汲古－高校古文献资源库”是一个动态的网络数字图书馆，各种数字资源的数量在不断的增加丰富中，在开放性上又表现为成员馆数量的开放和资源类型的开放；

（6）资源库的公益性。“学苑汲古－高校古文献资源库”为公益性数据库，建成以后书目记录及中精度书影图像向全社会开放，电子图书将在参建馆范围内免费共享。

参考网址：http://rbsc.calis.edu.cn:8086/aopac/jsp/indexXyjg.jsp

（李程 辑）

53. “秘籍琳琅”古文献资源库（北京大学数字图书馆）

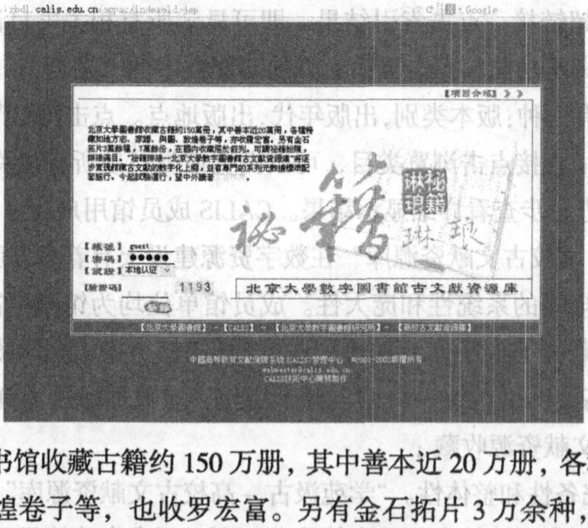

北京大学图书馆收藏古籍约150万册，其中善本近20万册，各种特藏如地方志、家谱、舆图、敦煌卷子等，也收罗宏富。另有金石拓片3万余种，7万余份，在国内收藏居于前列。可谓秘籍纷陈，琳琅满目。“秘籍琳琅－古文献资源库”是在北京大学图书馆馆藏善本古籍、普通古籍，以及金石拓片、舆图、契约等特藏文献的基础上进行相关的数字化加工而建设起来的，它包括：古文献目录、图像、全文数据库；古籍、拓片、舆图等文献资源的系列著录系统；提供给最终用户使用的检索平台。

“秘籍琳琅－古文献资源库”由北京大学图书馆负责建设，项目开始于2000年

9 月，迄今已部分完成。目前可供用户使用的有善本古籍和普通古籍、地方志、家谱书目数据库及图像库，拓片目录、录文库及图像库等，其他数据库也在加紧筹建中。系统可使用中文繁简体字或汉语拼音进行检索，汉语拼音检索仅限于题名、责任者、主题词三种检索途径。“秘籍琳琅－古文献资源库”用户分为普通用户、阅览室用户、图书馆员三级；普通用户可以查看古籍书目记录的简要和详细显示结果，拓片书目记录的简要显示结果，以及各类型文献相应图像的缩略图；阅览室用户可以查看书目记录的详细显示结果和中精度图像，可执行“收藏”功能的操作，并下载一定数量的书目数据；图书馆员可以查看书目记录的详细显示结果和高精度图像，并执行打印、下载等系统设置的所有功能，以帮助读者满足其有关需求。普通用户登录数据库操作时，首先登录北京大学图书馆网站，在“资源”栏中选择“特藏资源”下的“古文献资源库”，显示“秘籍琳琅”登录页面，账号和密码已经由预置，认证选择“本地认证”，填写系统随机分配的验证码，点击“登录”，即可进入数据库主页面。

“秘籍琳琅－古文献资源库”主页面工具栏包括“检索”、“浏览”、“索引”、“时空检索”、“我的收藏”、“使用说明”、“留言”、“重新登录”等，打开每一栏都有其独立的工作页面。

（1）“检索”。“检索”分为简单检索和高级检索两种模式，点击页面上方功能栏中的“检索”，即进入各类型文献的简单检索界面。如要进行高级检索，点选“高级检索”，页面下方即转换为多选库的高级检索模式。在检索的文献类型上，可单独选择“古籍”或“拓片”，也可都选。古籍库简单检索设置了题名、责任者、主题词、典藏号、全面检索等五种检索途径，而拓片库简单检索则设置了题名、责任者、关键词、金石年代、金石所在地、典藏号、全面检索等七种检索途径。高级检索有多个选择检索点的下拉菜单和检索词输入框，可以输入多个检索词实现多个检索字段的组配检索，也可只输入一个检索词进行检索。古籍库的高级检索，检索途径为：题名、责任者、主题词、典藏号、出版者、出版地、出版年代，限定条件为版本类别、装订方式、语种。限定条件一般使用下拉菜单，如用户想自由输入检索词，可选择下拉菜单中的“其他”，则其右方会弹出一个输入框，用户在其中输入检索词检索即可。限定条件也可单独进行检索。拓片库的高级检索，检索途径为：典藏号、题名、责任者、金石年代、金石所在地、关键词。限定条件为版刻、版本、铭文语种、金石类型、金石材质、书法特征。限定条件也可单独进行检索。

（2）“浏览”。浏览为系统登录后的默认界面。古籍浏览目前设有三种：版本类别、出版年代、出版地点；拓片浏览目前设有四种：朝代、金石所在地、金石类型、版本类型。点击浏览节点前的“+”号，其下位类目展开；直接点击浏览类目，可以浏览该类目项所有相关书目数据的简要显示结果，并可进一步查看详细显示结果。

（3）“索引”。索引提供题名和责任者两个途径，对古籍或拓片等文献类型的书目记录分别抽取索引，并显示相关记录。系统默认古籍的题名索引。在索引界面的文本框中输入检索词，点击“索引”，即可在其下方显示索引结果。如果有相关的内容，即显示在索引结果的左上角第一条。索引结果为超链接。点击索引结果，即可显示所有相关书目记录的简单结果。同时，在“索引”检索框下面，列有 A-Z 的书名首字母音序索引，点击每个字母，下方的列表即显示此字母开头的书籍名称，点击需要阅读的书名，则进一步显示详细结果。

（4）“时空检索”。“时空检索”界面主要由四部分组成：中间部分是地图显示区；中间下方是时间拖拉条和朝代菜单，两者是对应一致的，使用其中之一可以看到另一个的相应变化；左边是系统工具，包括从时空检索回到 opac 的接口；系统默认的背景地图是现代地图，地图上可以显示国界、省界、地形、地貌、河流、省县级地名等，通过选择激活图层来实现。系统还提供了若干朝代的历史地图，使用朝代拖拉条或朝代菜单选择某一个朝代，该朝代的历史地图会迭加在现代地图上，通过不同颜色来区分历史地名与现代地名。“时空检索”现具有两种功能：可以在不同朝代的历史地图上按照用户划出的区域进行检索；可以在地图上反映用户检索的结果集，定位出拓片所反映的原器物的出土或刻立地点，可以直观分析数据分布，补充检索式检索的不足。点选激活拓片图层，就可以在地图上显示拓片所反映的原器物的出土或刻立地点。目前已经可以分别提供墓志、墓碑、刻经、造像及全部拓片共五种类型的拓片图标。

（5）“我的收藏”。选择检中记录（包括拓片的复本级记录）前面的多选框，然后点击“收藏”按钮，系统自动将选中的记录放到“我的收藏”中；如果想要收藏当前页全部检中记录，则点击页面下方的“全选”，然后点击“收藏”按钮，系统则自动将当前页全部检中记录放到“我的收藏”中。打开“我的收藏”，选择文献类型，可浏览已收藏的全部书目记录。先选择下载文件的格式，然后点击“下载”，可下载保存被选中的记录。

在检索或浏览结果的显示上，“古籍”的每条记录包括题名、主要责任者、出版信息、版本类别、典藏号和图片，其中，如果用户有权限，题名和图片为超链接，否则无超链接。点击题名，可查看该记录的详细信息，点击图片，可查看该记录的相关图像；“拓片”的每条记录包括正题名、其他题名、责任者、金石年代、金石所在地、版刻及说明、书体、复本量和图片，其中，如果用户有权限，正题名和图片为超链接，否则无超链接，点击图片链接，可查看该记录所有复本的相关图像。

北京大学图书馆所藏古籍，在数量和质量上，都居于全国高校图书馆之首，“秘籍琳琅－古文献资源库”的建设，既有利于古籍的保存，同时也有利于学术资源的共享，进而推动相关学术研究的发展。该数据库在工作页面设计上，风格简约，但是在检索功能和浏览功能方面，又分类精审，功能强大，同时，该数据库在尽可能的范围内提供原书或原拓片的图像，增加了文献的共享度和利用度。“我的收藏”的工具栏的设置，体现了该数据库以读者为本的设计原则，给读者使用文献提供了更多便利。该数据库的设计理念和具体功能，堪称高校古籍数据库建设的典范。

参考网址：http://rbdl.calis.edu.cn/aopac/indexold.jsp

（李程 辑）

54. 家谱研究文献数据库（南开大学图书馆）

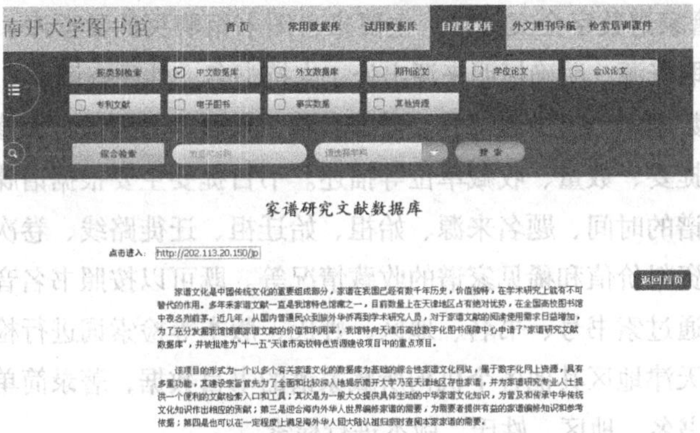

家谱文献一直是南开大学图书馆特色馆藏之一，馆藏家谱的数量在天津地区占有绝对优势，在全国高校图书馆中也名列前茅。南开大学图书馆馆藏家谱总计 347 种 357 部，涉及姓氏 114 个，谱籍地域涵盖全国 23 个省市，明代至民国年间纂修的家谱均有收藏，以清代和民国所修为主，版本类型齐全，包括刻本、活字本、石印本、铅印本、影印本、写本、抄本和油印本等。南开大学图书馆“家谱研究文献数据库”，为“十一五”天津市高校特色资源建设项目中的重点项目。该项目的形式为一个以多个有关家谱文化的数据库为基础的综合性家谱文化网站，属于数字化网上资源，具有多重功能，其建设宗旨：首先是，为了全面和比较深入地揭示南开大学乃至天津地区存世家谱，并为家谱研究专业人士提供一个便利的文献检索入口和工具；其次是，为一般大众提供具体生动的中华家谱文化知识，为普及和传承中华传统文化知识作出相应的贡献；第三是，迎合海内外华人世界编修家谱的需要，为需要者提供有益的家谱编修知识和参考依据；第四是，可以在一定程度上满足海外华人回大陆认祖归宗时查阅本家家谱的需要。“家谱研究文献数据库”以南开大学馆藏纸本文献为数据来源，首先选择一批使用频率高、具有特色的家谱进行数字化加工，现在已经共计完成 50 种，239 册，43,783 拍，同时注重吸取其他单位家谱总目提要数据库建设经验，增加新的著录项目，加强数据库的建设。

该数据库在数据采集、加工及功能设计完成后，根据电子数据库相关技术标准统一建库，系统采用BS结构，通过Web网页发布及更新信息，设置后台管理页面，便于数据库维护人员随时更新数据信息。

“家谱研究文献数据库”主要包括“全文数据库”、“书目数据库”、“研究论著检索数据库”、“视频数据库”四个子数据库。

（1）全文数据库。收录50种馆藏家谱全文扫描图像，读者不仅可以浏览阅读，还可以根据书号、书名、地区和姓氏等字段进行检索。用户可以根据个人阅读习惯选择双页或者单页的图像显示方式，图像可以根据比例放大。这一子数据库还提供了50余种古籍家谱数字全文链接，主要来自图书馆购买的数据库、文史学术论坛及各类开放获取资源，明确标明来源出处，支持书名、姓氏查询。

（2）书目数据库。提供索书号、谱牒名称、书影、谱籍地、编修人、编修年代和版本、书目提要、数量、收藏单位等描述。书目提要主要根据谱牒内容揭示纂修次数、每次修谱的时间、题名来源、始祖、始迁祖、迁徙路线、卷次内容、名人题跋事迹、重要资料价值和稀见家谱的收藏情况等。既可以按照书名音序首字母逐页浏览，也可以通过索书号、书名、地区、姓氏、版本等检索词进行检索。这一子数据库还收集了天津地区其他各个机构所藏家谱的书目数据，著录简单项目，也可以通过索书号、书名、地区、姓氏、版本进行检索。

（3）研究论著检索数据库。主要收集国内外学者发表的家谱研究论著和论文，包括专著、期刊论文、学位论文、专题报告、报刊资料等多种类型文献，涉及中文、英文、日文三个语种，收录时期至2010年9月。数据库内容可按时间顺序全部浏览，也可以根据题名和作者进行检索。

（4）视频数据库。设置“馆藏特色家谱专家点评”和“专家讲座视频”两个讲座视频栏目，每个栏目邀请两位家谱研究领域的专家分别录制一段讲座视频。“馆藏特色家谱专家点评”主要是对馆藏家谱价值的学术性点评，推介馆藏资源，引导学术研究；“专家讲座视频”则侧重于家谱知识的传播和普及，有助于一般读者对于家谱文献的了解。

“家谱研究文献数据库”在工作页面的设计上，采用人性化的方案，具有新颖性、实用性和创新性的特点。四个子数据库的建设，专业性和学术性特色突出。知识性栏目的建设，则以一般读者为对象，图像、动画和视频等阅读形式生动而形象。在“读者反馈”栏目中，用户可以在线提交咨询和建议，反馈使用信息，管理人员会对相应问题作出回应。“计数器”控件则可以通过技术手段分析数据库及各个栏目的使用情况。此外，数据库还提供了“主要家谱收藏单位名录”、“家谱相关网站链接”、“国内外家谱软件简介”和“家谱文化信息”等工具栏，为用户获取更多的资源提供了知识链接。“家谱研究文献数据库”在页面设计和数据库建设上的收获和经验，为其他高校特色古籍数据库的建设提供了有益的启示。

（参考文献：林红状：《高校古籍特色数据库建设实践探讨——以南开大学图书馆家谱研究文献数据库建设为例》，《图书馆工作与研究》，2011 年第 11 期）

参考网址：http://202.113.20.150/jp

（李程 辑）

55. 古籍书目检索系统（复旦大学图书馆）

复旦大学图书馆馆藏线装古籍珍本荟萃，共有约 40 万册，系集王同愈、李国松、庞青城、高燮、丁福保、王欣夫、赵景深等各家藏书精华而成。四部典籍，大致齐备。其中善本书 7,000 余种，近 6 万册，内有宋、元、明刻本 1,000 余种，抄本、稿本近 2,000 种，清刻孤本、稀见本、精本、批校本 3,000 余种。

“复旦大学图书馆古籍书目检索系统”仅为用户提供书目检索功能，包含“馆藏书目”和“专题书目”两个部分。“馆藏书目”分“线装书目”、“中华再造善本”、“四库系列丛书书目索引”，其中，“四库系列丛书综合索引”收录有“景印文渊阁四库全书”、“四库存目丛书”、“续修四库全书”、“四库全书珍本”、“景印摛藻堂四库全书荟要”、“四库禁毁书丛刊”、“四库禁毁书丛刊补编”、“四库未收书辑刊”等四库系列丛书；“专题书目”分“明人文集书目”、“清人文集书目”、“影印本方志书目”。“馆藏书目”的书目题录数据来源，基于复旦大学图书馆馆藏，“专题书目”中的“明人文集书目”和“清人文集书目”的数据来源，除了复旦大学图书馆馆藏外，还包括中国国家图书馆、中科院图书馆、上海图书馆、天津图书馆、南京图书馆、浙江省图书馆、辽宁省图书馆、湖北省图书馆、北京大学图书馆及香港、台湾、日本、北美等地区图书馆之收藏。

该数据库对于用户浏览器的建议分辨率为800×600,在检索时要求使用GBK(国标扩展码)繁体字检索。检索键设置"书名"和"著者"两个检索项。"线状古籍书目"、"中华再造善本"、"影印本方志书目"提供包含有两行检索键的高级检索。各数据库在用户检索后提供的检索结果略有不同,"线状古籍书目"用户输入检索字段后,数据库提供"索书号"、"书名"、"著者"、"版本"、"册函"、"登录号"等书目信息;"中华再造善本"提供"索书号"、"书名"、"册数"、"函数"、"著者"、"版本"等著录项;"四库系列丛书综合索引"提供"书名"、"著者"、"版本"、"出处"、"册次"、"分部"等条目;"明人文集书目"显示"书名"、"著者"、"版本"、"收藏","收藏"具体标识书籍所在的多个具体收藏单位;"清人文集书目"比"明人文集书目"多了一个"题跋"条目,收录检索书籍的相关题跋信息;"影印本方志书目"检索结果显示"原序号"、"题名"、"册次"、"著者"、"版本"、"册数"、"分辑名"、"丛书名"、"馆藏索书号"、"馆藏地"、"备注"等详细著录项。

"复旦大学图书馆古籍书目检索系统"属于高校自建小型古籍书目检索数据库,页面简单、实用,专业性较强,为专业研究者提供了很大的便利,其中如"四库系列综合索引"整合了多种四库系列丛书的数据资源,使四库系列内的检索变得极为便利,"明人文集书目"和"清人文集书目"则在更大的范围内提供明、清两代文集在国内外的馆藏情况,有利于用户获取更多的学术参考。但是,该数据库功能较为单一,仅提供书目检索功能,规模较小,如果能在此基础上将复旦大学丰富的馆藏古籍文本数字化,实现古籍全文浏览和检索,则其发挥的作用将更大。

参考网址:http://202.120.227.11/F

(李程 辑)

56. 中医古籍善本书目提要数据库(上海中医药大学图书馆)

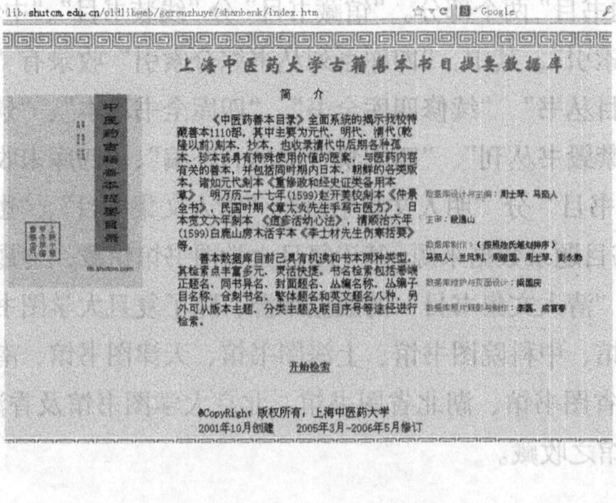

上海中医药大学图书馆特藏古籍善本约1,110部，其中主要为元代、明代、清代（乾隆以前）刻本、抄本，也收录清代中后期各种孤本、珍本或具有特殊使用价值的医案，与医药内容有关的善本，并包括同时期内日本、朝鲜的各类版本。诸如元代刻本《重修政和经史证类备用本草》，明万历27年（1599）赵开美校刻本《仲景全书》，民国时期《章太炎先生手写古医方》，日本宽文6年（1666）刻本《痘疹活幼心法》，清顺治6年（1599年）白鹿山房木活字本《李士材先生伤寒括要》等。

“中医古籍善本书目提要数据库”主要依据上海中医药大学馆藏文献建设，内容包括近1,000部中医古籍的基本信息，包括书名、著者、版本、卷数、内容简介及价值特点。善本数据库目前已具有机读和书本两种类型。书名检索包括卷端正题名、同书异名、封面题名、丛编名称、丛编子目名称、合刻书名、繁体题名和英文题名八种，另外可从版本主题、分类主题及联目序号等途径进行检索。

该数据库检索丰富多元、灵活快捷、专业性强，为中医古籍研究提供了便捷有效的电子文献服务。

参考网址：http://lib.shutcm.edu.cn/gerenzhuye/shanbenk/index.htm

（李程 辑）

57. 中国年谱数据库（华东师范大学图书馆）

华东师范大学馆藏古籍丰富，线装古籍约32.4万册，年谱是其特色馆藏之一。发挥自身优势，针对本校人文学科建设的需要，华东师范大学图书馆自建了“中国年谱数据库”。目前，该数据库已经完成约3,700多位古今人物近万种年谱的数字化整理。

“中国年谱数据库”由“年谱数据库”、“谱主数据库”、“谱主影音数据库”、“谱主图片数据库”、“谱主论著数据库”五个子数据库组成。其中，“年谱数据库”是“中国年谱数据库”的主库，收集了3,700多位古今人物的年谱近万种，每种年谱均有谱表的简要介绍，其中多数年谱提供全文浏览服务，浏览全文时，要求用户在本地电脑安装最新的全文浏览器；“谱主数据库”主要内容为“年谱数据库”所收录的人物年谱谱主的生平事迹简介；“谱主影音数据库”收集了500多位古今人物的影音资料；“谱主图片数据库”包含了有关谱主的图片5,000多幅；“谱主论著数据库”主要收集了华东师范大学图书馆馆藏文献中由“谱主数据库”中人物撰写的论著信息。

“中国年谱数据库”作为高校自建的专业性较强的专题数据库，其主要特点是其内容的系列化和形式的多媒体化。该数据库的五个子数据库彼此形成一个有机知识整体，库与库之间互相关联，检索某一谱主，便能方便地跳转浏览到与其有关的其他子库，如谱主的生平简介、各种谱表介绍、年谱全文（大部分谱表能在线浏览全文）；多媒体技术在数据库建设中的应用，生动形象，使得读者能够观赏到部分谱主的视频资料及图片资料，加深对于谱主的了解和认识。

参考网址：http://202.120.82.49/tpi_14/sysasp/share/login.asp?sysid=72

（李程 辑）

58. 古文献资源网（浙江大学图书馆）

浙江大学图书馆馆藏古籍总量约有16万余册，其中善本1,700余种，2万余册，西溪馆舍收藏13.6万余册，玉泉馆舍收藏1.6万余册，紫金港农医馆舍收藏1万余册。所收古籍年代上起宋代，下迄民国时期，其中宋刻本一部，元刻本五部，明刻本700余部，据《中国古籍善本书目》统计，有近百种善本书为全国独家馆藏。馆藏古籍中，以名家稿本、抄本及批校题跋本最具特色，稿本如清代孙诒让稿本20种；批校题跋本如孙诒让批校题跋本近百种，另有清人何焯、顾嗣立、何绍基、彭元瑞等，近人马一浮、马叙伦、姜亮夫等批校题跋本多种；抄本如明代淡生堂抄本、清代知不足斋抄本、清代内府抄本、清代玉海楼抄本等。

浙江大学图书馆“古文献资源网”基于浙江大学馆藏善本古籍、普通古籍、影印古籍、电子古籍建成，目前主要提供书目检索服务。主页面工具栏分为“资源检索”、“数据库”、“网络资源”、“资源展示”、“读者服务”五个专栏。普通读者可在“资源检索”工具栏对西溪校区馆藏线装古籍（含普通古籍与善本古籍）、四库系列丛书子目、中华再造善本、中国基本古籍库子目进行统一检索，读者在检索必须使用 GBK 码的繁体字检索，异体字尚不能全部通检，如一次检索不成功时，则需换字或缩减检索词再检；“数据库”汇集了浙江大学图书馆自建或购买的古籍类数据库，并对每个数据库的特色、使用方法及使用技巧等有简单说明；“网络资源”收集网络上质量较高的古文献资源网站，以书目索引、全文古籍、人物数据等为门类进行分类导航，使读者能以简驭繁，便捷利用各种网络资源；“资源展示”从不同角度展现馆藏珍贵古籍的特点与内涵，以期在弘扬传统文化的同时，提高读者对珍贵古籍的关注程度和对古籍的保护意识；“读者服务”包含使用指南、规章制度、资源动态、预约咨询等内容。

浙江大学图书馆“古文献资源网”在馆藏古籍和影印古籍、电子古籍的书目检索上，很好地做到了实现关联整合，给一般读者检索查询资源提供了很大的便利，但是，“古文献资源网”目前仅有检索功能，而没能有效地以馆藏古籍为基础形成全文检索图文库，使得文献资源的利用度相对较低，如能将馆藏古籍逐步数字化，形成一定规模的数据库，在更大的范围内资源共享，则可以发挥更大的作用。

参考网址：http://210.32.157.68/TPI60/default.aspx

（李程 辑）

59. 苏州方志库（苏州大学图书馆）

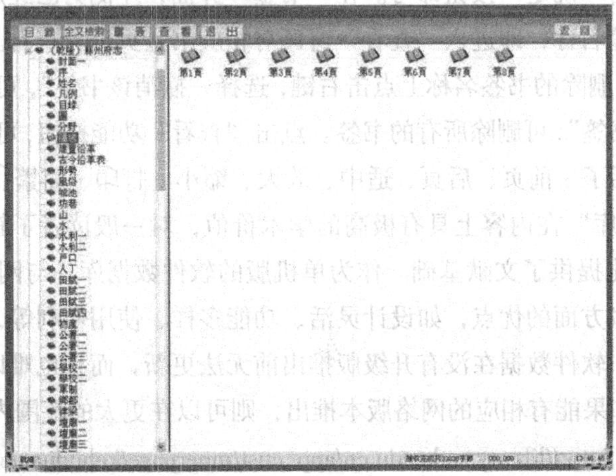

据《江苏旧方志提要》统计，苏州有各类方志 309 种，数量为全国方志之冠。

方志文献是苏州图书馆古籍部的重要馆藏之一。“苏州方志库”数据库软件是苏州大学以苏州图书馆古籍馆藏为基础，全面搜索苏州地方典籍资料，加以建设的以方志文献为主要内容的全文检索数据库系统。

该数据库总括了苏州、常熟、昆山、吴江、太仓的府县志、乡镇志、人物志、园林名胜志共209部，实现了对数据库内容的查看、检索、简繁转换、导出、打印等功能，内容准确，操作简易，界面美观，方便用户使用。数据库软件采用的是服务器/客户端方式，对服务端和客户端的软件系统要求如下：服务端操作系统为Windows 2000 Server中文版或Windows 2003 Server中文版；客户端操作系统为Windows XP中文版。用户在第一次使用时需首先下载客户端软件“RTBookSetup.exe”，然后本地运行。

在软件安装完成后，运行“苏州方志库客户端V1.0”，进入数据库工作页面。在主界面的左边是“苏州方志库”的目录树，单击□号或双击□后面的分类名，则出现相应分类的书目内容，双击某一部书，如（乾隆）《苏州府志》，单击“疆域”，则这时“疆域”的详细页数显示在主界面的右边，双击某一页，则进入“查看”界面，并显示相应页的内容，屏幕的左边为该页的原始图片，屏幕的右边为该页的文字信息。数据库提供收录方志文献的全文浏览和检索，点击“全文检索”按钮，进入“全文检索”界面。检索条件默认为全部书目。在检索方式上，“与”匹配为检索出同时包含所有检索内容的页面，“或”匹配为检索出包含检索内容任何一项的页面。对于检索内容的要求，用户输入想要检索的字或词，多个字和词用空格隔开。该数据库软件还设置了“书签”功能，用户点击“书签”功能按钮，可以进入“书签”界面。在“查看”界面，右键单击左边图，在弹出菜单中点击“添加到书签夹”，在弹出框中点击“确定”按钮即可。在“书签”界面，左侧为已经加入的书签页的名称，点击书签名称，即进入“查看”窗口对相应书签页进行查看。用户如果需要删除书签，在要删除的书签名称上点击右键，选择“撤消该书签”，可删除当前书签，或“撤消所有书签”，可删除所有的书签。点击“查看”功能按钮，可以进入“查看”界面，功能包括了：前页、后页、适中、放大、缩小、打印、简繁、设置。

“苏州方志库”在内容上具有极高的学术价值，对一般读者了解与研究苏州的几千年历史文化提供了文献基础。作为单机版的软件数据库，与网络数据库相比，该数据库有其多方面的优点，如设计灵活、功能多样、使用便利等，但是，由于无法与网络关联，软件数据在没有升级版推出前无法更新，而且也难以实现用户和数据库的交互，如果能有相应的网络版本推出，则可以在更大的范围内体现其价值。

参考网址：http://library.suda.edu.cn/app_cust/innerpage/kehuduan/szfz.htm

（李程 辑）

60. 中国汉代画像石砖数据库（江苏师范大学图书馆）

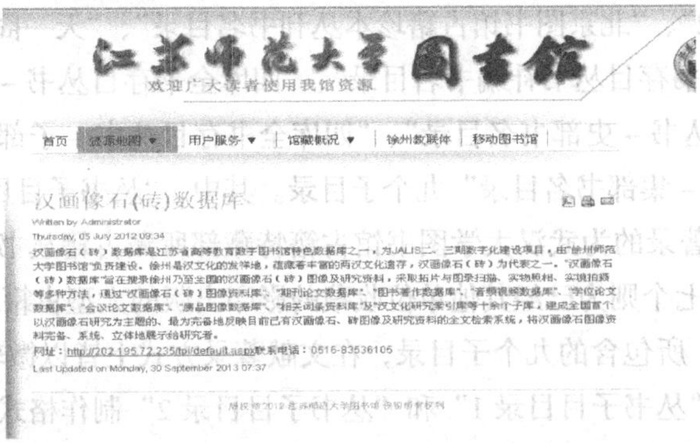

“中国汉代画像石砖数据库”是根据 CALIS 特色数据库的建库标准，以 TPI 为建库平台，对中国汉代画像石砖的储备、分布和研究形成统一、协调、优化的系统。数据库立足徐州，面向全国，围绕汉代画像石砖，汇集报道、研究、收藏汉代画像石砖的各类信息，涉及到图片、期刊论文、学位论文、会议论文、报纸、图书等多种载体，并利用计算机技术、多媒体技术、数据库技术、图像处理技术、网络技术等等新信息技术，实现中国汉代画像石砖数据库管理和网上信息服务。

参考网址：http://202.195.72.39/tpi/default.aspx

（毛建军 辑）

61. 丛书目录（武汉大学图书馆）

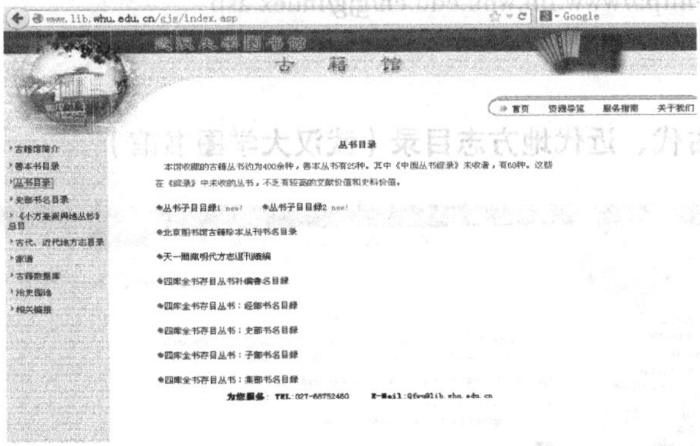

武汉大学图书馆古籍部是全国古籍重点保护单位，馆藏有线装古籍近 20 万册，善本 800 余种约 1.4 万册，其中有 64 种古籍入选《国家珍贵古籍名录》，地方志 1,600 余种、家谱 400 余种。专以丛书而论，馆藏古籍丛书约为 400 余种，善本丛书有 25 种。其中《中国丛书综录》未收者，有 68 种。这些在《综录》中未收的丛书，不乏有较高的文献价值和史料价值。

“丛书目录”以武汉大学馆藏丛书为文献基础进行编目，包括“丛书子目目录 1”、“丛书子目目录 2”、“北京图书馆古籍珍本丛刊书名目录”、“天一阁藏明代方志选刊续编”、“四库全书存目丛书补编书名目录”、“四库全书存目丛书 – 经部书名目录”、“四库全书存目丛书 – 史部书名目录”、“四库全书存目丛书 – 子部书名目录”、“四库全书存目丛书 – 集部书名目录”九个子目录。其中，“丛书子目目录 1”和“丛书子目目录 2”所著录的为武汉大学图书馆古籍特藏部所藏古籍丛书和小型常见影印古籍丛书，其余七个则为已经其他单位收藏的影印出版的大型古籍丛书。

“丛书目录”所包含的九个子目录，在文献著录方式上皆以微软 word 文档编辑软件作为工具。“丛书子目目录 1”和“丛书子目目录 2”制作格式为表格形式，著录项包括“子书名”、“编纂者”、“分类号”、“册”，按照丛书书名的拼音排列；其余七个大型丛书所收具体书目信息则依照原出版著录项以文档方式编辑。读者下载以后可以直接打开浏览，使用 word 文档提供的检索工具进行检索。

“丛书目录”将武汉大学馆藏善本古籍丛书和普通古籍丛书、大型古籍丛书加以编目整理，学术性突出，有利于研究者更为便捷地查找所需文献资料，为研究工作提供了指引。但是，由于 word 软件对于文献信息的编辑功能有限，“丛书目录”仅做了最为基础的著录信息录入工作，读者在检索使用这些丛书时，了解的信息量有限，校外读者难以检索阅览。在目前互联网数据库建设蓬勃发展的形式下，武汉大学图书馆如能将馆藏古籍丛书加以数字化整理加工，形成全文浏览、检索的小型数据库，这些丛书的学术意义会体现得更为充分。

参考网址：http://www.lib.whu.edu.cn/gjg/index.asp

（李程 辑）

62. 馆藏古代、近代地方志目录（武汉大学图书馆）

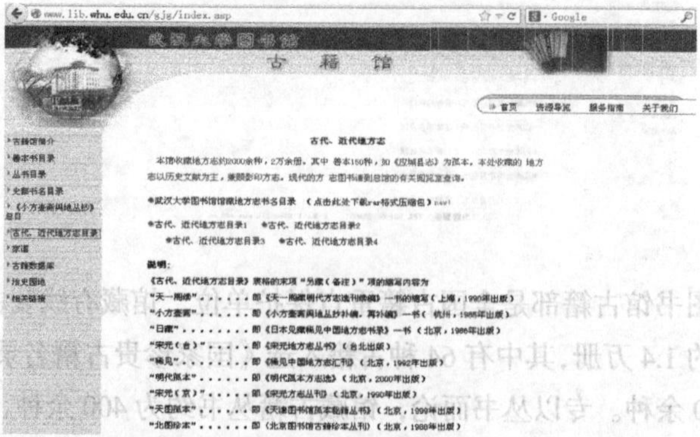

武汉大学图书馆收藏地方志约 2,000 余种，2 万余册，善本 150 种，其中如《应城县志》为孤本。馆藏地方志收藏以历史文献为主，兼顾影印方志。

“古代、近代地方志目录”共有五个子目录，分别为：“武汉大学图书馆馆藏地方志书名目录”、“武汉大学图书馆特藏部地方志目录 1”、“武汉大学图书馆特藏部地方志目录 2”、“武汉大学图书馆特藏部地方志目录 3”、“武汉大学图书馆特藏部地方志目录 4”。其中，“武汉大学图书馆馆藏地方志书名目录”以地方志书名首字母音序排序，“武汉大学图书馆特藏部地方志目录”的四个目录则按照省市地区排序。五个子目录的书目著录均以武汉大学馆藏地方志和其他单位影印出版的古代方志为文献依据，用微软 word 软件加以数据整理，形成表格样式，著录项皆包含有“索书号”、“书名”、“责任者”、“版本”、“另藏（备注）”五项。读者下载以后可以直接打开浏览，使用 word 文档提供的检索工具进行检索。

武汉大学图书馆“古代、近代地方志”书目的数据整理，与“丛书目录”一样，都是较为简单的书目录入，虽然便于读者对馆藏方志文献进行查找和总体了解，但是没能与时俱进，形成一定规模的具备检索和浏览功能的全文数据库资源。

参考网址：http://www.lib.whu.edu.cn/gjg/index.asp

（李程 辑）

63. 书院文化数据库（湖南大学图书馆、岳麓书院）

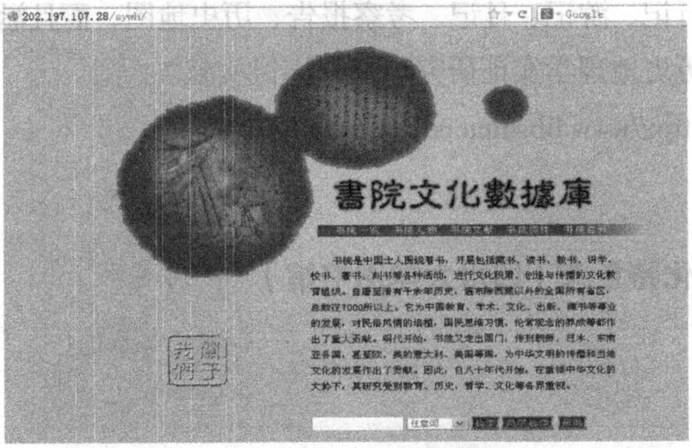

湖南大学图书馆与岳麓书院合作建置。数据库旨在通过图书馆的现代化信息处理技术和数字化的手段将中国传统文化的精髓呈现给世人。“书院文化数据库”设书院一览、书院人物、书院文献、书院揽胜、书院百科五个栏目。每个栏目下分若干专题，并以导航树形式向读者层层推荐，介绍了中国、韩国、日本、朝鲜、美国、意大利、东南亚等地 7,500 余家书院的概貌及其沿革以及与书院有关的人物，收录了部分书院的原始文献、研究文献，展示了与书院有关的一些文物图片、视频资料等，现收录数据 2.5 万余条。

参考网址：http://202.197.107.28/sywh/

（毛建军 辑）

64. 历史地理学科文献数据库（陕西师范大学图书馆）

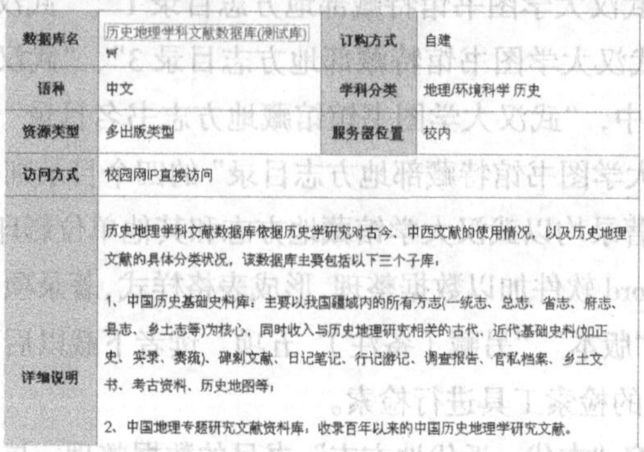

数据库名	历史地理学科文献数据库(测试库)	订购方式	自建
语种	中文	学科分类	地理/环境科学 历史
资源类型	多出版类型	服务器位置	校内
访问方式	校园网IP直接访问		
详细说明	历史地理学科文献数据库依据历史学研究对古今、中西文献的使用情况，以及历史地理文献的具体分类状况，该数据库主要包括以下三个子库： 1、中国历史基础史料库：主要以我国疆域内的所有方志(一统志、总志、省志、府志、县志、乡土志等)为核心，同时收入与历史地理研究相关的古代、近代基础史料(如正史、实录、奏疏)、碑刻文献、日记笔记、行记游记、调查报告、官私档案、乡土文书、考古资料、历史地图等； 2、中国地理专题研究文献资料库，收录百年以来的中国历史地理学研究文献。		

“历史地理学科文献数据库”主要包括以下三个子库：（1）中国历史基础史料库。主要以我国疆域内的所有方志（一统志、总志、省志、府志、县志、乡土志等）为核心，同时收入与历史地理研究相关的古代、近代基础史料（如正史、实录、奏疏）、碑刻文献、日记笔记、行记游记、调查报告、官私档案、乡土文书、考古资料、历史地图等；（2）中国地理专题研究文献资料库。收录百年以来的中国 历史地理学研究文献。（3）国外历史地理学研究文献库。主要收录西文文献，包括古代、近代西人在华的各种行记、游记、日记、考察报告、历史地图，而且涵盖西方（含日本）历史地理学者的历史地理学实证研究与理论探讨文献。

参考网址：http://www.lib.snnu.edu.cn/zyjs/tssjk.jsp

（毛建军 辑）

65. 巴蜀文化特色库（四川大学图书馆）

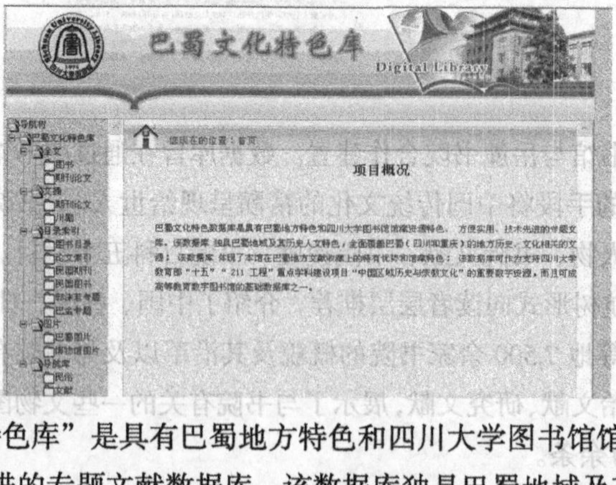

“巴蜀文化特色库”是具有巴蜀地方特色和四川大学图书馆馆藏资源特色、方便实用、技术先进的专题文献数据库。该数据库独具巴蜀地域及其历史人文特色，体现了该馆在巴蜀地方文献收藏上的特有优势和馆藏特色，可作为支持四川大学承

担的教育部“十五”“211 工程”重点学科建设项目“中国区域历史与宗教文化”的重要数字资源，而且可成为中国高等教育数字图书馆的基础数据库之一。

参考网址：http://202.115.54.20/scu/outline_bswh.htm

（毛建军 辑）

66. 贵州省地方志全文数据库（贵州师范大学图书馆）

贵州师范大学馆藏文献总量约 221.5 万册，为全国古籍重点保护单位，有七部古籍入选《国家珍贵古籍名录》，地方志文献是其特色馆藏之一。“贵州省地方志全文数据库”以贵州师范大学馆藏地方志为文献基础，在贵州省地方志编纂委员会的支持下建成。

“贵州省地方志全文数据库”包含了贵州省 15 本旧志和 69 本省志的全文，还收录有贵州省 146 本地方志的书目提要。数据库分为两个大的版块，“贵州省级方志全文库”和“贵州省市（州、地）级地方志、年鉴库”。“贵州省级方志全文库”下属 13 个子数据库：“总目提要库”、“图片地图库”、“自然地理库”、“科教文卫体库”、“农业林业库”、“综合经济管理库”、“工业库”、“金融、商贸、旅游库”、“政治司法军事库”、“民族、宗教库”、“基础设施建设库”、“旧志库”、“贵州省新编地方志全文数据库”；“贵州省市（州、地）级地方志、年鉴库”依照贵州省行政区划分为八个子数据库：“贵阳市”、“遵义市”、“黔东南苗族侗族自治州”、“毕节地区”、“黔西南布依族苗族自治州”、“六盘水市”、“黔南布依族苗族自治州”、“铜仁地区”，每个子数据库下又有具体划分：“市（州）志全文库”、“市（州）志图片库”、“市（州）年鉴全文库”、“市（州）志、年鉴全本书库”、“区（县）志全文库”、“区（县）志图片库”、“区（县）志全本书库”。其中，对于研究和了解贵州历史文化具有重要文献价值的是“旧志库”。“旧志库”共收录民国以前贵州旧方志 17 种，为用户提供全文下载和在线浏览服务。

“贵州省地方志全文数据库”检索功能便捷，在检索项设置有“题名”、“提要”、“全文”、“志书名”、“主编”、“副主编”、“出版者”、“出版日期”、“ISBN”等检索项，排序字段与此相同，排序方式有“正序”和“逆序”，用户通过输入检索词进行检索。用户可以一次性跨库检索所有数据库中的内容，也可以分库进行检索。

该数据库全面收集整理贵州省各地区古今方志，包含的文献信息量较大，在数据库的设计上，条理有序，检索方便，全文下载和在线浏览的开放式共享方式，为普通读者获取资源提供了便利，有助于普通读者对于贵州省地方志的广泛了解和研究者对于贵州省历史文化和发展现状的深入认识。

参考网址：http://dfz.gznu.cn/tpi/sysasp/include/index.asp

（李程 辑）

67. 大型新版古籍丛书书目数据库（华南师范大学图书馆）

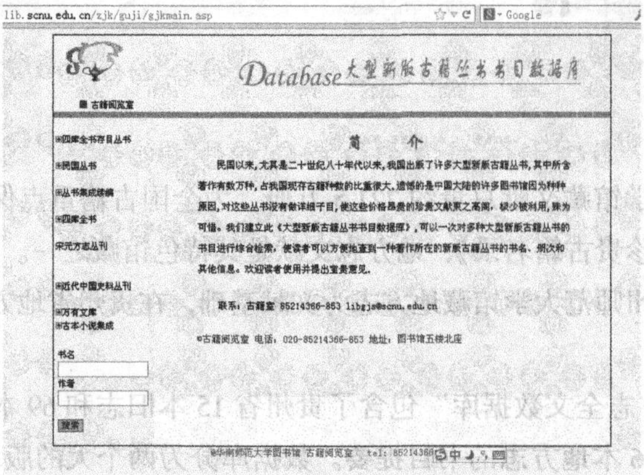

20世纪80年代以来，我国出版了许多大型新版古籍丛书，其中所含著作有数万种，占我国现存古籍种数的比重很大。遗憾的是中国大陆的许多图书馆因为种种原因，对这些丛书没有做详细子目，使这些价格昂贵的珍贵文献束之高阁，极少被利用，殊为可惜。华南师范大学图书馆建立此“大型新版古籍丛书书目数据库”，可以一次对多种大型新版古籍丛书的书目进行综合检索，使读者可以方便地查到一种著作所在的新版古籍丛书的书名、册次和其他信息。

数据库提供浏览检索和查询检索两种方式。浏览检索可按丛书做树状浏览显示概栏信息（子目书名、子目著者、所属丛书名），点击子目书名，进入丛书子目的详细信息，可获子目书名、子目著者、丛书名、子目、册次、出版项、附注项、馆藏。查询检索支持全字段检索、模糊检索，可扩展检索，二次检索。

参考网址：http://lib.scnu.edu.cn/zjk/guji/gjkmain.asp

（毛建军 辑）

68. 中国科学院古籍检索系统（中国科学院国家科学图书馆）

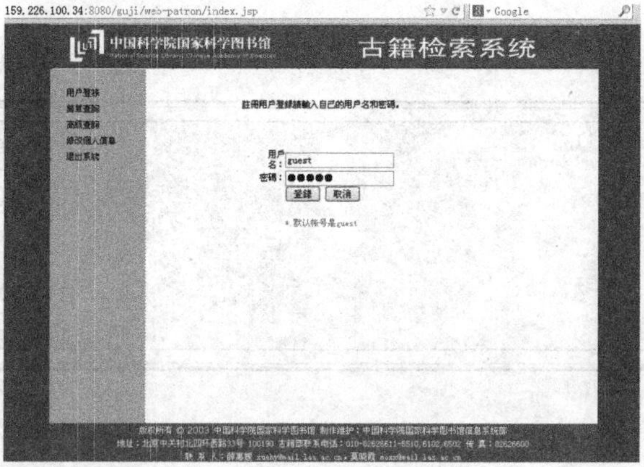

中国科学院国家科学图书馆的古籍收藏具有相当规模并自成体系，馆藏古籍约50余万册，包括唐人写经、敦煌卷子、西夏文抄本、宋椠元刻及大量稿本、抄本、名人字画、契约、家谱等，尤以地方志和明、清诗文集著称，书品上佳；特藏文献包括石刻拓片5万余张。目前，馆藏50余万册的书目著录信息已经录入"中国科学院文献情报中心古籍检索系统"。

读者在登录"中国科学院文献情报中心古籍检索系统"时，用户名默认账号为"guest"，密码预置。进入数据库工作页面后，读者可以进行数据查询和古籍预约操作。数据查询分为简单查询和高级查询。简单查询中，检索项包括"全文检索"、"题名"、"著者"、"版本著录"、"部"、"分类号"、"类序号"、"排架号"、"题名附注"、"著者附注"、"版本附注"、"综合说明"、"题名拼音"、"题名拼音缩写"、"著者拼音"、"著者拼音缩写"，可以对检索的馆藏地范围限定为"中科院国家图书馆总馆"、"中科院新疆图书馆分馆"、"中科院南京地理与湖泊所"、"全部图书馆"。高级查询设置了包含"与"的逻辑关联，读者可以对所需检索内容进行并列关联检索。数据库工作页面提供"古籍预约申请单"的电子版，读者需查阅古籍原本的可以下载填写后网上在线提交。

"中国科学院文献情报中心古籍检索系统"基于中国科学院国家科学图书馆馆藏古籍建立，由于馆藏文献的学术价值较高，所以此数据库对于专业研究人员的研究工作具有很大的帮助。该数据库目前仅提供书目检索和古籍预约，如能将馆藏古籍逐步数字化，实现全文检索和浏览，可以更好地为研究工作服务。

参考网址：http://159.226.100.34:8080/guji/web-patron/index.jsp

（李程 辑）

69. 农业古籍数据库（中国农业科学院农业信息研究所）

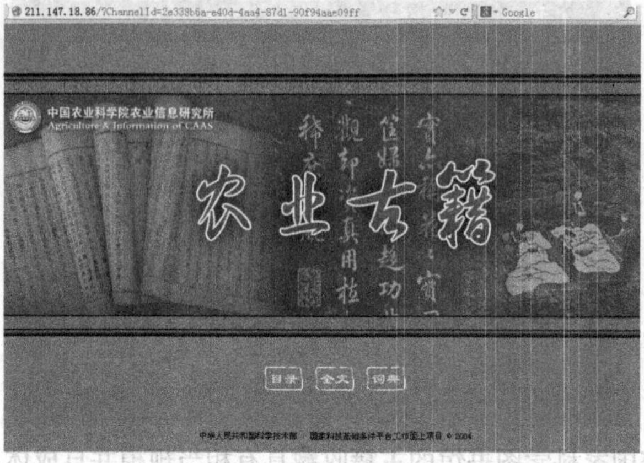

中国农业科学院农业信息研究所是国家级农业科技信息科研机构，同时又是农业部情报研究所、国家农业图书馆、国家科技图书文献中心（NSTL）的农业中心图书馆，目前已成为亚洲最大的农业图书馆，也是世界第三大农业图书馆。目前馆藏文献已达200多万册，其中农业古籍约1.2万多册，其中不乏珍贵的古代农业古籍孤本和善本。中国农业科学院农业信息研究所自1997年起正式使用图书馆集成系统在建设馆藏文献书目数据库。在书目库建设中都使用了标准的MARC著录格式和ISO-2709输出数据格式。该所的"农业古籍数据库"是国家科学技术部国家科技基础条件平台项目的子项目"农业古籍珍藏及全文数字化研究与建设"，主要基于馆藏农业古籍文献进行数据库建设。

"农业古籍数据库"下分"农书"、"史书"、"地方志"、"类书"四个子数据库。其中，"农书"是"农业古籍数据库"的主体和核心部分，目前收录古籍数量144条。一些专业性较强，学术价值较高的线装善本古籍被分属于这一类别中。如王祯《农书》、《氾胜之书》，以及介绍中国古代与时令相关的农业生产活动情况的《月令辑要》、《四民月令》等。考虑到农业古籍信息的分散性，"农业古籍数据库"对名称虽为古代医药学但内容广泛涉及农业的古籍，根据专业属性也归入"农书"类。如明代著名医药学家李时珍所著的《本草纲目》。另外，为了扩大农业古籍信息的覆盖面，"农业古籍数据库"又专设了"史书"、"地方志"、"类书"三个子库。"史书"侧重于涉及农业史料的古籍。"方志"子库的史料价值颇高，对农业用户研究农业科技发展，具有重要参考价值，是馆藏农业古籍资源的重要组成部分。"类书"中也收录了很多农业古籍。

该数据库可按照"标题"、"作者"、"书名"、"出版社"、"主题词"、"分类"进行数据检索。输入检索字段后，检索结果显示书目基本著录信息。如检索《二如亭群芳谱》，显示以下著录项：作者：（明）王象晋撰；记录号：S001584；出版社：汲古阁本；页数：130；图书来源：SDIC 馆藏图书馆著作；分类：古籍；主题词：蔬菜园艺；古代；中国；椒；葱蒜；芥菜；绿叶菜；根菜。

该数据库具有数据信息量大、著录规范、标准化程度较高等特点，其中重要农业古籍实现全文浏览和检索的数字化共享，为研究中国古代农业文明提供了文献服务。

参考网址：http://211.147.18.86/?ChannelId=2e338b6a-e40d-4aa4-87d1-90f94aae09ff

（李程 辑）

70. 《全唐诗》分析系统（北京大学中文系）

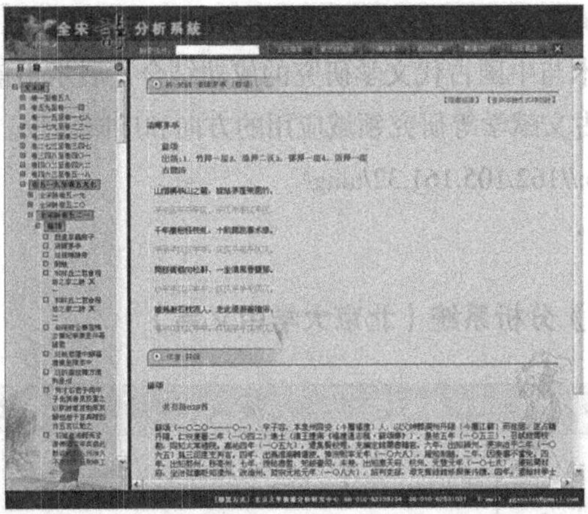

《全唐诗》是清朝初年编修的汇集唐代诗歌的总集，康熙 44 年（1705）曹寅、彭定求、沈立曾、杨中讷等奉敕编纂，成书于次年十月。《全唐诗》全书共 900 卷，收录唐代诗人 2,529 人的诗作 42,863 首。

“《全唐诗》分析系统”由北京大学数据分析研究中心研制，是北京大学中文系承担国家“九五”“211”项目科研成果，由北京大学中文系李铎教授主持完成。作为该数据库文献依据的《全唐诗》底本为康熙 46 年（1707）扬州书局刻本，同时在文字点校上参阅中华书局 1960 年版点校本。“《全唐诗》分析系统”主体部分为《全唐诗》和《全唐诗补编》，辅助项由《乐府诗集》、《玉台新咏》、《文选》组成，完成了宋前全部诗歌的数据建设。参考类由《新唐书》、《旧唐书》、《唐才子传》、《历代诗话》等资料组成。

“《全唐诗》分析系统”对于文本的录入和整理标准极为严格，全部文献错误率控制在 3 万分之一以下，《全唐诗》文本控制在 5 万分之一以下。同时，该数据库系统不仅仅录入文献数据，而且融入学科研究成果。《全唐诗》电子检索系统共录入 1,700 万字，相当于百余册纸质文献。检索系统所有文献均使用 Unicode 内码，XML 标识语言，全球任何语言的操作系统都可在网上直接检索《全唐诗》及相关资料。《全唐诗》的检索系统由两个版面组成，一是浏览界面，它提供以原书为序浏览；另一界面是检索界面，可以检索全部资料。主体部分除提供全文检索功能以外，另加诗题检索、作者检索、体裁检索、音韵检索的功能；检索结果显示诗歌全文、作者小传、诗文校注、诗歌体裁、原书页码、卷册等。

“《全唐诗》分析系统”建立了格律诗模型库、音韵库等知识库，对每一首诗进行多维判断，准确提取出全部格律诗，同理能够对用户自作诗是否合律进行分析；系统通过统计和分析字、词组和格律使用情况，自动提取全部重出诗，为进一步整理分析《全唐诗》、《全宋诗》打下了基础。其格律诗标注及用户自作诗格律分析、字及词组的频率分布统计和重出诗提取等带有智能化特点，已达到国际领先水平，体现了信息处理技术与中国古代文学研究的成功结合，展示出信息技术在中国古代文学、古代汉语、古文献学等研究领域应用的方向和广阔前景。

参考网址：http://162.105.161.32/tang/

（李程 辑）

71. 《全宋诗》分析系统（北京大学中文系）

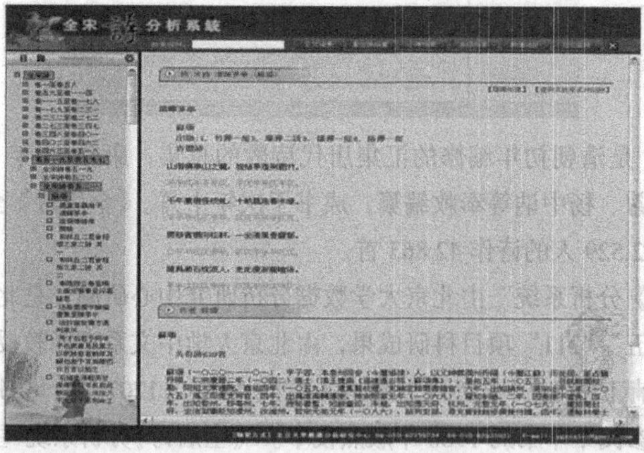

“《全宋诗》分析系统”由北京大学中文系李铎博士主持设计，版权单位为北京欣诺格科技有限公司，北京大学数据分析研究中心。

“《全宋诗》分析系统”底层主要有以下子数据库：(1) 依据北京大学古文献研究所编纂的《全宋诗》完整数据库；(2) 北京大学中文系依据《佩文韵府》、《广韵》等韵书建设并扩展的音韵库；(3) 北京大学中文系李铎完成的教育部科研项目“诗歌模型库”；(4）北京大学中文系研制的古代诗人复合称名数据库；(5）繁简字一对多关系库。“《全宋诗》分析系统”突破了以往全文检索的信息提供模式，在数据深层挖掘和知识发现方面具有开创性意义。其重出诗提取、格律诗标注、字及词组的频率分布统计、用户自作诗的格律分析等带有智能化特点。该系统还提供多维的检索分析方式，为中国古代文学、古代汉语、古文献学等研究领域提供了可靠的分析数据。它的成功研制标志着计算机科学在中文信息处理应用方面由全文检索的信息提供模式开始转向智能分析模式。“《全宋诗》分析系统”是信息处理技术与中国古代文学研究的成功结合，展示出信息技术在中国达到了国际领先水平，在信息处理技术与中国古代文学研究结合方面居国际领先地位。

《全宋诗》254,240首，其中，格律诗所占比重较大。该系统使用计算机自动完成此项工作，为此建设了格律诗模型库、音韵库等知识库，对《全唐诗》、《全宋诗》每一首诗进行多维判断，准确地提取出了全部格律诗。《全宋诗》的编纂中有重出现象，系统使用比较复杂的算法，由计算机自动提取出全部重出诗，为进一步整理分析《全宋诗》打下了基础。系统使用格律诗模型库、音韵库等知识库，对用户自作的诗进行分析，可以准确地分析出用户自己的诗作是否合律。系统可以进行字、词组和诗歌格律使用情况的统计和分析。作为智能分析系统，它远远超过了人力统计分析的效率，利用计算机进行智能分析和穷尽式统计，可以为学术研究提供更多增长点。

鉴于当初互联网上数据不精，往往给学术研究带来不便的问题，该项目组制定出文本校对高于纸介出版物的标准。此后，作为211项目子课题，吸收借鉴“《全唐诗》分析系统”的成功经验和先进的设计理念，又设计制作了“《全宋诗》分析系统”。(1）使用Unicode编码，使全球任何语言版本的操作系统均可正常使用该系统。(2）使用XML标记语言，脱离数据库平台，使用最先进的搜索引擎，实现跨平台的多维度检索。(3）建设开放的、可扩展的模块化结构，可以任意增减数据。“《全宋诗》分析系统”建立在自行研制的数据管理系统基础之上，系统运行效率高、性能稳定、界面友好、加密性能高。

“《全宋诗》分析系统”有强大的检索系统。“《全宋诗》分析系统”提供了全文检索、重出诗检索、诗人小传检索和高级检索四种检索方式。它支持严格数据检索和混合模式检索，所谓混合模式是指输入繁体或者简体汉字，均可检索到与之相对应的简体或繁体字，如输入“后”可以检索到“后”与“後”。所谓严格数据检索，即输入“后”只检索“后”，输入“後”只检索“後”。该系统支持人名、别名扩展检索，如输入“苏轼”或“子瞻”或“东坡”均可检索到全部苏轼诗作。

“《全宋诗》分析系统”的应用领域主要在以下几个方面：(1）在古代文学研究

方面可应用于：诗人风格研究、诗歌流变研究、诗文相关研究、地域文化与诗歌特征研究等。（2）在古代汉语研究方面可应用于：古代诗歌语言模式分析、诗歌字及词组频率分析、诗歌语言发展史研究、音韵学相关研究等。（3）在古代文献整理方面可应用于：重出诗整理分析、误收诗分析等。（4）在古代文学教学方面可应用于：格律诗教学模拟系统研究、诗作评价、诗作相似性分析等。（5）在跨学科研究方面的可应用于：计算机技术与古代文学相关研究、古代文献数据深层挖掘、古代文献数据自动化整理等。

建议研制单位进一步加强该系统的通用性，形成更强大的中国古代诗歌研究平台，并将其应用于已整理的中国古代诗歌文献数据，如《诗经》、《先秦汉魏六朝诗》、《全唐诗》、《全宋词》等。

参考网址：http://www.pkudata.com/song/ 或 http://162.105.161.32/song/

（茶志高 辑）

72. 《二十五史》研习系统（北京大学中文系）

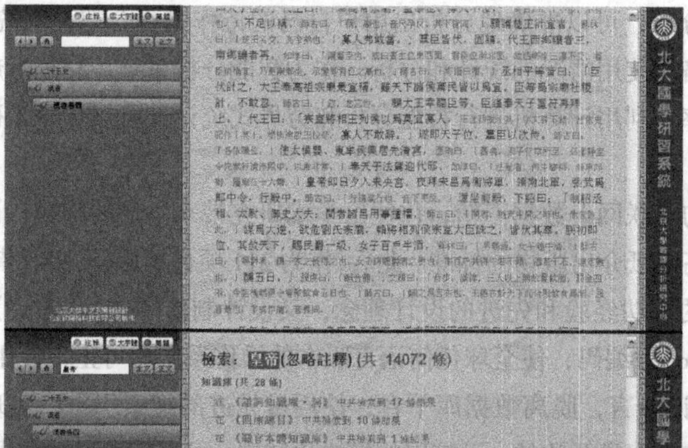

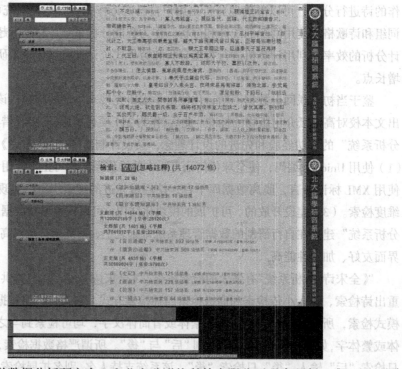

北京大学数据分析研究中心和北京欣诺格科技有限公司联合研制。“《二十五史》研习系统”是一套辅助文史研究者及相关人士进行中国古代文学、中国古代史学习与研究的工具软件。它以正史中《二十四史》以及《清史稿》的全部史料文献为基础，辅以从先秦到明、清的大量史料文献，为用户查询史料文献、了解原文出处、构建知识链接、进行专门研究提供诸多便捷，是广大学者和文史爱好者从事学习和科研的得力助手。

“《二十五史》研习系统”是国家“211”重点项目，继承了已经成熟应用的古文研习系统技术平台。所依托的《二十五史》资料上起传说中的五帝时期，止于清宣统 3 年（1911），是中华五千年历史最基本和最重要的史料。

“《二十五史》研习系统”不仅收录了全部《二十五史》的原文及注疏，同时提供了完备的古代文化知识库和文献库，为用户提供了尽可能完备的史料。“《二十五史》研习系统”提供包含目录、章节、引文、注释等信息在内的全面语料；提供包括语词、四库、本体等在内的知识库，以及包括史传、正 史、诸子、诗文等在内的文献库等大量后台辅助阅读资源，利用辅助阅读资源更方便用户对《二十五史》的研习。此外用户可根据需要选择只看正文或同时显示正文与注释信息。系统所有资源均经过严格校勘，保证其准确可信。

参考网址：http://211.166.9.44/h25/

（毛建军 辑）

73. 元代古籍文献集成数据库检索系统（北京师范大学文学院）

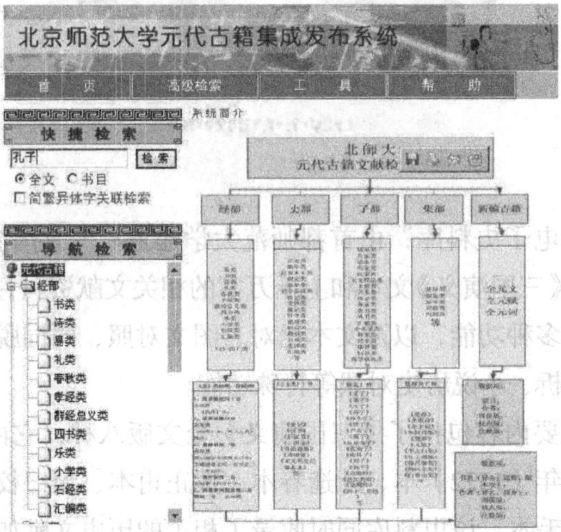

由北京师范大学古籍与传统文化研究院主持研发的“元代古籍文献集成数据库检索系统”收录现存的全部元代书籍、碑刻、绘画等文献资料（据初步统计，不含佛、道教典籍，现存元代书籍约为 2,200 种）。

元代是中国历史上的重要时期。其在多元文化背景下产生的大量文献却一直未能得到系统的集成与整理，这与国内外元代历史、文化与文学研究的迫切需求不相适应。元代文献集成数据库检索平台的研制开发将为研究者提供详备而可靠的元代文献，对元代古籍文献整理与研究具有重要意义。编制现存元代古籍目录；完成经、史、子、集各部文献各种版本的数字化；运用数据库技术对所有数字化文献进行相关的标引。

“元代古籍文献集成数据库检索系统”按经、史、子、集的传统分类方法，加新编古籍一类，包括全元赋、全元文、全元词三个部分。元代古籍文献集成数据库检索系统软件平台具有按书目分类、题名、作者、关键词等书目检索；按字、词、关联字等全文检索；按书目目录树全文内容浏览等功能。

（茶志高 辑）

74. 《三国演义》电子史料库（首都师范大学）

“《三国演义》电子史料库”由首都师范大学建置。“《三国演义》电子史料库”收录了多种版本的《三国演义》文本和上千万字的相关文献资料，并可实现全文检索、自由复制和打印等多种功能，以及文本比对、图文对照、同词脱文分析、文本差异分析、相似程度分析、小说历史对照等特殊功能。

该史料库的主要内容包括了《三国演义》全文版八种，它由不同的版本构成。它们分别是嘉靖元年（1522）本、叶逢春本、黄正甫本、周曰校本、李卓吾本、钟伯敬本、李渔本、毛本。该史料库同时收录了相关的历史文献如《三国志》、《后汉书》、《晋书》、《资治通鉴》、《华阳国志》、《水经注》、《三国志平话》、《世说新语》、《搜神记》、《太平广记》诸书。“《三国演义》电子史料库”还可以查看PDF格式的原文图像，且同时收录嘉靖元年本、刘龙田本、汤宾尹本、余象斗本四种图像版《三国演义》。对《三国演义》阅读、研究者提供了丰富的史料和极大的便利。

（茶志高 辑）

75. 《二十五史》全文检索阅读系统（南开大学组合数学研究中心）

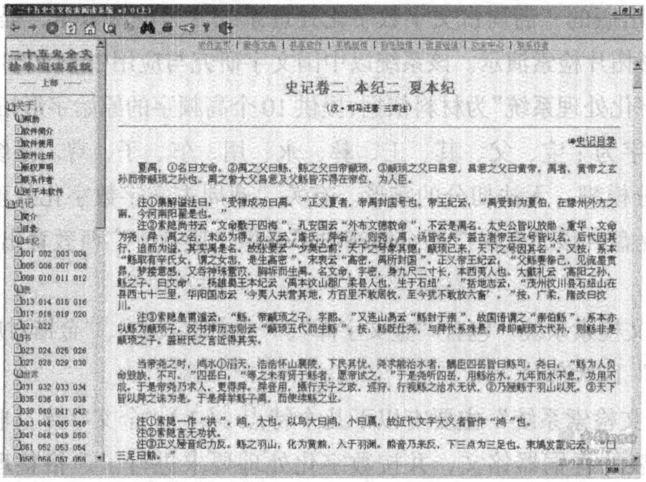

“《二十五史》全文检索阅读系统”由南开大学组合数学研究中心、天津永川软件技术有限公司、中国社会科学院计算机网络中心联合开发。“《二十五史》全文检索阅读系统”有2.0版与3.0版。3.0版在阅读界面、系统功能和检索速度方面都得到很大改善，不仅补充了原2.0版所缺的生僻字，还实现了繁简字的转换功能，使读者既可以在简体字下也可以在繁体字状态下阅读和查询，并复制查询结果。这一改进也使“《二十五史》全文检索阅读系统”3.0版成为同类《二十五史》全文检索软件中出类拔萃的一套产品。

该系统主要用于中国历史研究中各种资料的查询、引用。它既可以为图书馆、资料室、历史学家和相关研究人员提供良好的科研辅助，也可以作为电子图书为广大历史爱好者提供帮助。它是中国大陆第一部有完整文本和检索功能的《二十五史》电子图书。

参考网址：http://www.lib.nankai.edu.cn/nav/index.asp

（茶志高 辑）

76. 商周金文检索系统（华东师范大学中国文字研究与应用中心）

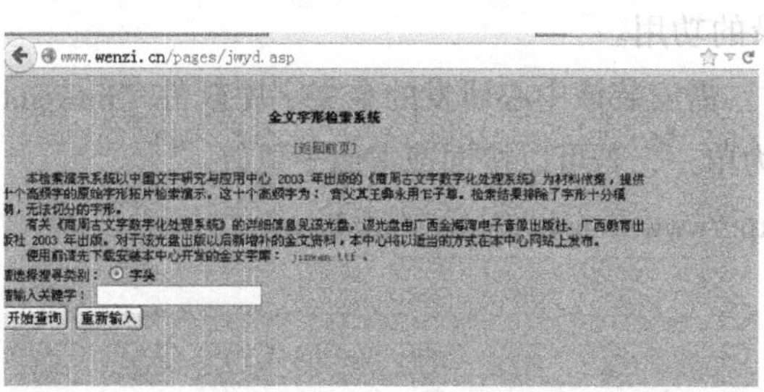

由华东师范大学中国文字研究与应用中心研发的“商周金文检索系统”，以该中心 2003 年出版的“商周古文字数字化处理系统”为材料依据，提供 10 个高频字的原始字形拓片检索演示。该系统以中国文字研究与应用中心 2003 年出版的“商周古文字数字化处理系统”为材料依据，提供 10 个高频字的原始字形拓片检索演示。这 10 个高频字为：宝、父、其、王、彝、永、用、乍、子、尊。系统检索结果排除了字形十分模糊，无法切分的字形。有关“商周古文字数字化处理系统”的详细信息见该光盘。该光盘由广西金海湾电子音像出版社、广西教育出版社 2003 年出版。

“商周金文检索系统”包含“金文字库”、“金文输入法”、“金楷对应转换程序”、“金文资料库”四大部分。

“商周金文检索系统”主要有以下几个特点：（1）“金文字库”收字完整，对应迄今已发表的青铜器铭文，并按数字化处理要求进行了严格整理。包括楷体字（集外隶定字）6,194 个、金文原形字 14,249 个和金文偏旁 539 个。楷体字形端正，原形字据铭文拓本扫描制作，逼真美观。（2）“金文输入法”采用了新开发的“三级字符全拼输入检索系统”的编码原则进行编码，既适用于金文输入，又方便使用者掌握（无需专门学习），可以分类调用金文楷体字、金文原形字、金文未识字和金文偏旁。（3）“金楷对应转换程序”可以在 Word 上实现现代通用繁体字和金文原形字的双向对应转换，为金文原形字的使用创造了极大方便。（4）“金文资料库”收录了迄今已发表的青铜器铭文 1.3 万件，总字数 12 余万。可以按器名、时代、国别、字数、出土，流传、现藏等多种路径进行检索，也可以实现铭文的全文检索。该系统输入所需查询的字，若果字库收录此字，即可出现相关条目。如查“父”字，点击开始查询，就会显示包括“引得”、“器名”、“时代”、“著录”等四部分内容。以第一条查询结果为例，“引得”栏显示“父甲”，“器名”栏显示“父甲角”，“时代”栏显示“殷中期”，“著录”栏显示《贞松堂集古遗文》10.23；《小校经阁金文拓本》6.78.7；《三代吉金文存》16.42.2；《美帝国主义劫掠的我国殷周铜器集录》R212；《金文总集》06.4.207；《殷周金文集成》13.7873。”内容清晰明了，如想了解更详细内容，可按图索骥，查询相关内容，可以作为目录的功用。

使用该系统时，需安装该中心研发的金文字库软件“jinwen.ttf”。此字库搜索类别按“字头”，较为单一，若可以按词搜索似乎更好。

参考网址：http://www.wenzi.cn/pages/jwyd.asp

（茶志高 辑）

77. 战国楚文字检索系统（华东师范大学中国文字研究与应用中心）

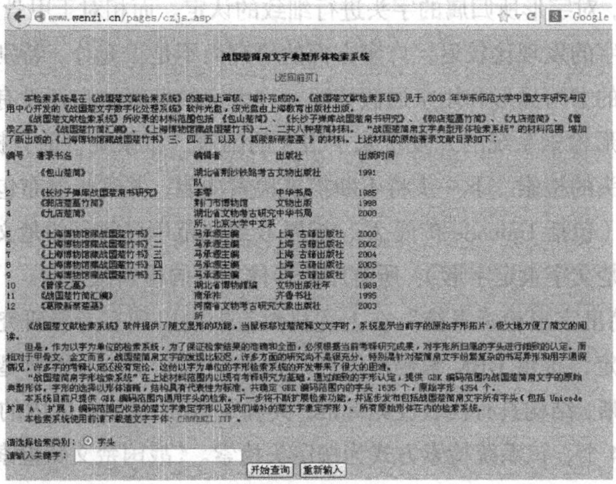

“战国楚文字检索系统”由华东师范大学中国文字研究与应用中心研发。该检索系统是在“战国楚文献检索系统”的基础上审核、增补完成的。“战国楚文字数字化处理系统”于 2003 年由华东师范大学中国文字研究与应用中心开发，上海教育出版社出版。

“战国楚文献检索系统”所收录的材料范围包括《包山楚简》、《长沙子弹库战国楚帛书研究》、《郭店楚墓竹简》、《九店楚简》、《曾侯乙墓》、《战国楚竹简汇编》、《上海博物馆藏战国楚竹书》一、二册共八种楚简材料。“战国楚简帛文字典型形体检索系统”的材料范围增加了新出版的《上海博物馆藏战国楚竹书》三、四、五册以及《葛陵新蔡楚墓》的材料。上述材料的原始著录文献目录有：(1)《包山楚简》，湖北省荆沙铁路考古队编，文物出版社 1991 年版。(2)《长沙子弹库战国楚帛书研究》，李零著，中华书局，1985 年版。(3)《郭店楚墓竹简》，荆门市博物馆，文物出版社，1998 年版。(4)《九店楚简》，湖北省文物考古研究所、北京大学中文系编，中华书局，2000 年版。(5)《上海博物馆藏战国楚竹书》(一)，马承源主编，上海古籍出版社，2000 年版。(6)《上海博物馆藏战国楚竹书》(二)，马承源主编，上海古籍出版社，2002 年版。(7)《上海博物馆藏战国楚竹书》(三)，马承源主编，上海古籍出版社，2004 年版。(8)《上海博物馆藏战国楚竹书》(四)，马承源主编，上海古籍出版社，2005 年版。(9)《上海博物馆藏战国楚竹书》(五)，马承源主编，上海古籍出版社，2006 年版。(10)《曾侯乙墓》，湖北省博物馆编，文物出版社，1989 年版。(11)《战国竹简汇编》，商承祚主编，齐鲁书社，1995 年版。(12)《葛陵新蔡楚墓》，河南省文物考古研究所编，大象出版社，2003 年版，共计 12 种楚简资料。

作为以字为单位的检索系统，为了保证检索结果的准确和全面，必须根据当前考释研究成果，对字形所归属的字头进行细致的认定。而相对于甲骨文、金文而言，战国楚简帛文字的发现比较迟，许多方面的研究尚不是很充分。特别是针对楚简帛文字纷繁复杂的书写异形和用字通假情况，许多字的考释认定还没有定论。这给以字为单位的字形检索系统的开发带来了很大的困难。该系统目前只提供 GBK 编码范围内通用字头的检索。下一步将不断扩展检索功能，并逐步发布包括战国楚简帛文字所有字头（包括 Unicode 扩展 A 、扩展 B 编码范围已收录的楚文字隶定字形以及我们增补的楚文字隶定字形）、所有原始形体在内的检索系统。

“战国楚简帛字形检索系统”在上述材料范围内以现有考释研究为基础，通过细致的字形认定，提供 GBK 编码范围内战国楚简帛文字的原始典型形体。字形的选择以形体清晰，结构具有代表性为标准，共确定 GBK 编码范围内的字头 1,635 个，原始字形 4,354 个，该系统检索方式为按字头检索。《战国楚文献检索系统》软件提供了随文显形的功能，当鼠标移过楚简释文文字时，系统显示当前字的原始字形拓片，极大地方便了简文的阅读。该系统检索结果显示为“著录名”、“篇名”、“著录号”、“字形”四个部分。

参考网址：http://www.wenzi.cn/pages/czjs.asp

（茶志高 辑）

78. 花园庄东地甲骨检索系统（华东师范大学中国文字研究与应用中心）

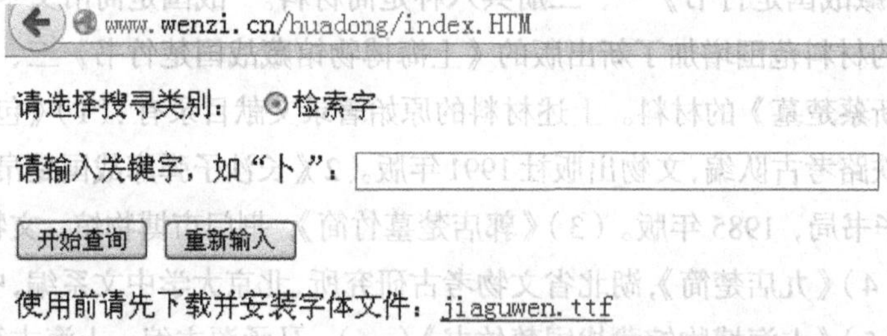

由华东师范大学中国文字研究与应用中心研发的“花园庄东地甲骨检索系统”，主要提供“花园庄东地甲骨文”的全文检索，该系统所依据材料为中国社科院考古研究所编著的《殷墟花园庄东地甲骨》（云南人民出版社，2003 年版）。该系统查询只需按照字头进行检索，结果显示“字头”、“条号”、“篇号”、“释文”、“原形”五部分内容。

参考网址：http://www.wenzi.cn/huadong/index.HTM

（茶志高 辑）

79.《古文字诂林》电子检索系统（华东师范大学中国文字研究与应用中心）

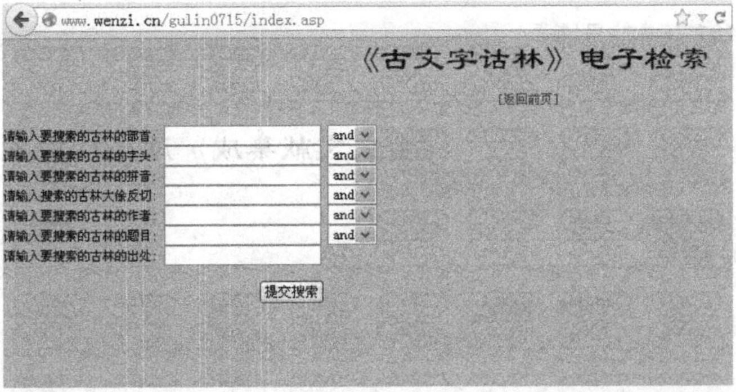

“《古文字诂林》电子检索系统”由华东师范大学中国文字研究与应用中心建置。该系统主要是《古文字诂林》的电子文本。《古文字诂林》是我国迄今为止规模最为宏大的古文字汇释类专业工具书。它“集万卷于一册，汇众说于一编”，荟萃迄今为止古文字形体与研究考释成果的大型工具书，所收考释资料涵盖出土古文字（包括甲骨文、金文、战国秦汉玺印文、战国货币文、陶文、战国秦汉简牍文、帛书、石刻文、春秋战国石盟书等八种文字）和传世古文字（包括《说文》篆文、或体、古文、籀文、奇字、《三体石经》古文，《汗简》和《古文四声韵》古文等），几乎囊括了古文字的所有门类，约 1 万多个字头，考释资料总量约 1,000 万字，是 100 年来的古文字考释研究成果的集大成。《古文字诂林》的出版，将为汉语文字研究、大型辞书编纂、古代典籍整理，及相关社会科学研究提供一部材料翔实的工具书。

“《古文字诂林》检索系统”可以按“部首”、“字头”、“拼音”、“反切”、“作者”、“题目”及“出处”进行检索，同时，这七项检索条件还可以自由进行组合。如查部首为“羽”的字，则查询结果显示按照“字头号”、“部首”、“字头”、“卷数”、“拼音”、“《说文》原文”、“大徐反切”、“册数”、“页码”、“作者”、“题目”、“出处”、“出版时间”、“查看”共 14 栏显示。“羽”字的检索结果第 1 条“字头号”栏显示为“2233”；“部首”栏显示为“羽”；“字头”栏显示为“羽”；“卷数”栏显示为“04”；“拼音”栏显示为“yu3”；“《说文》原文”栏显示为“鸟长毛也。象形。凡羽之属皆从羽”；“大徐反切”栏显示为“王矩切”；“册数”栏显示为“4”；“页码”栏显示为“59”；“作者”栏显示为“张秉权”；“题目”栏显示为“殷墟文字劄记”；“出处”栏显示为“《历史语言研究所集刊》”；“出版时间”栏显示为“第二十五本”；点击“查看”栏就会显示《古文字诂林》纸质影印本的原文图像，查询十分简便，内容详尽。

参考网址：http://www.wenzi.cn/gulin0715/index.asp

（茶志高 辑）

80.《金文文献集成》电子检索系统（华东师范大学中国文字研究与应用中心）

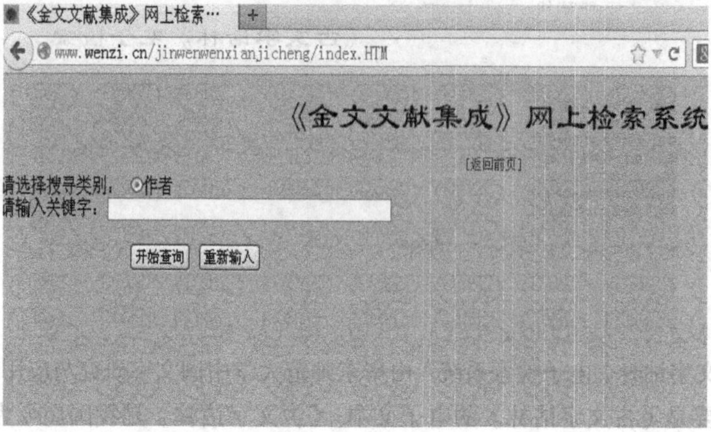

由华东师范大学中国文字研究与应用中心研发的“《金文文献集成》电子检索系统”，是建立在《金文文献集成》基础上的。《金文文献集成》是继《殷周金文集成》之后，对金文研究文献的阶段性全景式总结，是有关商周金文研究的大型研究文献汇编。该书由中国社会科学院考古研究所编纂，所收文献起自北宋元祐7年（1092），吕大临所作《考古图》，讫于公元1989年。全书分为“古代文献”和“现代文献”两部分，裒辑古今中外学者数百人的研究论著2,000余种。除纯资料性著录如《三代吉金文存》，近代之文字编如《金文编》及集释性工具书如《金文诂林》等不予收录外，凡金文研究、评述主要利用金文对商周历史及有关学科进行研究，具有较高学术价值以及在该学科发展史上有重要影响的中外文专著、论文及报道资料等，均在收集之列。

“《金文文献集成》网上检索系统”按照搜寻类别进行查询，但给出的选项是“作者”，无其他选项。不过，查询入口也可以按姓名中的关键字进行搜索，比如，要查询的作者姓名是“徐中舒”，那么，可以简化输入“中”字也可，但查询结果中要再次进行筛选。所以，还是按照全名进行检索较为准确。如查询“徐中舒”，就会显示16条内容。按“ID”、“作者”、“题目”、“出处”、“出版时间”、“期号”、“出版社”、“论文又见”、“集成册”、“集成页”10项罗列。查“徐中舒”第1条内容分别为：“ID”栏显示“325”；“作者”栏显示“徐中舒”、“题目”栏显示“《西周牆盘铭文笺释》”；“出处”栏目显示“《考古学报》”、“出版时间”栏显示“1978/02”；“集成册”栏显示“28”；“集成页”显示“395”。

参考网址：http://www.wenzi.cn/jinwenwenxianjicheng/index.HTM

（茶志高 辑）

81. 《说文解字》全文检索系统（华东师范大学中国文字研究与应用中心）

“《说文解字》全文检索系统”由华东师范大学中国文字研究与应用中心臧克和等整理开发。该系统是基地重大课题“《说文解字》、《原本玉篇》和《篆隶万象名义》比较研究”的重要成果之一，《说文解字》全文检索（光盘版）于2004年4月由南方日报出版社出版发行。这套检索系统兼具文本阅读和光盘检索两大功能，是古代文献整理与现代科技相结合走向应用的又一重要成果。

该系统的文献依据是清代孙星衍刻本，即目前流传最广的《说文解字》大徐本。整个文本信息包含了形、音、义三个方面。“形”包括楷书字头和篆书字头，其中支持小篆字体的小篆字库是由中心自行开发的字库，字形美观，兼具书法欣赏价值；“音”主要是根据大徐本《说文解字》中的反切拟定的现代音，不仅便于阅读，而且提供了中古语音和现代语音比较的重要参考信息；“义”就是大徐本《说文解字》的释义部分，经过了参编人员的整理和标点，使释义部分层次清楚，易读易解。

“《说文解字》全文检索系统”的检索光盘是一个面向文本的职能信息处理软件，它包括了“《说文解字》部首检索”、“《说文解字》拼音检索”、“《说文解字》楷书字头检索”、“《说文解字》全文检索”四大部分。该软件能够为使用者提供准确、高效的信息检索功能，只要用户将需要查询的信息输入到相关的对话框中，软件就能检索出用户所需的有关大徐本《说文解字》的知识信息。

“《说文解字》全文检索系统”系统有部首检索、字头检索、拼音检索、全文检索四种检索方式，由于《说文解字》是重要的语言文字工具书，所以“《说文解字》全文检索”的适用对象十分广泛。

参考网址：http://www.wenzi.cn/content.aspx?info_lb=19&flag=2

（茶志高 辑）

82. 金文字库及金文数据全文检索系统（陕西省考古研究所）

“金文字库及金文资料全文检索系统”是全国文物、博物馆、系统人文社会科学重点研究课题，由陕西省考古研究所和西安大东国际数据有限公司共同合作开发完成。

该系统的金文字库中收集隶定字的4,500字，金文原篆字约2,600字，隶定字分别有宋体、黑体、仿宋、幼圆五种字体，输入法有拼音输入法、五笔输入法、仓颉输入法，并建立了部首导入法。

“金文字库及金文资料全文检索系统”收入全国自宋代以来传世和出土的商周时期（上限自夏代开始，下限到公元前221年秦始皇统一中国止）青铜器上的金文资料约12,000件，包括（1）青铜器图象约1.1万幅；（2）相关的简介文字（包括名称、出土时间、出土地点、收藏单位、尺寸重量、花纹描述、著作书刊等），每件器物平均按140字计算，约12万字，（3）铭文拓文1.2万幅；（4）释文每件器物平均50字，共180万字。金文全文资料库的操作界面适应一般文史工作者的习惯，实现了多种形式浏览和输出。

利用计算机管理并使用全部金文资料，可以从根本上改变金文研究手段，大大节约学者劳动，并有可能导致一些新的研究角度和研究结论。同时可给古文字、先秦史及书法篆刻艺术等研究者，提供丰富的资料。

“金文字库及金文资料全文检索系统”的操作界面适应一般文史工作者的习惯，实现了多种形式的浏览和输出，解除了金文研究只能在纸上手写不能在电脑上操作的苦恼。

（茶志高 辑）

83. 汉籍数字图书馆（陕西师范大学历史文化学院）

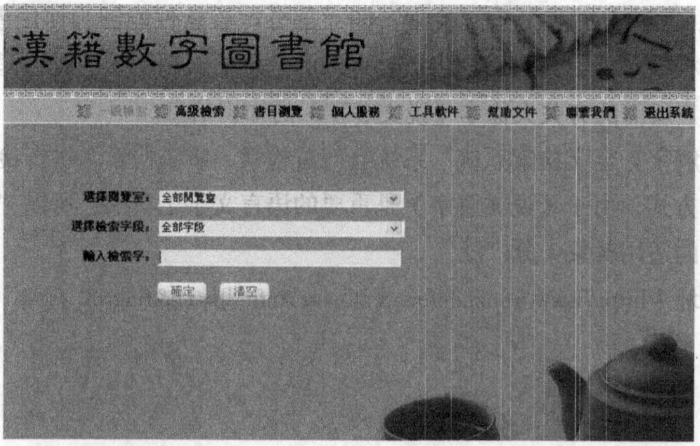

“汉籍数字图书馆”由陕西师范大学历史文化学院袁林主持研制。该系统共有第一、第二、第三、第四四个版本。

该系统具有多种全文检索功能，既可对其所收全部文献进行检索，也可选择部分文献或一种文献进行检索。除任意字、词、字词串外，还可按其他多种方式进行检索（运算符号可点击相应按纽，也可直接输入，但均为半角符号）:（1）“或”运算（+）：同一篇中，两个字词串至少有一个。例如：“李白 + 杜甫”，则含有“李白”或“杜甫”的文献均被检索到。（2）“与”运算（&）：同一篇中，两个字词串同时存在。例如：“李白 & 杜甫”，则一篇中同时含“李白”、“杜甫”的文献均被检索到。（3）“非”运算（-）：同一篇中，包含第一个字词串而不包含第二个字词串。例如：“李白 - 杜甫”，则含有“李白”而不包含“杜甫”的文献均被检索到。（4）“同段”运算（&&）：同一段中，两个字词串同时存在。例如：“李白 && 杜甫”，则同段中含有“李白”或“杜甫”的文献均被检索到。（5）“同句”运算（&&&）：同一句中，两个字词串同时存在。例如：“李白 &&& 杜甫”，则同句中含有“李白”或“杜甫”的文献均被检索到。（6）“靠近”运算（/n）：在检索者要求的 n 个字符（汉字或标点符号）间隔内，两个字词串同时存在。缺省间隔为八个字符。例如：“李白 /5 杜甫”，则同时含有“李白”或“杜甫”且其间隔字符在五个以内的文献均被检索到。（7）“模糊检索”：前述组合检索也可用为模糊检索，使用者可根据需要作出选择。例如采用“靠近”运算，输入检索条件“司 /2 如”，即可将前后分别为“司”和“如”、而中间二字不确定者检出。又如采用“同句”运算检索“司 &&& 如”，则可将前后为“司”和“如”、而中间内容不确定者检出。

“汉籍数字图书馆”的具体检索步骤为：先点击进入检索系统，在菜单上选择要检索的文献范围，选定后单击“打开”进入检索界面，再点击“查询”即出现“检索条件”框，在框内输入所要检索的字词并点击“确定”，“查询结果”框内即会列出所查结果的目录，双击查询结果的文献标题，正文窗口即会显示文献原文。点击正文框下部“全文”、“段落”按钮，可按全文或段落显示，段落显示时段前数字为该段序号。检索结果既可复制粘贴进文档编辑，也可以打印出来。

“汉籍数字图书馆（四）”所收的古籍文献最为全面。“汉籍数字图书馆”第四版是在第一、二、三版的基础上研制而成的，同“汉籍数字图书馆”的前几版相比，第四版做了很多改良，增加了很多新史料新文献。“汉籍数字图书馆（一）”收入古籍文献 686 种，约 2.1 亿字。“汉籍数字图书馆（二）”收入文史类古籍文献 830 种，共 3.5 亿字。其资料数据库分经、史、子集四类编排，有《十三经》、《二十四史》、《资治通鉴》、《续资治通鉴》和多种野史笔记、《楚辞》、《昭明文选》、《乐府诗集》、《先秦汉魏晋南北朝》、《全唐诗》、《全宋词》、《全元散曲》、多种明、清小说戏曲、《历代诗话》和《词话丛编》等等。详目可见其《帮助文件》中的《文献目录》(《分期目录》和《分类目录》)。

"汉籍数字图书馆（四）"的四个资料库收录古籍文献已达到2,000多种，近20亿字。"汉籍数字图书馆（四）"还收录了许多今人文史哲类学术研究的代表作品，如章培恒、骆玉明主编的《中国文学史》，范文澜、蔡美彪主编的《中国通史》，"当代哲学丛书编委会"编辑的《今日中国哲学》等。一些国外大学者的经典著作也被《汉籍数字图书馆（四)》载入，如康德的《纯粹理性批判》、黑格尔的《精神现象学》等，这使"汉籍数字图书馆（四）"在提供原始古籍文献的同时也为学术的古今融汇、中西贯通提供了平台。

该系统可对收入典籍中的任意字、词以及字词串进行检索，查询简单快捷，费时一般不超过5秒。它由四个子系统组成，分别是：（1）"汉籍数字图书馆（简体本）"，收入文史哲类古籍文献2,159种，共7.4亿字，其中《明实录》、《清实录》的原始电子文本来自台湾地区中央研究院"汉籍电子文献"，为赠送品；（2）"汉籍数字图书馆（繁简双体本）"，暂收入繁简两体《二十五史》、《十三经注疏》、《大正新修大藏经》、《四库全书总目提要》、《通典》、《朱子语类》、《艺文类聚》、《全唐诗（加注本）》、《全唐文》九种，共3.9亿字，其中《大正新修大藏经》的原始电子文本来自中华电子佛典协会"电子佛典"，为赠送品；（3）"文史哲科研教学参考资料全文检索系统"，收入海内外近现代文史哲文献543种，所收文献在该软件中属赠送品，共4.4亿字；（4）"新增文献全文检索系统"，这是一个新增特设栏目，目前还在不断向海内外专家学者征集各类可免费公开的古籍或今人学术著作的电子文本，将不定期对数据库进行更新。

"汉籍数字图书馆（四）"的操作系统为简体中文版Windows 95及以上各版本。安装时首先安装"汉籍数字图书馆（简体版）"。按提示完成安装后，再安装"汉籍数字图书馆（繁体版）"或"文史哲参考资料全文检索系统"。放入相应系统的A号盘，自动开始安装。最后用户如需安装"新增文献全文检索系统"，则放入标有"新增文献全文检索系统"的光盘，运行其中的XZ_setup.exe文件，按照提示即可完成安装。由于"新增文献全文检索系统"里的信息将不断更新，用户安装时必须牢记所改动的安装路径，以便今后随时安装新增文献。系统设有默认路径，用户可以按默认方式完成文献库的安装。

使用该系统，可对正文和注释中任意字或字串进行检索，同时统计命中文献数与检索对象出现总数。检索条件可按如下逻辑运算联结：或运算（＋）、与运算（＆）、非运算（－）、同段运算（＆＆）、同句运算（＆＆＆）、靠近运算（/n，即在检索者要求的n个字符间隔内两个字串同时存在），或、与、非运算均以卷为单位。可对以前的检索结果进行再检索，系统可保留选定的此前若干步检索条件。前述组合检索也可用为模糊检索,使用者可根据需要作出选择。例如采用“靠近”运算（/n），输入检索条件“司 /2 如”，即可将前后分别为“司”和“如”、而中间二字不确定者检出。又如采用“同句”运算（&&&），检索“司 &&& 如”，则可将前后为“司”和“如”、而中间内容不确定者检出。检索完成后，检索字或字串在黑色字体的检索段落中显示为蓝色,以便用户快速辨识含有该检索字串的语句。用户可选择标题、全卷、段落等方式查看检索结果，检索结果可以纯文本文件复制粘贴，也可打印输出。用户也可用鼠标在左下侧目录窗口点击打开想要阅读的书目和卷数进行全文阅读。全文数据库保留原文正文大字和注释小字区别，以不同字号和颜色显示，黑色大字代表正文，蓝色小字代表注释性文字，浏览时可将有关内容剪贴到自己的论文或书稿中。

该系统汉字采用 GBK 国家标准，共 21,008 个汉字。缺字采用组字方法，“< >”为组字始末标志，13 个 GBK 组字符号表示结构，“-”表示在前一字中减去后一字，若被减字后还有字，则表示以此字填补减字后的空间。如“澍”以 < 氵壴寸 > 表示，“过”以 < 辶十 > 表示。但由于其中《大正新修大藏经》沿用中华电子佛典协会（Chinese Buddhist Electronic Text Association 简称 CBETA）建置文本，因此《大正新修大藏经》的组字也沿用其规则，* / @ – + ? 为组字符号，( )、[ ] 为分隔符号。

“汉籍数字图书馆（四）”在古籍收录方面最突出的特点是内容全面，版本精赅。如二十五史的录入底本是百衲本。资料库所收录的先秦诸子著述，一些底本选用了名家注释本，如杨伯峻集释的《列子集释》，王先谦集解的《庄子集解》。部分古籍还收录了多种的整理版本，如《文心雕龙》就有詹锳《文心雕龙义证》、张立斋《文心雕龙考异》、范文澜《文心雕龙注》三种版本。

遗憾的是由于该软件是人为输入的电子文本，校勘上仍然存在值得改进的地方，以《论语》的文字录入为例，《论语・子罕》篇有文字云“岁寒，然后知松柏之后雕也”，此“雕”显为“雕”误，或应写作“凋”。同篇又言“麻冕，礼也；今也纯，俭。吾从众。拜下，礼也；今拜乎上，泰也。虽违众，吾从下”，“俭”字后的标点应断为逗号，断为句号也误。

参考网址：http://www.hanjilibrary.cn/intro.html

（张三夕 盛莉 茶志高 辑）

84.《古今图书集成》索引数据库（广西大学古籍所）

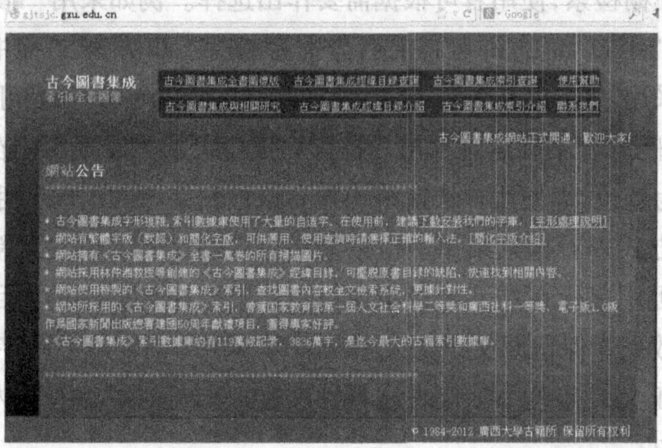

“《古今图书集成》索引数据库”由广西大学古籍所建置。根据《古今图书集成》分类的特点和标目式多字段数据库的功能，《古今图书集成》索引数据库建立 52 个数据库（有的相互结合，安排为 46 个库），达 1,189,013 条纪录，共 38,359,673 字，是迄今最大的古籍索引数据库。“《古今图书集成》索引数据库”采用标目式多字段数据库，标目式多字段索引数据库对原文进行加工，提取有效的信息建立起索引数据库，大大提高了检准率，而且可以从多个字段进行检索。

“《古今图书集成》索引数据库”有两大类，一是经纬目录数据库，二是专题索引数据库。“《古今图书集成》索引数据库”分为全文索引和标目式多字段数据库索引。全文索引是在文本文件的基础上进行。最简单的是逐字的索引，电脑本身就有此功能，不必对文本文件进行加工，检全率和检准率是 100% 的。而词语索引（主要指两个字以上的）由于目前汉语在书面语中尚未分词连写，电脑本身无法检索，靠电脑软件识别，检准率不可能达到 100%，特别在古文献中命中率更低。全文索引一般是单一字段的。标目式多字段数据库索引则不须依赖文本文件。特点是有多个字段，例如人名索引，除人名外还有朝代、字号、籍贯、校注、所在部名、所引书目等字段，这样就把人名索引中常遇到的难题（同姓名的甄别），顺利地加以解决了。

广西大学古籍所自 1984 年开始编制《古今图书集成》索引，经历了油印本（1984 年，80 万字，三大本）、印刷本（1988 年，2,750,000 字，中华书局和巴蜀书社出版）、电子版 1.0 版（1998 年，1,200 万字，金海湾电子音像出版社和广西师范大学出版社联合出版）、电子版 2.0 版（2007 年，3,800 万字，光盘版；2009 年网络版）等四个阶段。索引数据不断扩充完善。网络版是在光盘版 2.0 版基础上，增订而成的。

《古今图书集成》字形复杂，索引数据库使用了大量的自造字，在使用前，需安装字库。

参考网址：http://gjtsjc.gxu.edu.cn/

（茶志高 辑）

85. 《四部丛刊》全文检索版（北京书同文数字化技术公司）

“《四部丛刊》全文检索版”由北京书同文数字化技术公司研发，与万方数据电子出版社合作出版，共24张光盘。“《四部丛刊》全文检索系统”采用幽邃古朴的蓝灰背景界面，形式上更为赏心悦目。在对原书汉字保真的基础上，电脑用字更清新、规范、漂亮，版面形式更适应读者阅读习惯。读者若想看到原书版面，只要一点击，与数字页相对应的原书页面图像即可展现眼前，读者根据阅读喜好在六种页面阅读字体颜色和五种优美的古典背景音乐中任选一种，令人在浏览古籍的同时也能怡情悦性。

“《四部丛刊》全文检索系统”底本采用北京大学图书馆善本部藏上海涵芬楼景印《四部丛刊》。《四部丛刊》是上个世纪初由著名学者、出版家张元济先生汇集多种中国古籍经典纂辑的。学者们公认此书的最大特色是讲究版本。纂辑者专选宋、元、明旧刊（间及清本者，则必取其精刻）及精校名抄本，故版本价值之高远在《四库全书》之上。多年来，该书一直深受文史工作者推崇，所收书常被用作古籍整理的底本。《四部丛刊》分为初编、续编、三编。每编又分为经、史、子、集四部。初编始印于公元1919年，至公元1922年始成，收书323种，8,548卷。公元1924年重印初编，抽换21种版本，增为8,573卷，并新撰若干校勘记。续编于公元1934年印成，收书81种，1,438卷。公元1936年续出三编，73种，1,910卷。全书共计收书477种、3,134册、232，478页、近9,000余万字。《四部丛刊》全书采用影印技术，重现原书面貌，并详记原版宽狭大小于卷首；分经、史、子、集四类，体例较备。以涵芬楼所藏为主，兼采江南图书馆等名家祕笈，甚至日本静嘉堂文库等藏书，凡宋、元旧本，明、清佳刻，具述其急要者而登之，罕见实用，兼收并蓄。虽然规模数量不及《四库全书》，但因都是据珍藏善本、稿本影印，故其版本价值远胜于《四库全书》，是20世纪以来使用率相当高的大型丛书之一，与《四部备要》同为学人所重。

“《四部丛刊》全文检索系统”不仅是纸本图书的完美再现，更是全部内容数字化。该系统的全文检索保有纸张版本的全部内容，并使每个汉字数字化，从而实现字字可查、句句可检的快速全文检索，具体分为书名检索、著者检索、全文检索（输入关键词在全文中查询，同时可限定书名、著者、书籍类别等条件）以及分类检索（通过经、史、子、集类目查询浏览。读者不必输入任何字词，点选画面左方的目录便可逐页阅读所选书籍。此外，系统还提供拼音、笔画、部首等简单的辅助输入方式。）上述检索结果均可列印、放大、复制、书签和标点，提供详细的查询结果说明、记录检索历史。并且提供了联机字典（可选加其他字典）、摘要、笔记、纪元换算（包括干支公元换算、古今纪年换算）、八卦六十四卦显示及检索，以及深受学者欢迎的简、繁、异体汉字相互关联查询的功能。

“《四部丛刊》全文检索版”分局域网络版、国际互联网络版。其网络版可以全天候地为不同地域读者提供信息服务。该系统检索功能与《四库全书》基本相同，可进行书名检索、著者检索、分类检索（书名）和全文检索。其全文检索的方法，是通过输入关键词，可在《四部丛刊》全部内容内进行检索，也可以限定书名、著者、分类条件进行检索；还可以实现不同关键词的布尔组配检索，检索步骤，与“《四库全书》电子版”相同。对于不熟悉键盘汉字输入方法的读者，系统还提供了或输入拼音、或输入部首、笔画等简单方便的辅助汉字输入方法，即可实现查询。

“《四部丛刊》全文检索版”检索结果有两种文本显示，一是“原文图像”，一是“全文文本”。“原文图像”是据原书摄影而成，而“全文文本”(《四部丛刊》称“文本页面”)，则是经特殊处理识别后由原文转换而成的，可复制和重新编辑。一般查阅资料或复制资料，选择“全文文本”最方便。但如在学术论著中引用其资料，则需选择“原文图像”，与原文校核后才能正式使用“全文文本”的资料。因为“全文文本”在识别转换时，与原文会有一定的误差。这点使用时要注意。“《四部丛刊》全文检索版”有2001年版、2002年版、2009年版。在遭遇了《四部丛刊》2002电子版被盗版的大劫难之后，书同文公司再次倾三年之力，在被誉为“文史工作者必备工具”的《四部丛刊》珍本的基础上，又收纳了最精华的典籍资料1.3亿字，同时首次开放了张元济校勘记百余篇的全文检索，研发嵌入了多个数字化工具于一体，终于推出2009增补版网络Beta版。“《四部丛刊》全文检索版”保有纸张版本的全部内容，并使每个汉字数字化，从而实现字字可查、句句可检的快速全文检索，并且提供了摘要、笔记、纪元换算以及简、繁、异体汉字相互关联查询的功能。

不过，作为以扫描方式存储古籍文献的软件，"《四部丛刊》全文检索版"在扫描古籍时对精确区分书中的文字和图案也存在缺陷。以《唐宋诸贤绝妙词选》为例，书中每首词前的作者名字以楷体书写，嵌于椭圆形印章图案内，计算机软件对这类文字符号的辨识结果是归于"图案"而非"文字"，因此被印章图案"美化包裹"的正文文字往往不在"《四部丛刊》全文检索版"软件的检索范围内。如"全文检索"的"正文文字"查询条件下输入"李太白"一词，软件仅出现卷一纲目宋体书写的"李太白"一词，而事实上在卷一纲目其后的正文中，《菩萨蛮》（平林漠漠烟如织）前有楷书大字"李太白"，只是这三字被嵌入类似印章的椭圆形内，这当然是书商以求美观而设计的，但计算机在扫描后却将之摒弃于"文字"符号之外，从而造成使用者数据信息的丢失。

（张三夕 盛莉 茶志高 辑）

86. 《十通》全文检索版（北京书同文数字化技术公司）

北京书同文数字化技术公司研发的《十通》全文检索版，是将唐杜祐撰《通典》，宋郑樵撰《通志》，元马端临撰《文献通考》，清高宗敕撰《续通典》、《续通志》、《续文献通考》、《清朝通典》、《清朝通志》、《清朝文献通考》和近代刘锦藻所撰的《清朝续文献通考》诸书数字化的结果。《十通》分为"三通典"、"三通志"、"四通考"，是一套有关中国历代典章制度，经济文化，社会生活，军事图籍的重要工具书。全书共计 2,700 多卷，3,000 多万字。《十通》全文检索版（图文对照），以光盘的形式面世，用户可以装在个人电脑上进行使用。

（罗昌繁 辑）

87.《中国历代石刻史料汇编》数据库（北京书同文数字化技术公司）

《中国历代石刻史料汇编》是由北京书同文数字化技术有限公司开发研制的一款有关历代石刻资料的全文检索软件，有单机版和网络版两种。“《中国历代石刻史料汇编》数据库”是《历代石刻史料汇编》（中国国家图书馆金石组编《中国历代石刻史料汇编》，全16册，北京图书馆出版社，2000年版）的数字化产品。该书内容由十几位石刻文献研究专家潜心数年，精心编选而成。编者查阅了现存的千余种金石志书（包括地方志中的金石志），精选辑录出15,855篇石刻文献，并附有历代金石学家撰写的考释文字，总计1,150万字。全书从秦砖汉瓦到碑文墓志，上下两千年，内容涵盖中国古代政治、经济、军事、民族、宗教、文学、科技、民俗、教育、地理等各个方面，堪称大型中国古代史料文献汇编，是研究中国古代社会文化各个方面十分难得的第一手资料，极有价值。

该数据库提供两种检索方式，即纲目浏览和全文检索两种。“纲目浏览”的方式，不用输入任何信息即可浏览到碑文。首先点击画面左边的纲目。这个纲目是按照“汇编书名”、“朝代”、“碑文”顺序展开的。当使用者点击书名时，左边栏目将列出全部书名，每本书名下也会列出该书所含的全部朝代信息，使用者可依据所需点击的某个朝代查看该朝代所收入的碑文名称，再进一步点击所要阅读的碑文名，即可看到该篇的碑文全文。这个检索方式只支持事先有明确书名的读者使用。如果没有明确的书名信息，可使用“全文检索”查询。假设，使用者输入“五峰山”三个字，系统将在全部碑文中进行搜索，然后系统将列出所有含“五峰山”这个搜索词的所有碑文条目，如用“五峰山”为检索词，得出15个碑文条目。读者可依序点击查看，或者直接选择所要阅读的碑文条目，进行阅读。阅读过程中，读者可使用系统提供的各种功能，如复制、放大镜、书签、标点、勘误、模式切换、历史检索（查看最近十次的翻页跳转记录，可向前或向后翻页）等。此外，软件还提供联机字典、文字代码页、原书图像页、纪年换算、八卦查询及手写输入等工具使用。

此外，软件也设计了“高级检索”和“辅助输入”两项。读者可通过“与”、“或”、“非”、“字间距”的关系限定进行更具体的检索范围。选择“与”关系，表示在检索结果中既包括字符串一，也包括字符串二；选择“或”关系，表示在检索结果中或者有字符串一、或者有字符串二、或者二者都有；选择“非”关系，表示在检索结果中含字符串一，不含字符串二；选择“字间距”关系，表示在限制的字符范围内进行的检索。至于“辅助输入”方面，则是针对那些没有安装中文操作系统或不熟悉特定中文输入法的读者而设置的大众化汉字输入法。读者可以再显示单字总笔画数列表框，在此选择所需字的总笔画数，再以部首为搜索的列表框里，选择所需字的部首，然后在最右边的列表框中的候选字里选择单字。总而言之，“《中国历代石刻史料汇编》数据库”实现了文献内容字字可查、句句可检，读者可利用全文检索工具在最短的时间内获得最大的信息量。系统提供中日、简繁、异体汉字关联查询，打破了时空、地域的汉字使用习惯，增强了知识检索的全面性。

网络版的“《中国历代石刻史料汇编》数据库”虽然给研究者提供了极大的学术研究价值和检索便利，但仍然存在很多可以改善的空间：

（1）未能直接提供朝代、书名及著者检索。软件的“产品介绍”虽说明可通过某个朝代浏览到具体的碑文，类似于朝代检索，但其实只能按照每本书名以下的朝代分割，即先有了明确书名，再点击该书名，根据所展开的朝代进行搜索。如果读者想查阅某一朝代的全部碑文，只能用一种死功夫，即依序点击每一本书名所需要查阅的朝代展开检索、阅读。软件未能具体到直接以朝代检索，以查看该朝代的所有碑文条目。此外，软件目前无法通过书名及著者进行检索。

（2）书目秩序无标准规律。在软件左侧的“纲目浏览”目录里，读者可以发现书目的摆放秩序并无一个规律可言，如《十二砚斋金石过眼录》共有四编，却不放在一起。而刊刻于不同时代如光绪、民国年间的《石刻》也都零散放在不同位置，夹杂相间、紊乱不整。

（3）系统检索结果的碑文名后有年代显示，如《祀而海王记》(至大元年)。如读者按年代检索，系统得出的结果并不准确，而且命中不高，与检索词一样的或紧密关系的年代碑文却不是排序在最前面。举例而言，读者在使用“全文检索”检索“显庆三年”，检索结果中，最开始出现的却是“文明元年”、“武德二年”、“麟德元年”等年代的碑文名，“显庆三年”则出现在页面中的第 14 个条目，而继续翻到下一页查看，15 个条目中，“显庆三年”的碑文则占了 10 条。

（4）系统无法全屏显示及放大。页面显示最下面一行栏目，即显示检索结果、文本页面、原文图像、碑文条目四种切换模式的具体位置，无法看见，只能用鼠标将页面框往上拖动，然后点击所需的功能，如此反复拖动、点击，检阅起来多有不便。

（5）软件中说明了若《石刻》中有任何疑难字，即电脑无法识别的字或字迹模糊无法识别的字，便以菱形符号[◇]处理。由图像转换成文本时脱字太多。这可能跟其所使用软件的局限性有关，也有可能是最后的校勘工作未彻底完善之故。另外，原文图像中可以辨认而在文本页面变成[口]或[◇]的情况非常多，读者需反复切换界面进行填补。举例而言，罗振玉撰的《中州冢墓遗文》（一编）中的《孙辽浮图铭》碑文，正文第2行"性天◇"中的菱形符号当为"聪"字；第12行的"十七年前件年日◇"中的菱形符号当为"寝"字。同书中的《王怜妻赵氏墓志铭》条，第1行，"金羽"下面一个字当为"仪"字，此皆非难以辨识之字。

若这些问题获得改善，读者使用起来将更为便利，网络版的"《中国历代石刻史料汇编》数据库"的使用价值也会随之提高不少。

（郑诗傧 辑）

88. 《大明实录》数据库（北京书同文数字化技术公司）

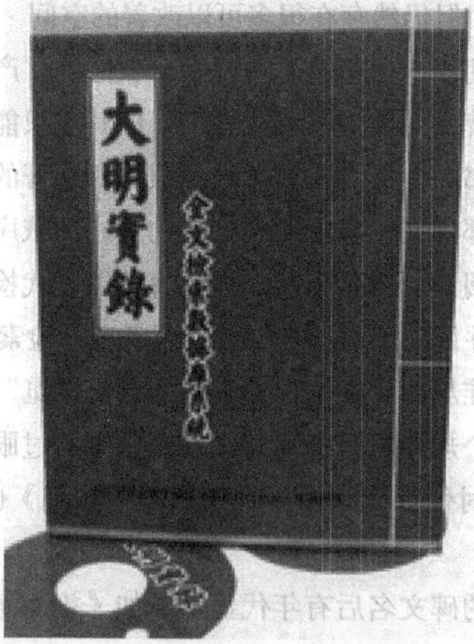

"《大明实录》数据库"由北京书同文数字化技术公司研发。《大明实录》是有明一代最系统且最基本的史料，是明代历朝官修之编年体史料长编。自明太祖至明熹宗共15朝13部2,909卷，其中建文朝附入《太祖实录》，景泰朝附入《英宗实录》。明代制度为新皇帝即位，即诏修前代实录，收入一朝史事，如《宣宗实录》的门类就有52项之多，史料极为丰富，为明史研究者不得不参阅的史籍。该数据库是以红格钞本为基础底本，附加了《崇祯实录》、《崇祯长篇》、《明口宗口皇帝实录》、《明熹宗七年都察院实录》等零散史料。原来，书同文公司继已经推出《大明实录》全文检索系统 1.0 版本，后又将数据库内容升级为 2.0 版，新增了《皇明宝训》和《万历邸钞》全文数字化内容，使读者更加全面详尽地掌握有关明帝国的史料。

“《大明实录》数据库”附有原文图像及数字化文本，两者对照阅读。该数据库也按原书进行电子编目，完整保留了原体例，二者既可独立浏览，又可对应切换，读者能据此核对检索结果。“《大明实录》数据库”提供书籍顺序翻阅和检索结果翻页。全文检索内置汉字关联，其中包括：简繁、正异、通假、正讹、避讳字、中日等各种汉字之间的关联，支持在任何电脑系统下输入的汉字均可准确检索到相关内容。软件内置联机“康熙字典”及中西纪年历换算工具，读者可随时查生字和进行中西历日期转换。此外，书同文也为该款数据库设计“巧笔”（Q_Pen）手写输入法，使用者只需用鼠标即可在线输入任意汉字，关联字便会呈现，对于草书识别也没有问题，准确率高。在阅读过程中，也能任意加注笔记、标注书签、标点和勘误等。这就使读者在使用的过程更加方便，也更自由。

北京书同文数字化技术公司可以考虑推出网络版数据库，这样使用范围能够更普及，相对静态的单机版，具有动态的优越性。

（郑诗傧 辑）

89.《大清五部会典》数据库（北京书同文数字化技术公司、中国第一历史档案馆）

“《大清五部会典》数据库”由北京书同文数字化技术公司研发，中国第一历史档案馆建置。该数据库是中国第一历史档案馆“全文数字化清代档案文献数据库”旗下的第一期建设成果之一，是该档案馆与北京书同文数字化技术有限公司合作完成的，并发行于海内外。大清《会典》作为典章制度类史料之一种，在清史研究中占有重要地位。它是当时的皇帝、臣僚通过满文、汉文《会典》了解大清国国家体制和各部、院职责权限的权威文献。大清12帝13朝276年间共编有五部《会典》，分别修于康熙、雍正、乾隆、嘉庆、光绪五朝，皆是清、汉文单行本。为了满足研究者的需要，北京书同文数字化技术公司将汉文大清五部《会典》的全部内容数字化，共计2,610万字，原文图像共85,582页。

由于编纂的年代不一，典章制度的增损因革、事例的删繁就简等情况趋于复杂化，而目前大部分的著书立说者都以光绪朝时所修纂的《会典》为本，而前四部《会典》却未引起学界的广泛重视，尤其对五部会典的比较研究更是无人问津。在刊布方面，中国大陆和台湾出版的纸本大清《会典》，都是光绪朝的版本，而新近由线装书局出版的《大清五朝会典》，仅收康熙、雍正朝《大清会典》，乾隆、嘉庆、光绪朝《钦定大清会典》，嘉庆、光绪朝《钦定大清会典图》，而缺乏乾隆朝的《钦定大清会典则例》和嘉庆、光绪朝的《钦定大清会典事例》。如此，则略去近三分之二的内容。因此，此款数据库的推出，囊括了汉文大清五部《会典》的全部内容，可以说弥补了以往纸本刊行的不足和遗憾，也对清朝的会典做了一次全面性的统一规划和资料汇集。

“《大清五部会典》数据库”文本和原档图像页并存，二者既可独立浏览，也可对应切换，方便读者核对检索结果。该数据库的编辑体例有原文本卷次目录浏览和朝、年、月的时序目次浏览两项，并可进行前后翻页、翻卷。全文检索内置汉字关联，其中包括：简繁、正异、通假、正讹、避讳字、中日等各种汉字之间的关联，支持在任何电脑系统下输入的汉字均可准确检索到相关内容。软件内置联机“康熙字典”及中西纪年历换算工具，读者可随时查生字和进行中西历日期转换。

北京书同文数字化技术公司可以考虑推出网络版数据库，这样使用范围能够更普及，相对静态的单机版，具有动态的优越性。

（郑诗傧 辑）

90. 《大清历朝实录》数据库（北京书同文数字化技术公司、中国第一历史档案馆）

“《大清历朝实录》数据库”由北京书同文数字化技术公司研发，中国第一历史档案馆建置。该数据库与“《大清五部会典》数据库”一样，同属中国第一历史档案馆“全文数字化清代档案文献数据库”的第一期建设成果之一，是该档案馆与北京书同文数字化技术有限公司合作完成的，并发行于海内外。

清代各朝《实录》实际上是利用原始档案，以编年体辑合成清代各帝统治时期的大事记。最初，清代各朝《实录》编写完成，即满、蒙、汉若干文本，后将之收藏于京师、盛京两地宫禁，并不刊布。直至清亡以降，方有影印本面世。其中最具影响力的有两种，一是伪满洲国“满日文化协会”据盛京崇谟阁藏本和溥仪藏本，由日本大藏出版公司出版的关于太祖至德宗的11朝实录、《满洲实录》和《宣统政纪》(后台湾华联出版社曾据此翻印)，姑且称之为“伪满本”；一是1986年中华书局利用中国大陆多家档案文献部门所藏大、小红绫、小黄绫、定稿本等多种藏本，集成出版的《清实录》。后者的编辑忠于存世藏本，不似“伪满本”对原书文字做了改动。但是，由于《清实录》卷帙浩繁，仅仅编有分册、卷页、目录并附注各册起止朝年，并没有提供主体检索，如此使用起来便受到局限。基于此，中国第一历史档案馆依据馆藏《实录》藏本（兼辅以少量珍贵存世藏本），与北京书同文数字化技术有限公司合作，编辑全文数字化《大清历朝实录》。该数据库提供的资料，反映了有清一代近300年间的用人制度和朝章国故，为清史研究的重要资料。“《大清历朝实录》数据库”涵盖4,441卷，共3,645万字，原文图像计127,971页。

此外，“《大清历朝实录》数据库”的编辑体例以太祖高皇帝至德宗景皇帝11朝《实录》为主体，并附录《宣统政纪》《太祖圣武皇帝实录》（顺治写本的录校本）和《满洲实录》，以求保存历朝实录的完整性，使读者对不同文本间的差异有所了解，也可以进行比较阅读，这给版本学提供了比较研究的空间。

与书同文数字化技术公司旗下的其他产品一样，该数据库同样的保留了数字化文本和原档图像页两种，读者既可独立浏览其一，也可相对切换模式阅读。除按编辑体例编有原文本卷次目录外，还能精确到月的时间的索引，即书目浏览及朝代浏览两项，拓展了读者检索与浏览的途径。此外，该数据库满足了使用者字字可检，即检即得的要求。该数据库还附有勘误功能设置，使读者在阅读过程中若发现错误，可及时作出纠正，实现公司对其产品的动态管理。

北京书同文数字化技术公司可以考虑推出网络版数据库，这样使用范围能够更普及，相对静态的单机版，具有动态的优越性。

（郑诗傧 辑）

91.《康熙字典》电子版（北京书同文数字化技术有限公司）

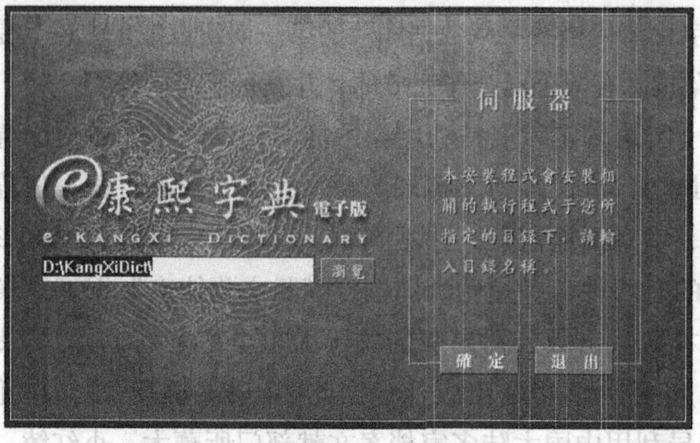

《康熙字典》系清王朝召集众多学者集体编纂，依据明代《字汇》、《正字通》两书加以增订，成书于康熙49年（1710），它是《说文》系字书的集大成之作。该书分部次第一仍《字汇》、《正字通》之旧。共收字47,035字。正文之外，还有集中收录冷僻字的“补遗”和“备考”两卷。各字的注释罗列《唐韵》、《广韵》、《集韵》、《韵会》、《正韵》等诸多韵书的反切，并对同音切语加以归并，附以直音。解说则先注本音本义，后注异音异义、引申、通假。各义项的书证或依时代先后排序，或由经、史到诸子百家。注末还时有考辨。字之古体列于本字之下，重文、别体、俗书、讹字等列于注后。《康熙字典》吸收了历代字书编纂的有益经验，又集中了传统字书编纂中规模最大的30人编写队伍，加上是御敕纂修，问世后影响巨大。其文字音义书证广为引用，其体例成为后出字书的蓝本。《四库全书总目》称其“去取得中，权衡尽善”；“六书之渊海，七音之准绳。”《康熙字典》也有不少疏误，如书名、篇名之误，引文之误，引书错乱，删节失当，断句有误及字形讹错等。王引之《康熙字典考证》曾考出其错误2,588条（已附书后）。尽管如此，它仍代表了《说文》系字书的最高水平。

《康熙字典》电子版所用底本系同文书局石印本，并附王引之的字典考证于后。《康熙字典》内容极为丰富，但其编辑体例对于今天的一般读者查询使用却显得十分不便。因此本电子版采用当代先进的计算机检索技术弥补这一不足。

首先是为各类读者提供了中、日、简、繁、异等汉字关联代换检索技术，帮助事先并不知道字典中确切文字的读者，只要输入自己熟悉的中国汉字或日本汉字，或繁体，或简体，或异体，甚至旧字、讹字，均可检索到字典中的文字条目。

其次，可以单字查询，也可按部首、笔画、笔顺查询，也可按拼音、注音查询。电子版除提供原《康熙》中文字条目信息外，还提供汉字的部首、部首外笔画数、总笔画数、笔顺笔形、拼音、注音、Unicode、GBK、Big5编码等属性信息。同时还提供文字的标准普通话发音。

（孙德贤 辑）

92. 《光绪新法令》电子版（北京书同文数字化技术有限公司）

《光绪新法令》电子版是该书数字化成果。其所收内容自光绪27年（1901）起，止于光绪34年（1908），共4函20册。是研究清末“新政”和法律、规程的重要文献，同时，因民国早期出台的众多法律、规程又大都肇端于此，故其也是研究中国近代化进程不可或缺的重要文献。《光绪新法令》电子版利用OCR汉字识别技术和人机辅助校对系统，进行全文识别，差错率低于万分之三，实现了“字字可检、句句可查”，大大提高了读者的查阅速度。同时，为求保真，特将全文数字化文本页面与原文图像页面相挂接（原文图像版面为展开筒子页）。读者可对检索结果即时进行核对。《光绪新法令》电子版按原分类目次进行电子编目，读者可通过目录直接进入预读章节，并可随意上下翻页，便于浏览。

（罗昌繁 辑）

93. 《历代汉方医书大成》电子版（北京书同文数字化技术有限公司）

北京书同文数字化技术公司研发，日本西冈汉字情报工学研究所建置。《历代汉方医书大成》电子版收录了日本明治前后至昭和期间，日本现存的历代汉方医书，共包括《近世汉方医学书集成》中的160余种书和另外追加的30余种书，共200种书。新编了《历代汉方医学书集成》编委会专家撰写的提要和附录等文。

（孙德贤 辑）

94. 《国学宝典》（北京国学时代文化传播公司）

《国学宝典》依托于国学网（www.guoxue.com），是一套大型中华古籍全文检索数据库，有单机版、网络版、手机版及金典版。1999年，《国学宝典》推出单机版V1.0，这些年来，逐渐升级至V9.0，无论是数据的数量或质量，软件的性能或功能而言，都大大地提升了。为了使用的普及化，《国学宝典》在2002年底开始向网络迈进，2003年12月推出局域网版，2005年2月，推出互联网版。2006年12月，为了顺应科技潮流，又推出手机版。2008年2月，《国学宝典》推出了以超小型笔记本电脑为载体的金典版，从而革新了单机版以光盘为载体的历史。

“《国学宝典》数据库”收录了先秦至清末的中文古籍文献。截至2012年5月，“《国学宝典》数据库”累计出版文献达4,503本，总字数逾10亿字。目前，该数据库以每年新增1亿字的速度在扩充发展。其目标是要建置一个包含所有重要中文古籍的全文电子数据库。故在建立该数据库以前，已经考虑了选书过程中要充分吸收清代以后至当代学人有关古籍整理的重要研究及整理成果，对文献的实用价值尤其重视。该数据库收录的一批通俗小说、戏曲等，均为《四库全书》所未收。大部分文献还附有内容提要，包括作者简介、内容组成、版本等相关信息，提升了数据库的价值。其收录标准包括历代经典名著、各学科的基本文献、经过整理，具有一定史料价值和研究价值的文献、用户所需的其他文献等。此数据库的底本选择标准为完整本而非选本或残本、精校本及经整理过的标点本。如此一来，研究者在使用时候绝对可以投以信赖，使用起来不仅方便，且符合学术要求。

“《国学宝典》数据库”以四库分类法为基础，建立了一套兼容古籍文献和电子数据库特点的分类方法，采用北京国学时代文化传播有限公司所独立开发的数据库格式进行储存管理。著录内容可不断扩充，使资源库随时能更新资料，与现有的及新出的研究成果同步。其著录包括经、史、子、集、丛书五大类，共36个专题。此外，还著录了《越南汉籍小说丛刊》，显示了其对域外汉籍文献著录的重视。目前，域外汉籍的研究也是中国学界的热点研究课题，还有很大的研究空间。《国学宝典》对域外汉籍的收录与关注显示了其远瞻性。

该数据库也有强大且快速的检索功能，从10亿字近10万卷的古籍数据库中任意范围查找任何一个字或词，都可以在一秒钟内得得结果，并可满足多人同时在线检索。更方便的是，数据库中不仅可以检索字、词、句，而且可以多条件组合检索，其检索结果可以复制、打印或直接保存下来。其检索方法多类：

（1）标题检索：通过所有书的标题（包括段、卷、回名），相当于标题索引。

（2）全文检索：通过输入关键词在《国学宝典》全部内容里进行检索。同时还可以限定书名、著者、分类条件，还可实现不同关键词的组配检索。

（3）分类检索：可以指定经、史、子、集、丛书、通俗小说任意一类，也可以选《十三经》、《二十四史》、《六十种曲》等特定专题进行全文检索。

（4）专书检索：可以选《全唐文》、《列朝诗集》等任意一部书进行全文检索，甚至可以指定在某一卷书中查询。举例而言，以书名方式，检索《赵氏孤儿》，则将出现著者显示、朝代显示、卷数及其通行本。点击书名后，页面尚附有书目提要及卷目下载，另外也提供在线阅读，极为便利。

（5）高级检索：高级用户可使用该数据库的“高级检索”功能。用户只需要将合乎检索系统语法要求的脚本文件通过高级检索接口上载到服务上，待通过语法检查后，系统会自动处理用户的请求。检索结果将会按照标准的zip格式压缩，提示用户下载。如果处理时间较长，系统将以邮件附件方式把结果发送到用户指定的电子信箱中。

此外，该数据库还提供电子辅助工具，如国学字典、书名词典、人名词典、国学字箪、古今纪年换算工具、八卦及六十四卦表，大大地方便了使用者。

参考网址：http://www.gxbd.com/

（郑诗傧 辑）

95.《宋会要辑稿》（北京国学时代文化传播公司）

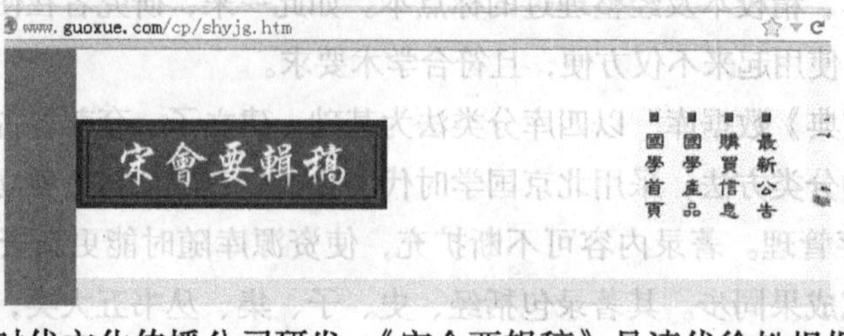

北京国学时代文化传播公司研发。《宋会要辑稿》是清代徐松根据《永乐大典》中收录的宋代官修《宋会要》加以辑录而成，共366卷，分为帝系、后妃、乐、礼、舆服、仪制、瑞异、运历、崇儒、职官、选举、食货、刑法、兵、方域、蕃夷、道释等17门。内容丰富，十之七八为《宋史》各志所无，是研究宋朝法律典制的重要资料。但由于《辑稿》卷帙浩繁，残缺零乱，给整理工作带来极大的困难，而欲将其整理为电子数据库，则更是难上加难。2005年，北京国学时代文化传播有限公司和上海人民出版社、首都师范大学出版社联合启动了《宋会要辑稿》数据库研发项目，历时三年，终于完成。该数据库以U盘为载体，即插即用，界面典雅，具有强大的检索功能，并配置有联机字典等多种工具。

参考网址：http://www.guoxue.com/cp/shyjg.htm

（孙德贤 辑）

96.《古代小说典》（初编）数据库（北京国学时代文化传播公司）

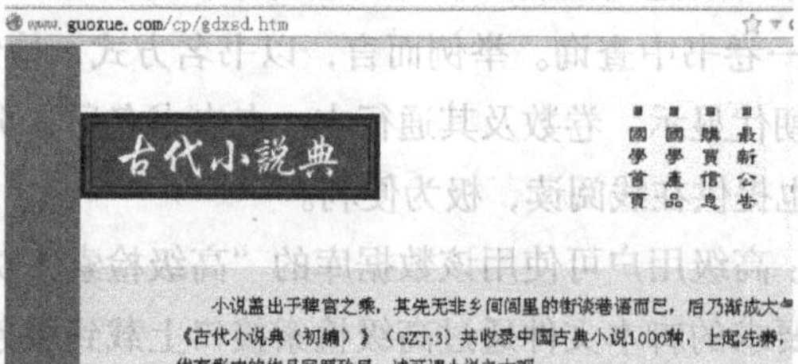

“《古代小说典》（初编）数据库”由北京国学时代文化传播公司建置。该数据库是隶属于“国学网”旗下的公司产品之一，是一个专收中国古代小说的大型全文数据库。内容收录自先秦以迄民初的各类小说，共计1,000种，总字数达1.5亿字。其中所收录的小说，按文言与白话分为两大类。

“《古代小说典》（初编）数据库”之所以定名为“初编”，是基于日后数据库扩展的考量。该公司拟在日后条件许可的情况下开发二编、三编。中国古代存世小说达3,000多种，《古代小说典》所收录的小说，均为存世的全本或辑本。所有文本均经过加工整理，分段并施以标点，并随文选配1,000多幅插图，将其全数字化而成。其中有部分小说文献是国内尚无的排印本、由电子文献研究所初次加工整理。

该数据库收录的小说中，有775种文言小说，225种白话小说，另有小说史等附录5种，如《敦煌变文集》、《四库全书总目提要》以及多种小说提要的书目。其中，文言小说分唐前、唐、五代、宋、辽、金、元、明代、清代至民初五卷；白话小说包括部分非文言体的通俗小说，分宋、元、明代、清代三卷。每卷中再按专题或作品先后排列。文言小说概念与《四库全书》中的小说家相类，适当收入与小说相关的野史笔记。白话小说主要指话本和章回体小说，含个别文言体的通俗小说，也收入此类；未收入弹词、唱词、变文等。关于小说文献的多种版本问题，该典策划人表示择善而从，或收常见版本，或兼收多种版本，情况不一。对于佚书，若有辑本，则适度收入；有多种辑本的，一般收后出者或内容全者。此外，此数据库另出版一本配书，即尹小林、汪龙麟主编的《〈古代小说典〉解题》，收书数量与数据库相符。

该数据库具有全文逐字索引功能，并可在各种范围内进行多条件的智能检索，并能动态关联人名、书名和帝王年号。使用者可自由复制和打印，并配备具有发音功能的联机字典。为便于检用，"《古代小说典》（初编）数据库"所收1,000种小说从0001至1000连续编码，每部书均有唯一序码。另外，目录后编有音序索引，按拼音字头排列，书名后4位数字为该书序码。关于一书多名者，则选其常用或通行的书名为列目。然而使用者可在索引中用别名检索，同样能够查询到相关条目。而异书同名者，或者作者为佚名，使用者皆可通过朝代或者作者区分。该数据库全使用标准简化字。这样就解决了书目方面尚未考证、确认的信息检索不果的问题。

历来小说观念不一，因此现存的古代小说目录所著录的书目，都有不同，近人编纂的文言小说目录有几种，如程毅中的《古小说简目》、宁稼雨的《中国文言小说总目提要》、袁行霈、侯忠义的《中国文言小说总目》等，诸家在《凡例》或《前言》部分都阐述自己的小说观念和著录标准。该数据库也可在《凡例》中补充这一点，比如解释为何文言体的小说同时出现在《文言小说》栏目和《白话小说》栏目。若以后推出二编、三编，建议《古代小说典》参考目前现行的古代小说专科目录的著录，进行收书及数字化处理，也可以考虑数字化域外汉籍的古代小说，使该数据库的设计更为完善，内容页更为丰富，形成国内外收录最全的古小说总目，给使用者及小说研究者提供便利。另外，北京国学时代文化传播公司可以考虑推出《古代小说典》（初编）网络版，这样使用范围能够更普及，相对静态的单机版，具有动态的优越性。目前，这款软件非免费使用，因此也限制了使用的普及度。

参考网址：http://www.guoxue.com/cp/gdxsd.htm

（郑诗傧 辑）

97.《中国历代笔记》数据库（北京国学时代文化传播公司）

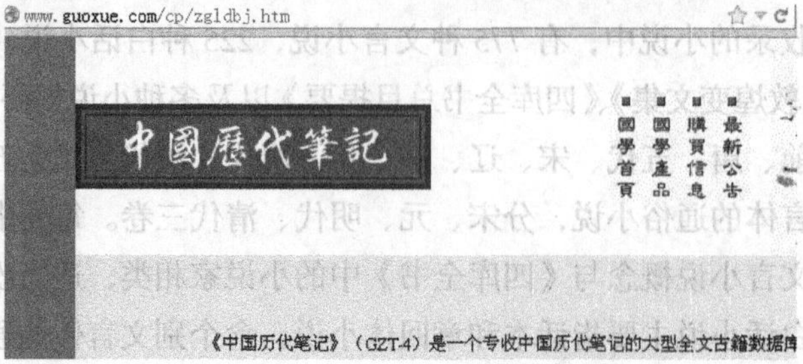

“《中国历代笔记》数据库（UZT–4）”是由北京国学时代文化传播公司建置。该数据库是一个专收中国历代笔记的大型全文古籍数据库。北京国学时代文化传播公司运用现代科技，结合先进的智能芯片技术，将其植入轻巧便携的U盘中，使读者随意能坐拥书城。该公司并聘请了以著名学者傅璇琮先生为首的教授团队，参加编选“《中国历代笔记》数据库”，并配合首都师范大学国学网推出。此数据库为迄今为止规模最大的一套笔记体古籍全文数据库，基本反映了中国古代笔记的总体风貌。此外，该数据库也允许分卷购买，但各分卷均不包括附录内容。

该数据库分为汉魏晋南北朝、隋唐五代、宋、明、清等五卷，完整地收录了两汉到清末历代笔记1,200种，共计5,500余卷，约1.5亿字。附录有《十三经》、《二十四史》、《全唐诗》、《全宋词》、《太平广记》、《太平御览》、《清稗类钞》等。汉魏晋南北朝卷共收入汉魏晋南北朝笔记68种212卷，分为历史琐闻、小说故事、考据辩证三类。隋唐五代卷共收入隋唐五代笔记110种314卷，分为历史琐闻、小说故事、考据辩证三类。宋代卷共收入宋、辽、夏、金、元笔记310种1,582卷，分为历史琐闻、小说故事、考据辩证三类。明代卷共收入明代笔记312种1,167卷，分为野史、杂记、掌故、文学四类。清代卷共收入清代笔记350种2,025卷，分为历史琐闻、小说故事、考据辩证、文学文论四类。可见，该数据库的著录囊括了过去以子、史分类的标准，全按照“笔记体”形式书写的文献作品为著录标准，力求真实全面地表现出中国古代笔记的洋洋大观。

该数据库提供全文检索、逐字查询等功能，配备人名、书名、地名等数据库，方便阅读。

从“《中国历代笔记》数据库”的分类来看，该数据库似乎是以笔记作者的生年为标准，故出现宋代卷作者却标示有明、清作者，但也有个别情况，比如在明代卷“野史”部分也出现标示为元代作者的徐显。因此，分类稍显不规则。建议一律以作者卒年为标准，各归各位，如将毛奇龄的《武宗外纪》和彭遵泗的《蜀碧》从明代卷移入清代卷，将清代卷民国时期的作者另作一卷。这样既整齐、划一，也能看出同一个时代不同时期的作者及其作品面貌的异同。

参考网址：http://www.guoxue.com/cp/zgldbj.htm

（郑诗傧 辑）

98. 《通鉴全编》（北京国学时代文化传播公司）

北京国学时代文化传播公司研发。《通鉴全编》收录了宋司马光的《资治通鉴》、清毕沅的《续资治通鉴》、李焘的《续资治通鉴长编》、黄以周等辑注、秦缃业勘校的《续资治通鉴长编拾补》四部专著。光盘为标准网页格式，并配有图片；所有数据均可进行全文多条件检索、复制、打印；特别增加了联机古汉语字典等多种工具，可即查即用。界面美观，使用简便。

具有以下三大优势：词典功能，用鼠标选中一个字，点鼠标右键，即出现该字的字典；强大的搜索功能，在“检索字串”框内输入要检索的词，可选择检索范围和逻辑关系，在结果中用蓝色标示该词；附有清代王夫之撰《读通鉴论》。

参考网址：http://www.guoxue.com/cp/tjqb.htm

（孙德贤 辑）

99. 《全上古三代秦汉三国六朝文》（北京国学时代文化传播公司）

北京国学时代文化传播公司研发。《全上古三代秦汉三国六朝文》，清严可均编。严可均著有《说文校议》、《说文声类》、《铁桥漫稿》等书。清嘉庆年间开全唐文馆，当时有名的文人大多被邀请参加。严氏因为自己没有被邀请，心有不甘，于是独自一人，编成《全上古三代秦汉三国六朝文》，作为《全唐文》的前接部分。主要取材明梅鼎祚的《文纪》及张溥的《汉魏六朝百三家集》，共收唐代以前作者 3,497 人，分代编次为15集。原稿156册，共741卷，1893年广雅书局初刻，1929年丁福保影印出版。今有中华书局断句影印本。本产品数据为标准网页格式,并配有图片资料。该盘数据可全文检索，复制、打印，特别增加了联机字典、历代帝王纪年表等多种工具，大大方便了用户使用。

具有以下两大优势：词典功能，用鼠标选中一个字，点鼠标右键，即出现该字的字典；强大的搜索功能，在“检索字串”框内输入要检索的词，可选择检索范围和逻辑关系，在结果中用蓝色标示该词。

参考网址：http://www.guoxue.com/cp/qsgsdqhsglcw.htm

（孙德贤 辑）

100. 《中国古代戏剧专辑》（北京国学时代文化传播股份有限公司）

北京国学时代文化传播公司研发。《中国古代戏剧专辑》分《全诸宫调》、《新编元曲选》、《〈永乐大典〉戏文三种》、《六十种曲》、《盛明杂剧》、《笠翁十种曲》、《明清著名传奇选》七部分，共收入古代戏剧310种，基本囊括现有可见的中国古代戏剧作品。

具体包含内容如下：《全诸宫调》3种；《新编元曲选》162种；《永乐大典》戏文3种；《六十种曲》（明末毛晋辑）60种；《盛明杂剧》（明沈泰编），初集30种、二集30种；《笠翁十种曲》10种；明、清著名传奇选12种。

参考网址：http://www.guoxue.com/cp/zggdxjzj.htm

（孙德贤 辑）

101. 《十三经注疏》（北京国学时代文化传播公司）

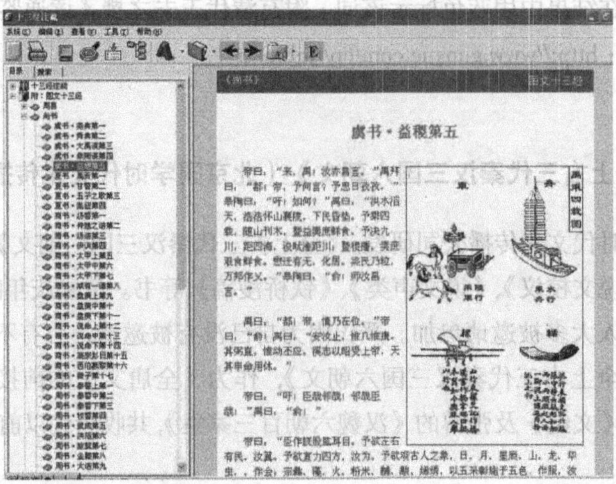

“十三经”系儒家奉为经典的十三部古书的总称。随着儒家之学在中国传统社会中定于一尊，历代学者纷纷为诸经作注解。其中，汉朝及稍后的学者们做了大量的注释工作，人们称之为注或笺。唐、宋时期，由于时间久远，人们对汉代的注释也难于理解了。于是一些学者不仅注解经传的正文，而且对前人的旧注也进行解释和阐发，称之为“疏”或“正义”。

“十三经”内容博大，影响深远，注疏者历代不绝。但在南宋以前，注和疏本来都是单独成书的。南宋时始合刻在一起。南宋绍熙年间始有汇集唐、宋之前最具权威性的“十三经”注、疏的合刊本，形成一整套经书及其注文，称为《十三经注疏》，后复有十行本。明嘉靖中有闽本，据十行本重刻；万历间有监本，据闽本重刻；崇祯时有毛氏汲古阁本，据监本重刻。但是明代的监本和汲古阁本，因辗转翻刻，讹谬百出。清初有武英殿本。清嘉庆中，著名学者阮元主持重刻《十三经注疏》，汇集宋本重刊，以十行本为主，并广校唐石经等古本，撰《校勘记》附于诸经卷末，号为善本，是迄今为止最好的本子，素来为世人所看重，包括《周易正义》（魏王弼、晋韩康伯注，唐孔颖达等正义）、《尚书正义》（汉孔安国传，唐孔颖达等正义）、《毛诗正义》（汉毛亨传、汉郑玄笺，唐孔颖达等正义）、《周礼注疏》（汉郑玄注，唐·贾公彦疏）、《仪礼注疏》（汉郑玄注，唐贾公彦疏）、《礼记正义》（汉郑玄注，唐孔颖达等正义）、《春秋左传正义》（晋杜预注，唐孔颖达等正义）、《春秋公羊传注疏》（汉何休解诂，唐徐彦疏）、《春秋穀梁传注疏》（晋范宁注，唐杨士勋疏）、《孝经注疏》（唐玄宗注，宋邢昺疏）、《尔雅注疏》（晋郭璞注，宋邢昺疏）、《论语注疏》（魏何晏注，宋邢昺疏）、《孟子注疏》（汉赵岐注，宋孙奭疏）。现今出版的影印本有1980年中华书局据世界书局缩印本影印的两册本，标点整理本有1996年出版的《传世藏书》本，以及1999年由李学勤主编、北京大学出版社出版的《十三经注疏》本等。

由北京国学时代文化传播公司研制，北京语言大学方铭教授主编的光碟版《十三经注疏》，以智能阅读软件为平台，以《十三经注疏》文本为主要内容，结合最新的科技成果，融声、乐、图、画等现代元素于一体，在保证国学经典原汁原味的基础上，一改以往国学孤灯古卷、耳提面命的刻板面容，界面典雅，携带方便，令国学的学习与研究更贴近现代人的生活，大大提高了研究者的研究效率。

光碟版《十三经注疏》将清代阮元刻本的《十三经注疏》全文录入，光碟所收录的中国古典文献所涉及的文字及图形在windows平台下均可正常显示和列印，从而可以轻松实现对《十三经注疏》文本的多样检索，其数据光盘有如下特点：一是词典功能，在阅读模式下可以随时选中文本内容进行词典查阅，从而排除读者在阅读过程中可能遇到的读音以及字义方面的理解障碍；二是强大的检索功能，可以就任何字串在《十三经注疏》中实现全文检索，在“检索字串”框内输入要检索的词，可选择检索范围和逻辑关系，在结果中用蓝色标示该词，对于征引文献的定位以及学术研究中的数据统计工作颇有助益；三是附录资料，在《十三经注疏》正文之后附有《图文十三经》，配图形象生动，对于理解文本时有裨益。

（李世中 辑）

102. 中国基本古籍库（北京爱如生数字化技术研究中心）

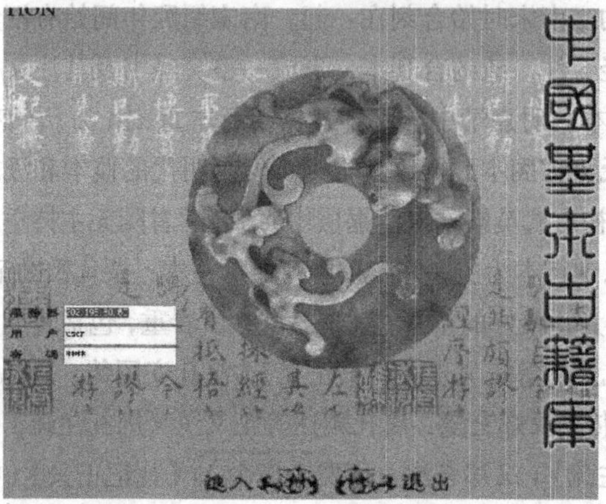

“中国基本古籍库”是对中国文化的基本文献进行数字化处理的宏伟工程，由北京大学教授刘俊文总策划、总编纂、总监制，北京爱如生数字化技术研究中心开发制作。

“中国基本古籍库”库所精选的先秦至民国的历代重要典籍，包括流传千古的名著、各学科基本文献和拾遗补缺的特殊著作，各据通行善本，采用爱如生独有的数字化技术制成数字全文，另附1—2个珍贵版本的原版影像。“中国基本古籍库”库共网罗全球200个公私图书馆所藏中国古籍善本12,500个、约20万卷，既有宋、元、明、清历代之刻本、钞本、写本、稿本、批校本，也有外国版本如和刻本和高丽本等。“中国基本古籍库”收录范围涵盖全部中国历史与文化，其内容总量相当于三部《四库全书》，不但是全球目前最大的中文古籍数字出版物，也是中国有史以来最大的历代典籍总汇。所用版本均经专家严格筛选，符合“完本、现存最早之本或晚出精刻精钞精校本、未经删削窜改之本”三条标准，其中颇多世间罕见的孤本秘籍，堪称菁华遍地，满目琳琅。

“中国基本古籍库”检索极为方便，可以通过多条路径和多种方法进行海量检索，检索速率快至毫秒；同时拥有版式设置、字体转换、背景音色、阅读记忆、版本对照、放缩控制、标点批注、分类书签、下载编辑、原文打印等10个研读功能，可以轻松实现从检索、阅读到校勘、标点、注释、编辑、下载和打印的一条龙电子作业，极大地提高了使用者进行研究工作的效率，从而彻底改变了传统国学研究中的手工业方式，对于学术研究成果的推进与中华传统文化的推广起着重要的作用。

"中国基本古籍库"目前提供四条检索路径，并提供模糊匹配：(1) 分类检索，通过库、类、目的树形结构进行定向检索；(2) 条目检索，限定书名、时代、作者、版本、篇目等条件进行目标检索；(3) 全文检索，输入任意字、词或字符串进行爬梳检索；(4) 高级检索，可以进行多次检索，或组合字词进行逻辑检索，或综合选项进行关联检索，可以保存最近一次检索结果。基本古籍库的二次检索与一般数据库的二次检索稍有不同，并不是将检索结果进行二次检索，而是将第一次检索的词与多次检索词进行组合检索。"中国基本古籍库"在购买与使用方面也极为人性化，目前是是一次性购买终身免费升级。"中国基本古籍库"自 2005 年推出 V1.0 版本以来，每年都要随着数字技术的进步和学术标准的提高进行软件升级和数据更新，以期至善。特别是 2009 年 3 月正式启动"中国基本古籍库"定本工程，组织专门小组和台海两岸专家逐书细校，勘误纠谬，目标为零错误率。现首批已投放定本百余种，以后还将陆续分批投放,使"中国基本古籍库"成为可以充分信赖和直接引用的数字古籍定本库。

由于"中国基本古籍库"使用时要求必须下载安装客户端，因此可以使用一些个性化的工具，查看内容的时候是全屏显示，但在使用者要做其他操作时会略有不便。在具体的使用细节方面，"中国基本古籍库"可以将繁体字与简体字进行转换，但这种转换虽然符合现代人的识字习惯，但是繁简自由转换，暂时没有技术手段能保证不出现错误。不过，由于可以将查看内容与图书原版的图像进行对比，这样就可以通过人工比对而减少错误，同时也可以通过图书的原版图像查看到一些无法识别的字。该库还自带常用字典，可查询所收录典籍中常用字的发音和释义。除此以外，"中国基本古籍库"还可以改变背景颜色、增加列线、将文字从竖排改变成横排，并且可以对原文增加标点批注以及书签，可自动收藏并分类管理以前查阅的信息，方便归纳研究。另外"中国基本古籍库"在查看出处方面略显不足，虽然在 6.0 版能在检索到的条目页面下显示出处，并在复制文本时提供出处复制，但也只有书名和卷数，使用者还得通过翻检补充朝代、作者、篇名、版本等信息。另外该库在内容方面将原书序跋等删去，而这些内容对使用者的研究会有很大帮助，这一不足很让人略感遗珠之憾。

"中国基本古籍库"具有重要的学术价值和便捷的操作体验，客户遍布世界，受到海内外学术界的诸多好评，其在电脑字库、光盘出版、网络出版、电子书以及数字化图书馆技术等方面的杰出成绩无疑为其他古籍电子资源库作出了行业规范性的良好示范。

（李世中 辑）

103. 中国方志库（北京爱如生数字化技术研究中心）

方志作为记述地方情况的史志，有全国性的总志和地方性的州郡府县制两类。总志如《山海经》、《大清一统志》。以省为单位的方志称“通志”，如《山西通志》，元以后著名的乡镇、寺观、山川也多有志，如《南浔志》、《灵隐寺志》。方志分门别类，取材宏富，是研究历史及历史地理的重要资料。

北京爱如生数字化技术研究中心研发推出的“中国方志库”是专门性的大型古籍数据库，主要收录历代地方志类著作。其所收地方志类著作，包括全国地理总志（如方舆志、一统志等），各地方志（如省通志、府州志、县志等），各类专志（如山川志、边防志、都城志、宫殿志、村镇志、里巷志、园林志、寺观志、书院志等），各种杂志（如乡土志、物产志、风俗志、考古志、游历志等）以及外志（如环球志、一国志、多国志等）。库中内容所记大至一国一省一州一府，小至一村一镇一城一关，举凡历史沿革，地理形势，行政建制，财赋收入，物产资源、人文景观元、，灾异祸乱，乡土风俗，靡不详尽。至今研究者在从事地区开发和学术研究时，仍须从中提取丰富的信息。

“中国方志库”网罗广博，共收录汉魏至民国历代地方志类著作1万种，每种皆据善本制成，采用爱如生独有的数字再造技术制作，保留了原书所有信息（包括图、表、标记在内）的数据全文，还原式页面，左图右文逐页对照原版影像，眉批、夹注、图表均可无障碍显示；可以进行毫秒级的全文检索，同时可编辑、下载和打印。数据库总计全文超过20亿字，影像超过1,000万页，数据总量约350G，同时配备强大的检索系统和完备的功能平台，可从分类检索、区域检索、条目检索、全文检索四条路径进行检索，可运用设置、标注、书签、复制、打印等辅助功能方便使用。“中国方志库”的快速海量检索功能和全电子化的整理研究作业，堪称地方志类著作数字化的空前巨献。

（李世中 辑）

104. 中国谱牒库（北京爱如生数字化技术研究中心）

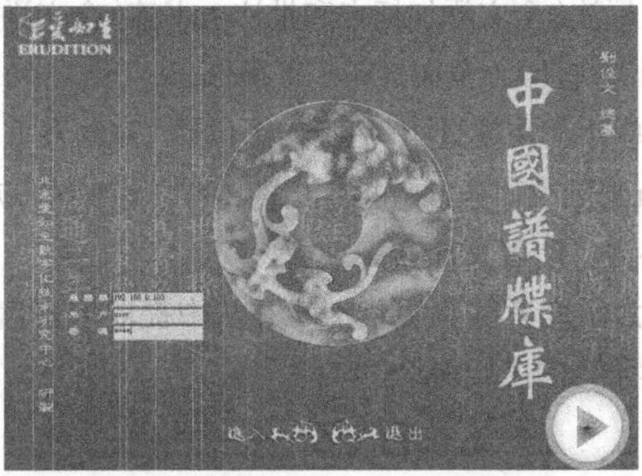

谱牒是记载某一宗族主要成员世系及其事迹的档案，它以一定的形式记载了该宗族历史，其形式和内容集中了档案学、历史学和文化人类学等学科的旨要。谱牒是伴随着家族制度而来的记录家族血缘关系的文献。据今之所见材料与相关研究成果，在商代时已有一些简单的世系表，是家谱的雏型，而较为完备、成熟的谱牒则形成于西周时期。不过由于谱牒在诞生之初并不被重视，所以夏周时期的谱牒并未流传下来,仅可从相关出土文物上探知只鳞片爪。魏晋至唐代时,由于家族制度盛行,加之当时社会上对于门第出身比较注重，谱牒也随之盛行起来。宋以后，随着近代封建家族制度的形成，修家谱的风气十分盛行。到了明、清两代，在农村中，可以说既没有无谱之族，也没有无谱之人。每个聚族而居的封建家族组织，必有一部以至数部家谱。家谱又有宗谱、族谱、家乘等不同的名称。人口众多的大家族的家谱，往往还分为通谱、支谱、总族谱、分族谱、大同宗谱、小宗谱等等。

由北京爱如生数字化技术研究中心自主研制，北京大学刘俊文教授总纂的“中国谱牒库”是专门性的大型数据库，主要收录历代谱牒类典籍。谱牒类典籍包括家谱（宗谱、族谱、世谱、家谱、家乘等）、年谱（年谱、年表、纪年、行实、自述等）、仕谱（题名录、同年录、搢绅录、百官录等）和日谱（日记、日录、日谱、日札等）。内容所记或为一姓一家之浮沉荣辱，或为一府一衙之仕宦黜陟，或为一人一生之成败进退，或为一日一时之行事心得，无不折射出国家和民族之盛衰与社会和历史之变迁，由于谱牒的特殊文献性质，其真确翔实更有过于他类书籍，极具研究价值。

“中国谱牒库”网罗广博,共收录了汉魏至民国历代谱牒类著作(包括家谱、年谱、仕谱、日谱等）1万种，每种皆据善本，采用爱如生独有的数字再造技术制作，采用还原式页面，左图右文逐页对照，眉批、夹注、图表无障碍显示；可以进行毫秒级分类检索（编、类)、条目检索（谱名、谱主、作者、时代、版本)、全文检索（字、词、字符串)、高级检索（二次检索、逻辑检索、关联检索）等，可以进行放大（影像局部放大阅读)、全屏(影像全屏阅读)、高清(影像去除灰度阅读)、连缀(影像前后多页连缀阅读)、标注(全文添加标点和批注)、书签(全文添加书签和分类管理)、下载(全文编辑复制)、打印(全文打印)等操作。

"中国谱牒库"总计全文超过10亿字,影像超1,000万页,数据总量约300G。自2011年起,分为五集陆续出版。首批推出的《中国谱牒库·初集》,共收录宋、元、明、清历代家谱、年谱、仕谱及日记2,000种。

"中国谱牒库"为研究者综览历代谱牒并从中提取丰富信息提供了极大便利,也大大开拓了谱牒学研究的广阔前景。

(李世中 辑)

105. 中国金石库(北京爱如生数字化技术研究中心)

金石学是指中国古代传统文化中的一类考古学,"金"就是铜的意思,一般指上面有铭文的铜器;"石"一般指的是有文字的石刻。其主要研究对象为前朝的铜器和碑石,特别是上面的文字铭刻及拓片;广义上还包括竹简、甲骨、玉器、砖瓦、封泥、兵符、明器等一般文物。金石学研究涉及文字学、历史、书法、文学、图书学等方面。金石学在汉朝就已经出现,但在宋朝和清朝最为发达。宋朝石鼓文的出土和清末甲骨文的发现是金石学的重要里程碑。金石拓片所载其文其事,信而有征,不但可与史书相证明,而且可以阐幽表微,补阙正误;金石志书则多载宋以来名儒硕学之搜采订释,对于广泛掌握和正确解读古代铜器铭文及古代石刻大有帮助。二者同为研究中国历史文化的必备资料。

北京爱如生数字化技术研究中心研发的"中国金石库"作为专门性的大型古籍数据库,主要收录历代金石文献。"中国金石库"所收入的金石文献包括古代铜器铭文和古代石刻的拓片,以及著录古代铜器铭文和古代石刻的志书。"中国金石库"收录了先秦至民国的历代金石文献,其中金石志书2,000种、金石拓片20万件,全文超过5亿字，影像超过300万页，每种（件）各据善本（原件）详加订释，制成数字全文，并附以高度清晰的原版影像和可以360度旋转观察的原件影像，足资考订和利用。

“中国金石库”采用爱如生独有的数字再造技术制作，还原式页面，左图右文逐页对照，眉批、夹注、图表和古文字、重叠字、颠倒字无障碍显示；配备强大的检索系统和完备的功能平台，可从分类检索、条目检索、全文检索、高级检索四条路径进行毫秒级检索，可运用图文对照、标点批注、分类收集、下载保存、原文打印等10个辅助功能，堪称中国金石文献数字化的空前巨献。

（李世中 辑）

106. 中国丛书库（北京爱如生数字化技术研究中心）

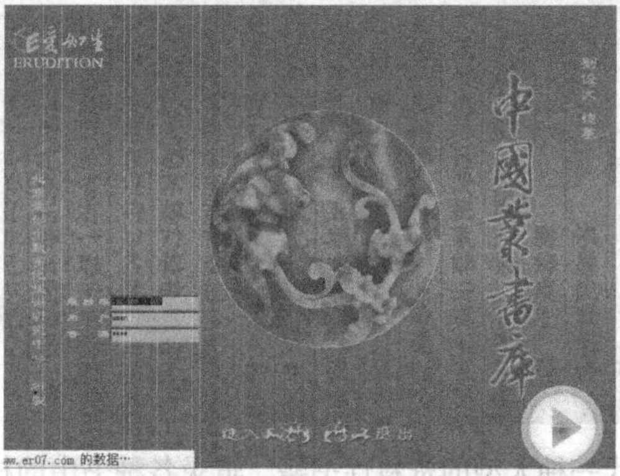

丛书，或称丛刊、丛刻、汇刻书、套书，是把各种单独的著作汇集起来，给它冠以总名的一套书。其形式分为综合性的和专门性的两种。中国古代的丛书多为综合性的丛书。中国的丛书，一般认为始于南宋，俞鼎孙、俞经的《儒学警悟》可算为丛书的鼻祖，它刻于南宋嘉泰元年（1201），以后各代多有编纂，比较有名的丛书如《四库全书》、《四部丛刊》、《四部备要》等。其中《四库全书》的部头之大，堪称中国古代丛书之最，共收书3,503种，7,9337卷，约9.97亿字。当时，《四库全书》没有刻印，全书只缮写七部。曾分藏于清代的七大藏书阁。

北京爱如生数字化技术研究中心研发的“中国丛书库”是专门性的大型数据库，主要收录历代编撰的丛书。丛书是按一定的原则和体例汇集多种典籍而成的。最早的丛书始见于宋，自宋末以迄民初，历代编纂的丛书（包括综合类丛书、专门类丛书、地域类丛书、辑佚类丛书、家族类丛书、独撰类丛书等）多达3,000余部；所收各类典籍，林林总总，不下6万种。可算得上蔚为大观，实在足资利用。

“中国丛书库”分为初集、二集、三集，共精选出300部罕见和实用的丛书（包括杂纂丛书、地域丛书、辑佚丛书、家族丛书、类编丛书等），并从中采录具有学术价值和版本价值的历代典籍 1 万种，每种皆据善本制成数字化全文，附以原版影像，总计全文 15 亿字，影像 800 万页，数据总量约 200G。中国丛书库配有特色的检索系统和完备的功能平台，可从分类检索、条目检索、全文检索、高级检索四条路径进行检索，可运用版本对照、圈点眉批、分类收集、下载保存、原文打印等 10 个辅助功能。用户有此一编，当可尽览中国丛书之精华。

（李世中 辑）

107. 中国类书库（北京爱如生数字化技术研究中心）

类书是我国古代一种大型的资料性书籍，辑录各种书中的材料，按门类、字韵等编排以备查检，例如《太平御览》、《古今图书集成》。“中国类书库”由北京大学教授刘俊文总纂，北京爱如生数字化技术研究中心研制。作为专门的大型古籍数据库，“中国类书库”主要收录历代编纂的类书。由于类书乃“博采群书，分类纂辑”而成，其内容，或综括百科，或专精一事；其采书，或收录全文，或摘引片段；其纂辑，或分门别类，或理云机子。总之，以博取约观、便于寻览为旨归，与现代工具书之百科全书或单科全书相似。由于所含信息量巨大，且所采书多后世亡佚无存者，因而具有特别的学术价值。“中国类书库”收录魏晋至民国历代编纂的类书（包括最早的类书《皇览》、《古今图书集成》、《永乐大典》和《明代日用类书》等）800 部、宋、元、明、清及民国各级善本 800 个，采用爱如生独有的数字再造技术制作，还原式页面，左图右文逐页对照，眉批、夹注、图表无障碍显示。全文约 8 亿字，影像约 300 万页，实为类书数字化的总结性成果。

（李世中 辑）

108. 中国经典库（北京爱如生数字化技术研究中心）

“中国经典库”是专门性的大型数据库，由北京大学教授刘俊文总纂，北京爱如生数字化技术研究中心研制。“中国经典库”主要收录中国古代哲学思想类典籍。中国古代思想文化以儒、道三教和诸子百家为源头。儒、释、道、子之学说虽千差万别，然均以东方智慧探索自然与人生的真谛，其融通交汇处即构成中华民族的思维方式与文化心理。故研究中国古代思想文化者，必合观儒、释、道、子之书而求之。

“中国经典库”分五批出版：第一批为儒典编，收录儒家典籍 2,500 种；第二批为道藏编，收录道教典籍 2,000 种；第三批为佛经编，收录佛教典籍 2,000 种；第四批为子书编，收录诸子百家之书 2,000 种；第五批为各编补遗，收录儒、释、道、子之书 1,500 种，共计 1 万种，每种皆据善本制成数字全文，附以原版影像，总计全文超过 10 亿字，影像超过 500 万页，数据总量约 200G。同时配备强大的检索系统和完备的功能平台，可从分类检索、条目检索、全文检索、高级检索等四条路径进行检索，可运用版本对照、圈点眉批、分类收集、下载保存、原文打印等 10 个辅助功能。中国经典库使浩如烟海般的儒、释、道、子之书，第一次有可能进行全景式的综览比观。“中国经典库”分五编，儒典编、道藏编已出。

（李世中 辑）

109. 中国俗文库（北京爱如生数字化技术研究中心）

“中国俗文库”是专门性的大型古籍数据库，由北京大学教授刘俊文总纂，北京爱如生数字化技术研究中心研制。“中国俗文库”主要收录中国传统社会底层的流行文献。中国传统社会底层流行之文献，指千百年来在民间广泛流传的俗文学作品与俗文字史料，诸如变文、宝卷、小说、话本、戏文、俚曲、鼓书、弹词、歌谣、俗谚等。它们作为俗文化的代表，不但与雅文化共同构成中国传统文化的两翼，而且蕴含着雅文化所缺乏的下层社会生活和基层民众心理的丰富信息，是研究中国社会史、生活史、宗教史、文学史的取之不尽、用之不竭的宝藏。

“中国俗文库”收录有汉魏至民国历代俗文学作品（包括经变、宝卷、善书、小说、戏曲、说唱、谣谚等）1 万种，宋、元、明、清及民国各级善本 1 万个。“中国俗文库”分为初集、二集、三集、四集，初集收录小说和话本，二集收录戏文和鼓词，三集收录俗讲和宝卷，四集收录善书和规约。“中国俗文库”采用独有的数字再造技术制作，采用还原式页面，左图右文逐页对照，眉批、夹注、图表无障碍显示；同时配备强大的检索系统和完备的功能平台，可从分类检索、条目检索、全文检索、高级检索四条路径进行检索，可运用版本对照、圈点眉批、分类收集、下载保存、原文打印等 10 个辅助功能。全文超过 10 亿字，影像 500 万页，使以往相对隐秘的传统社会底层流行文献得以尽展貌相。

（李世中 辑）

110. 中国辞书库 V1.0（北京爱如生数字化技术研究中心）

“中国辞书库”是专门性大型古籍数据库，由北京大学教授刘俊文总纂，北京爱如生数字化技术研究中心研制。

“中国辞书库”网罗汉魏至民国历代语言文字类典籍，包括韵学（音韵书）、字学（文字书）、雅学（训诂书）以及字典词典等，共计 1,000 种。每种皆据善本，采用爱如生独有的数字再造技术制作，还原式页面，左图右文逐页对照，眉批、夹注、图表、标记和古文字、冷僻字、异体字等无障碍录入和显示。总计全文超过 3 亿字，影像超过 100 万页。

（毛建军 辑）

111. 中国近代报刊库 V1.0（北京爱如生数字化技术研究中心）

“中国近代报刊库”是收录晚清和民国期间报刊类出版物的综合性大型数据库，由北京大学教授刘俊文总纂，北京爱如生数字化技术研究中心研制。

“中国近代报刊库”以“影响范围广、存续时间长、史料价值高”为遴选标准，从现存清道光 43 年（1833 年）至民国 38 年（1949 年）间数达 5 万余种的报刊类出版物中，精选 3,000 余种、约 100 万个期号，包括日报、周报、月报等各种报纸，周刊、半月刊、月刊、双月刊、季刊、半年刊、年刊、不定期刊等各种杂志，内容广及国家政治和社会生活的各个方面，堪称规模宏大的近代中国百科全书。

“中国近代报刊库”所收 3,000 余种报刊，各据原刊或影本，采用当代最先进的数字化技术，制成高清晰度的数字影像和保留原刊所有信息的数字文本。总计全文 200 亿字，影像 3,000 万页。同时独创双窗点选式页面，原报（刊）影像和录入全文逐页对照；毫秒级全文检索，可编辑、下载和打印。

“中国近代报刊库”分为要刊编和大报编二编：要刊编收录晚清和民国时期重要期刊 3,000 种，分为 20 辑陆续出版，每辑 100—200 种。大报编收录晚清和民国时期大型报纸 20 种，分为 10 批陆续出版，每批 1—3 种。

（毛建军 辑）

112. 中国史学库 V1.0（北京爱如生数字化技术研究中心）

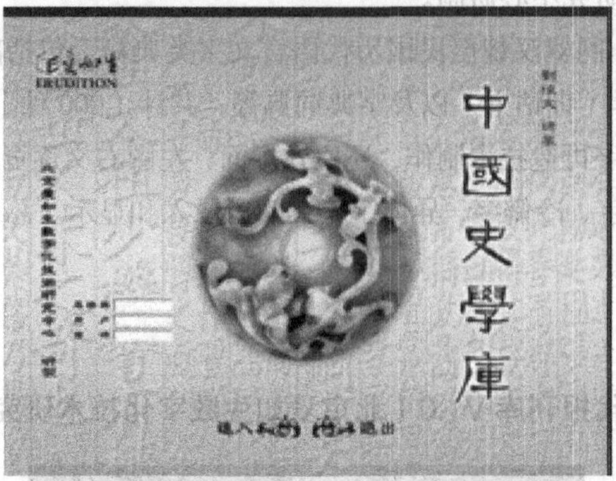

“中国史学库”是专门性大型古籍数据库，由北京大学教授刘俊文总纂，北京爱如生数字化技术研究中心研制。

“中国史学库”收录上起先秦，下迄民国历代史学类典籍，包括各种史书（如正史、通鉴、本末、别史、载记、杂史等）、各类史料（如诏令、奏议、政书、传记、笔记等）、以及诸家史评（如史考、史论、史钞等），共计 6,000 种。各据善本，采用爱如生独有的数字再造技术制作，还原式页面，左图右文逐页对照，眉批、夹注、图表无障碍显示；毫秒级全文检索，可编辑、下载和打印。总计全文约 10 亿字，影像约 800 万页，数据总量约 250G。

（毛建军 辑）

113. 历代别集库 V1.0（北京爱如生数字化技术研究中心）

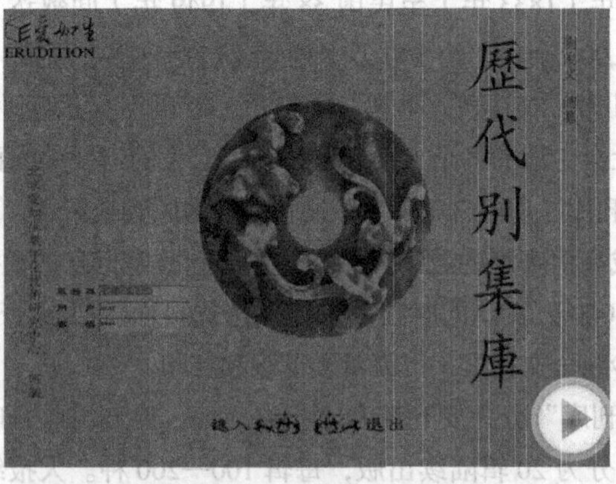

“历代别集库”是专门性大型古籍数据库，由北京大学教授刘俊文总纂，北京爱如生数字化技术研究中心研制。

“历代别集库”收录先秦至清末历代个人著作集，包括汇集个人全部著作的全集、选收个人部分著作的选集，以及后人的注本和评本，共计1万种。每种皆据善本，采用爱如生独有的数字再造技术制作，还原式页面，左图右文逐页对照，眉批、夹注、图表无障碍显示；毫秒级全文检索，可编辑、下载和打印。总计全文约20亿字，影像约1000万页，数据总量约400G。堪称著作之渊薮，文化之宝山。

（毛建军 辑）

114. 敦煌文献库（北京爱如生数字化技术研究中心）

“敦煌文献库”是专门性大型古籍数据库，由北京大学教授刘俊文总纂，北京爱如生数字化技术研究中心研制，主要收录敦煌汉文文献。敦煌文献指上个世纪初敦煌莫高窟发现、而后流散世界各地、数达5万件之多的汉文和藏文、梵文、于阗文、回纥文、吐火罗文文献，是举世闻名的文化奇珍。其意义不仅使大批亡佚已久的古文献重现于世，更在全球强而有力地推进中世纪中亚和中国相关之历史学、地理学、语言学、民族学、宗教学以及文学、艺术之研究，形成国际显学——敦煌学。

“敦煌文献库”收录世界各地所藏敦煌汉文文献（包括四部经籍写本、佛经写本、官文书、私文书及寺院文书等）3万余件，全文超过1亿字，影像超过30万页。“敦煌文献库”采用爱如生独有的数字再造技术制作，还原式页面，左图右文逐页对照，眉批、夹注、图表和重叠字、颠倒字、涂抹字无障碍显示；毫秒级全文检索，可编辑、下载和打印，为研究利用敦煌文献开创了新的局面。

“敦煌文献库”自2010年起分五集陆续出版：初集收录中、英、法、俄等国所藏以四部经籍写本和官文书、私文书、寺院文书为主的敦煌汉文文献共3,000余种；二集、三集、四集收录中、英、法、俄等国所藏以佛教经卷为主的敦煌汉文文献各2,000余种；五集收录各集补遗1,000种，预计2015年全部出齐。（初集已出）

（李世中 辑）

115. 明清档案库（北京爱如生数字化技术研究中心）

北京爱如生数字化技术研究中心开发制作的“明清档案库”是专门性的大型历史文献数据库，主要收录明、清时期的官私档案。明、清时期的官私档案，包括大内档案（如宫中档、内务府档、宗人府档、理藩院档等）、衙府档案（如各部衙公务文书、各州府赋役清册等）、民间档案（如买卖契约、往来信牍等），均为最可信的原始史料，其价值远胜任何官私著作，对于明、清史研究具有无可替代的作用，历来为学界所倚重。

“明清档案库”共收录大陆和台湾两地陆续公布的明、清时期官私档案 100 万件，全文超过 10 亿字，影像超过 1,000 万页。明、清档案库采用爱如生独有的数字再造技术制作，还原式页面，左图右文逐页对照，眉批、夹注、图表和古文字、重叠字、涂抹字无障碍显示；毫秒级全文检索，可编辑、下载和打印，将昔日官家之收藏提供给研究者使用，对于促进关于明、清时期的历史文化研究具有特殊意义。

（李世中 辑）

116. 《永乐大典》（北京爱如生数字化技术研究中心）

数字版“永乐大典”是汇辑残存《永乐大典》的大型数字古籍丛书，由北京大学教授刘俊文总纂，北京爱如生数字化技术研究中心研制。

《永乐大典》乃明代永乐年间官修巨型类书，凡22,877卷，内容综括百科，具有极高的学术价值和文献价值。可惜的是修成后并未刊刻，原稿本毁于明正统中南京文渊阁大火，唯一的重钞本亡于清光绪庚子年八国联军之役。现存者不足千卷，分藏于大陆、台湾和英、美、日、德、韩、越诸国。《永乐大典》之亡佚飘零，令后世学者不胜扼腕。数字版“永乐大典”，收录世界各地残存的《永乐大典》共813卷，比已经出版的各类永乐大典辑印品都更多更全，每卷皆制成彩色影像和保留原书所有信息的数字全文，采用还原式页面，左图右文逐页对照，保留原有断句，颇便阅读。同时配备毫秒级全文检索系统和多功能研读平台，实现从检索、浏览到下载、打印的一站式作业，用户可充分地发掘利用其中蕴含的丰富信息。故数字版“永乐大典”虽为残籍汇辑，对研究者来说也有很大助力。

（李世中 辑）

117. 正续道藏（北京爱如生数字化技术研究中心）

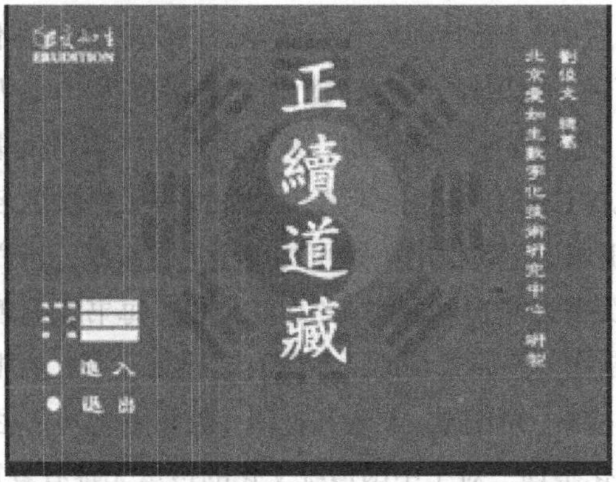

“正续道藏”是汇辑明正统《道藏》和明万历《续道藏》的大型数字古籍丛书，由北京大学教授刘俊文总纂，北京爱如生数字化技术研究中心研制。

明正统《道藏》和明万历《续道藏》乃中国传统文化宝库，所收除道教经典外，也涉及诸子百家，对于促进中国历史文化的研究及天文、地理、化学、医药诸领域来讲均具极高学术价值。而正统《道藏》所收多明代以前的古书，所据多明代以前的古本，保存大量今已散失的典籍，具有不可忽视的文献和版本价值。

“正续道藏”今汇辑二藏共5,485卷、1,478种典籍，涉及道经、仪范、科律、符箓、杂著等各个方面。每种均据善本制成数字化全文，采用爱如生独有的数字再造技术制作，还原式页面，左图右文逐页对照，眉批、夹注、图表无障碍显示；毫秒级全文检索，可编辑、下载和打印。堪称道教经籍数字化的精品。北京爱如生数字化技术研究中心开发制作。

（李世中 辑）

118. 佚书合编（北京爱如生数字化技术研究中心）

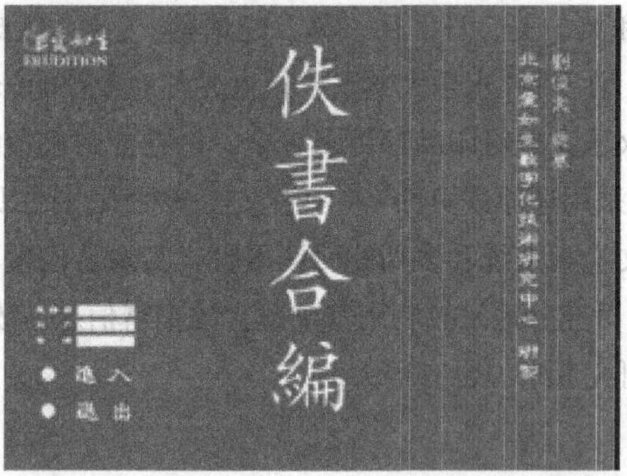

“佚书合编”是汇辑历代佚书的大型数字古籍丛书。由北京大学教授刘俊文总纂，北京爱如生数字化技术研究中心研制。

“佚书”又称“逸书”，乃指前人著录而今已亡佚之书。据不完全统计，中国存世之典籍约10余万种，而历经天灾人祸亡佚之典籍也达10余万种，犹去中国文化之半壁。自宋以来，历代学者钩沉索隐，从存世典籍中辑得佚书遗文，成为学术研究的重要资料来源。“佚书合编”采录清代及民国初年辑佚之名著，如黄奭《黄氏逸书考》、马国翰《玉函山房辑佚书》、严可均《全上古秦汉三国六朝文》、罗振玉《鸣沙石室佚书》等，汰重去非，得古佚书3,200余种。每书皆据善本，采用爱如生独有的数字再造技术制作，还原式页面，左图右文逐页对照，眉批、夹注、图表无障碍显示；毫秒级全文检索，可编辑、下载和打印。使辑者之功得彰，而佚书之用更显。“佚书合编”的数字化整理，对于中国传统文化的传承无疑有着重要意义。

（李世中 辑）

119.《点石斋画报》（北京爱如生数字化技术研究中心）

北京爱如生数字化技术研究中心开发制作。《点石斋画报》是中国最早的画报，清光绪十年（1884年）5月创刊，“选择新闻中可嘉可惊之事，绘制成图，并附事略”，月出三册、逢初六、十六、廿六出版，每册八页九图，16开本，连史纸石印，按天干、地支、八音、六艺、四德、周易排序，共出全六集（宣传彩页中全四集有误）44部528册，至清光绪24年（1898年）9月停刊。参与编创的画家吴友如、王剑、金蟾香、张志瀛、周慕桥等 17 人，多用西方透视画法，构图严谨，线条流畅简洁，生动地展现了晚清各阶层人群的思想涌动和社会变化。

《点石斋画报》数据库有局域网版和拇指版两种型号：局域网版面向单位用户，以移动硬盘和加密狗为载体，功能齐全，限在局域网内安装使用，可有多个并发用户；拇指版面向个人客户，采用 U 盘为载体，抗病毒、防拷贝、免安装、便携带，可即插即用，移动办公。

（毛建军 辑）

120. 历代笔记汇纂（北京爱如生数字化技术研究中心）

北京爱如生数字化技术研究中心开发制作。“历代笔记汇纂”广搜博采，辑录汉魏直至民国初年各类笔记 1,000 种，现存笔记类著作几乎网罗殆尽。所收书均取母本或晚出精刻精钞本，使珍本荟萃，秘籍如林。同时每书皆制成数字全文，附以原版影像，并配备全文检索系统和研读功能平台，实现从查阅到下载的全电子化作业。

（毛建军 辑）

121. 千人年谱（北京爱如生数字化技术研究中心）

“千人年谱”是汇辑历代年谱类著作的大型数字古籍丛书，由北京大学教授刘俊文总纂，北京爱如生数字化技术研究中心研制。

年谱类著作指以编年体记载个人生平事迹之书，始见于宋，盛行于清，除少数本人自撰，多为后人就其著述及史书所载考订编次而成，为研究历史人物，知人论事，最佳之参考。“千人年谱”所收宋、元以来直至民国初年之年谱类著作，包括年谱、年表、行实、自述等，多达 1,200 种，记述之谱主几近 1,100 人。每书皆取善本，采用爱如生独有的数字再造技术制作，还原式页面，左图右文逐页对照，眉批、夹注、图表无障碍显示；毫秒级全文检索，可编辑、下载和打印。

（毛建军 辑）

122. 搢绅全录（北京爱如生数字化技术研究中心）

“搢绅全录”是汇辑清代搢绅录的大型数字古籍丛书，由北京大学教授刘俊文总纂，北京爱如生数字化技术研究中心研制。

搢绅录渊源于南宋的班朝录、明代的同年录，是著录在职官员的名册，自清初顺治朝起，沿至清末宣统朝，不间断重修，并由书坊逐年刊行，成为通贯有清一代、涵盖文武百官的仕宦通鉴。“搢绅全录”汇辑清代历朝所修各类搢绅录，包括爵秩全览、搢绅全书、中枢备览、题名录、百官录等，共30余种。每书皆取原刊善本，采用爱如生独有的数字再造技术制作，还原式页面，左图右文逐页对照，眉批、夹注、图表无障碍显示；毫秒级全文检索，可编辑、下载和打印。治清史者从此可充分、便捷地 汲取和利用清代搢绅录提供的丰富信息。

（毛建军 辑）

123. 全清经解（北京爱如生数字化技术研究中心）

“全清经解”是汇辑清儒经学著作的大型数字古籍丛书。由北京大学教授刘俊文总纂，北京爱如生数字化技术研究中心研制。

清代学术昌明，经学成就尤大，无论古文、今文，经疏、经义，考证、辑补，皆凌越前代，达致巅峰。“全清经解”以《皇清经解》和《皇清经解续编》二书为基础，广搜博采，自清人文集、笔记、丛书中辑得762位经学家之1,540种著作，约8,000余卷，接近《皇清经解》和《皇清经解续编》二书所收总和的四倍。每书皆取善本，采用爱如生独有的数字再造技术制作，还原式页面，左图右文逐页对照，眉批、夹注、图表无障碍显示；毫秒级全文检索，可编辑、下载和打印。

（毛建军 辑）

124. 历代碑志（北京爱如生数字化技术研究中心）

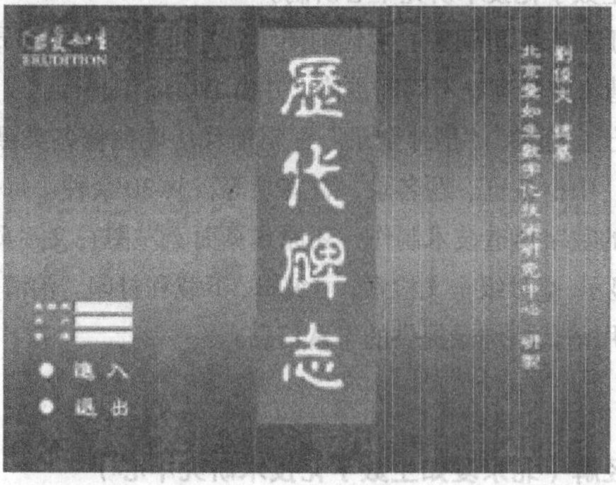

“历代碑志”是汇辑历代金石志书的大型数字古籍丛书。由北京大学教授刘俊文总纂，北京爱如生数字化技术研究中心研制。

金石志书乃著录古代金石文献之书，多出于鸿儒硕学之手，其中既有原器件外观和流传经过的记述，也有背景考证、原文迻录、文字辨析和补史证史的内容，对于今人鉴识和利用古代金石文献具有重要的指导作用。“历代碑志”穷搜博采，共汇辑宋、元以来学者撰著之金石专著，以及散见于丛书、方志中的金石志书 2,000 种。每种皆取善本，采用爱如生独有的数字再造技术制作，还原式页面，左图右文逐页对照，眉批、夹注、图表、标记及古文字、异体字、冷僻字无障碍显示；毫秒级全文检索，可编辑、下载和打印。

（毛建军 辑）

125. 说文书荟（北京爱如生数字化技术研究中心）

"说文书荟"是选辑历代《说文解字》研究著作的大型数字古籍丛书。由北京大学教授刘俊文总纂，北京爱如生数字化技术研究中心研制。

《说文解字》乃汉代许慎独创"前古未有"之作，奠定汉字字形学和文献语言学基石，自唐代立于学官，千余年来奉为圭臬，至清蔚成"许学"。"说文书荟"精选包括唐代二徐和清代段、朱、桂、王四大家等历代学者有关《说文解字》的考证、笺释、阐发、补遗的代表性论著共100种。每书皆取善本，采用爱如生独有的数字再造技术制作，还原式页面，左图右文逐页对照，眉批、夹注、图表及异体字、冷僻字、古文字等无障碍显示。

（毛建军 辑）

126. 宝卷新集（北京爱如生数字化技术研究中心）

"宝卷新集"是汇辑历代民间流行宝卷的大型数字古籍丛书。由北京大学教授刘俊文总纂，北京爱如生数字化技术研究中心研制。

宝卷乃流行于中国下层社会的通俗文学作品，也是中国民间宗教广泛采用的教义经典。明、清两代视为妖书邪说，屡有明令禁绝。然欲研究中国俗文学和中国民间宗教，则舍宝卷而无繇。"宝卷新集"共收录元末明初到清末民初历代民间流传的宝卷近400种，其数量超过目前国内外各种出版品所收宝卷的总和。采用爱如生独有的数字再造技术制作，还原式页面，左图右文逐页对照，眉批、夹注、图表无障碍显示；毫秒级全文检索，可编辑、下载和打印。使宝卷这一通俗文学和民间宗教的双蕊奇葩尽现原貌，有力地促进相关之研究。

（毛建军 辑）

127. 古今图书集成（北京爱如生数字化技术研究中心）

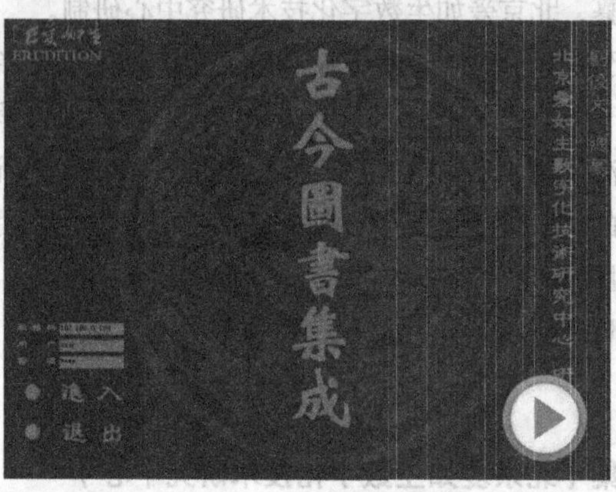

“古今图书集成”数据库，北京爱如生数字化技术研究中心开发制作。该数据库由北京大学教授刘俊文总纂，是该中心数字丛书系列产品之一。

《古今图书集成》是清陈梦雷主纂，蒋廷锡重辑完成的大型类书。全书共 1 万卷，目录 40 卷。本书编辑历时 28 年，共分 6 编 32 典，辑上古至清初历代典籍达 6,000 余种，与明修《永乐大典》并称为中国古代百科全书双璧。爱如生数字化技术研究中心聚合国内各藏所的雍正四年（1726）首刊铜活字本《古今图书集成》，删重补缺，成为空前完善之本，并附以《古今图书集成考证》，制成电子数据库。

该数据库的检索路径分为四大类：分类检索（类、目）、条目检索（书名、题名、时代、作者、版本、藏所）、全文检索（字、词、字符串）、高级检索（二次检索、逻辑检索、关联检索）。检索结果页面由两部分组成，左半部分为原版影像，右半部采用四字节汉字技术制成数字化全文，左图右文逐页对照。同时还提供放大（影像局部放大阅读）、全屏（影像全屏阅读）、高清（影像去除灰度阅读）、连缀（影像前后多页连缀阅读）、标注（全文添加标点和批注）、书签（全文添加书签和分类管理）、打印（全文打印）、下载（全文编辑复制）等研读功能，以便用户使用。

（苏小露 辑）

128. 明代日用类书（北京爱如生数字化技术研究中心）

“明代日用类书”数据库，北京爱如生数字化技术研究中心开发制作。该数据库由北京大学教授刘俊文总纂，是该中心数字丛书系列产品之一。

明代日用类书盛行于明代后期，特别是万历年间，多由书坊编辑出版，将当时日常生活所需各种常识，诸如天文、地理、刑律、赋税、农桑、医药、饮食、穿戴、居室、旅程、算术、命相、蒙养、尺牍等，分门别类汇于一编，出以俚语，图文并茂，其内容之丰富、涉及之广泛，远超他书。“明代日用类书”数据库便是汇辑明代民间日用类书的数字古籍丛书。共收录明代日用类书29种:《明本大字应用碎金》、《新刻全补士民备览便用文林汇锦万书渊海》、《新刻搜罗五车合并万宝全书》、《新刻天下四民便览三台万用正宗》、《新刻类辑故事通考旁训》、《鼎锓崇文阁汇纂士民万用正宗不求人全编》、《鼎锲龙头一览学海不求人》、《居家必用事类全集》、《便民图纂》、《新锓增补万锦书言故事大全》、《重刻联对便蒙图像七宝故事大全》、《新刻太仓藏板全补合像注释大字日记故事》、《新锲天下备览文林类记万书萃宝残》、《新刊天下民家便用万锦全书》、《增补易知杂字全书》、《新锲重订补遗音释大字日记故事大成存》、《新镌幼学易知书札便览》、《新镌赤心子汇编四民利观翰府锦囊》、《新刻邺架新裁万宝全书》、《锲旁注事类捷录》、《多能鄙事》、《新刊翰苑广记补订四民捷用学海群玉》、《新锲燕台校正天下通行文林聚宝万卷星罗》、《新板全补天下便用文林妙锦万宝全书》、《新锲全补天下四民利用便观五车拔锦》、《新刻御颁新例三台明律招判正宗》、《镌大明龙头便读傍训律法全书》、《新锲类解官样日记故事大全》、《群书摘要士民便用一事不求人》。

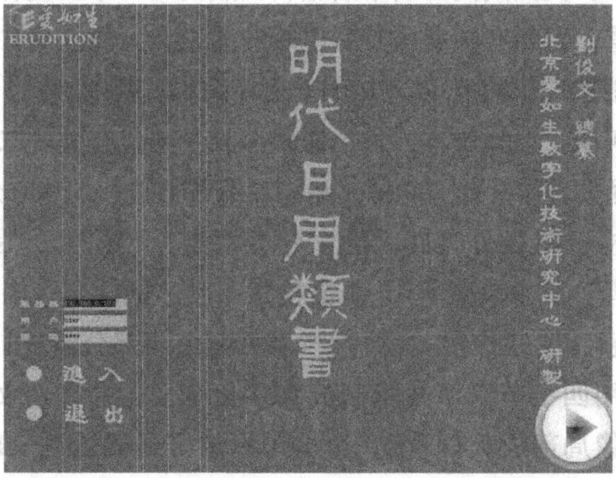

该数据库的检索路径分为四大类:分类检索（类、目）、条目检索（书名、题名、时代、作者、版本、藏所）、全文检索（字、词、字符串）、高级检索（二次检索、逻辑检索、关联检索）。检索结果页面由两部分组成，左半部分为原版影像，右半部采用四字节汉字技术制成数字化全文，左图右文逐页对照。同时还提供放大（影像局部放大阅读）、全屏（影像全屏阅读）、高清（影像去除灰度阅读）、连缀（影像前后多页连缀阅读）、标注（全文添加标点和批注）、书签（全文添加书签和分类管理）、打印（全文打印）、下载（全文编辑复制）等研读功能，以便用户使用。

（苏小露 辑）

129. 《二十五史》订补（北京爱如生数字化技术研究中心）

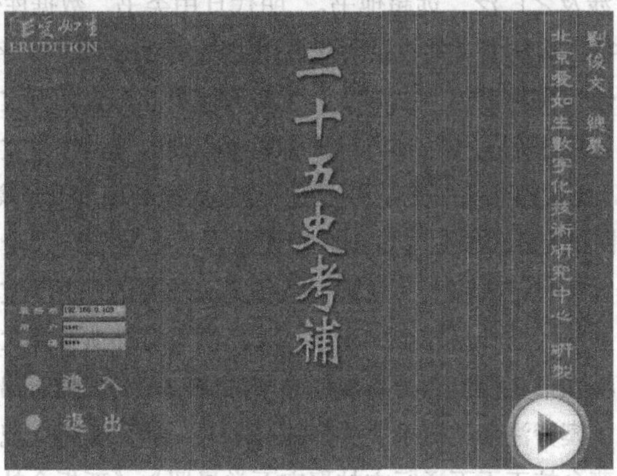

“《二十五史》订补”数据库，北京爱如生数字化技术研究中心开发制作。该数据库由北京大学教授刘俊文总纂，是该中心数字丛书系列产品之一。

“《二十五史》订补”数据库是汇辑历代有关《二十五史》校订和补正著作的大型数字古籍丛书。民国期间开明书店编辑出版的《二十五史补编》，收书200余种，素为学界所重，但颇有疏漏。其后出版的《二十五史三编》补其遗漏百余种，唯体例欠谨，出处阙如。该中心以《二十五史补编》为基础，参酌《二十五史三编》，广搜博采，补遗纠误，慎择版本，重加编辑。收录历代有关《二十五史》的校勘、考证、补佚、注释类著作共计509种。超出二编收书总和约100余种。

该数据库的检索路径分为四大类：分类检索（类、目）、条目检索（书名、题名、时代、作者、版本、藏所）、全文检索（字、词、字符串）、高级检索（二次检索、逻辑检索、关联检索）。检索结果页面由两部分组成，左半部分为原版影像，右半部采用四字节汉字技术制成数字化全文，左图右文逐页对照。同时还提供放大（影像局部放大阅读）、全屏（影像全屏阅读）、高清（影像去除灰度阅读）、连缀（影像前后多页连缀阅读）、标注（全文添加标点和批注）、书签（全文添加书签和分类管理）、打印（全文打印）、下载（全文编辑复制）等研读功能，以便用户使用。

（苏小露 辑）

130. 清帝朱批奏折（北京爱如生数字化技术研究中心）

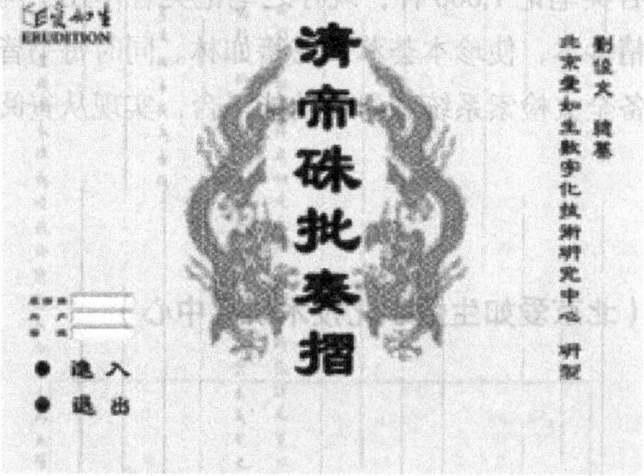

北京爱如生数字化技术研究中心开发制作。“清帝朱批奏折”共选录大陆和台湾两地档案机构历年来影印公布的清代朱批奏折10万件，时间跨越康熙、雍正、乾隆、嘉庆、道光、咸丰、同治、光绪八朝200余年，内容广及政治、经济、军事、外交、社会、文化各个方面，以其实在性和权威性而具有极高的史料价值。同时并在朱批奏折数字化方面做了三项工作：其一，将10万件朱批奏折全部扫描并精工制成彩色图档，墨折朱批，惟妙惟肖；其二，依据扫描图档，采用当代最先进的中文数字化技术，将奏文及批文全部数字化，制成可读可查的全文数据；其三，配备检索系统和功能平台，提供分类检索、条目检索、全文检索、高级检索及原折对照、圈点眉批、分类收集、下载打印等功能，使10万件朱批奏折可查可读可用，极为便利。

（毛建军 辑）

131. 历代笔记汇纂（北京爱如生数字化技术研究中心）

北京爱如生数字化技术研究中心开发制作。“历代笔记汇纂”广搜博采，辑录汉魏直至民国初年各类笔记1,000种，现存之笔记类著作几乎网罗殆尽。所收书均取母本或晚出精刻精钞本，使珍本荟萃，秘籍如林。同时每书皆制成数字全文，附以原版影像，并配备全文检索系统和研读功能平台，实现从查阅到下载的全电子化作业。

（毛建军 辑）

132. 古版画（北京爱如生数字化技术研究中心）

北京爱如生数字化技术研究中心开发制作。古版画共收录唐末五代至清末民初版画3万幅，皆采自历代版刻图册及历代版刻典籍（包括佛典、道藏、方志、金石、小说、戏曲、方伎、谱录等）所载附图和插图，内容广及山川城池、花草树木、虫鱼鸟兽、人物肖像、朝政国典、宗教神话、戏文故事、百工伎艺、器具服饰、游乐燕飨等。各据善本扫描加工制成原画图档，配以分类和条目查询系统以及能够放缩浏览、添加标记和打印保存的功能平台。

（毛建军 辑）

133. 全四库（北京爱如生数字化技术研究中心）

“全四库”数据库，北京爱如生数字化技术研究中心开发制作。该数据库由北京大学教授刘俊文总纂，是该中心数字丛书系列产品之一。

“全四库”是关于清代《四库全书》原文影像版数字数据库。共分为四编，第一编：《四库》著录书，汇辑清修《四库全书》时采录之书3,460种；第二编：四库存目书，汇辑清修《四库全书》时列为存目之书（丛书除外）4,752种；第三编：四库奏毁书，汇辑清修《四库全书》时毁弃之书621种；第四编：四库未收书，汇辑清修《四库全书》时未见未收之书167种。合计共收录先秦至乾隆初历代典籍9,000种。皆选用善本，其中宋本33种、元本34种、明本2,712种、清本2,699种、民国本52种、外国本12种、四库本3,458种。采用当代最先进的数字化技术，制成高清晰度原版影像。页面显示为双拼全图页面。

该数据库的检索路径分为两大类：分类检索（编、部、类、目）和条目检索（书名、时代、作者、版本）。并提供阅读记忆（记录20条前次阅读的典籍与页码）、分类书签（设置类目、添加管理书签）、标点批注（添加标点、批注）、原文打印（全部或部分打印原文）等研读功能。

（苏小露 辑）

134. 八藏合集（北京爱如生数字化技术研究中心）

“八藏合集”是汇辑历代刊刻的汉文佛教大藏经的原文影像版数字文献，由北京大学教授刘俊文总策划、总编纂、总监制，北京爱如生数字化技术研究中心研制。

历代刊刻的汉文佛教大藏经，从北宋的《开宝藏》算起，有20余部之多。不但是佛学的渊海，也是文化的宝山。惜乎半数以上已经亡佚，其存者仅有影印本在民间流传。部帙既多，检阅不易，更难综览合观。“八藏合集”网罗现存最具学术价值和版本价值的宋碛砂藏、金赵城藏、明永乐北藏和永乐南藏、清乾隆藏、以及朝鲜高丽藏、日本大正藏、续正藏等八部汉文佛教大藏经，合于一编。各择善本，采用先进的数字化技术，制成高清晰度的原文影像，同时配备检索系统和功能平台，提供分类检索、条目检索和阅读记忆、分类书签、标点批注、原文打印等辅助功能。

用户持有此编，如置身藏经宝楼，左右逢源，用之不竭。

（毛建军 辑）

135. 汉魏六朝人别集丛编（北京爱如生数字化技术研究中心）

北京爱如生数字化技术研究中心开发制作。“汉魏六朝人别集丛编”收录两汉、魏、晋、南北朝人诗集、文集、诗文合集等，共计100种，堪称汉魏六朝著作渊薮。同时，每种皆据善本制成数字全文，附以原版影像，配备可以进行条目检索、全文检索、高级检索的快速检索系统和可以进行版本对照、圈点眉批、分类收集、编辑下载、原文打印等作业的功能平台。

（毛建军 辑）

136. 唐五代人别集丛编（北京爱如生数字化技术研究中心）

北京爱如生数字化技术研究中心开发制作。“唐五代人别集丛编”收录唐代及五代人诗集、文集、诗文合集等，共计300种。同时，每种皆据善本制成数字全文，附以原版影像，配备可以进行条目检索、全文检索、高级检索的快速检索系统和可以进行版本对照、圈点眉批、分类收集、编辑下载、原文打印等作业的功能平台。

（毛建军 辑）

137. 宋人别集丛编（北京爱如生数字化技术研究中心）

北京爱如生数字化技术研究中心开发制作。“宋人别集丛编”收录北宋和南宋人诗（词）集、文集、诗（词）文合集等，共计600种。同时，每种皆据善本制成数字全文，附以原版影像，配备可以进行条目检索、全文检索、高级检索的快速检索系统和可以进行版本对照、圈点眉批、分类收集、编辑下载、原文打印等作业的功能平台。

（毛建军 辑）

138. 金元人别集丛编（北京爱如生数字化技术研究中心）

北京爱如生数字化技术研究中心开发制作。“金元人别集丛编”收录金代和元代人诗（词、曲）集、文集、诗（词、曲）文合集等，共计200种。同时，每种皆据善本制成数字全文，附以原版影像，配备可以进行条目检索、全文检索、高级检索的快速检索系统和可以进行版本对照、圈点眉批、分类收集、编辑下载、原文打印等作业的功能平台。

（毛建军 辑）

139. 明人别集丛编（北京爱如生数字化技术研究中心）

北京爱如生数字化技术研究中心开发制作。“明人别集丛编”收录明代人诗（词、曲）集、文集、诗（词、曲）文合集等，共计3,000种。同时，每种皆据善本制成数字全文，附以原版影像，配备可以进行条目检索、全文检索、高级检索的快速检索系统和可以进行版本对照、圈点眉批、分类收集、编辑下载、原文打印等作业的功能平台。

（毛建军 辑）

140. 清人别集丛编（北京爱如生数字化技术研究中心）

北京爱如生数字化技术研究中心开发制作。“清人别集丛编”收录清代人诗（词、曲）集、文集、诗（词、曲）文合集等，共计5,000种。同时，每种皆据善本制成数字全文，附以原版影像，配备可以进行条目检索、全文检索、高级检索的快速检索系统和可以进行版本对照、圈点眉批、分类收集、编辑下载、原文打印等作业的功能平台。

（毛建军 辑）

141. 易学要籍（北京爱如生数字化技术研究中心）

北京爱如生数字化技术研究中心开发制作。“易学要籍”以易学为中心，精选易学核心典籍，包括易经及历代经解、诸家易说等，共计200种。同时，每种皆据善本制成数字全文，附以原版影像，配备可以进行条目检索、全文检索、高级检索的快速检索系统和可以进行版本对照、圈点眉批、分类收集、编辑下载、原文打印等作业的功能平台。

（毛建军 辑）

142. 诗经学要籍（北京爱如生数字化技术研究中心）

北京爱如生数字化技术研究中心开发制作。“诗经学要籍”以诗经学为中心，精选诗经学核心典籍，包括诗经及历代经解、诸家诗说等，共计100种，堪称治诗津梁。同时，每种皆据善本制成数字全文，附以原版影像，配备可以进行条目检索、全文检索、高级检索的快速检索系统和可以进行版本对照、圈点眉批、分类收集、编辑下载、原文打印等作业的功能平台。

（毛建军 辑）

143. 尚书学要籍（北京爱如生数字化技术研究中心）

北京爱如生数字化技术研究中心开发制作。“尚书学要籍”以尚书学为中心，精选尚书学核心典籍，包括书经及历代经解、诸家书说等，共计100种。同时，每种皆据善本制成数字全文，附以原版影像，配备可以进行条目检索、全文检索、高级检索的快速检索系统和可以进行版本对照、圈点眉批、分类收集、编辑下载、原文打印等作业的功能平台。

（毛建军 辑）

144. 三礼学要籍（北京爱如生数字化技术研究中心）

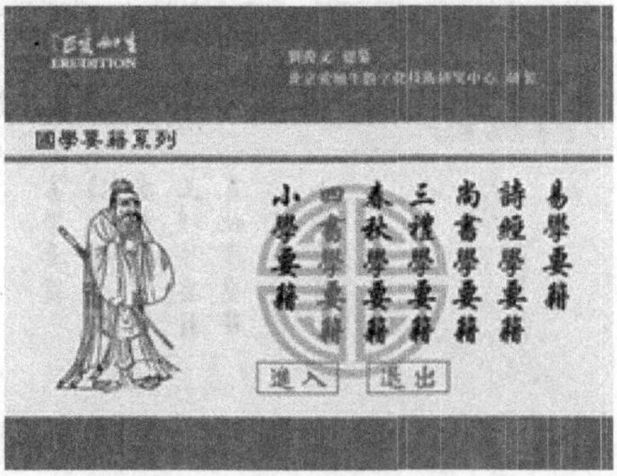

北京爱如生数字化技术研究中心开发制作。“三礼学要籍”以礼学为中心，精选礼学核心典籍，包括仪礼、礼记和周礼三经及历代经解、诸家礼说等，共计100种。同时，每种皆据善本制成数字全文，附以原版影像，配备可以进行条目检索、全文检索、高级检索的快速检索系统和可以进行版本对照、圈点眉批、分类收集、编辑下载、原文打印等作业的功能平台。

（毛建军 辑）

145. 春秋学要籍（北京爱如生数字化技术研究中心）

北京爱如生数字化技术研究中心开发制作。“春秋学要籍”以春秋学为中心，精选春秋学核心典籍，包括春秋经及左氏、谷梁、公羊三传和历代传疏、诸家春秋说等，共计 100 种。同时，每种皆据善本制成数字全文，附以原版影像，配备可以进行条目检索、全文检索、高级检索的快速检索系统和可以进行版本对照、圈点眉批、分类收集、编辑下载、原文打印等作业的功能平台。

（毛建军 辑）

146. 四书学要籍（北京爱如生数字化技术研究中心）

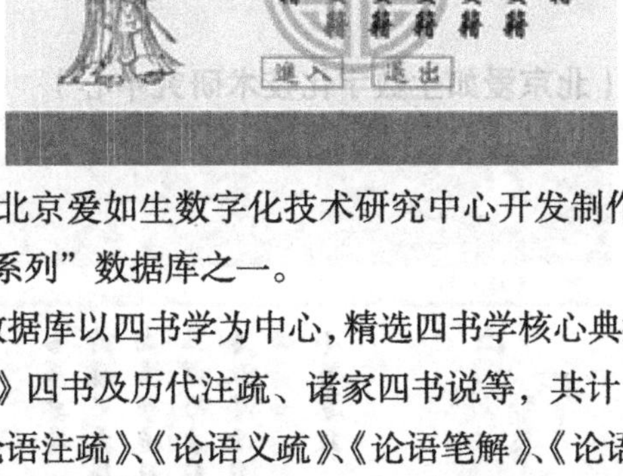

“四书学要籍”，北京爱如生数字化技术研究中心开发制作。“四书学要籍”数据库属于“国学要籍系列”数据库之一。

“四书学要籍”数据库以四书学为中心，精选四书学核心典籍，包括《论语》、《孟子》、《大学》、《中庸》四书及历代注疏、诸家四书说等，共计 100 种：《孟子》、《孟子注疏》、《论语》、《论语注疏》、《论语义疏》、《论语笔解》、《论语集说》、《孟子集疏》、《论语全解》、《石鼓论语答问》、《大学疏义》、《融堂四书管见》、《孟子解》、《孟子音义》、《蒙斋中庸讲义》、《孟子传》、《孟子说》、《癸巳论语解》、《四书纂疏》、《四书集编》、

《论语意原》、《四书或问》、《四书章句集注》、《孟子要略》、《四书辨疑》、《四书通》、《大学中庸集说启蒙》、《四书集义精要》、《四书管窥》、《四书经疑贯通》、《读中庸丛说》、《读大学丛说》、《读孟子丛说》、《读论语丛说》、《四书疑节》、《四书纂笺》、《四书通证》、《四书通旨》、《四书蒙引》、《孟子杂记》、《论语类考》、《四书湖南讲》、《四书说约》、《论语详解》、《四书大全》、《焦氏四书讲录》、《论语学案》、《四书说约》、《四书因问》、《四书集注阐微直解》、《四书留书》、《论语商》、《四书说》、《论语古训》、《四书逸笺》、《论语说》、《驳四书改错》、《戴氏注论语》、《论语异文考证》、《大学翼真》、《论语后案》、《孟子师说》、《大学说》、《孟子篇叙》、《孟子正义》、《论语通释》、《此木轩四书说》、《孟子文说》、《中庸传注》、《大学辨业》、《四书反身录》、《论语旁证》、《论语正义》、《论语骈枝》、《四书讲义困勉录》、《四书讲义》、《四书改错》、《四书剩言》、《四书剩言补》、《大学证文》、《论语稽求篇》、《论语古注集笺》、《四书偶谈》、《四书续谈》、《论语后录》、《大学古义说》、《孟子赵注补正》、《论语说义》、《四书近指》、《四书说苑》、《四书稗疏》、《四书笺解》、《四书训义》、《读四书大全说》、《四书经注集证》、《四书释地》、《四书温故录》、《四书典故辨正》、《四书典故辨正续》、《孟子四考》。

该数据库的检索路径分为四大类：分类检索（类、目）、条目检索（书名、题名、时代、作者、版本、藏所）、全文检索（字、词、字符串）、高级检索（二次检索、逻辑检索、关联检索）。检索结果页面由两部分组成，左半部分为原版影像，右半部采用四字节汉字技术制成数字化全文，左图右文逐页对照。同时还提供放大（影像局部放大阅读）、全屏（影像全屏阅读）、高清（影像去除灰度阅读）、连缀（影像前后多页连缀阅读）、标注（全文添加标点和批注）、书签（全文添加书签和分类管理）、打印（全文打印）、下载（全文编辑复制）等研读功能，以便用户使用。

（苏小露 辑）

147. 小学要籍（北京爱如生数字化技术研究中心）

“小学要籍”数据库北京爱如生数字化技术研究中心开发制作。“小学要籍”数据库属于“国学要籍系列”数据库之一。

“小学要籍”数据库以小学为中心，精选传统小学，包括从汉代至清代文字、音韵、训诂等方面的核心典籍及其注本、辑本，共计100种：《释名疏证》、《急就篇》、《说文解字》、《方言》、《方言疏证》、《经典释文》、《一切经音义》、《匡谬正俗》、《干禄字书》、《五经文字》、《说文解字篆韵谱》、《说文解字系传》、《重修玉篇》、《重修广韵》、《集韵》、《汗简》、《佩觿》、《群经音辨》、《汉隶字源》、《班马字类》、《埤雅》、《增修互注礼部韵略》、《增修校正押韵释疑》、《类篇》、《韵补》、《古文四声韵》、《历代钟鼎彝器款识》、《韵镜》、《附释文互注礼部韵略》、《复古编》、《龙龛手鉴》、《五音集韵》、《六书故》、《字鉴》、《古今韵会举要》、《四声等子》、《中原音韵》、《毛诗古音考》、《屈宋古音义》、《俗书刊误》、《洪武正韵》、《古音丛目》、《转注古音略》、《古音骈字》、《奇字韵》、《六书本义》、《骈雅》、《骈雅训纂》、《说文解字旧音》、《转注古义考》、《续方言补正》、《骈字分笺》、《说文解字注》、《汲古阁说文订》、《小尔雅疏证》、《唐韵正》、《韵补正》、《音论》、《古音表》、《札朴》、《说文解字义证》、《续方言》、《说文管见》、《小尔雅义证》、《说文字原韵表》、《字诂》、《惠氏读说文记》、《唐韵考》、《六书说》、《古韵标准》、《音学辨微》、《音学十书》、《说文疑疑》、《说文声订》、《说文声读表》、《段氏说文注订》、《说文新附考》、《字林考逸》、《经籍籑诂》、《小尔雅训纂》、《仓颉篇》、《急就章考异》、《说文释例》、《说文解字句读》、《文字蒙求》、《广雅疏证》、《读书杂志》、《小尔雅疏》、《经义述闻》、《经传释词》、《别雅》、《说文引经考》、《席氏读说文记》、《拾雅》、《小学考》、《说文声系》、《说文逸字》、《说文新附考》、《小尔雅约注》、《说文通训定声》。

收录书籍的版本方面，该数据库虽也重视版本，但仍有31种为清文渊阁《四库全书》本，特别是元、明两代之书，无一例外是四库本，使用时应注意。历代可见的重要书籍基本收齐，但却不收录《尔雅》及其注本，如北宋邢昺《尔雅疏》、清邵晋涵《尔雅正义》和郝懿行《尔雅义疏》等。

该数据库的检索路径分为四大类：分类检索（类、目）、条目检索（书名、题名、时代、作者、版本、藏所）、全文检索（字、词、字符串）、高级检索（二次检索、逻辑检索、关联检索）。检索结果页面由两部分组成，左半部分为原版影像，右半部采用四字节汉字技术制成数字化全文，左图右文逐页对照。同时还提供放大（影像局部放大阅读）、全屏（影像全屏阅读）、高清（影像去除灰度阅读）、连缀（影像前后多页连缀阅读）、标注（全文添加标点和批注）、书签（全文添加书签和分类管理）、打印（全文打印）、下载（全文编辑复制）等研读功能，以便用户使用。

（苏小露 辑）

148. 上古秦汉史备要（北京爱如生数字化技术研究中心）

“上古秦汉史备要”，北京爱如生数字化技术研究中心开发制作。“上古秦汉史备要”数据库属于“史学备要系列”数据库之一。“史学备要系列”数据库是汇辑历代基本史料的数字化系列产品，由北京大学教授刘俊文总纂。该系列以时代为序共包含七个数据库：“上古秦汉史备要”数据库、“魏晋南北朝史备要”数据库、“隋唐五代史备要”数据库、“宋辽金史备要”数据库、“元史备要”数据库、“明史备要”数据库、“清史备要”数据库。七个数据库之间既各自独立又相联系，合计收书1,000种，基本涵盖传统史学重要典籍。

“上古秦汉史备要”数据库收录先秦及秦汉基本史料，细分为正史、编年、别史、传记、典要、地理、经籍、子书、总集九大类，共计100种，其中正史11部:《史记》、《汉书》、《后汉书》、《两汉刊误补遗》、《班马异同》、《史记志疑》、《史记探源》、《汉书疏证》、《汉书补注》、《后汉书疏证》、《后汉书集解》。编年17部:《竹书纪年》、《元经》、《汉纪》、《后汉纪》、《皇王大纪》、《资治通鉴》、《稽古录》、《大事记》、《通鉴前编》、《西汉年纪》、《古史纪年》、《战国纪年》、《汲冢纪年存真》、《竹书纪年校补》、《竹书统笺》、《竹书纪年辨正》、《竹书纪年集证》。别史10部:《战国策》、《吴越春秋》、《越绝书》、《东观汉记》、《国语韦氏解》、《逸周书》、《帝王世纪》、《路史》、《世本》、《尚史》。传记五部:《三辅决录》、《古列女传》、《穆天子传》、《高士传》、《春秋列国诸臣传》。典要九部:《汉官旧仪》、《通典》、《通志》、《东汉会要》、《西汉会要》、《两汉诏令》、《文献通考》、《秦汉书疏》、《汉官六种》。地理两部:《山海经》、《三辅黄图》。经籍11部:《春秋公羊经传解诂》、《春秋经传集解》、《春秋穀梁传》、《仪礼》、《周礼》、《礼记》、《毛诗》、《周易》、《尚书》、《论语》、《孟子》。子书31部:《老子》、《庄子》、《列子》、《晏子春秋》、《荀子》、《商子》、《墨子》、《韩非子》、《管子》、《孙子》、《吴子》、《司马法》、《吕氏春秋》、《风俗通义》、《新书》、《盐铁论》、《春秋繁露》、《白虎通德论》、《扬子法言》、《申鉴》、《中论》、《潜夫论》、《论衡》、《新语》、《说苑》、《新序》、《淮南鸿烈解》、《独断》、《西京杂记》、《古今注》、《搜神记》。总集四部:《楚辞》、《文选》、《乐府诗集》、《全上古三代秦汉三国六朝文》。从收书范围来看秦汉以前所以传世典籍，网罗殆尽，唯总集类无南朝梁徐陵《玉台新咏》。

该数据库的检索路径分为四大类:分类检索（类、目）、条目检索（书名、题名、时代、作者、版本、藏所）、全文检索（字、词、字符串）、高级检索（二次检索、逻辑检索、关联检索）。检索结果页面由两部分组成，左半部分为原版影像，右半部采用四字节汉字技术制成数字化全文，左图右文逐页对照。同时还提供放大（影像局部放大阅读）、全屏（影像全屏阅读）、高清（影像去除灰度阅读）、连缀（影像前后多页连缀阅读）、标注（全文添加标点和批注）、书签（全文添加书签和分类管理）、打印（全文打印）、下载（全文编辑复制）等研读功能，以便用户使用。

（苏小露 辑）

149. 魏晋南北朝史备要（北京爱如生数字化技术研究中心）

“魏晋南北朝史备要”，北京爱如生数字化技术研究中心开发制作。“魏晋南北朝史备要”数据库属于“史学备要系列”数据库之一。

“魏晋南北朝史备要”数据库收录魏晋南北朝基本史料，细分为正史、编年、别史、传记、典要、地理、子书、类书、文集九大类，共计100种，其中正史51部:《三国志》、《晋书》、《宋书》、《南齐书》、《梁书》、《陈书》、《魏书》、《北齐书》、《周书》、《隋书》、《南史》、《北史》、《补三国疆域志》、《三国职官表》、《三国志补注》、《三国志补注续》、《三国志旁证》、《三国志考证》、《三国志辨疑》、《三国志注补》、《三国志注证遗》、《补晋兵志》、《补晋书艺文志》、《晋书地理志新补正》、《东晋疆域志》、《十六国疆域志》、《读晋书札记》、《晋书考证》、《晋诸公别传》、《晋书辑本》、《晋书斠注》、《补宋书食货志》、《补宋书刑法志》、《宋书考论》、《晋宋书故》、《读宋书札记》、《读梁书札记》、《魏书礼志校补》、《读魏书札记》、《魏书地形志校录》、《隋书考证》、《隋书经籍志考证》、《隋书地理志考证》、《读隋书札记》、《隋书地理志考证》、《南北朝侨置州郡考》、

《南北史合注》、《南北史补志》、《南北史补志未刊稿》、《读南史札记》、《读北史札记》。编年一部：《资治通鉴》。别史九部：《华阳国志》、《邺中记》、《建康实录》、《十六国春秋》、《续后汉书》、《续后汉书》、《季汉书》、《晋略》、《西魏书》。传记三部：《襄阳耆旧记》、《高僧传》、《诸葛武侯传》。典要九部:《通典》、《通志》、《文献通考》、《三国会要》、《晋会要》、《南朝宋会要》、《南朝齐会要》、《南朝梁会要》、《南朝陈会要》。地理五部：《水经注》、《洛阳伽蓝记》、《荆楚岁时记》、《佛国记》、《六朝事迹编类》。子书13部:《人物志》、《傅子》、《抱朴子内外篇》、《周氏冥通记》、《弘明集》、《刘子》、《颜氏家训》、《金楼子》、《齐民要术》、《世说新语》、《博物志》、《古今注》、《南北朝杂记》。类书六部:《北堂书钞》、《初学记》、《艺文类聚》、《册府元龟》、《太平御览》、《太平广记》。文集三部:《文选》、《玉台新咏》、《汉魏六朝一百三家集》。从收书范围来看，以魏晋南北朝史书及后世补史、考史书籍为主。也涉及子书、类书及总集。但典要类多与“上古秦汉史备要”数据库重复。类书类共六部，全是唐、宋人的著作。

该数据库的检索路径分为四大类:分类检索（类、目）、条目检索（书名、题名、时代、作者、版本、藏所）、全文检索（字、词、字符串）、高级检索（二次检索、逻辑检索、关联检索）。检索结果页面由两部分组成，左半部分为原版影像，右半部采用四字节汉字技术制成数字化全文，左图右文逐页对照。同时还提供放大（影像局部放大阅读）、全屏（影像全屏阅读）、高清（影像去除灰度阅读）、连缀（影像前后多页连缀阅读）、标注（全文添加标点和批注）、书签（全文添加书签和分类管理）、打印（全文打印）、下载（全文编辑复制）等研读功能，以便用户使用。

（苏小露 辑）

150. 隋唐五代史备要（北京爱如生数字化技术研究中心）

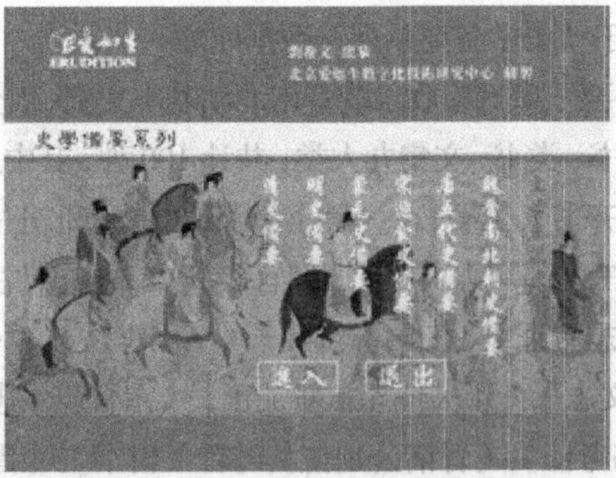

“隋唐五代史备要”，北京爱如生数字化技术研究中心开发制作。“隋唐五代史备要”数据库属于“史学备要系列”数据库之一。

“隋唐五代史备要”数据库收录隋唐五代基本史料，细分为正史、编年、别史、杂史、典要、奏议、传记、地理、笔记、类书、总集11大类，共计120种，其中正史23部：《隋书》、《旧唐书》、《新唐书》、《旧五代史》、《新五代史记》、《五代史补》、《五代史阙文》、《五代史记纂误》、《新唐书纠谬》、《新旧唐书合钞》、《新旧唐书合钞补注》、《旧唐书逸文》、《唐书合钞补正》、《新唐书纠谬补正》、《唐书注》、《新旧唐书互证》、《五代史续补》、《五代史记注》、《旧五代史考异》、《五代史记纂误续补》、《五代史记纂误补》、《五代史记注补》、《五代史记纂误补续》。编年四部：《顺宗实录》、《大唐创业起居注》、《资治通鉴》、《资治通鉴补》。别史五部：《蛮书》、《南唐书》、《南唐书》、《九国志》、《十国春秋》。杂史五部:《安禄山事迹》、《奉天录》、《东观奏记》、《南唐近事》、《高力士外传》。典要14部:《唐律疏议》、《唐六典》、《大唐开元礼》、《大唐郊祀录》、《翰苑群书》、《通典》、《通志》、《唐会要》、《五代会要》、《唐大诏令集》、《文献通考》、《唐尚书省郎官石柱题名考》、《唐御史台精舍题名考》、《登科记考》。奏议四部：《魏郑公谏录》、《贞观政要》、《李相国论事集》、《陆宣公翰苑集》。传记两部:《三藏法师传》、《唐才子传》。地理12部:《元和郡县志》、《大唐西域记》、《两京新记》、《唐两京城坊考》、《太平寰宇记》、《长安志》、《长安志图》、《元河南志》、《雍录》、《北户录》、《岭表录异》、《桂林风土记》。笔记38部:《封氏闻见记》、《朝野佥载》、《因话录》、《明皇杂录》、《开天传信记》、《大唐传载》、《渚宫旧事》、《云溪友议》、《唐阙史》、《尚书故实》、《次柳氏旧闻》、《剧谈录》、《松窗杂录》、《唐国史补》、《大唐新语》、《隋唐嘉话》、《幽闲鼓吹》、《教坊记》、《刘宾客嘉话录》、《酉阳杂俎》、《唐摭言》、《开元天宝遗事》、《金华子杂编》、《北梦琐言》、《唐语林》、《南部新书》、《桂苑丛谈》、《杜阳杂编》、《鉴诫录》、《中朝故事》、《三水小牍》、《北里志》、《教坊记》、《羯鼓录》、《玉泉子》、《资暇集》、《贾氏谈录》、《近事会元》。类书九部:《元和姓纂》、《白氏六帖事类集》、《北堂书钞》、《艺文类聚》、《文苑英华》、《太平广记》、《太平御览》、《册府元龟》、《玉海》。总集四部：《全唐诗》、《全唐文》、《唐文拾遗·续拾》、《全五代诗》。从收书范围来看，以唐及五代史书及后世补史、考史书籍和笔记为主。也涉及类书及总集。但典要类多与“史学备要系列”其他数据库收书重复。类书类也有宋人的著作。

该数据库的检索路径分为四大类:分类检索（类、目）、条目检索（书名、题名、时代、作者、版本、藏所）、全文检索（字、词、字符串）、高级检索（二次检索、逻辑检索、关联检索）。检索结果页面由两部分组成，左半部分为原版影像，右半部采用四字节汉字技术制成数字化全文，左图右文逐页对照。同时还提供放大（影像局部放大阅读）、全屏（影像全屏阅读）、高清（影像去除灰度阅读）、连缀（影像前后多页连缀阅读）、标注（全文添加标点和批注）、书签（全文添加书签和分类管理）、打印（全文打印）、下载（全文编辑复制）等研读功能，以便用户使用。

（苏小露 辑）

151. 宋辽金史备要（北京爱如生数字化技术研究中心）

“宋辽金史备要”，北京爱如生数字化技术研究中心开发制作。“宋辽金史备要”数据库属于“史学备要系列”数据库之一。

“宋辽金史备要”数据库收录宋辽金基本史料，细分为正史、编年、本末、别史、杂史、奏议、典要、传记、地理、笔记、类书、文集12大类，共计180种，其中正史八部:《宋史》、《辽史》、《金史》、《宋史札记》、《辽史拾遗》、《辽史拾遗补》、《金史补》、《金史详校》。编年11部:《宋九朝编年备要》、《续资治通鉴长编》、《两朝纲目备要》、《靖康要录》、《宋季三朝政要》、《太宗皇帝实录》、《建炎以来系年要录》、《宋十朝纲要》、《皇宋中兴两朝圣政》、《续宋编年资治通鉴》、《宋史全文》。本末七部:《三朝北盟会编》、《宋通鉴长编纪事本末》、《宋中兴纪事本末》、《宋史纪事本末》、《辽史纪事本末》、《金史纪事本末》、《西夏纪事本末》。别史六部:《东都事略》、《隆平集》、《契丹国志》、《大金国志》、《宋史新编》、《宋史翼》。杂史15部:《靖康纪闻》、《采石瓜洲毙亮记》、《靖康传信录》、《辛巳泣蕲录》、《建炎笔录》、《中兴御侮录》、《炀王江上录》、《咸淳遗事》、《建炎维扬遗录》、《乘兆录》、《麈史》、《朝野类要》、《松漠纪闻》、《焚椒录》、《大金吊伐录》。奏议两部:《诸臣奏议》、《历代名臣奏议》。典要21部:《宋朝大诏令集》、《刑统》、《庆元条法事类》、《太常因革礼》、《政和五礼新仪》、《谥法》、《职官分纪》、《南宋馆阁录》、《南宋馆阁续录》、《麟台故事》、《翰苑群书》、《玉堂杂记》、《宋宰辅编年录》、《武经总要》、《大金集礼》、《文献通考》、《名公书判清明集》、《续宋宰辅编年录》、《宋会要辑稿》、《续文献通考》、《续通典》。传记13部:《名臣碑传琬琰集》、《三朝名臣言行录·五朝名臣言行录》、《宋名臣言行录续集·别集·外集》、《金佗稡编》、《金佗续编》、《京口耆旧传》、《钱塘先贤传赞》、《昭忠录》、《敬乡录》、《言行龟鉴》、《宋遗民录》、《宋元学案》、《王荆公年谱考略》。地理36部:《太平寰宇记》、《元丰九域志》、《方舆胜览》、《舆地广记》、《舆地纪胜》、《(元丰)吴郡图经续记》、《(乾道)临安志》、《(乾道)四明图经》、《(咸淳)

玉峰续志》、《(咸淳）临安志》、《(咸淳）重修毗陵志》、《(宝祐）重修琴川志》、《(宝祐）仙溪志》、《(宝祐）寿昌乘》、《(景定）严州续志》、《(景定）建康志》、《(嘉定）镇江志》、《(嘉定）赤城志》、《(嘉定）剡录》、《(绍定）吴郡志》、《(绍定）澉水志》、《(淳熙）严州图经》、《(淳熙）新安志》、《(淳熙）三山志》、《(淳祐）玉峰志》、《(淳祐）临安志》、《(宝庆）会稽续志》、《(宝庆）四明志》、《(开庆）四明续志》、《(嘉泰）吴兴志》、《(嘉泰）会稽志》、《(绍熙）云间志》、《东京梦华录》、《梦粱录》、《西湖繁胜录》、《都城纪胜》。笔记47部:《旧闻证误》、《建炎以来朝野杂记》、《宋朝事实》、《师友谈记》、《芦浦笔记》、《宾退录》、《老学庵笔记》、《归田录》、《墨客挥犀》、《续墨客挥犀》、《闻见前录》、《闻见后录》、《湘山野录》、《文昌杂录》、《涑水记闻》、《梦溪笔谈》、《春明退朝录》、《龙川别志》、《龙川略志》、《渑水燕谈录》、《燕翼贻谋录》、《默记》、《东轩笔录》、《石林燕语》、《四朝闻见录》、《游宦纪闻》、《张氏可书》、《耆旧续闻》、《铁围山丛谈》、《过庭录》、《东斋记事》、《春渚纪闻》、《容斋随笔》、《云麓漫钞》、《清波杂志》、《武林旧事》、《齐东野语》、《癸辛杂识》、《萍洲可谈》、《鸡肋编》、《曲洧旧闻》、《桯史》、《愧郯录》、《泊宅编》、《后山谈丛》、《侯鲭录》、《挥麈录》。类书九部:《宋朝事实类苑》、《名贤氏族言行类稿》、《玉海》、《事文类聚》、《事林广记》、《古今源流至论》、《翰苑新书》、《朝野类要》、《山堂考索》。文集五部:《宋文鉴》、《宋文选》、《中州集》、《宋诗钞》、《金文最》。从收书范围来看，以宋辽金的杂史、典要、地理、笔记类书籍为多。

该数据库的检索路径分为四大类:分类检索（类、目）、条目检索（书名、题名、时代、作者、版本、藏所）、全文检索（字、词、字符串）、高级检索（二次检索、逻辑检索、关联检索）。检索结果页面由两部分组成，左半部分为原版影像，右半部采用四字节汉字技术制成数字化全文，左图右文逐页对照。同时还提供放大（影像局部放大阅读）、全屏（影像全屏阅读）、高清（影像去除灰度阅读）、连缀（影像前后多页连缀阅读）、标注（全文添加标点和批注）、书签（全文添加书签和分类管理）、打印（全文打印）、下载（全文编辑复制）等研读功能，以便用户使用。

（苏小露 辑）

152. 元史备要（北京爱如生数字化技术研究中心）

“元史备要”，北京爱如生数字化技术研究中心开发制作。“元史备要”数据库属于“史学备要系列”数据库之一。

“元史备要”数据库收录元代基本史料，细分为正史、编年、本末、别史、杂史、传记、奏议、典要、地理、笔记、类书、文集12大类，共计100种，其中正史11部:《元史》、《新元史》、《元史备忘录》、《元史弼违》、《元史本证》、《元史译文证补》、

《元史地名考》、《元史氏族表》、《元史艺文志》、《元书后妃公主列传》、《元史考订》。编年四部：《元史续编》、《续资治通鉴》、《宋元资治通鉴》、《元朝典故编年考》。本末一部:《元史纪事本末》。别史四部:《蒙兀儿史记》、《元史类编》、《元史新编》、《元书》。杂史 17 部:《元朝秘史》、《元秘史注》、《蒙鞑备录校注》、《长春真人西游记》、《北巡私记》、《平宋录》、《西使记》、《保越录》、《招捕总录》、《皇元征缅录》、《平徭记》、《元统元年进士题名录》、《校正元圣武亲征录》、《元季伏莽志》、《庚申外史》、《黑鞑事略》、《西游录注》。传记四部：《郭公言行录》、《元朝名臣事略》、《元儒考略》、《宋元学案》。奏议两部：《太平金镜策》、《历代名臣奏议》。典要 12 部：《元典章》、《通制条格》、《新集至治条例》、《庙学典礼》、《秘书监志》、《南台备要》、《大元海运记》、《救荒活民类要》、《续文献通考》、《续通典》、《续通志》、《大元官制杂记》。地理 16 部：《元一统志存》、《元河南志》、《(大德）南海志》、《(大德）昌国州图志》、《(至正）四明续志》、《(至正）昆山郡志》、《(至元）齐乘》、《(至元）嘉禾志》、《(至顺）镇江志》、《(至大）金陵新志》、《(延祐）四明志》、《平江记事》、《河朔访古记》、《岛夷志略》、《真腊风土记》、《冀越集记》。笔记 23 部:《农田余话》、《勤有堂随录》、《北轩笔记》、《雪履斋笔记》、《日损斋笔记》、《山房随笔》、《静斋至正直记》、《日闻录》、《草木子》、《敬斋古今黈》、《归潜志》、《隐居通议》、《庶斋老学丛谈》、《草莽私乘》、《南村辍耕录》、《汝南遗事》、《归潜志》、《玉堂嘉话》、《闲居录》、《遂昌杂录》、《山居新话》、《乐郊私语》、《湛渊静语》。类书两部：《吏学指南》、《元明事类钞》。文集四部：《元文类》、《皇元风雅》、《天下同文集》、《元诗选》。从收书范围来看，以元代的杂史、典要、地理、笔记类书籍为多。

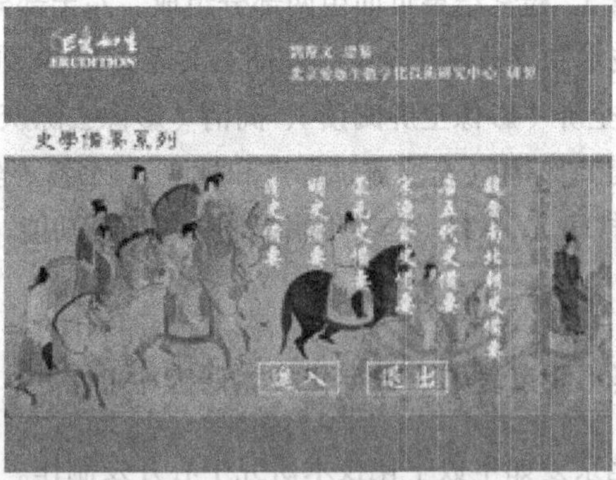

该数据库的检索路径分为四大类：分类检索（类、目）、条目检索（书名、题名、时代、作者、版本、藏所）、全文检索（字、词、字符串）、高级检索（二次检索、逻辑检索、关联检索）。检索结果页面由两部分组成，左半部分为原版影像，右半部采用四字节汉字技术制成数字化全文，左图右文逐页对照。同时还提供放大（影像局部放大阅读）、全屏（影像全屏阅读）、高清（影像去除灰度阅读）、连缀（影像前后多页连缀阅读）、标注（全文添加标点和批注）、书签（全文添加书签和分类管理）、打印（全文打印）、下载（全文编辑复制）等研读功能，以便用户使用。

（苏小露 辑）

153. 明史备要（北京爱如生数字化技术研究中心）

“明史备要”，北京爱如生数字化技术研究中心开发制作。“明史备要”数据库属于“史学备要系列”数据库之一。

“明史备要”数据库收录明代基本史料，细分为正史、编年、本末、别史、杂史、传记、奏议、典要、地理、笔记、文集 11 大类，共计 199 种，其中正史九部：《明史》、《明宰辅考略》、《明七卿考略》、《明史札记》、《明史例案》、《读明史札记》、《明史考证攟逸》、《明史拟稿》、《明史外国传》。编年 29 部：《明实录》、《国初事迹》、《皇明大政纪》、《皇明政要》、《国史纪闻》、《三朝辽事实录》、《皇明史概》、《皇明从信录》、《两朝从信录》、《明政统宗》、《皇明通纪集要》、《皇明通纪法传全录》、《皇明续纪三朝法传全录》、《皇明法传录嘉隆纪》、《昭代典则》、《两朝宪章录》、《宪章录》、《昭代芳摹》、《秘阁元龟政要》、《皇明五朝纪要》、《永历实录》、《明通鉴》、《国榷》、《明纪》、《明季北略》、《明季南略》、《小腆纪年附考》、《怀陵流寇始终录》、《平寇志》。本末九部：《鸿猷录》、《明史纪事本末》、《明史纪事本末补遗》、《绥寇纪略》、《炎徼纪闻》、《昭代武功编》、《东林本末》、《大狱录》、《万历辛亥京察记事始末》。别史 20 部：《皇明书》、《名山藏》、《吾学编》、《吾学编余》、《弇州史料》、《罪惟录》、《小腆纪传》、《明书》、《拟明史稿》、《明史》、《东山国语》、《皇明史窃》、《唐余纪传》、《弘简录》、《建文朝野汇编》、《明氏实录》、《南疆逸史》、《石匮书后集》、《石匮书》、《明史钞略》。杂史四十二部：《倭变事略》、《思文大纪》、《甲申纪事》、《革除遗事》、《万历武功录》、《庚申外史》、《庚申闻见录》、《平濠记》、《国初群雄事略》、《甲申传信录》、《安楚录》、

《北征录》、《平播全书》、《明宫史》、《挺击始末》、《明朝小史》、《万历三大征考》、《东夷考略》、《督师纪略》、《平汉录》、《皇明驭倭录》、《北虏事迹》、《西番事迹》、《弇山堂别集》、《平吴录》、《启祯两朝剥复录》、《先拨志始》、《烈皇小识》、《甲乙事案》、《世庙识余录》、《正统临戎录》、《西园闻见录》、《边事小纪》、《两朝平攘录》、《明季遗闻》、《复社纪略》、《鲁之春秋》、《蜀碧》、《海上见闻录定本》、《西南纪事》、《东南纪事》、《东林列传》。传记八部：《明名臣琬琰录》、《国朝献征录》、《本朝分省人物考》、《近代名臣言行录》、《国朝列卿记》、《嘉靖以来首辅传》、《明儒学案》、《明名臣言行录》。奏议一部：《明臣奏议》。典要 26 部：《大诰·续编·三编》、《大明律》、《大明令》、《明集礼》、《王国典礼》、《皇明典礼志》、《大明会典》、《皇明诏令》、《皇明诏制》、《国朝典汇》、《农政全书》、《天工开物》、《续纂淮关统志》、《武备志》、《丝绢全书》、《榷政纪略》、《王恭毅公驳稿》、《漕运通志》、《赋役成规》、《荒政要览》、《万历会计录》、《盐政志》、《续文献通考》、《续通典》、《续通志》、《明会要》。地理 25 部：《大明一统赋》、《广舆记》、《天下郡国利病书》、《大明一统志》、《寰宇分合志》、《寰宇通衢》、《（嘉靖）雍大记》、《（嘉靖）浙江通志》、《（嘉靖）广东通志初稿》、《（嘉靖）广西通志》、《（嘉靖）江西通志》、《（嘉靖）山东通志》、《（嘉靖）贵州通志》、《（万历）四川总志》、《（成化）山西通志》、《（弘治）八闽通志》、《（弘治）贵州图经新志》、《（正德）琼台志》、《帝京景物略》、《四镇三关志》、《三云筹俎考》、《海防纂要》、《皇明九边考》、《五边典则》、《郑开阳杂着》。笔记 28 部：《水东日记》、《今言》、《典故纪闻》、《戒庵老人漫笔》、《万历野获编》、《五杂组》、《双槐岁钞》、《继世纪闻》、《治世余闻录》、《酌中志》、《庚巳编》、《菽园杂记》、《青泥莲花记》、《广志绎》、《松窗梦语》、《四友斋丛说》、《典故纪闻》、《榖山笔麈》、《玉堂丛语》、《客座赘语》、《玉芝堂谈荟》、《震泽纪闻》、《陶庵梦忆》、《阅世编》、《枣林杂俎》、《玉镜新谭》、《明语林》、《玉光剑气集》。总集两部：《明经世文编》、《明文海》。从收书范围来看，以明代的编年、杂史、典要、地理、笔记类书籍为多。

该数据库的检索路径分为四大类：分类检索（类、目）、条目检索（书名、题名、时代、作者、版本、藏所）、全文检索（字、词、字符串）、高级检索（二次检索、逻辑检索、关联检索）。检索结果页面由两部分组成，左半部分为原版影像，右半部采用四字节汉字技术制成数字化全文，左图右文逐页对照。同时还提供放大（影像局部放大阅读）、全屏（影像全屏阅读）、高清（影像去除灰度阅读）、连缀（影像前后多页连缀阅读）、标注（全文添加标点和批注）、书签（全文添加书签和分类管理）、打印（全文打印）、下载（全文编辑复制）等研读功能，以便用户使用。

（苏小露 辑）

154. 地方文献系列（北京爱如生数字化技术研究中心）

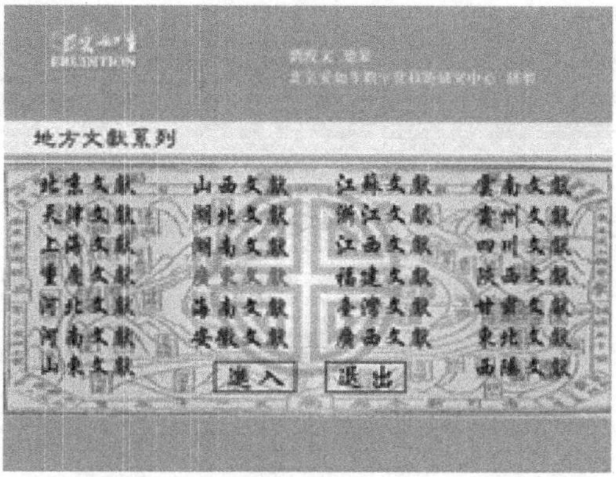

“地方文献”系列数据库，北京爱如生数字化技术研究中心开发制作。该数据库由北京大学教授刘俊文总纂，是该中心数字丛书系列产品之一。

“地方文献”系列数据库按照中国现行行政区划分为26个既相联系又各自独立的数据库，（其中辽宁、吉林、黑龙江、内蒙古合为“东北文献”子数据库；宁夏、青海、西藏、新疆合为“西陲文献”子数据库；香港和澳门附入“广东文献”子数据库）汇辑地方历代地方史志及乡贤著述文献并数字化，共计1万种。其中“北京文献”100种、“天津文献”100种、“上海文献”200种、“重庆文献”200种、“河北文献”500种、“河南文献”500种、“山东文献”600种、“山西文献”500种、“湖北文献”500种、“湖南文献”500种、“广东文献”600种、“海南文献”100种、“安徽文献”600种、“江苏文献”600种、“浙江文献”600种、“江西文献”600种、“福建文献”400种、“台湾文献”100种、“广西文献”300种、“云南文献”300种、“贵州文献”共300种、“四川文献”共400种、“陕西文献”500种、“甘肃文献”300种、“东北文献”300种、“西陲文献”300种。

该数据库的检索路径分为四大类：分类检索（类、目）、条目检索（书名、题名、时代、作者、版本、藏所）、全文检索（字、词、字符串）、高级检索（二次检索、逻辑检索、关联检索）。检索结果页面由两部分组成，左半部分为原版影像，右半部采用四字节汉字技术制成数字化全文，左图右文逐页对照。同时还提供放大（影像局部放大阅读）、全屏（影像全屏阅读）、高清（影像去除灰度阅读）、连缀（影像前后多页连缀阅读）、标注（全文添加标点和批注）、书签（全文添加书签和分类管理）、打印（全文打印）、下载（全文编辑复制）等研读功能，以便用户使用。

（苏小露 辑）

155. 瀚堂典藏（北京时代瀚堂科技有限公司）

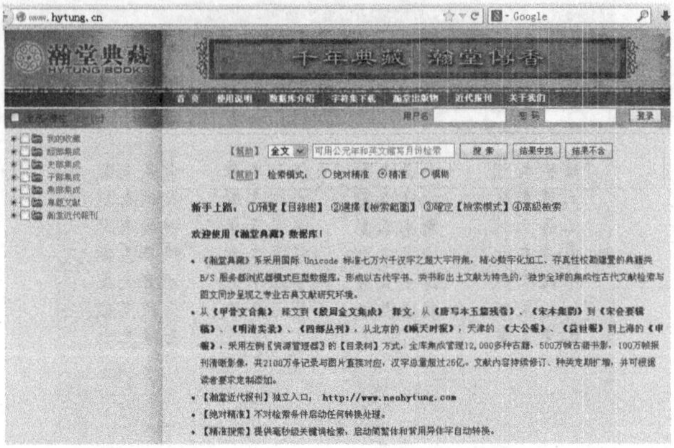

“瀚堂典藏”古籍数据库由北京时代瀚堂科技有限公司开发制作。“瀚堂典藏”采用基于 Unicode 四字节编码和自然语言全文检索的典籍文献数字化构建。“瀚堂典藏”以小学工具类数据和出土文献类数据为核心，逐步纳入大量传世文献，并以此为基础，建设各种专题文献。现由六个子库构成：经部集成、史部集成、子部集成、集部集成（2013 年，“古典戏曲”和“古本小说”两子数据库并入“集部集成”数据库）、专题文献和近代报刊。采用左侧“资源管理器”的“目录树”方式，全库集成管理 1.2 万多种古籍，500 万帧古籍书影，100 万帧报刊清晰影像，共 2,100 万条记录与图片直接对应，汉字总量超过 25 亿。文献内容持续修订、种类定期扩增，并可根据读者要求定制添加。

该数据库无需下载任何客户端，即可在通用浏览器上进行阅读和编辑。其检索范围包括全文、出处、标题、书目四域。提供三种检索模式：绝对精准模式，不对检索条件启动任何转换处理，完全按照输入词条进行检索；精准搜索模式，启动简繁体和常用异体字自动转换；模糊搜索模式，启动人工智能分词检索功能和简繁体、异体字自动转换。在检索过程中，可以在左侧“书目树”中选择库、类、书目录，以缩小检索范围，并且可以二次检索、跨库检索，也可以选择某本书进行内容检索。如果注册个人用户，可以保存 10 次的检索式，方便读者使用。检索结果分为三个部分：文献出处、呈数字化形态的内容和原书影像缩略图。

“瀚堂典藏”数据库利用 Unicode 四字节编码技术，只要使用时安装宋体－扩展 B sim-Sunb.ttf 字符集以及微软的字符更新套件 PMingLiU Update Pack.msi，便可基本解决生僻汉字在计算机平台上无法录入、显示、编辑的问题。

（苏小露 辑）

156. 经部集成（北京时代瀚堂科技有限公司）

“经部集成”数据库，是北京时代瀚堂科技有限公司开发制作的“瀚堂典藏”古籍数据库中的六个子数据库之一。

“经部集成”库下包含子库有：小学类、《四部丛刊》经部、《四库全书》经部、《十三经》、易类、诗类、四书类、春秋类、群经总义类、《皇清经解》、敦煌文献经部、经部专题文献共12个子库。

其中，“小学类”库是瀚堂最早开发和最著名的数据库，其质与量皆全球独步。“小学类”下辖九个各具特色的分库：文字、音韵、训诂、语法、佛经音义、异体字字典、Unicode字典、书法、蒙书。新勘本《康熙字典》修订版等内容已经出版纸质图书，保证了入库数据资料的高精度。数据库自带的检索引擎可以在一秒钟内提供检索结果，检索到的所有内容可以便利地在Word等编辑工具中自由编辑、复制、再使用。“小学类”库的书目可以展开三层目录，管理众多图书，是文史研究者不可或缺的工具。

（苏小露 辑）

157. 史部集成（北京时代瀚堂科技有限公司）

“史部集成”数据库，是北京时代瀚堂科技有限公司开发制作的“瀚堂典藏”古籍数据库中的六个子数据库之一。

“史部集成”数据库下包含下列14个子库：历史地理与方志、《四部丛刊》史部、《四库全书》史部、《二十四史》与《清史稿》、编年通鉴、纪事本末、别史载记、史料笔记、史学评论、诏令典要、职官政书、传记谱系、时令节序、史部专题文献。

该库包括“《二十四史》与清史稿”的专库，同时该库目前已经涵盖了《四部丛刊》史部的全部内容，以及《宋会要辑稿》、《明实录》和《清实录》等大型文献。对历史地理类、方志类等其他典籍文献，则开辟分库进行归类收纳。一些专题性质的史部著作，则在“史部专题文献”的分类中存放。目前史部集成收书超过2,400种，其中的300多种“史料笔记”图书开放全文图文对照阅读。

（苏小露 辑）

158. 子部集成（北京时代瀚堂科技有限公司）

“子部集成”数据库，是北京时代瀚堂科技有限公司开发制作的“瀚堂典藏”古籍数据库中的六个子数据库之一。

子部集成库下包含下列14个子库：类书集成、《四部丛刊》子部、《四库全书》

子部、儒家理学、诸子思想、兵家兵事、农家农书、术数命理、科学技术、艺术体育、佛教典籍、道教典籍、中医药文献、子部专题文献。其中“类书集成”、“中医药文献”、“佛教典籍”、“道教典籍”等库，最初是独立的数据库，现归并于“子部集成”。

类书集成库下包含下列15个子库:《古今图书集成》、《佩文韵府》、《太平御览》、《初学记》、《册府元龟》、《永乐大典》(残卷)、《翰苑新书》、《清稗类钞》、《居家必用事类全集》、《奁史》、《居家必用事类全集》、《北堂书钞》、《女红余志》、《皇览》、《姓解》。总文字量超过3亿，条目数接近400万条。

中医药文献库下包含下列15个子库：敦煌医药文献、《古今图书集成》(医部)、医经、本草、诊断、方剂、伤寒金匮、内外科、五官科、妇儿科、针灸推拿、医理医案、养生、温病、综合医籍。总有710多个品种，共有上万册宋、元、明、清的珍贵医籍，包括日本江户医学影北宋本《备急千金要方》、明代金陵初刻本《本草纲目》,以及《古今图书集成》和敦煌文献中的所有中医药相关的内容。中医药文献库为目前全球质量最高和数据量最大的中医药文献数据库。中医药文献库中的资料大都图文对应，便利读者调阅原书页面立即查验原书原页，并可以连续阅读。

佛教典籍库下包含下列七个子库:《赵城大藏经》、《高丽大藏经》、《乾隆大藏经》、《频伽精舍》、《大藏经》、《大正大藏经》、佛教专题文献。“佛经音义”分库将历代针对佛经的字典，诸如《龙龛手镜》、《一切经音义》、《续一切经音义》、《可洪音义》和丁福保的《佛教大词典》等资源精细加工入库。目前这部分内容已将转移到“小学工具”分库中。“佛教典籍”库在精细整理“佛经音义”的基础上，精细全面整理海量佛典。

道教典籍库下包含下列四个子库：《正统道藏》、《续道藏》、敦煌道藏、道教专题文献。该库主要整理《正统道藏》和《续道藏》两部道教文献集成性丛书，其中《正统道藏》1,000余卷，文字总量与《大藏经》相当。敦煌文献中的道教相关内容也一并汇入本库。

(苏小露 辑)

159. 集部集成(北京时代瀚堂科技有限公司)

“集部集成”数据库，是北京时代瀚堂科技有限公司开发制作的“瀚堂典藏”古籍数据库中的六个子数据库之一。

“集部集成”库下包含下列六个子库：《四部丛刊》集部、《四库全书》集部、诗文总集、诗文别集、文学评论、集部专题文献。自2013年起，“古典戏曲”库和“古本小说”库也归并入“集部集成”数据库。其中“诗文总集”分库中包括《全唐诗》、《全唐文》、《全宋词》、《皇明经世文摘》和《晚晴簃诗汇》等大型诗文总集。“集部专题文献”分库收录一些名著的多种版本，以及清朝和民国的国学类期刊。

古典戏曲库下包含元代戏剧、明代戏剧、清代戏剧、曲艺唱本、古本戏曲丛刊。该库图书数据逾千种，并针对戏曲文献的特点，陆续开放图文对照连续阅读。

古本小说库下包含经典小说、唐以前古小说、唐五代文言、唐五代白话、宋辽金元文言、宋金元白话、明代文言、明代白话、明代清初白话、清代文言、清代白话、清末民初。共计500种，图文对照，可连续浏览。

（苏小露 辑）

160. 近代报刊（北京时代瀚堂科技有限公司）

“近代报刊”数据库，是北京时代瀚堂科技有限公司开发制作的“瀚堂典藏”古籍数据库中的六个子数据库之一。从香港的《遐迩贯珍》，天津的《益世报》、《北洋画报》，到上海的《申报》，“近代报刊”数据库采用音序分类收纳清末至民初的报纸和刊物约300种。存真性整理，图文对照，并标记有详细时间，提供逐月逐日检索浏览。

该库可以独立使用，也可以与《瀚堂典藏》古籍库中上万种历代典籍整合使用。

（苏小露 辑）

161. 专题文献（北京时代瀚堂科技有限公司）

“专题文献”库是时代瀚堂科技有限公司非常重要的一个资料库，多个数据库（例如“中医药文献”等数据库）都是从“专题文献”库里面孕育出来的。该库下包含下列六个子库：书目、大家书房、台湾文献、汉译世界名著、出土文献、敦煌文献。

其中“出土文献”库下包含甲骨文、金文、简帛、印章、印谱、钱币、石刻等分库，是目前唯一的集成性中国出土实物文献数据库。“甲骨文”分库现已经收纳了所有公开发表的甲骨文资料。“金文”分库以张亚初《殷周金文集成引得释文》为最重要资源，涵盖所有青铜器铭文数据，图文直接对照。“印章”分库已经入库有两万多枚先秦和两汉印章，并收入了一些明、清书画家印章等资料，是目前已公开的最大印章库。

（苏小露 辑）

162. 大成老旧刊全文数据库（北京尚品大成数据技术有限公司）

“大成老旧刊全文数据库”收录了清朝末期到1949年新中国成立以前，中国出版的7,000多种期刊，共13多万期，220多万篇文章，具有全面性和独有性，是研究各个学科发展及其科技传承脉络的不可或缺的数据库工具。

“大成老旧刊全文数据库”采用中国图书分类法期刊分类表分类，共分21个大类，涉及哲学经济、政治军事、工农交通、文理史地、天文医药等各大门类。另外，该数据库除了收录民国比较流行的期刊以外，还收录了许多民国时期并不知名的期刊和地区级期刊，具有很强的历史研究价值、科学研究价值和文学研究价值。

“大成老旧刊全文数据库”分为按篇检索和按刊检索两种检索方式，可以根据题名、作者、刊名，输入自己要查询的内容来进行搜索和高级搜索，而且这一数据库搜索支持繁体字输入。该数据库还提供按照不同学科门类来进行搜索查询，根据《中国图书分类法期刊分类表》，数据库所有刊物共分为21个大类，具体类目分别是：哲学，社会科学总论，政治、法律，军事，经济，文化、科学、教育、体育，语言、文字，文学，艺术，历史、地理，自然科学总论，数理学科和化学，天文学、地球科学，生物科学，医药卫生，农业科学，工业技术，交通运输，航空、航天，环境科学，综合性刊物。如果读者对所要查询的篇名或者是刊物名称还不是很了解，就可以根据学科的分类，搜索自己需要的期刊。当读者按学科门类打开数据库时，就会出现按刊检索和按篇检索，接着，读者可选择刊名、年代、创刊地、单位，并将这些搜索信息输入，以查询自己自己想要查询的内容，并进行结果搜索。在具体大类目的下面还包括二级类目和三级类目。完成了以上步骤，读者就可以根据简单提示，单击找到自己想找的期刊，并查阅有关内容。而且还可以通过PDF格式进行下载。

“大成老旧刊全文数据库”全部采用原件高清扫描，很多期刊多属于国内不多见的珍本，史料珍贵、数据独有、内容丰富、检索方便。总的来说，是研究各门学科发展和科技传承脉络的不可或缺的数据库工具。而分类较多，类目清晰是该数据库的主要特点。

参考网址：http://www.dachengdata.com

（张海燕 辑）

163. 超星数字图书馆（世纪超星信息技术发展有限责任公司）

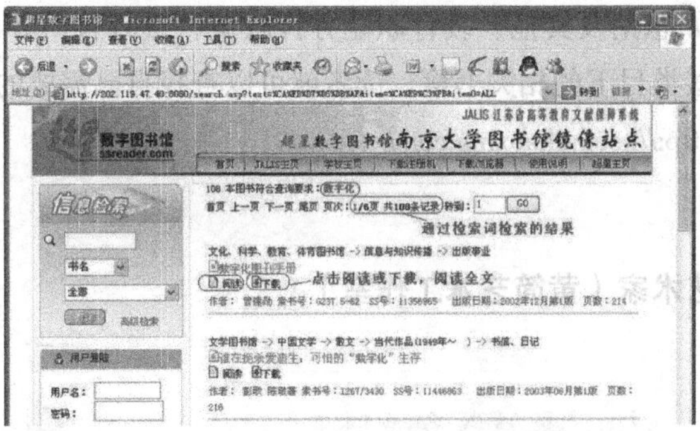

超星数字图书馆成立于 1993 年，是国内专业的数字图书馆解决方案提供商和数字图书资源供应商。超星数字图书馆是国家“863 计划”中国数字图书馆示范工程项目，2000 年 1 月，超星数字图书馆在互联网上正式开通，方便了广大读者的使用。超星数字图书馆目前拥有数字图书 80 多万种。涉及哲学、宗教、社科总论、经典理论、民族学、经济学、自然科学总论、计算机等各个学科门类，囊括内容非常丰富。

作为目前世界最大的中文在线数字图书馆，超星数字图书馆拥有丰富的电子图书资源方便读者阅读，涉及文学、经济、计算机等 50 多个大类，数百万册电子图书，其中包含大量的古籍善本和标点整理本古籍，以及 500 万篇论文，全文总量 10 亿多页，数据总量 100 万 GB，并拥有大量免费电子图书。更重要的是，这些数字图书信息每天仍在不断地增加与更新。先进、成熟的超星数字图书馆技术平台和超星阅览器给读者提供各种读书所需功能。超星阅览器是国内目前技术最为成熟、创新点最多的专业阅览器，其具体功能包括电子图书阅读、资源整理、网页采集、电子图书制作等一系列功能。超星专为数字图书馆设计的 PDG 电子图书格式，也具有很好的显示效果。

点击超星网的网址，屏幕左上方出现学术视频、读书、共享资料、学习空间四个选项，点击读书，就可阅览超星读书系统。在超星读书页面的最上方，呈现出第一种搜索方式，所需图书可选择全部字段、书名、作者三个类目，根据读者的需要，可输入不同的检索信息。点击其中的任意信息，就可以查找到自己需要的书籍，找到所需书籍后，点击网页阅读、阅读器阅读、下载本书等方式，进行阅读，比较方便。点开书籍文字页面以后，左侧出现书籍详细目录，右侧出现书籍的开始页码。读者可以根据自己的阅读需要进行选择性的阅读。

第二种检索方式，屏幕左侧有一项是电子书分类，将书籍全部分为教育、哲学宗教、综合性图书、计算机通信等类目。输入检索信息后，读者可以点击其中任意一项，然后点击这些项目之下的二级类目。例如：点击教育，出现了总论、教育学、初等教育、中等教育、职业技术教育等多个二级类目，点击其中的教育学，会出现更小的类目，例如总论及其他、教育职能方针政策、教育哲学等，点击这些项目，就会出现很多这些类目下的相关书籍，读者就可以查找自己需要的书籍。

参考网址：http://book.chaoxing.com/

（张海燕　辑）

164. 中华艺术家（黄简艺术工作室）

中华艺术家网站于1996年互联网初起之时，由黄简艺术工作室创办，至2012年为第12版。宗旨是整理和保存华人艺术家资料，以利研究。艺术的概念，可以很广泛，举凡音乐、戏曲都可以包括在内。我们所搜集者，以视觉艺术家为主，如绘画、书法、雕塑等。资料收集的原则是：古代艺术家全收，凡在古籍中提到者，哪怕一句两句，也全部收入。近现代艺术家先收公认有影响、有成绩者，逐步扩大。

以艺术家为主题，该网站建立一系列数据库如下：人名数据库：收入艺术家姓名、字号、籍贯、生卒年月等基本资料，现有31,293人；艺术史数据库：艺术史是艺术家活动的记录，资料量已达4.4万项；论著数据库：论著分两种，一种是艺术家自己的著作，另一种是别人评论此艺术家；图片数据库：包括艺术家的照片或画像，以及主要作品。

另外，还有两种改版前的数据库：历代纪年数据库，收入中国历史上所有朝代、帝王姓名、年号、庙号，中国干支纪年可以和公元交叉搜寻；诗韵数据库，收入诗词常用字，详细列出其韵部，还可以整句输入。

为了查找方便，采用数据库交叉搜寻，综合显示结果。一是以人为主的“艺术家”查找，一是以事为主的“艺术史”查找。查找时请先阅读每个网页旁边的说明。为节省网站资源，现在限定为一次最多输入七个字。

如果现代艺术家想将自己的资料加入，需要收取服务费用。但是面对广大的读者是免费的，该网站是学术性，专业性的网站，有些资料只供专业人员使用。有关网站凡例，可按入“关于我们”阅读。

参考网址：http://www.chinese-artists.net/

（孙德贤 辑）

165. 唐人文化网（北京蓝筹文化传播有限公司）

“唐人文化网”是由文物、拍卖、收藏及 IT 行业人士发起并组建的北京蓝筹文化传播有限公司建设。旨在传统方式基础上，通过网络手段为文物工作者及爱好者提供全方位信息服务。“唐人文化网”于 2000 年 11 月正式推出，为从事文物收藏的专业和爱好者提供信息、咨询等专业性服务。

该网站分为三个部分：信息查询，会员专区和艺术市场三部分。

信息查询区向读者提供艺术人名查询、艺术家字号查询和历代状元传略。艺术人名查询和艺术家字号查询两栏，在输入人物的姓名或字号时显示有关人物的字号、生卒年以及生平简介。历代状元传略栏可以随机浏览，也可以按人物的姓名、字号查询。这是一个免费的查询栏目。

会员专区包括拍卖成交纪录查询、明、清进士名录查询、中国古代书画目录和书画著录查询四个部分。但是是会员才可以进入查看。这是一个需要收费的服务项目。

艺术市场区部分包括加盟画廊、专家访谈、拍卖机构、藏家观点、展览信息和法律法规六个栏目。主要是针对书画拍卖而设置的一个部分，可以随意浏览查询。

该网站设置目的是为了方便书画文物拍卖和转让的，我们通过该网站可以了解中国古代书画文物的现在市场价格。

参考网址：http://www.cc5000.com/index1.htm

（孙德贤 辑）

166. 龙维基－汉典古籍

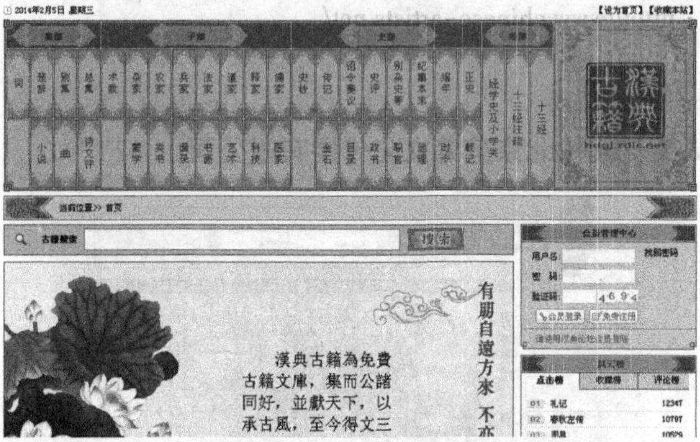

龙维基是一个免费的汉语知识网站，由网友参与维基条目的编辑和修改。“汉典古籍网”建于2004年，2005年9月第一次改版，2006年8月第二次改版，至今仍在不断完善之中。“汉典古籍网”建站的宗旨是为了弘扬中华文化，继承优良传统，推广汉语学习，规范汉字使用，为广大网民提供便利。“汉典古籍网”使用Mediawiki编纂，文章总数38,529篇，分经、史、子、集，希望能吸引更多的古籍爱好者参与古籍电子化、在线文档的修缮工作。“汉典古籍网”桌面版采用WikiTaxi的方式发布，WikiTaxi是一款绿色软件。可以阅读、搜索和离线浏览汉典古籍。无需互联网的连接，所有的网页储存在WikiTaxi数据库，“汉典古籍网”桌面版大小为337 MB。

参考网址：http://gj.zdic.net/

（孙德贤 辑）

中国台湾

167. 中文古籍书目数据库（台北“国家图书馆”）

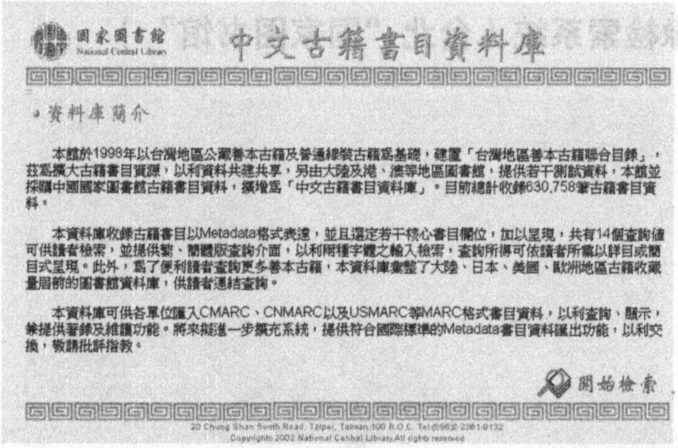

“中文古籍书目数据库”由台北“国家图书馆”建置。台北“国家图书馆”于1998年以来台湾地区公藏善本古籍及普通线装古籍为基础，建置台湾地区善本古籍联合目录，其目的在于扩大古籍书目资源，便于数据共建共享。台北“国家图书馆”还采购大陆中国国家图书馆古籍书目数据，扩增为“中文古籍书目数据库”。此外，台北“国家图书馆”汇整日本、美国、欧洲地区古籍收藏量居前的图书馆数据库，以便读者连接查询。截止2011年11月，该数据库总计收录625,449笔古籍书目资料。

为适应不同的查询需求，该数据库提供简易查询、进阶查询及更多查询三种查询方式。简易查询提供不限栏位、题名、责任者、四部类目、出版资讯、现藏者等检索字段，读者可不限栏位地输入关键词进行查询，也可同时限定多个检索值进行检索。进阶查询提供题名、拼音题名、责任者、拼音责任者、出版地、出版者、出版时、版本、装订、行格版式、讳字、刻工、收藏印记、主题等14个检索值，读者也可输入一个或多个不同检索关键词进行跨字段的逻辑组合查询。读者通过简易查询或进阶查询得到查询结果后，可在查询结果显示页面点击“更多查询”，继而可以链接与该数据库合作的大陆、日本、美国、欧洲等图书馆查询页面，进而对该图书馆蒐藏的古籍书目进行查询。

查询结果以简目式和详目式呈现。查询结果首先以简目式显示，显示内容包括：题名、责任者、版本、现藏者。简目式可依题名递增或递减的方式进行排序。详目式除显示以上四个检索值外，还显示卷数、出版者等其他相关资料。

该数据库检索方便，并与大陆、日本、欧美等地区古籍收藏量居首的图书馆进行合作，能快速便捷地查询各图书馆的古籍收藏情况，为读者提供了极大的便利。但是该数据库对古籍资料的介绍不如“古籍影像检索系统”提供得丰富而全面。

参考网址：http://nclcc.ncl.edu.tw/ttsweb/rbookhtml/intr.htm

（郑若萍 辑）

168. 古籍影像检索系统（台北“国家图书馆”）

“古籍影像检索系统”由台北“国家图书馆”建置。台北“国家图书馆”所保存的善本书多达 1.2 万余部，内容包含古典文学、史学及哲学，特别是明代所刻印的古籍占了约近一半。为方便读者对古籍的利用，避免贵重古籍因一再地借阅而受损，台北“国家图书馆”特藏组提出“古籍文献典藏数字化子计划”，自 2001 起分年将馆藏重要的珍贵善本加以数字化，放置在网络上提供各界使用。此外，该系统还与美国国会图书馆、华盛顿大学图书馆、伯克莱加州大学东亚图书馆进行合作。该系统典藏的古籍来源及数量如下表：

来源	书目数量	有影像的书目数量
台北“国家图书馆”	37,216	9,370
美国国会图书馆	4,117	1,144
华盛顿大学图书馆	610	255
伯克莱加州大学东亚图书馆	126	161

"古籍影像检索系统"分特藏珍品选介、善本资料查询、古籍影像浏览三大板块。特藏珍品选介收录了《仪礼集编》、《礼记集说》、《春秋胡氏传纂书》等古籍，下载该系统提供的浏览器及所需古籍，即可浏览该古籍。影像浏览部分，读者可根据标题层次、分类、版本及篇目对所需查询的古籍影像进行检索及浏览，也可直接输入关键词进行查询及浏览。

为方便读者利用，读者可点击善本资料查询，进入查询页面，并可从善本书的书名、著者、版本，乃至于序跋者、刻工、版式行款等各个角度对古籍进行检索，无论从哪个角度都可以查出所需要的古籍信息。此外，读者还可以点选该书的卷次及篇目，以便在网络上阅览到整部古籍的影像。

为配合不同检索需求，"古籍影像检索系统"提供简易查询、详细查询、更多查询等三种查询界面，读者可藉由题名、人名、标题、版本、篇目、出版地、出版朝代等 22 个字段，以 and/or/not 逻辑的组合运用，可轻松查到所需参考的善本书目数据。通过简易查询，读者可直接输入检索关键词进行查询，也可自由勾选所需查询的题名、人名、标题、版本、篇目、出版地、出版朝代等检索字段。读者还可针对特定字段输入检索关键词进行详细查询，或于一个或多个字段输入不同检索关键词进行跨字段的逻辑组合查询。此外，因古籍特性特别，除上述检索字段外，该系统还提供拼音题名、作者朝代、主题、关键词、序跋、手书题记、牌记、收藏印记、装订、版式行款、避讳、附注、书号及索书号等检索字段的查询。

查询结果显示分条列式及详目式。查询结果首先显示条列式，显示内容包括：题名、朝代、创作者、创作方式、索书号、版本等数据。条列式可依题名、创作者来排序。显示画面出现书本图案者，代表该书有全文影像，读者可至该馆特定区域内直接浏览全书影像。另外，若查询书目为某图书馆所藏书，查询结果页面上会显示该图书馆特有的标志。条列式结果显示页面，用户可于勾选后或直接按下看详目数据的按钮，即可显示完整的书目数据内容，包括：书号、题名、卷数、创作者、标题、序跋者、序跋等数 10 个字段。

"古籍影像检索系统"收藏的古籍资料十分丰富，且关于古籍的版本、序跋等有详细的介绍，不仅对古籍的保存意义重大，而且对学术研究尤其是古籍版本的研究十分重要。该古籍文献仅限于馆内阅览，馆外开放阅览只针对与该馆合作的国际图书馆，且资料查询时需采用中文繁体。

参考网址：http://rarebook.ncl.edu.tw/rbook.cgi/

（郑若萍 辑）

169. 金石拓片资料库（台北“国家图书馆”）

台北“国家图书馆”初创。采购自天津孟继壎（字志青）旧藏的石刻拓片，奠定了该馆金石拓片的基础，其中留有孟氏题记的近150种，尤为精华所在；而最重要的则是抗战期间于民国二十九、三十年间对江南沦陷区善本书的大规模抢救行动，中也搜购不少金石拓片，后购得商承祚所藏一批金文全形连铭拓片，拓印极精，堪称极品。民国七十一年该馆委托“国立”成功大学历史系师生，代拓台南碑林；近又新购汉代四川画像砖石拓片一批，均属罕见的珍贵资料。

该馆自2005年开始将所藏的珍贵金石拓片进行数字化处理，并公开于网络，供学界使用。其金石拓片总计6,462件，12,462幅。其中以墓志2,820件为最多，次为刻石2,826件、吉金（金文全形）771件。金文部分，以鐘鼎彝器为大宗，旁及度量衡器、兵器、镜鉴等物，时代起自殷商、西周、春秋战国以迄汉世，且大多数皆为金溪周希丁（康元）亲手拓制，偶见有容庚及吴重熹等人题记。石刻部分，以碑志为多，两汉刻石文字，有篆有隶，碑碣、摩崖、题记、残石，不一而足，于此可窥两京的丰碑巨制，并能藉以察见篆隶嬗变的轨跡。再则唐人碑志已超过千种，其中颇可补《全唐文》所未备。

“金石拓片资料库”提供“简易查询”和“进阶查询”两种模式。在简易查询的检索模式下，只要在空白的检索栏中，输入要查询的条件并点选“执行”检索按钮，系统就会显示出符合检索条件的资料。既可以“不限栏位”的方式输入任何词汇或数字作为检索条件进行全文检索；也可以通过题名、撰文人、版本等栏位检索，各栏位之间的关系以“and”做连结，可缩小查询范围，让检索结果更为精确。另外，利用下拉菜单可限定拓片的类型，既可选全部，也可单独选择金石或碑志。在进阶查询的检索模式下，提供使用者多个限定栏位的检索空格（包括类型、书号、主要题名、其他题名、撰文人、其他贡献者、高广、装订、主要主题、类目、版本、铭刻、题记、序跋、印记、功德、出土地点、备注）以及通过布林运算（and、or、not）来组合不同的检索条件。同时，该资料库还具备索引浏览功能，可为各个栏位提供资料清单，点击资料库中的“栏位浏览”即可进入，查询出的索引表中的每一项资料都可直接点选，显示该项内容，如欲一次选取多项资料，只需点选索引值前的小方块，然后点选“显示勾选”按钮即可。

“金石拓片资料库”提供三种检索结果显示格式：表格式、条列式（简目显示）以及详目显示。简目显示为系统预设的显示格式，如欲切换不同格式，只需点选查询结果上方的“详目显示”或“回简目显示”选项即可。其中，表格式和条列式呈现主要题名、类目、类型、版本等信息，详目显示除上述信息外，还显示高广、装订、主要主题、铭刻、出土地点、备注等信息。检索的结果可依各人喜好按日期递增或递减的顺序排列，同时可根据需要选择下载打印或存档，也可寄至电子邮箱。特别值得一提的是，“金石拓片资料库”提供了影像调阅功能，将影像画面分为左、右两边，左边为“目录区”，右边为“影像区”。目录区显示题名、版本和目次，可直接点选目次调阅影像；影像区提供了翻页功能以及影像比例选择功能。

参考网址：http://rarebook.ncl.edu.tw/gold/introduce/index.htm

（汶莹莹 辑）

170. 台湾地区家谱联合目录资料库（台北“国家图书馆”）

台北“国家图书馆”建置。台湾地区现藏中国家谱约 14,945 种，藏量在中国家谱总数中占有相当的比重，台北“国家图书馆”有鉴于家谱乃记载民族血缘的历史图籍，家谱资料有助于人文社会科学的研究，于是在 2002 年 3 月召开“台湾地区家谱联合目录合作编制相关事宜座谈会”，决议由与会各收藏单位提供书目数据，并由该馆订定字段、进行测试，汇集各单位的书目数据，建置“台湾地区家谱联合目录”。该数据库可供相关单位汇入 C-MARC、CN-MARC 以及 US-MARC 等 MARC 格式书目数据，以利查询、显示，兼提供著录及维护功能。将来拟进一步扩充系统，提供符合国际标准的 Metadata 书目数据汇出功能。

参与单位及其他国数据一览表：

馆名	资料笔数
“中央研究院”民族所图书馆	208
“中央研究院”傅斯年图书馆	1,923
台北市文献会	845
“国立中央图书馆”台湾分馆	30
台湾省各姓渊源研究学会	278
宜兰县史馆	460
台北“故宫博物院”	9,356
“国史馆”	59
“国史馆”台湾文献馆	236
台北“国家图书馆”	14,481
万万斋	970

参考网址：http://rarebook.ncl.edu.tw/rbook.cgi/frameset5.htm

（毛建军 辑）

171. 明人文集资料库（台北“国家图书馆”）

台北“国家图书馆”建置。台北“国家图书馆”典藏善本古书1,200万余部，包罗宋、元、明、清各朝刊本及珍罕手稿、钞写本，内容兼括经、史、子、集四部，是研究学术的重要材料，广为海内外汉学界所重视。多年前曾全数摄成微卷，以方便读者使用，值此信息时代，更进一步结合计算机科技，利用拍摄及扫瞄的方式，将善本古书的各页影像数字化。“明人文集资料库”具有以下四项特色：内容收录 17 种馆藏珍贵明人诗文集；影像全部为彩色，逼肖原书；各诗文集的书名、纂者、版本、篇名、序跋者、题跋者等数据皆可检索并浏览；正式建构于该馆局域网络上，另在因特网上可阅读部份内容。

参考网址：http://rarebook.ncl.edu.tw/rbook.cgi/frameset5.htm

（毛建军 辑）

172. 善本古籍资料库（台北“故宫博物院”）

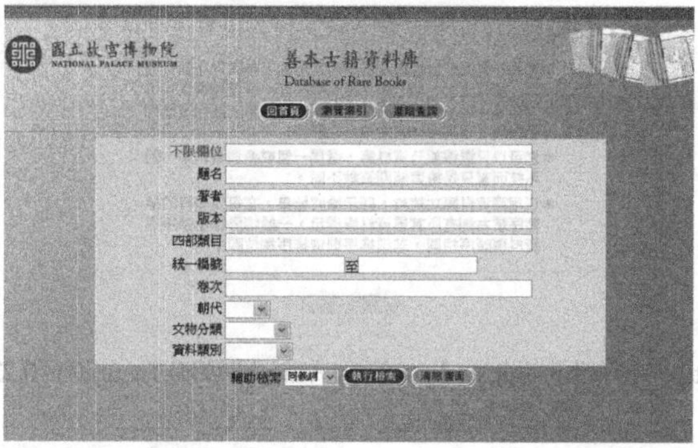

台北“故宫博物院”图书文献馆建置。台北“故宫博物院”所藏善本古籍，除了承继自清宫旧藏之外，也包括杨守敬于晚清在日本搜购的观海堂藏书，以及 1986 年由“教育部”拨交该院保管的北平图书馆善本古籍，和一部份近年接受外界捐赠及陆续收购者。“善本古籍资料库”包含影像和后设数据(Metadata),采“部”—“册”—“图”的连结架构，尤其是各册以细目连结影像文件。

参考网址：http://npmhost.npm.gov.tw/tts/npmmeta/RB/RB.html

（毛建军 辑）

173. 一史馆藏康熙雍正朝满汉文朱批奏折汇编目录（台北“故宫博物院”）

台北“故宫博物院”图书文献馆建置。“一史馆藏康熙雍正朝满汉文朱批奏折汇编目录”为北京中国第一历史档案馆所藏清代满汉文朱批奏折汇编目录索引数据库。检索时可根据具奏官衔、具奏时间等项目采关键词或浏览索引检索。数据库为网络公开使用。系统具备整合性跨数据库检索功能，无论读者是执行检索、浏览索引、显示结果甚至排序等，皆是连续性平滑式作业，跨多个数据库或使用单一数据库，操作方法完全相同。可只选择部分数据库，选择一个或多个数据库，对系统而言只是检索范围笔数不同。使用跨数据库功能时，显示检索结果，在每笔资料的笔数序号右侧有所其属数据库标示，一般情形显示顺序与数据库顺序相同，若经排序则依排序字段顺序。目前有康熙朝数据 7,416 笔，雍正朝数据 45,005 笔。

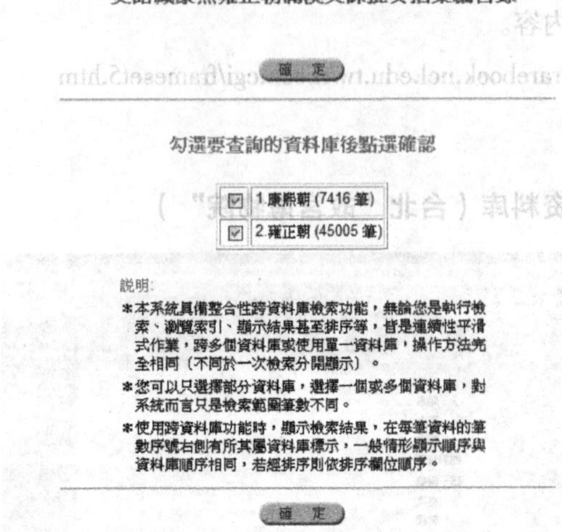
一史館藏康熙雍正朝滿漢文硃批奏摺彙編目錄
確 定
勾選要查詢的資料庫後點選確認
1.康熙朝 (7416 筆)
2.雍正朝 (45005 筆)
說明:
*本系統具備整合性跨資料庫檢索功能，無論您是執行檢索、瀏覽索引、顯示結果甚至排序等，皆是連續性平滑式作業，跨多個資料庫或使用單一資料庫，操作方法完全相同（不同於一次檢索分開顯示）。
*您可以只選擇部分資料庫，選擇一個或多個資料庫，對系統而言只是檢索範圍筆數不同。
*使用跨資料庫功能時，顯示檢索結果，在每筆資料的筆數序號右側有所其屬資料庫標示，一般情形顯示順序與資料庫順序相同，若經排序則依排序欄位順序。
確 定

参考网址：http://www.ihp.sinica.edu.tw/ttscgi/ttsweb?@0:0:1:tsupi@@0.22183467993290096

（毛建军 辑）

174. 清宫奏折文件台湾史料（台北“故宫博物院”）

清宮奏摺檔臺灣史料
出版凡例
開始查詢
版權說明

台北“故宫博物院”图书文献馆建置。数据选辑自台北“故宫博物院”所藏清代《奏折档》及《议覆奏折档》中有关台湾部份数据，为便于读者检索利用，以光盘形式出版。台北“故宫博物院”所藏《奏折档》（含《议覆奏折档》）上起乾隆元年（1736），下迄光绪 28 年（1902），共计 704 册。不载年月之件均予注明。

参考网址：http://npmhost.npm.gov.tw/tts/npmmeta/npmtwdoc/npmtwdoc.htm

（毛建军 辑）

175. 清代宫中档奏折及军机处文件折件全文影像资料库(台北“故宫博物院”)

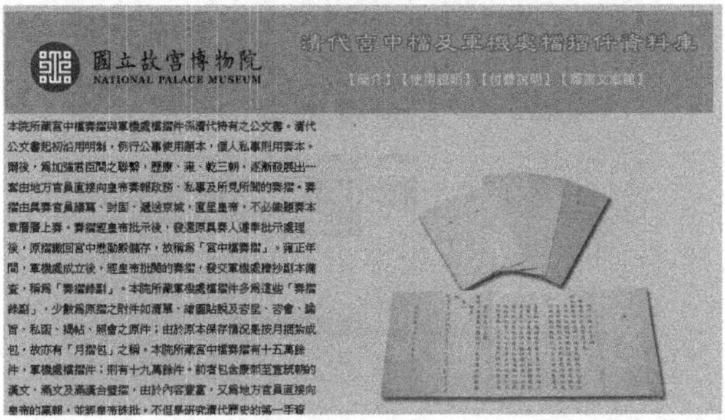

台北“故宫博物院”图书文献馆建置。“清代宫中档奏折及军机处文件折件全文影像数据库”数据来源为该馆所藏宫中档奏折与军机处档折件系清代特有的公文书。清代公文书起初沿用明制，例行公事使用题本，个人私事则用奏本。尔后，为加强君臣间的联系，历康、雍、乾三朝，逐渐发展出一套由地方官员直接向皇帝奏报政务、私事及所见所闻的奏折。奏折由具奏官员缮写、封固、递送京城，直呈皇帝，不必像题奏本章层层上奏。奏折经皇帝批示后，发还原具奏人遵奉批示处理后，原折缴回宫中懋勤殿储存，故称为“宫中档奏折”。雍正年间，军机处成立后，经皇帝批阅后的奏折，发交军机处誊抄副本备查，称为“奏折录副”。该院所藏军机处档折件多为这些“奏折录副”，少数为原折中的附件如清单、绘图贴说及咨呈、咨会、谕旨、私函、揭帖、照会的原件；由于原本保存情况是按月捆扎成包，故也有“月折包”之称。该院所藏宫中档奏折有 15 万余件，军机处档折件有 19 万余件。前者包含康熙至宣统朝的汉文、满文及满汉合璧折，由于内容丰富，又为地方官员直接向皇帝的禀报，并经由皇帝朱批。不但是研究清代历史的第一手资料，具有极高的史料价值，也是重要的文化遗产。后者虽系抄件，但史料价值并不逊色，因原折内所附呈清单、供单、图表等件多移夹于录副之中。

参考网址：http://npmhost.npm.gov.tw/tts/npmmeta/GC/indexcg.html

（毛建军 辑）

176. 故宫器物典藏资料检索（台北“故宫博物院”）

台北“故宫博物院”建置。数据内容：牙骨角蚌皮器 53 笔、木竹漆器 3,356 笔、铜器与金属 17,251 笔、玉石器 19,295 笔、陶瓷器 24,879 笔、珐琅器与玻璃器 2,805 笔、其他文玩 4,208 笔，合计 71,847 笔，完成校对开放 29,083 笔（以上统计数值包含附件数）。

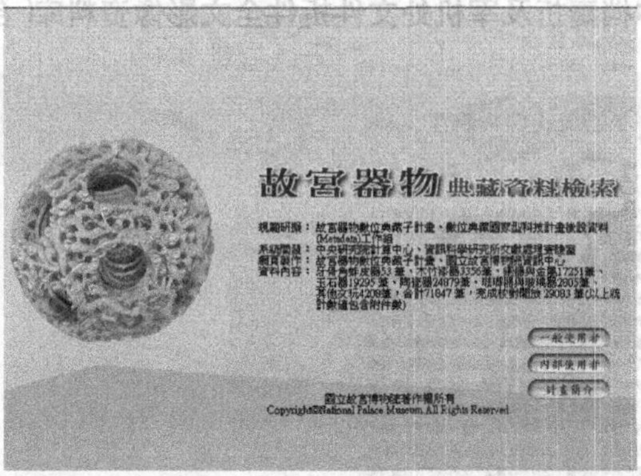

"故宫器物典藏资料检索"属于故宫器物数位典藏子计划。故宫器物数位典藏子计划除了赓续执行一期未完成的器物文字核心数据与器物 2D 图像数据数字化外，新增专题性的后设数据文件、文物库房管理系统与器物数位典藏系统整合与 3D 图像数字化等工作。故宫器物数位典藏子计划数字化工作架构依工作性质可区分为三个部分：文字数据数字化、图像数据数字化以及系统整合。计划进行的原则为：文字数据"先广后专"，图像数据"分级拍摄"，系统整合着重在"应用"。文字数据的"先广后专"采取先建立器物的核心数据，再以专题方式建立后设数据；图像数据的"分级拍摄"是要将器物依其文化性与艺术性，来进行 2D 影像拍摄，并选择精美器物进行 3D 影像制作，提高影像应用的价值；系统整合的"应用"是指整合系统数据应用的一致性、提高检索效率与友善性。故宫院藏器物种类众多，数量丰富，质优物美，仍有部分器物未能列入一期计划中。因此，计划通过第二期数位典藏计划，继续进行器物数字化工作，将更多更美好的器物数字信息，展现在国人面前。

参考网址：http://antiquities.npm.gov.tw/~textdb2/NPMv1/sindex.php

（毛建军 辑）

177. 大清国史人物列传及史馆档传包、传稿全文影像资料库（台北"故宫博物院"）

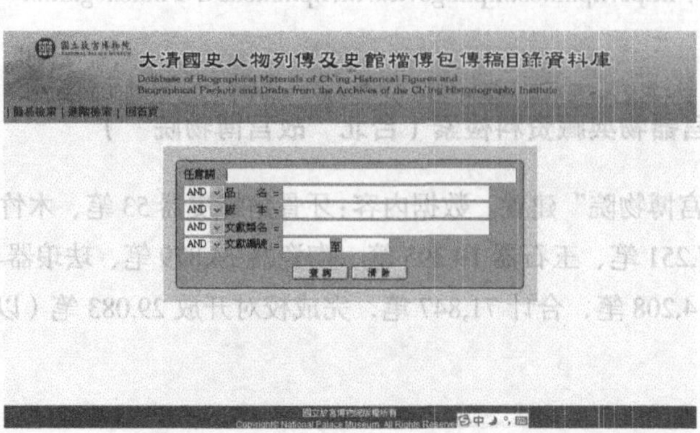

台北“故宫博物院”建置。人物列传是历朝所修正史中卷帙最为庞大的内容，修纂的过程中，累积了大量的史料和稿本。台北“故宫博物院”所藏档册中，有“国史馆”为修纂人物列传所整理的传包和传稿及《进呈本·大清国史人物列传》，是研究清代人物必备的权威传记史料。

传包内容包括了“国史馆”为修纂列传所咨取或摘钞的各种传记资料，有事迹册、事实清册、讣闻、哀启、行状、行述、咨文、履历片、出身清单、奏折、片文、祭文、年谱、文集、列传、政绩或功绩折等传记史料，共3,536包。传稿则是清国史馆及民国清史馆纂修人物列传所保存下来的稿本，前者包括初辑本、重缮本、校订本、增辑本和定本等，后者则是清史馆纂修《清史稿》所留下的稿本，共有8,384件。

清国史馆最后进呈皇帝御览的人物列传定本，即进呈本人物列传，其中又以大臣传最多。清代规定大臣列传，凡文职官员，京官侍郎、副都御史、大理寺卿以上，地方官巡抚以上，武职提督、总兵、副都统、参赞大臣、办事大臣，皆入大臣列传。大清国史列传从书写字体可分为汉字列传与清字（即满文）列传。台北“故宫博物院”所藏传稿绝大多数为汉字，满文列传仅32册，多系乾隆年间以降陆续进呈的朱丝栏写本。院藏《进呈本·大清国史人物列传》共2,726册。

数据库可按品名、版本、文献类名、文献编号等项目分类，输入文字或编号后，点选“查询”检索。也可输入“任意词”字段，进行跨栏搜索。搜寻关键词时，可使用布尔逻辑（AND，OR，NOT）进行搜寻。如搜寻“清太祖”与“实录”二关键词交集的结果，可输入“清太祖”AND“实录”。如欲搜寻两者联集的结果，则是输入“清太祖”OR“实录”。

用户还可点选进阶检索，利用下拉式选单选取“系统号”、“文献类名”、“文献编号”、“品名”、“朱批日期”、“事由”、“质材”及“存放地点”等分类查询。也可通过“版本”及“档案类别”进行查询筛选。

参考网址：http://npmhost.npm.gov.tw/tts/npmmeta/DQ/indexcg.html

（毛建军 辑）

178. 《寒泉》古典文献全文检索资料库（台北“故宫博物院”）

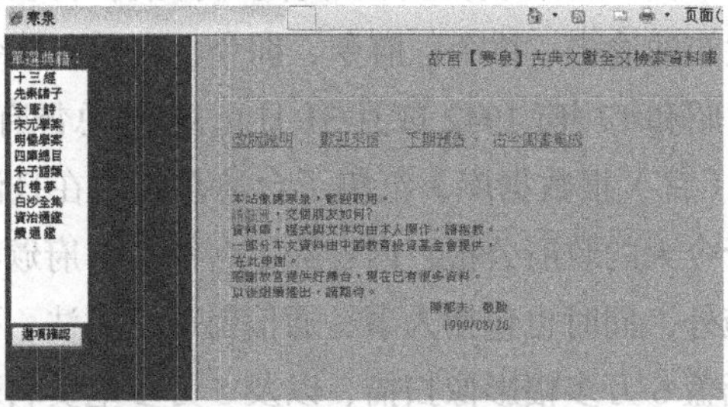

“《寒泉》古典文献全文检索资料库”的程序与文件均由陈郁夫先生所纂作，一部分文本资料则由中国教育投资基金会所提供。“《寒泉》古典文献全文检索资料库”可全文检索《十三经》、先秦诸子、《全唐诗》、《宋元学案》、《明儒学案》、《四库总目》、《朱子语类》、《红楼梦》、《白沙全集》、《资治通鉴》、《续通鉴》等古典文籍。此电子版字典的文本以同文书局的石印版为底本，经过计算机数字化扫描处理，不仅真实地保留了原书的文字页，同时将原书中每一个单字释义单独切割为文字内容。

“《寒泉》古典文献全文检索资料库”中的资料在陆续推出中，为研究经学、先秦诸子、诗文、历史等领域的学人提供了资料搜索的便捷途径。

参考网址：http://libnt.npm.gov.tw/s25/

（毛建军 辑）

179. 台湾总督府府（官）报资料库（1896—1912）（台北“国史馆”和台湾政治大学图书馆）

“台湾总督府府（官）报资料库”由“国史馆”台湾文献馆与台湾政治大学图书馆合作建置。台湾政治大学图书馆负责系统平台建置、“国史馆”台湾文献馆负责资料建档与数字化工作，目前资料建档已经完成。台湾总督府为日治时期台湾最高行政机关，其各项重要行政措施的发布，均可在府报中获得正确信息，因为台湾总督府报是日治时期最重要的政府公报。其创刊于1896年，最先以附录方式印行于《台湾新报》第13号，主要内容为转载内阁《官报》刊载有关台湾的法律、政令以及台湾总督府发布的谕告、律令、府令、训令、告示、辞令等。1900年，才改由台湾总督府发行。昭和17年(1942)3月31日止,台湾总督府“府报”改名“官报”。

《台湾总督府府（官）报数据库》汇集了台湾总督府在日治时期发行的府报及官报，其性质相当于今天的政府公报，内容除了台湾总督府颁布的各项法律、行政命令及重要行政措施外，同时也包括人事、通信财政、司法、警察、统计、卫生等方面的事情。内容涵盖6万多幅影像扫描、以及5万多笔资料著录建档，台湾文献馆也将持续进行资料著录建档，预计到2011年将收录台湾文献馆6.5万余笔影像、15万笔后设资料，完整呈现日治时期台湾总督府登载的珍贵史料。

“台湾总督府府（官）报资料库”的检索方式有：简易搜索、进阶搜索、指定时间检索和资料浏览等方式。“台湾总督府府（官）报资料库”采用框架式的区块呈现网页，目的是让使用者可以方便的切换网页，得以最大画面的浏览资料。通过所选的检索方式进入查询页面后，每页的左上角分别有“全选”、“清除勾选”、“每页显示 ×× 笔”的选择按钮，可根据个人的要求设置，左下角有所搜资料的条数和页码。所罗列的资料注明“系列名”、“件名”、“主题类别”、“主题编号”、“期号”、“出版日期”，可根据个人所需或浏览或下载。

建议使用Firefox、Chrome或IE7以上版本的浏览器浏览本网站，以获得最佳视觉效果。如果不熟悉具体的文献名称，可以通过简易搜索方式根据关键词、内容描述等条目进行检索。简易搜索包括件名、关键词、内容描述等条目，在简易搜索结果的表格上面有“进一步搜索”功能，键入关键词后，会过滤出符合的资料。节选的栏位有系列名、件名、主题类别、主题编号、出版日期，通过过滤就可以找到所需要的资料。熟悉文献的人可以直接输入件名、期数、主题等信息利用进阶检索。

为了使读者和研究者更加清晰地看到“台湾总督府府（官）报资料库”提供的影像资料，该系统提供图片的放大缩小功能，方便浏览和打印。不过该数据库的资料下载有次数限制，如果是进行学术研究需要下载大量的资料可以和文献馆人员沟通。

参考网址：http://db2.lib.nccu.edu.tw/view/

（毋燕燕 辑）

180. 典藏日据时期与光复初期档案查询（台北“国史馆”）

台北“国史馆”台湾文献馆制作。台北“国史馆”台湾文献馆收藏台湾在日治时代和战后初期许多档案史料，“典藏日据时期与光复初期档案查询”乃是特别就

档案中的图表所建置而成。“典藏日据时期与光复初期档案查询”数据来源包括台湾总督府、总督府专卖局以及行政长官公署三项档案。

参考网址：http://db1n.th.gov.tw/twhist/

（毛建军 辑）

181. 日治时期图书全文影像系统（“国立中央图书馆”台湾分馆）

“国立中央图书馆”台湾分馆典藏的总督府图书馆图书数量很多。其中，有不少珍贵的孤本资料，例如：《台湾史料稿本》是台湾总督府史料编纂委员会编纂的打字油印稿本，采用编年体体例，主要内容是记录自 1895 年至 1919 年每年每月每日台湾总督府所施政的纪要，并收录《改隶前支那史料》、《台湾史料杂纂》、《バタビヤ城日记》（巴达维亚城日记）及《司令官コルネリス·ライエルセンの日志》（司令官雷尔生日记）等史料。

该系统收录日治时期期刊约300余种，内容包罗万象，题材丰富，包含生产、政治、经济、社会、医学、历史、宗教等诸多方面的书籍，为我们全面了解日治时期的台湾面貌提供了丰富的资料。如：《台湾户口统计昭和十八年》，本书是台湾总督府所编的台湾户口统计资料，内容包括各州、厅、市、街、庄的在籍户口、常住人口等调查，并附录各州、厅、市、街、庄的暂住与暂离户口、外籍人口、明治 38 年（1905）以降各年度户口数，以及日本、朝鲜等地各年度户口总数等参考资料。《福尔摩沙岛的鸟类》一书开启了台湾博物学的先声，同时也为鸟类的研究提供了有价值的资料。此外，《新竹州教育统计要览》、《台湾教育事情》、《基隆市社会教育要览》、《国语动员指导书》、《苦难の台湾大学》等，为我们了解日治时期台湾总统府关于教育所实施的政策方针提供了宝贵的资料。《苦难の台湾大学》论述了台湾大学在即将开校时，人们期待和担忧的心理及社会各界的舆论。台湾大学分为政文和理农两大学院，对于台湾大学的成立，台湾人虽对其多有期待，但也有部分人士对未来就业、学无用处等负面想法。本文就是从这些舆论出发论述了台湾大学行政和师资的准备与成立过程、币原垣总长对学校的期许及设立方向的论述、台湾人对政府“本末倒置”

设校行为的批判（认为应先普及教育）、东京大学山本美越乃教授认为首应关注业（职业）而非文理等抽象教育而引起的批评，以及农学博士东乡实提出的职业教育和渐进主义的教育理论，这对了解“台湾大学”的历史提供了宝贵的资料。《新竹州的卫生概况》本文为昭和 13 年（1938）卫生课上的调查报告，内容分为 11 章，包括地理、一般卫生状况、医疗机关、保健、防疫、社会卫生、鸦片及麻药类、卫生职员、震灾的救护与医疗状况以及空袭时紧急设施的准备等内容，使我们对新竹当时的卫生状况有一个详细的了解。关于医疗卫生的还有《台湾の卫生状态》、《保健卫生调查书》、《疟疾防遏志》等书，可以帮助读者全面的考察日治时期台湾的医疗卫生情况。

此外，《台湾金融年报 – 昭和 14 年》、《台湾金融年报 – 昭和 15 年》、《台湾金融报 – 昭和 16 年》、《台湾金融年报 – 昭和 17 年》、《台湾金融年报 – 昭和 18 年》从中我们可以了解当时台湾的贸易、银行、物价等经济领域概况和当地人民的生活状况。

日治时期期刊全文影像系统中的文献信息都有详细的书目资料、关键词及诠释资料。使用者可以点击或键入关键字、设定相关条件搜索所需资料，并可以通过系统附加功能进行结果分析。在检索结果页面，可以详细的看到，该文献资料的关键词、该书的章节、作品的类型，有的书目还有具体的内容摘要。“日治时期图书全文影像系统”比较方便的一点是在这一页面，点击关键字，会找到许多相关的资料，更便于研究者收集资料。

参考网址：http://stfb.ntl.edu.tw/cgi-bin/gs32/gsweb.cgi/login?o=dwebmge

（毋燕燕 辑）

182. 日治时期期刊全文影像系统（“国立中央图书馆”台湾分馆）

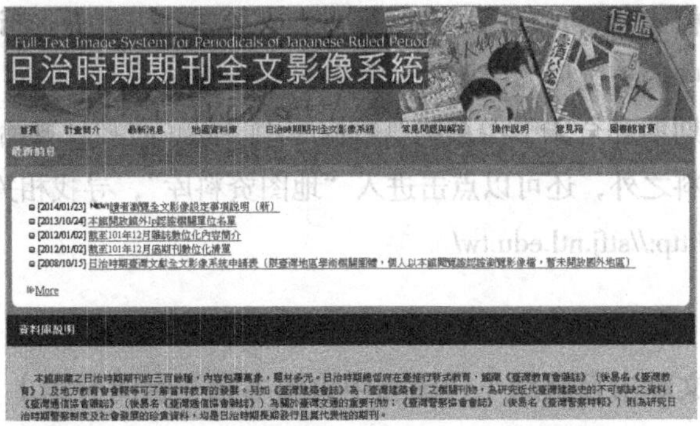

“国立中央图书馆”台湾分馆典藏日治时期期刊约 300 余种，内容包罗万象，题材丰富。如：馆藏《台湾教育会杂志》（后易名《台湾教育》），记载了日治时期总督府在台推行新式教育的情况，结合当时地方教育会会报等文献的记载，可了解对当时台湾教育的发展有明晰的认识。《台湾建筑会志》是台湾建筑会的机关刊物，

是研究近代台湾建筑史的不可或缺的资料。《台湾通信协会杂志》(后改名为《台湾递信协会杂志》) 是关于台湾交通的重要刊物。《台湾警察协会会志》(后改名《台湾警察时报》) 是研究研究日治时期警察制度和社会发展的宝贵资料，以上三种文献都是日治时期长期发行且具有代表性的期刊。

《台湾土语丛志》是一部语言学研究的刊物，内容包括方言、语法、翻译、发音、文法、日常用语、字形、字音等方面的研究文章，对于探究当时语言发展情况提供了极其富有价值的文献资料。此外，《台湾の水利》、《台湾铁道》、《台湾医事杂志》、《台卫新报》、《台湾水产杂志》、《台湾地方行政》、《台湾青年报》、《文艺樱草》、《台湾博物学会会报》等涉及社会生活各个方面的报刊杂志，形象生动的为我们展现了日治时期台湾的社会风貌。

“国立中央图书馆”台湾分馆典藏的《银铃》、《台湾新文学》、《华丽岛》、《野葡萄》、《木瓜》、《にひたか》(新高)等文学期刊，都是全国硕果仅存的孤本。《南瀛佛教会会报》(后改名《南瀛佛教》、《台湾佛教》)、《立正教报》、《圆通》及《福音と教会》等宗教类期刊，也属孤本资料。

日治时期出现的《风月报》、《台湾艺术新报》、《趣味登山会会报》、《台湾棋道》、《演绎与电影》等属于娱乐性质的报纸刊物。《风月报》刊载通俗小说，并曾举办通讯选美活动，随刊附赠选票，成为一时风潮；《台湾艺术新报》介绍音乐、电影、戏剧、舞蹈等艺术界消息，附有照片、漫画、插图、图文并茂、具有很强的趣味性和娱乐性。此外，《南音》、《诗报》等记载了当时的文学研究和文学活动情况。

在“简易检索”或者“进阶检索”里输入要查的关键字、主题、期刊名、作者、专刊名称、期号、卷号、出版地等中的任何一个，可以选择“一般查询”或者“同音查询”的查询模式，就可以找到相关的资料，方便快捷。此外，查询到所找资料后，可以点击结果栏中的关键词，以此找到更多相关的资料。

在“日治时期期刊全文影像系统”数据库中，除了查找“日治时期期刊全文影像系统”中的资料之外，还可以点击进入“地图资料库”，寻找相关的地图资料。

参考网址：http://stfj.ntl.edu.tw/

(毋燕燕 辑)

183. 台湾文献书目解题（“国立中央图书馆”台湾分馆）

“国立中央图书馆”台湾分馆特藏的“台湾文献书目解题”是将“国立中央图书馆”台湾分馆所藏的台湾文献编辑成系统的书目，然后选出书目中的书籍编写成解题，以求为读者提供便利。书目部分，力求全备，解题部分，则选择比较具有参考价值的文献进行论述，两部分所选的文献都不仅限于”国立中央图书馆”台湾分馆所收的台湾文献。所编撰的书目，以公藏书目为主，以见闻所得的书目为补充；解题部分，则完全选择公藏书目，目的是便于读者阅读研究，免去寻书之难。

“国立中央图书馆”台湾分馆特藏的“台湾文献书目解题”，内容包括：方志、地图、族谱、传记、语言、公报等共 19 册，所收文献上溯明郑及其以前的早期图籍，下至当代的出版品；包含中文、日文和西文有关台湾的文献，档案格式为 PDF，方便下载使用。

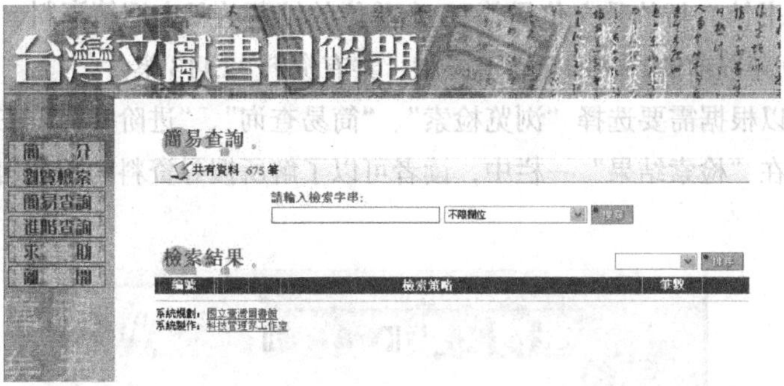

“国立中央图书馆”台湾分馆藏书近百万册，其中以台湾文献最具特色。书目辑录，除单行本外，凡见于丛书、类书、期刊等，即使零篇残卷，只要有助于研究者，皆逐一辑出胪列。其选录标准，仍视各类文献的性质和其种数多寡而定。所收文献的书目，各著其书名、卷（册）数、撰（编）者、撰述年代、刊地、刊行者、版本等项。其中版本一项，凡为“国立中央图书馆”台湾分馆未藏且无通行的孤本，均注明其藏处；凡有同一版本不同重（影）印本，则仅著录其原印本，有需要说明者，则随条附注说明。

解题部分，以各类文献的体裁与内容，分类订之。解题的内容包含：书目资料、撰述经过、撰者生平、篇目、内容概要、史源研究、价值判断、版本说明、研究论述、书影介绍等 11 项。

读者可以选择“浏览检索”、“简易查询”、“进阶查询”寻找所需的资料，方便查找。如：选择“浏览检索”，读者会看到所列的 19 册书目解题，选择其中的一项点击打开后，就会找到相关的文献资料，可以点击下载，为读者的阅读和研究提供了便利。

参考网址：http://192.192.13.178:8088/

（毋燕燕 辑）

184. 日文旧籍台湾文献联合目录（“国立中央图书馆”台湾分馆）

“日文旧籍台湾文献联合目录”收录的书目包括：“国立中央图书馆”台湾分馆、“中央研究院”人文社会科学联合图书馆、“中央研究院”文史哲研究所图书馆、“中央研究院”历史语言研究所傅斯年图书馆、“中央研究院”民社所图书馆、“中央研究院”地科所图书馆、“中央研究院”近代史研究所图书馆、“中央研究院”历史语言研究所图书馆、“中央研究院”经济所图书馆、“中央研究院”欧美所图书馆、台湾大学法学图书馆、台湾大学图书馆、台北市文献委员会、台南市立图书馆、台湾文献馆、台湾史料中心、东海大学图书馆、台湾政治大学图书馆、台湾师范大学历史系、高雄市立图书馆、台湾文献馆、”国立”台中图书馆、台北“国家图书馆”、淡江大学图书馆、新竹县文化局等25个单位的馆藏的日文旧籍资料，收录资料的年限为1949年以前的日文旧籍台湾文献，共有资料32,113笔。

读者可以根据需要选择“浏览检索”、“简易查询”、“进阶查询”三种检索方式进行查询。在“检索结果”一栏中，读者可以了解所搜寻资料的相关信息，方便寻找和阅读。

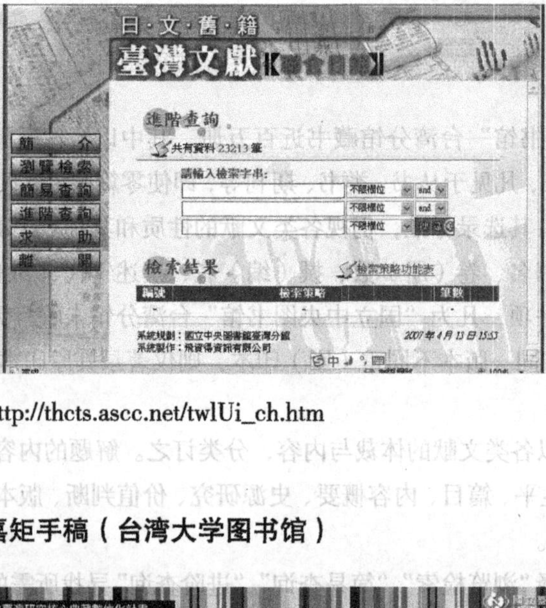

参考网址：http://thcts.ascc.net/twlUi_ch.htm

（毋燕燕 辑）

185. 伊能嘉矩手稿（台湾大学图书馆）

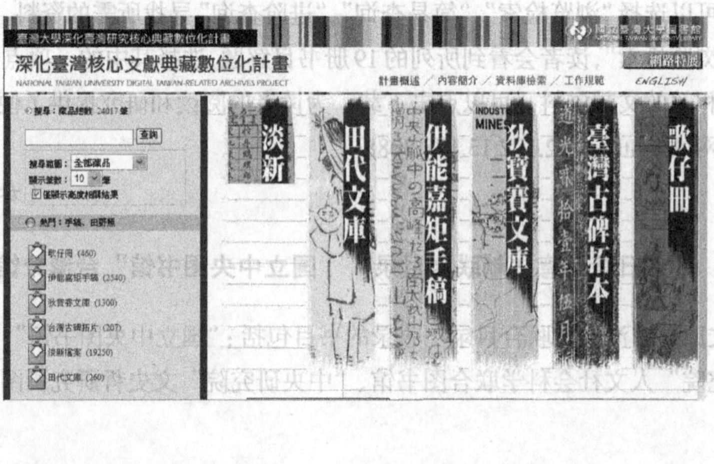

“伊能文库”即“伊能嘉矩手稿”，主要收录了伊能嘉矩的藏书、留下的研究资料和其收藏的台湾原住民器物等，其中图书资料包含伊能先生关于台湾研究的图书、手稿、剪报、照片等珍贵资料。

伊能嘉矩，生于1867年，卒于1925年，日籍学者，1895年日本占领台湾之初，伊能嘉矩受命来到台湾，从事台湾的人类学调查研究工作。他首次提出全面性的台湾原住民分类，并且亲自到台湾各个地方进行实地调查、收集材料，留下很多宝贵的田野笔记和研究数据。此外，伊能嘉矩对台湾汉人历史、民俗研究及台湾历史、习俗等方面的整理工作也投入了很大的精力，并参加了总督府的台湾史编纂工作。伊能嘉矩的一生在台湾的历史民俗与原住民研究方面留下卓越的业绩，也是台湾人类学研究的先驱学者。

台北大学建校之初，从伊能嘉矩亲朋手里购买了伊能嘉矩所藏的图书、留下的手稿和台湾原住居民所用的器物。伊能嘉矩收藏的图书和留存的手稿收藏在学校图书馆，所以命名为“伊能文库”或“伊能嘉矩手稿”；所收藏的台湾原住民器物由学校人类学系收藏。伊能嘉矩的研究和收藏，是研究日本占据台湾时期台湾人类学领域的宝贵资料。

“伊能嘉矩手稿”资料库，共收文献资料2,540笔，分为四类：“国立”台湾大学图书馆（1,768笔）、江田明彦（139笔）、荻野馨（3笔）、远野市立博物馆（630笔），其中每类下又分：人物、馆藏地、时间三类，使用者可以根据需要在“文件搜寻”栏中输入所要查询的文件名进行查询，在查询结果中，我们可以浏览到文件档案图片，可以粘贴复制，使用非常方便。

参考网址：http://dtrap.lib.ntu.edu.tw/DTRAP/index.htm

（毋燕燕 辑）

186. 淡新档案（台湾大学图书馆）

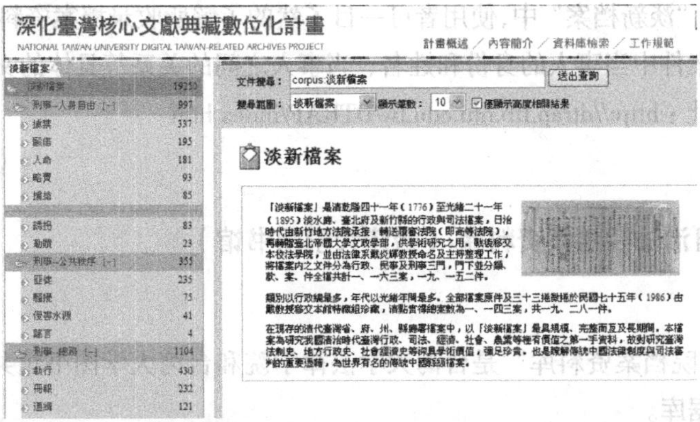

"淡新档案"收录了清乾隆 41 年（1776）至光绪 21 年（1895）淡水厅、台北府及新竹县的行政和司法档案。日治时期由新竹地方法院承接，转送覆审法院（即高等法院），再转赠给台北帝国大学文政学部，以供学术研究之用。战后移交本校法学院，并由法律系戴炎辉教授命名及主持整理工作，戴炎辉教授依照现代法学的分类，将该批档案重新分类。

戴炎辉教授重新制成"淡新档案"的分类表，新的分类表具有三层结构，第一层分行政、民事及刑事三"编"，第二层根据不同的"编"分成相应的"类"，最后分成"款"。即：刑事编分为：人身自由、公共秩序、总务、财产侵害、风化五类；民事编分为：人事、商事、田房、钱债四类；行政编分为：交通、建设、抚垦、总务、财政、军事六类。每类下有因案件的内容不同而在分成"款"，"款"下又根据案件性质的不同分为不同的"案"，"案"下因主题、时间、地点不同呈现相应的档案信息。"淡新档案"中的类别以行政编最多，年代以光绪年间最多。1986 年，戴教授将全部档案原件及 33 卷微卷交给台湾大学图书馆特藏组珍藏。这批档案经仔细清点后，实得总数为 1,143 案，共 19,281 件。在现存的清代台湾省、府、州、县厅署档案中，"淡新档案"所收档案最具规模、而且收录的资料比较完整。"淡新档案"是世界有名的传统中国县级档案，是研究我国清代治理台湾行政、司法、经济、社会、农业等方面非常有价值的第一手资料，对研究台湾法制史、地方行政史、社会经济史等也具有极其珍贵的学术价值，同时也为我们了解中国传统法律制度与司法审判的提供了宝贵的资料。

打开"淡新档案"的数据链接，使用者可以方便的找到所需要的资料。如：刑事编分为人身自由、公共秩序、总务、财产侵害、风化等主题，每一主题下还有更加具体的小标题。如点击"刑事 – 人身自由"下的"掠禁"系统会显示出"主题"、"地点"和"日期"三个文件夹，在这里使用者就可以方便定位所查资料的时间和地点，快捷的找到所需的信息。

此外，在"淡新档案"中，使用者可一目了然的了解所收录档案资料的文献状况、内容摘要、案件中当事人的身份和姓名、当事人之间的关系等具体的文献情况。

参考网址：http://dtrap.lib.ntu.edu.tw/DTRAP/index.htm

（毋燕燕 辑）

187. 日治法院档案资料库（台湾大学图书馆）

"日治法院档案资料库"是台湾大学法律学院和台湾大学图书馆共同合作建立的数字化数据库。

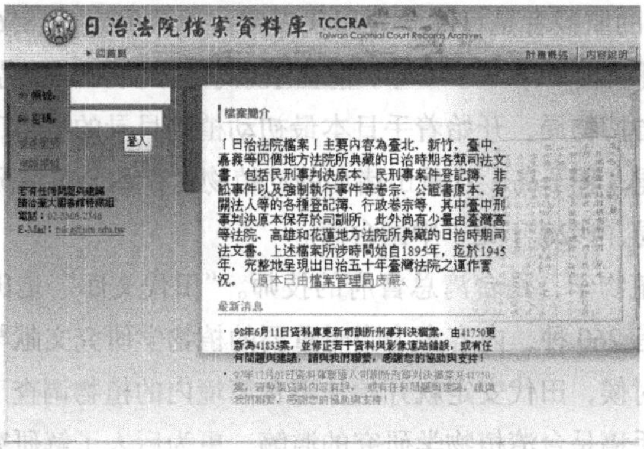

“日治法院档案资料库”主要收录了台北、新竹、台中、嘉义四个地方法院所收藏的日治时期各类司法文书，即1895年至1945年间的档案资料，这些文献完整地反映了日本统治台湾50年间，台湾法院的运作实况。

“日治法院档案资料库”内容包含目前已经发现的“日治法院档案”，共5,645册。从各档案的所在地来看，包括台中地方法院1,734册、新竹地方法院258册、嘉义地方法院863册、台北地方法院2,419册以及司法官训练所的371册；其中司法官训练所收藏档案主要是日治时期，台中地方法院刑事判决原本及检察局的文书。从档案类别区分，这些档案可分为民事类、刑事类、司法行政文书类以及其他类四类。

“日治法院档案资料库”必须通过纸质材料申请才可以使用。每一个法院所收藏的档案侧重的事件性质都不相同，如：台中地方法院档案侧重于刑事程序类、新竹地方法院的大部分为民事类档案、嘉义地方法院档案侧重于民事类和行政文书类，司训所档案侧重于刑事类档案等等。总之，“日治法院档案资料库”为我们了解当时台湾地区法律诉讼方面的情况提供了诸多借鉴和考察的资料，具有重要的文献价值。

参考网址：http://tccra.lib.ntu.edu.tw/tccra_develop/

（毋燕燕 辑）

188. 田代文库（台湾大学图书馆）

“田代文库”的原藏者是日籍学者田代安定。田代安定，1856年出生于鹿儿岛市加治屋町，幼时叫直一郎。1874年，前往东京求学，拜师田中芳男，学习植物学，翌年任职于内务省博物局，开始着手日本最初动植物目录的编辑工作。曾积极地调查西南诸岛、冲绳、种子岛、八重山诸岛的动植物生存和分布情况。1895年任职于台湾总督府民政局，1928年死于中国台湾。

田代氏专攻植物学，是台湾总督府的技师。“田代文库”是田代安定所藏图书的书目清单，约有260种，内容多为当时重要的植物学研究文献与相关报告。日本刚刚占领台湾的时候，田代安定就开始从事台湾境内的植物调查工作，而他所收集以及亲自调查的手稿是台湾植物学研究的滥觞，更为后人了解研究台湾地区植物分布提供了宝贵的参考资料。

“田代文库”包含田代安定的手稿资料和藏书，约1,000余种，其手稿资料内容多是田代安定从事田野调查的第一手资料，尤其以台湾及琉球研究的相关记录与报告为主。田代安定在台湾期间，曾深入各地从事植物栽培调查，并将调查结果写成“复命书”，包括《有用植物栽培调查复命书》、《台东调查报告业务部（上、中、下篇）》等，对台湾丰富的自然资源的开发，撰述相关记录及建议。

“田代文库”所藏的文献资料包括人类学、地形、地理、林业、植物、历史、物产、产业、蕃族语汇、蕃语语汇、行政、语言、其他等13类，每类又因主题、人物、地点、日期、文献类型的不同再分小类，分类比较细致，方便查阅。

进入“田代文库”，可以根据左栏的分类进行相关主题的查询，也可以在右栏上方的“文件搜寻”中输入相关的文件名，查询比较方便。如：在“文件搜寻”栏输入“复命书”，我们就能很快找到28种相关书目，而且在查询结果中，对每一种书的内容都有简单的摘要，收集资料很便捷。

此外，田代安定曾经在台湾建立恒春热带植物殖育场，并任场长多年，引进多种外国珍贵树种，奠定了今日垦丁公园热带植物种类的数量和规模，为台湾植物学的发展做出了贡献。

参考网址：http://www.lib.ntu.edu.tw/node/678

（毋燕燕 辑）

189. 古契书（台湾大学图书馆）

台湾大学图书馆所收录“古契书”来源包括：郑华生先生所收藏的“竹堑北门郑利源号古契书”、“台北市文献委员会典藏台湾北部相关的古契书”、“台湾大学图书馆藏台湾南部古契书”三个部分。

郑华生先生收藏的“竹堑北门郑利源号古契书”共有369件，资料的年代最早的是清乾隆 38 年(1773),最晚的是明治 29 年(1896),因郑用谟在新竹地区发迹创“郑利源号”,传四儿子郑如磻经营“利源号”,因此父子两人遗留的相关古契书命名为“郑利源号古契书”。

这批古契书涵盖地区广阔，包括现在的松山区、大同区、万华区、信义区、士林区、内湖区、中正区、深坑、板桥、汐止、泰山、八里、三芝、淡水、平溪等地。资料的年代起自清雍正元年（1723)，迄于明治 43 年（1910)。典藏于台北市文献委员会的这批古契书，其中大部分是该会收集或接受捐赠的原件，小部分是个人捐赠的复制本。

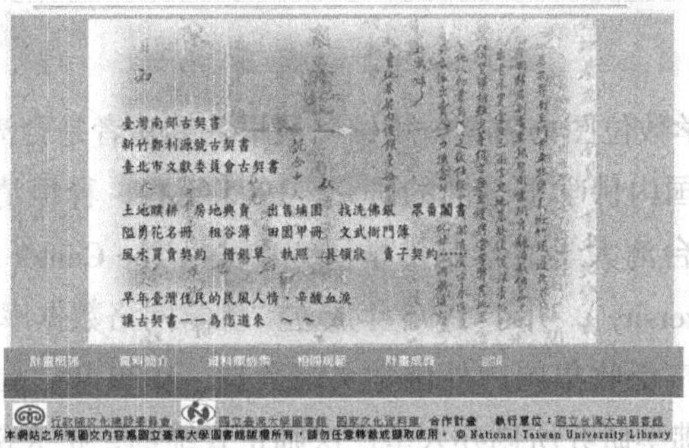

《台湾南部古契书》原是日治时期台北帝国大学农业法律学研究室收藏，这批古契书包含比较稀有的台湾南部麻豆、萧垄社、佳里兴庄等地的相关古契计 87 件，年代起自清乾隆 8 年（1743)，迄止于明治 38 年（1905)。

这批古契书包括房地典卖、退社契约、卖子契约、具领状、风水买卖契约、田园甲册、租谷薄、文武衙门薄、土地买卖等，内容涉及现实经济生活中的方方面面，我们在研究当时人们的社会经济活动的同时，也可以了解到当时的社会风俗、人民的生存状态。

台湾大学图书馆“古契书”检索便利，进入网页，选择“资料图检索”进入“古契书”查询系统，在此页面的左侧选择所要查询的数据库，然后在右边上方的“查询”栏中输入“查询词汇”，查询结果随之而出，可以点击“契约书”的图片随机浏览，也可以粘贴复制以供以后使用。

参考网址：http://ci6.lib.ntu.edu.tw:8080/gucci/

（毋燕燕 辑）

190. 佛学数位图书馆暨博物馆（台湾大学图书馆）

台湾大学“佛学数位图书馆暨博物馆”是一个汇集佛学书目与全文佛学主题的资料库，收录书目 220,319 笔，全文 19,801 笔，包括 45 种语言，15 种资料类型。

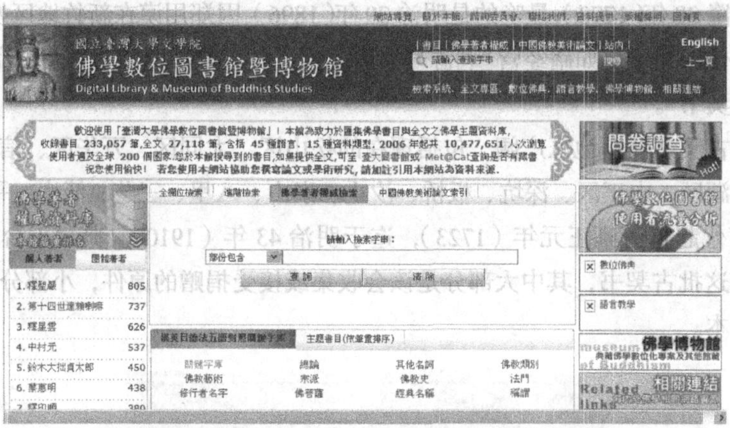

台湾大学“佛学数位图书馆暨博物馆”最早的筹建者是台湾大学哲学系的释恒清教授。为了推动国内佛学整合性的研究，1995年春，释恒清教授与台湾大学多位教授，合作成立台湾大学文学院佛学研究中心（The Center for Buddhist Studies, National Taiwan University），并于1995年成立“佛学网络数据库”，为建立系统化的佛学文献数据库而广泛收集国内外佛学文献数据。1999年，台湾大学校长陈维昭教授与法鼓山中华佛学研究所创办人圣严法师正式缔约，扩大佛学网络数据库的内容与工作范围，“佛学网络数据库”正式更名为“佛学数位图书馆暨博物馆（Digital Buddhist Library and Museum）”。

“佛学数位图书馆暨博物馆”包括：“佛学著者权威资料库”、“数位佛典（各种语言版本之佛经律论及教典）”、“佛学博物馆（典藏佛学数位化专案及其他馆藏）”、“全文专区”、“语言教学（梵文、藏文、巴利文线上语言教学）”、“相关连接（海内外佛学相关网路资源）”等几大资料库专区。“佛学数位图书馆暨博物馆”查询比较方便。如:进入“数位佛典（各种语言版本之佛经律论及教典）”,有“汉语佛典”、“藏语佛典”、“梵语佛典”、“巴利文佛典”四个选择项，使用者可以根据语言选择不同的佛典。数位佛典都是以PDF的格式呈现给读者了，可以下载阅览，非常方便。

“佛学数位图书馆暨博物馆”的语言分为汉、英、日、德、法五种，检索分为“全栏位检索”、“进阶检索”、“佛学著者权威检索”、“中国佛教美术论文索引”四个选择项，可以根据所需语言和资料内容进行相应的查询。

“佛学数位图书馆暨博物馆”成立至今，“图书馆”的部分已经收录在线书目10万余笔，中英文全文2,600余篇，另外“博物馆”的部分也收录了许多佛学的资源。2003年起正式由”国立”台湾大学图书馆接手。网站以佛教与佛学研究为主，主要内容包括：佛学数据库检索、佛学原典、佛学语言教学等，收录的书目资料超过13万笔，全文数据多达6,000笔，内含单篇论文、专书与博硕士论文，可供使用者直接阅读。

参考网址：http://buddhism.lib.ntu.edu.tw/DLMBS/index.jsp

（毋燕燕 辑）

191. 台湾佛教史料库（台湾大学图书馆）

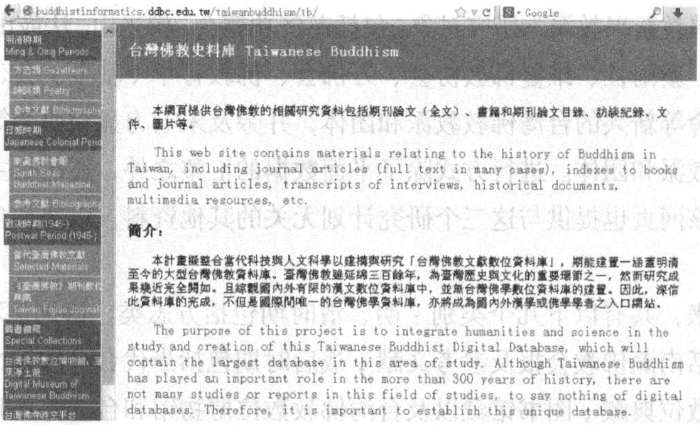

自明郑满清以降，陆续有僧人来台，但由于明、清宗教主流是三教合一，所以当时民众不太能够辨别儒、释、道的差异，强调在家修行的斋教又很盛行，因此以寺院为基地的佛教只能缓慢发展。到了 21 世纪，先有同属东亚文化圈的日本佛教随殖民政府来台，而战后流亡来台的僧侣则带来中国传统佛教及其现代的发展成果，使得台湾、日本与中国的佛教交涉产生很特别的现象。经过数十年，佛教吸引了许多信徒，但社会与时代都在变化，佛教的戒律、寺院的财产及其与社会的关系等问题更不断引起教界和学者的思考。“台湾佛教史料库”提供了台湾佛教浩翰文献的一部分。

“台湾佛教史料库”提供台湾佛教的相关研究资料包括期刊论文（全文）、书籍和期刊论文目录、访谈纪录、文件、图片等。该史料库计划拟整合当代科技与人文科学以建构与研究“台湾佛教文献资料库”，期能建置一涵盖明、清至今的大型台湾佛教数据库。台湾佛教虽延绵 300 余年，为台湾历史与文化的重要环节之一，然而研究成果几近完全阙如。且综观国内外有限的汉文数字数据库中，并无台湾佛学数字数据库的建置。因此，深信此数据库的完成，不但是国际间唯一的台湾佛学数据库，也将成为国内外汉学或佛学学者之入口网站。

据该网站介绍，该网站设立的缘起和构想来自三个研究计划：（1）台湾佛教的历史与思想－明郑至日据时期；（2）日据时期台湾佛教“四大法脉”的形成及其相关问题的研究；（3）台湾新兴佛教现象研究。其中，（1）和（2）由“行政院国家发展委员会”所资助。而（3）则由“中央研究社会学研究所”筹备处所资助。第（1）

个计划系整合型研究计划，由四位来自不同学术机构的学者，各提出不同的子计划，然后进行三年（1997 年 18 月—2000 年 7 月）的研究。第（2）个计划，是个人型的单一计划，为期两年（2000 年 8 月—2002 年 7 月）。这两个计划的共同目标则是文献的汇集和整编；其中包括清代各种方志的汇整、日据时期代表台湾佛教主流的《南瀛佛教》月刊日文汉译。而第（3）个计划为期四年（1997 年 3 月—2001 年 4 月），以战后台湾佛教新兴教派为研究对象，包括慈济功德会、佛光山、法鼓山、中台禅寺，以及现代禅、新雨社、维鬘佛教协会、万佛会、佛教青年（基金）会、关怀生命协会、同梵精舍等新兴的台湾佛教教派和团体，并旁及宋七力显相协会等与当代台湾佛教相关的教派和团体。进行方式除了平面数据的汇整之外，还包括主要人物的访谈。此外，该网页也提供与这三个研究计划无关的其他资料，以便利台湾佛教研究学者。

具体说来，共有以下几个类别：明、清时期包括方志类、诗词类和参考文献；日据时期包括南瀛佛教会报及参考文献；战后时期包括当代台湾佛教文献及《台湾佛教》期刊数位典藏；图书馆藏以及台湾佛教数位博物馆和台湾佛寺时空平台的链接，查询甚为方便。

参考网址：http://buddhistinformatics.ddbc.edu.tw/taiwanbuddhism/tb/

（王叶迟 辑）

192. 善本古籍数典系统（“中央研究院”历史语言研究所）

读者打开“中央研究院”历史语言研究所，再打开傅斯年图书馆，在常用学术资源服务网页，链接下一级目录，并在目录中找到傅斯年图书馆善本古籍资料库，就可以进入傅斯年图书馆“善本古籍数典系统”。这一系统下分五个小类目：一般检索、进阶检索、主题检索、下载专区、意见调查。前三种检索方式可供读者检索自己想要查询的内容。如点击进入一般检索，可根据自己所知道的查询信息，选择题名、相关作者、傅斯年图书馆类目中的任何一个项目，然后填入相关的检索信息，在显示每页笔数的项目栏中选择笔数。在一般检索的最下方，还会出现版本类别，分别有稿本、写本、钞本等。如果读者在检索时对版本有要求的话，就可以选择版本，这样在查找的时候就会更加缩小范围，从而方便读者查找。

已经查出的资料，会按照顺序编号排列，每条都包括顺序、题名、撰述者、版本叙述、出现位置这五个项目。点击选中书目的顺序号，就可以看到这本书在傅斯年图书馆的具体位置，以及图书馆对这本书所做的简单描述，其中包括：书目－单行本基本资料、出版资讯列表、相关作者列表、典藏沿革、内容分析。通过这一简单描述，读者会对所查图书的位置和大致内容有所了解。在这一查询界面的右侧，有回列表和重新查询两个选项，你可以任选其一，回到刚才搜索的列表，或者是回到查询界面，重新查找。检索方便、类目清晰是这一数据库的主要优点。在查阅书籍具体位置和基本情况时，这一数据库以表格的形式呈现出来，一目了然。

“善本古籍数典系统”主题浏览下设傅斯年图书馆主题类目，分别为经部、史部、子部、集部、丛书部。在这一类目下面，设有检索范例，为读者讲明了具体的数据库使用方法和步骤，具体使用是非常清晰的。读者可根据需要，点击任一部类。经部分为易类、书类、诗类、礼类、春秋类、乐类、四书类、孝经类、小学类、总义类、汇编类。史部分为纪传类、编年类、纪事本末类、杂史类、传记类、谱表类、史抄类、外国史类、时令类、地理类、诏令奏议类。子部分为：儒家类、兵家类、法家类、农家类、医家类、历算类、术数类、艺术类、谱录类、杂家类、类书类、小说家类、释家类、道家类、耶教类、汇编类。集部分为：楚辞类、别集类、总集类、函牍类、杂诗文类、诗文评类、词曲类。丛书部分包括：汇编类、方域类、族姓类、自著类。

根据大的部类，点击下一级小类，就会出现更细的分类，这种分类将每本书编辑为一个个条目。每条有序号，主要题名，撰述者，傅斯年图书馆类目，版本叙述四栏，这些栏目对书的具体情况做了大致说明。点击书的序号，就可进入你所选择的图书，查看其比较详细的介绍。“善本古籍数典系统”的优点是系统设计很贴心，设有下载专区，可以下载图像或者 PDF 格式的数据，大小类目的设置也比较清晰。

参考网址：http://lib.ihp.sinica.edu.tw/pages/03-rare/system/index.htm

（张海燕 辑）

193. 印记资料库（“中央研究院”历史语言研究所）

“印记资料库”的建置目的在于整合傅斯年图书馆所有典藏的印记，并将傅斯年图书馆典藏的善本古籍、拓片上原钤的收藏家、鉴赏者、题识者等印记予以析录，希望能获取版本佐证、递藏经过、印主梗概等信息，并能保留篆刻的文字书法与艺术的美。建置系统的主要目标在于通过系统检索傅斯年图书馆典藏的善本古籍、拓片上原钤的收藏家、鉴赏者、题识者等印记，以获取版本左证、递藏经过、印主梗概等信息，并与其他数字典藏系统接轨，以建构一套整合已数字化的各种典藏的系统。“印记资料库”数据来源主要为傅斯年图书馆典藏的善本古籍、拓片，并辅以其他印谱数据。“印记资料库”系统主要呈现架构如下：

印记资料：印记与印主、篆刻者；印文与型态；影像文件；连结钤印处信息。

印主资料：钤用之印；篆刻之印；连结人名权威档。

篆刻者资料：钤用之印；篆刻之印；连结人名权威档。

其他印谱数据：钤有相同之印记或印主在典藏并未收录之其他印记。

在进入数据库之前，页面右方显示：印记导览、下载专区、意见调查三个项目。读者可打开印记导览，在已经分好的类目中找寻自己需要的。印记导览中，具体的分类目录有：类型、来源、形状、刻法、书体、语文、语文代码这几种，这些都是根据不同的标准总结出来的类型。点击其中任一分类条目，都可以出现读者指定条件下要查找的条目。每个条目按照印主、印文、形状、刻法、书体、篆刻者等信息构成。这些信息让读者对印记有了大致的了解。读者还可观看数据库具体信息和影像资料。“印记资料库”为读者了解印记提供了很大方便。

参考网址：http://ndweb.iis.sinica.edu.tw/sealdb/System/index.jsp

（张海燕　辑）

194. 台湾公私藏古文书复印件影像资料库（“中央研究院”历史语言研究所）

“台湾公私藏古文书复印件影像资料”所收录的内容是台湾民间契约文书，包括买卖租典田地房产契字、分家分管财产合约书、田地收租账本、账单执照等，其中有为数不少的平埔契；此外，还有寺庙、宗教台帐、祭祀公业、族谱、户籍数据、各种诉讼和人身文件、书院学生作文本及其他民间私人文件。目前，此资料库内容限馆内使用，不可下载。

参考网址：http://lib.ihp.sinica.edu.tw/pages/03-rare/system/02-8.htm

（张海燕 辑）

195. 文物图像研究室资料库检索系统（“中央研究院”历史语言研究所）

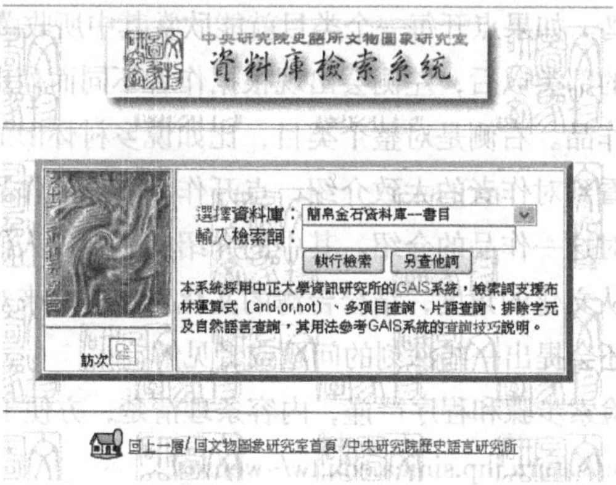

“文物图像研究室资料库检索系统”数据资料是由历史语言研究所整理、出版、利用该所所藏非文献资料，并积极搜集新文物图像资料，在历史语言研究所研究人员集体解读材料，集体探讨的努力下，将这些整理好的材料用于出版和读者检索。

“文物图像研究室资料库检索系统”内容包括简帛金石资料库（全文）、简帛金石资料库（书目）、居延汉简补编图像、汉画论文目录，武氏祠画系统，安丘董家庄汉墓画象、番社采风图这几个大的项目。这几个项目对众多珍贵材料进行了整理编排，并为读者的使用提供了便利条件。

进入“中央研究院”历史语言研究所的网页，点击网页右侧项目栏中的专题研究室及工作室，接着点击研究室及工作室的第七项内容，文物图象研究室。点击进入文物图像研究室，可以看到五个条目：简介、最新演讲与活动讯息、文物季刊、本室资料库、相关网站。进入简介以后，出现了一些对历史语言研究所这一项目，以及项目工作人员的介绍。第二项其实是一些学术活动和讲座信息的汇集，为了方便本研究所的学生参加学术活动。第三项点开之后是乱码。第四项点开后呈现出资料库。

点击资料库后，资料库分为四个类目：

（1）内容简介：目前还没有内容上传。

（2）图像浏览：可以浏览该所珍藏的《番社采风图》，点击后会出现图。进一步点击之后，会出现图并在图的右侧附有说明。这一说明对《番社采风图》进行详细介绍，并强调这一内容的重要价值。

（3）图说中国史：以图像的方式对中国史进行说明，形象具体，给读者最为直观的印象。

（4）台湾美术图像与文化解释：点开网页，在网页左侧，有一段颇具艺术特质的语言描述，引导读者进入对具体艺术作品的深思。在这段介绍文字的右侧，有一个个小的图像，分别标着：乡村怀旧、都市图像、女性、原住民、静物、生活辑景、山岳绘画、自然花鸟。如果点开每一个类目就能欣赏其中所收藏的画作。

点开每一个小的部类以后，左侧会出现根据作者不同而列出的分类，每一个作者下面有他的一些作品。右侧是对整个类目，比如说乡村怀旧的整体介绍。点开左侧的作者，就可以看到对作者的大致介绍，点开作者下面的作品，就可以看到就具体的艺术作品，和对这一作品的介绍。其中的介绍文字引导人们欣赏台湾的风光和人文景观。主要是从文化的角度，结合台湾的文化、历史，来对具体画作进行分析介绍，当然介绍中还会提出一些深刻的问题或者见解。

该数据库具体检索步骤和程序严谨，内容条理清楚，方便于这方面的研究者。

参考网址：http://saturn.ihp.sinica.edu.tw/~wenwu/

（张海燕 辑）

196. 徽州契约文书（“中央研究院”历史语言研究所）

“中央研究院”历史语言研究所建置。中国社会科学院历史研究所复制所藏契约文书等珍贵文献资料，主要为明、清、民国时期各种土地买卖契约、租约、批契、税契凭证、置产簿、合同、乡规民约、族规家法、乡试卷、鱼鳞图册、田土号簿等，均为海内外孤本。系统具备整合性跨数据库检索功能，无论读者是执行检索、浏览索引、显示结果甚至排序等，皆是连续性平滑式作业，跨多个数据库或使用单一数据库，操作方法完全相同（不同于一次检索分开显示）。限馆内使用。

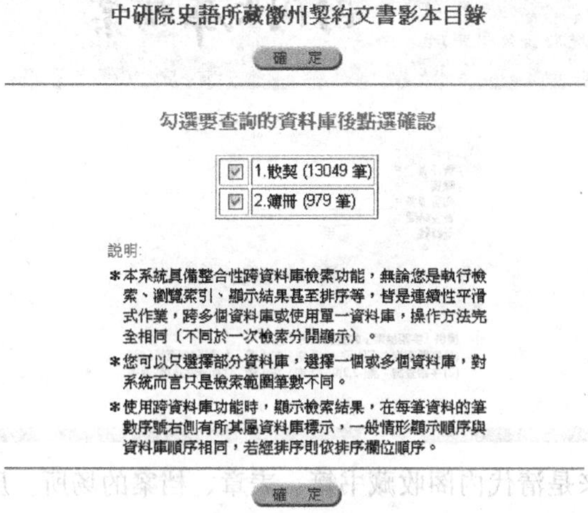
中研院史語所藏徽州契約文書影本目錄
確　定
勾選要查詢的資料庫後點選確認
1.散契 (13049 筆)
2.簿冊 (979 筆)
說明:
＊本系統具備整合性跨資料庫檢索功能，無論您是執行檢索、瀏覽索引、顯示結果甚至排序等，皆是連續性平滑式作業，跨多個資料庫或使用單一資料庫，操作方法完全相同（不同於一次檢索分開顯示）。
＊您可以只選擇部分資料庫，選擇一個或多個資料庫，對系統而言只是檢索範圍筆數不同。
＊使用跨資料庫功能時，顯示檢索結果，在每筆資料的筆數序號右側有所其屬資料庫標示，一般情形顯示順序與資料庫順序相同，若經排序則依排序欄位順序。
確　定

参考网址：http://www.ihp.sinica.edu.tw/ttscgi/ttsweb?@@976987960

（毛建军 辑）

197. 生命医疗史研究室资料库检索（“中央研究院”历史语言研究所）

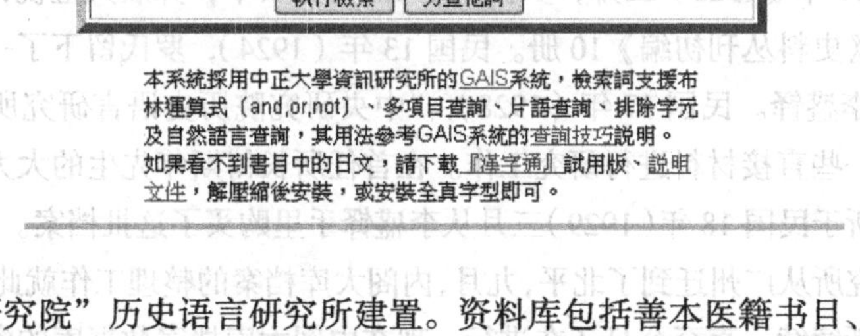
生命醫療史研究室
書目資料庫檢索
選擇資料庫：善本醫籍書目
輸入檢索詞：
執行檢索　另查他詞
本系統採用中正大學資訊研究所的GAIS系統，檢索詞支援布林運算式（and,or,not）、多項目查詢、片語查詢、排除字元及自然語言查詢，其用法參考GAIS系統的查詢技巧說明。
如果看不到書目中的日文，請下載『漢字通』試用版、說明文件，解壓縮後安裝，或安裝全真字型即可。

“中央研究院”历史语言研究所建置。资料库包括善本医籍书目、研究室藏书书目、东洋学文献类目（医学、药学期刊论文）、东洋学文献类目（医学、药学书籍）、研究室藏期刊论文资料。

参考网址：http://www.ihp.sinica.edu.tw/~medicine/book/search.htm

（毛建军 辑）

198. 内阁大库档案资料库（“中央研究院”历史语言研究所）

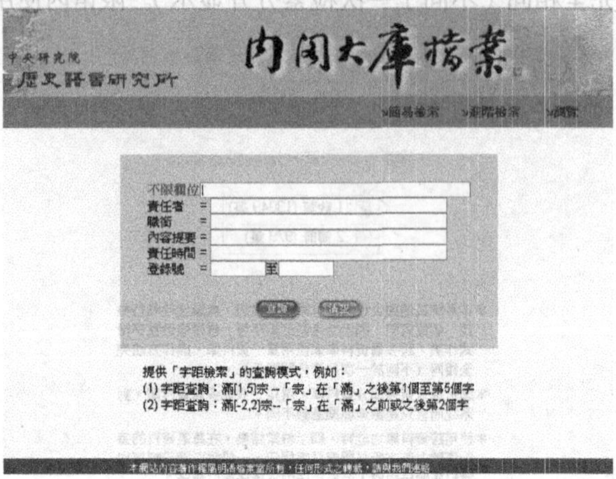

内阁大库本来是清代内阁收藏书籍、表章、档案的场所。历史语言研究所前辈学者徐中舒先生曾经指出：“清代内阁在雍乾以前为国家庶政所自出之地，在雍乾以后尤为制诰典册之府，所存档案都是当时史迹者自身的叙述。”可见内阁大库的档案是研究历史的重要材料。历史语言研究所的内阁大库档案，都是民国初期，历史语言研究所辗转购买到的，并且由明、清档案工作室所有，并整理作业。

历史语言研究所收藏的内阁大库档案是清代宣统时期，整修大库，并从大库中移出的一部分，其中包括诏令、题奏、移会、贺表、三法司案卷、实录稿本、各种黄册、薄册等。这些档案当年因为“旧档无用”而遭禁毁，后来由于接管的历史博物馆经费短绌，就将其中较为不完整的装人 8,000 个麻袋，以 4,000 元卖给了懋增纸厂。民国 11 年（1922）二月，罗振玉以 1.2 万元买下，并雇人检视，将有价值的部分印制成《史料丛刊初编》10 册。民国 13 年（1924），罗氏留下了一部分，把其余的卖给了李盛铎。民国 17 年（1928），“中央研究院历史语言研究所”在广州成立，想利用一些直接材料进行研究工作。在首任所长傅斯年先生的大力奔走下，历史语言研究所于民国 18 年（1929）三月从李盛铎手里购买了这批档案。同年的五月，历史语言研究所从广州迁到了北平，九月，内阁大库档案的整理工作就此展开。从此，整理工作断断续续，直至今日还在进行。现在内阁大库档案数据库的资料就来自于对这些材料的整理。

内阁大库档案，是指清代藏在内阁大库中的档案，现在有一部分在历史语言研究所内。历史语言研究所收藏的内阁大库档案主要以明、清两代档案为主。根据民国 41 年（1952）统计，历史语言研究所所藏档案总计 31 万件左右，其中明代档案约 4,000 万件,多是康熙年间为修撰《明史》征集而来的,以启祯年间的题行稿居多。整个数据库，清代档案占大多数，内容分别有:(1)内阁收藏的各项档案，如制诏、诰敕、题奏、表笺等及其他随本进呈的文件。(2)内阁本身的各项档案。(3)修书各馆档案。(4)试题试卷及其相关的档案。(5)沈阳旧档。

总之，历史语言研究所所藏的内阁大库档案内容非常丰富，对明、清两代历史的研究有重要贡献。内阁大库档案内容多涉及一般行政事务，而许多案例并不见于会典或则例，是研究制度史的重要材料，同时对于社会史、经济史或法制史等的研究也极具价值。傅斯年先生当年之所以决定购买这些档案，主要考虑到这批材料是研究明、清史最直接的史料。他在为购买档案而写给蔡元培先生的信中指出："其中无尽宝藏，盖明、清历史，私家记载，究竟见闻有限，官书则历朝改换，全靠不住吗，政治事情，全在此档案中也。"可见傅先生对这些档案的看重，也可见这些档案的重要性。

2001 年 3 月，明、清档案工作室在网上开放，一般读者可以免费浏览目录，注册后取得账号的读者可以进入影像资料库。在具体使用时，研究者可首先点击历史语言研究所主页，接着点击左侧相关网站中的数位典藏计划，然后点击这一计划的中文版，进入中文版以后选择明、清档案一项。这样就顺利点开了明、清档案工作室的界面。这一工作室有中文和英文两种界面，使用者可根据自己的要求任选一种使用。在点击中文界面之后，界面上方出现了很多项目，分别有:公布栏、管理办法、检索资源、明、清档案百科等，这些材料旨在对数据库进行全面的介绍，以便读者更好地使用数据库。点击检索资源，再点击左侧栏目中的资料库，而且在资料库的上方有检索方法一项，如果研究者不会检索，可以先查看一下检索方法。点击资料库后出现三个大的分类条目，分别是历史语言研究所藏内阁大库档案、明、清档案人名权威资料查询、明、清与民国档案跨档案资料库检索平台。点击第一项，就可以进入内阁大库档案。

点击以后，有关于这个数据库的大致情况介绍，接着有免费使用、授权使用和申请授权三个选择项目。可以选择免费使用。点击免费使用,出现了具体的搜索界面,在上方有三个选择项目：简易检索、进阶检索、浏览、下载输出。

在简易查询的栏目中，有多种检索条件。可根据责任者和职衔、内容提要、责任时间、登录号这几个项目，根据自己的不同需要进行查询。输入你所搜索内容的条件以后，就会出现符合条件的多条记录。在检索后的界面的左侧会出现检索结果分析，其中有语文、文件别、责任者、职衔四个项目，点开每一个项目后，下面都有更细的分类。如果你选择其中一项符合你检索条件的，就会使得你的检索条件更加细致，也就会找到你所需的更加准确的检索结果，缩小了检索的范围，减少了检索到的条目，但是检索的结果却更加准确了。

在具体的检索结果中，列出的条目分别有责任时间、责任者、职衔、事由、登录号，在这些条目最前面有选取一栏，如果你找到了自己想找的资料，就可以点击每一条的序号，再点击选取，这样这一条就会出现在下载输出的列表中，在下载输入中，你可以以邮件的形式，将这一条内容邮寄到自己想要的位置。在责任者一栏的具体内容后面显示着基本资料，其中有所查找责任者的姓名、生卒年、籍贯等基本信息，而且还表明了具体的出处，这种出处细致到具体的文件号，很细致，网页制作很用心。

进阶检索的具体检索条目和简易检索的一致，但在具体的检索条件的形式排列上有所不同，最大区别就是有了 and、or、not 三种选项，可以对所在栏位的具体检索条件有所限制。点击查询以后，所得的结果和上面的查询结果是一样的。

如果读者想对具体搜索内容有个全面了解，想知道所搜索材料在所有材料中的位置，就可以点击，界面最上面一行的浏览条目。这一条目共分为：编年、文职、武职、人物，四个项目。点击其中任一项目，就会再界面的最左端出现一个树状浏览条目，例如：编年树状浏览，其中就列有明和清两个大的类别。在明下面有洪武、建文、永乐等明代所有的每一个年号。进一步点击这些年号，就会出现更细致的洪武一年、二年等，依次排列的这一年号下面的每一年。在点击具体的那年，就可以查到那一年所有的内阁大库档案。查出的界面和通过前两种方式查出来的是一样的。

文职的树状结构分为中央和地方两个类别。每个类别的下一级都有更加详细的类目分析，具体检索的顺序和上面基本一致，属于层层推进的检索方式。武职的树状浏览大的条目分为禁旅八旗、驻防八旗、绿营，在这三个项目之下还有更加小的条目。人物的具体树状浏览的大的条目是根据人物姓氏笔划的多少来划分的，从二划到二十四划，在具体的笔划下面是这一比划姓氏的具体人物，可根据自己所选人物，进行检索，就可以找到其中有这一任务的内阁大库档案。

内阁大库档案这一数据库的优点就是分类条理非常清晰，符合查询者不同的查询要求。多种搜索方式，让查询者可以根据自己所掌握的查询条件，准确地找到所查询条目。

参考网址：http://archive.ihp.sinica.edu.tw/mctkm2/index.html

（张海燕 辑）

199. 青铜器拓片资料库（“中央研究院”历史语言研究所）

自历史语言研究所成立以来，所长傅斯年先生和全所上下同仁都不遗余力地致力于购买拓片，力求为学术研究提供完善的材料。《历史语言研究所档案》中的部分书信资料，记录了傅斯年先生和同事们为购置拓片付出的艰辛努力和这些拓片的确切来历。历史语言研究所所收藏的这些拓片大多数和私人收藏家购买、交换，或者是说服其赠予，在这方面，历史语言研究所的工作人员为资源共享所作出的贡献是煞费苦心的，他们的努力也是值得肯定和感谢的。

从青铜器出土开始，对它的研究就不断推进和深化，直到近代，这一领域的研究更是得到了学者们广泛的重视，青铜器研究日渐成为其他学科研究的重点和支柱。然而青铜器的实物和拓片，很少见，也很珍贵，为少数收藏家和机构所有。资源不能共享，而且携带实物也很不方便。所以，青铜器拓片的出现就显得至关重要。解决了青铜器实物和拓片所存在的这两个问题。青铜器拓片易取易得、携带轻便解决了研究者保存青铜器和研究青铜器的原材料问题。这样为研究者研究青铜器提供了便利的条件，使很多有难度的研究可以实现。而且这些拓片在保存青铜器原貌方面也起到了重要作用。有的青铜器几经辗转，遭到了严重的损害，甚至丢失。它们的本来面貌也由因这些拓片而得以保存下来。

进入“中央研究院”历史语言研究所界面，然后点击网页右侧的数位典藏计划，出现三个版本，分别是中文版、英文版、科普版。中文版是我们可以利用并检索的，英文版还没有建成，科普版的内容很浅显、很有意思，是为了普及历史语言知识而设立的。点击中文版，网页左侧出现了多个数字资料的选项，点击金石拓片，出现拓片典藏知识暨网络应用这一页面。点击页面下方的青铜器拓片，就可以进入我们所需的数据库。

打开数据库界面以后，界面右侧出现五个项目，分别为计划介绍、资料库、文件柜、相关链接、版权说明。点击资料库，就可以进行具体检索。检索方式分为三种简易查询、进阶查询、缺字查询。简易查询的检索界面一共有三个条目：资料库类别、查询栏位、查询内容。资料库类别的下面有全行拓、铭文拓片、全选三种。查询栏位中有全选、登录号、铭文、题名、年代、出土地点、器号这几种选项。在选择完以上这些项目之后，搜索者就可以将自己要搜索的内容，填写在查询内容中，点击确定。就会看到所查询的拓片。进阶查询将查询的条件依次排列，这些条件较之简易查询，更加细致，更加有针对性。在这些条件栏中输入自己要查询的拓片的信息，就可以进行检索了，具体检索结果和简易查询得到的形式是一样的。如果在查询过程中遇到难以输入的字，就可以点击缺字查询，用特殊开发的软件和查询方法，将难以输入的字补上。在这三种查询后面，还有使用说明，包括简易查询说明、进阶查询说明、释文列表说明、资料列表说明。对具体使用做了详细的说明和解释，很贴心。

每一条检索结果都是以表格的形式呈现的。每一条目都显示序号、缩图、拓片登录号、器号、器名、原器时代、印主、原拓出处这几个栏目。点击拓片的缩图或拓片的登录号，就可以进入拓片信息介绍的单元。点击以后，对拓片的原题名、原器年代、出土地点等信息有比较全面扼要的介绍。通过展开方式，还可以看到铭文的释文的全部内容，和对印记内容和印主的说明。其实，在展示青铜器拓片的同时，也展示印记，印记在一定程度也体现出了美学和历史研究的价值。

这个数据库系统可以用相当缜密来形容，每个引导路径都很清晰，而且对具体的使用和检索都有详细的说明，即使是新手也很容易明白具体的使用流程。历史语言研究所所搜集的青铜器拓片相当珍贵，而且保存完整。所建立的检索系统也有条不紊，能为研究者提供方便的服务。

参考网址：http://rub.ihp.sinica.edu.tw/~bronze/

（张海燕 辑）

200. 甲骨文拓片资料库（“中央研究院”历史语言研究所）

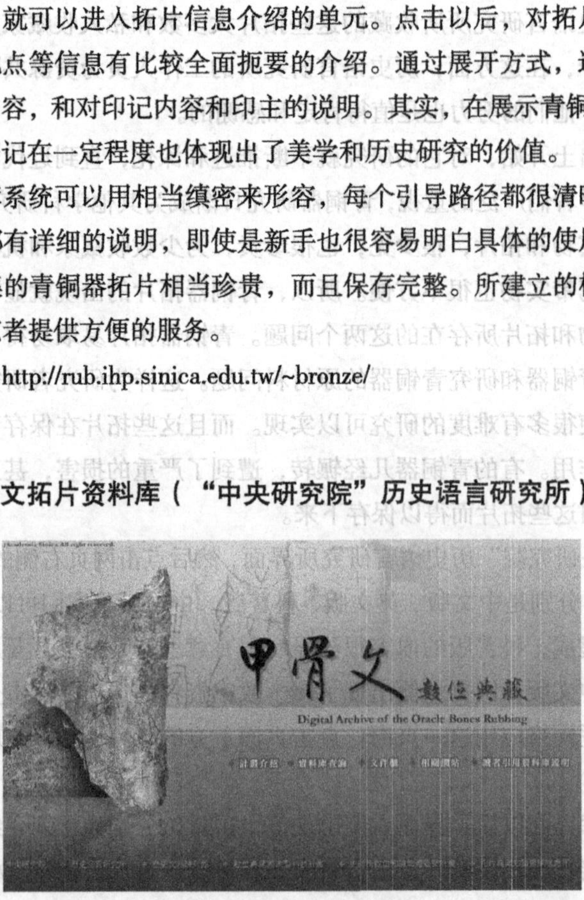

“甲骨文拓片资料库”的拓片资料包括历史语言研究所傅斯年图书馆所藏的甲骨文拓片 18 册，以及考古学门库房所藏的《善斋藏契》拓片 9,000 千多张，在加上历史语言研究所藏甲骨文拓片，总计超过了 4.5 万张。“甲骨文拓片资料库”计划始于 2004 年，主要的数据来源于历史语言研究所所藏的约 4 万余件甲骨文拓片。这些甲骨文分为考古发掘出来的甲骨拓片和通过购买获得的甲骨拓片这两种。考古发掘的甲骨出土于 1928—1937 年间，是历史语言研究所在河南安阳的殷墟中发掘出来的，先后进行了 15 次发掘，共得到甲骨 2 万多片。现在这些甲骨都已出版，例如 1948 年董作宾主编的《小屯·第二本·殷虚文字·甲编·图版》,《小屯·第二本·殷虚文字·乙编·图版》等等。在具体出版这些书籍的过程中，历史语言研究所建立了甲骨文拓片编排体例的典范，对于甲骨学的研究和甲骨影像、拓片材料的流传，产生了重要的作用。对于购买得到的甲骨，在《历史语言研究所档案》中记录和保存了傅斯年先生和所里同仁关于收购、交换和请求赠与金石拓片的往来书信资料。

具体检索的时候，首先进入“中央研究院”历史语言研究所界面，然后点击网页右侧的“甲骨文拓片资料库”，出现三个版本，分别是中文版、英文版、科普版。中文版是我们可以利用并检索的，英文版还没有建成，科普版的内容很浅显、很有意思，是为了普及历史语言知识而设立的。点击中文版，网页左侧出现了多个数字资料的选项，点击金石拓片，出现“拓片典藏知识暨网络应用”这一页面。点击页面下方的甲骨文拓片，就可以进入我们所需的数据库。

打开数据库界面以后，界面下方出现五个项目，分别为计划介绍、资料库查询、文件柜、相关网站、读者引用资料库说明。点击资料库，就可以进行具体检索。值得一提的是，在文件柜部分，甲骨文部分较之青铜器部分更加详细。除了介绍工作人员以外，还介绍了需求规格书、数字化工作流程、著录规范等多个项目。点击进入数据库之后，数据库页面上方显示使用说明、简易查询、进阶查询、资料浏览四个项目。简易查询的项目较少，分为检索词汇、主题和每页显示这三项内容，如果遇到无法输入的难字，还可以点击检索词汇后面的缺字查询，通过特殊的方法将缺字输入，最终完成检索。进阶查询的搜索条件分别有拓片出处、图版编号、合集编号、主题、释文等等，根据甲骨文拓片的不同，具体检索的条件也有所不同。以上这两种方法殊途同归，最后查询到具体条目。还有资料浏览一项，如果点击，则会出现正在建构中的字样，显然这一类项目还有待完善。这些条目往往左边是图，右边的释文可以看全貌。在页面的上方还显示释文列表，点击以后，就可以看到没有图像，只有一条条的释文。释文对所属甲骨文做了简略的介绍。具体涉及的内容有原拓出处、合集编号、主题、年代等。这些信息让读者对每一条甲骨拓片有了初步了解。每一个条目的右面有 share 和 save，还可以通过分享和保存，从而更进一步保存和运用所查的材料。

考虑到甲骨文研究和具体查找的难度，这一数据图的使用说明图文并茂，非常详细地为读者介绍了数据库的具体查找步骤。

参考网址：http://rub.ihp.sinica.edu.tw/~oracle/

（张海燕 辑）

201. 汉代石刻画像拓本资料库（“中央研究院”历史语言研究所）

“汉代石刻画像拓本资料库”数据主要是来自于“中央研究院”历史语言研究所傅斯年图书馆所收藏汉代石刻画像拓本 1,500 多件，这些拓本包涵了来自山东、河南、四川、江苏等地所出土的汉代石砖构造的墓室、棺椁、祠堂、墓阙、碑等建筑遗存的画像石或画像砖。其中多数拓片藏图，为 1928 年历史语言研究所创建以来，至 1937 年抗战期间，经由傅斯年、徐中舒、董作宾、劳干等前辈学者，通过赠送、交换、购买或田野调查时拓制而得。在这批拓片藏品中，有不少现今罕见的精拓本，较之目前国内外所出版图录更为精美、完整。尤其是在 20 世纪 50 年代大陆地区历经文化大革命之后，不少汉代石刻画像惨遭破坏或已荡然无存。这批早期的拓本，更可以协助学者，在原石细部资料上提供不少佐证，极具参考价值，可以说是弥足珍贵。

在“汉代石刻画像拓本资料库”网站首页有一个“藏品精粹”栏目，内容为该网站收藏的精品，包括“武士及泗水捞鼎图”、“荆轲刺秦王及车马图”、“东王公孔子弟子及车马图”、“墓主受谒及车马图”、“水陆攻战图”等，分别有各个图片的登录号、中文题名、英文题名、年代、出土地和高宽等内容。

“汉代石刻画像拓本资料库”面向读者免费开放使用，并提供多种检索方式，有“简易查询”、“进阶查询”、“资料浏览”和“影像比对查询”。“简易查询”主要分为“检索词汇”、“检索栏位”、“画象主题”、“每页显示”等四个栏位，使用者可依自己的需要，在“检索词汇”中键入关键词，使用者就可以快速的找寻到资料。使用者可在“检索栏位”中分别选择“拓片题名”、“出土地”、“画象内容”及“铭刻文字”不同的四个范围。然后在“检索栏位”中键入关键词找寻资料,例如:选择“拓片题名”,键入“武梁祠一”后,就可寻找所要找寻的资料;选择“出土地”,只要键入山东、四川等地名,就可寻找所要找寻的资料。此外使用者也可在选择“拓片题名”中的“画象内容”选项前,先点选“画象内容”的子选项,如“天象”、“神怪”、“祥瑞辟邪”、“历史故事”等,再于“检索词汇”栏位键入所欲检索的关键词,就能更进一步得到更为详尽的资料。进阶查询功能上,分为“检索”、“功能”、“地名”及“主题”等栏位。主要适合对汉画象石和画象砖资料有一定的概念的使用者,使用者只要在“检索”栏位选择“拓本登录号”、“拓片题名”、“铭刻文字”、“题记 / 印记”、“收藏单位 / 现存地点”,分别键入两笔以上的资料和点选范围。搜寻系统就会自动在资料库中进行交叉对比(此处用布林逻辑“and”),检索出符合条件的拓片资料,让使用者能有效的找寻特定的资料,省却不必要的资料对比时间,例如:想找到武氏祠画象,有关荆轲刺秦王的资料。使用者分别键入“武氏祠”、“荆轲”就可获得资料。另外,使用者也可以只利用“功能”、“地名”及“主题”等三个栏位,寻找某特定的拓片资料,例如:想找到有关山东地区祠堂中西王母的资料。使用者分别在“功能”选择祠堂;“地名”选择山东;“主题”选择西王母就可获得资料。资料浏览的方式主要分为“位置”、“主题”两种,点选左列视窗中的所欲浏览的档案夹,此视窗会列出该档案夹内的所有影像简要目录,然后点选该影像可检视该拓本详目资料。

档案夹层次主要划分如下:(1)位置:该档案夹,是以汉代画象石、画象砖的出土地为范围来划分,其中包含山东、河南、四川、江苏、陕西、甘肃、云南等档案夹,每个省份下又依该省份各地所出土的区域或墓室、祠堂,分别设立档案夹,方便使用者搜寻。(2)主题:主要是汉代画象石、画象砖拓片,画象的内容依据不同的题材来做分类。其中包含天象、神怪、祥瑞辟邪、历史故事、饮食、娱乐、产业、教育、礼仪、军事、职官、交通、人物、动物、植物、建筑物、建筑装饰、其他等不同的主题,而每个主题底下,又划分各主题所附属的子项目的档案夹,通过此一搜索,使用者可以更有系统找到所需的资料,并且通过相同主题,找到不同区域或版本对该主题的描写的异同,提供更为有效的对比。

影像比对查询功能可提供您同时比对两张拓本的影像档案,并可各自作放大、缩小、平移、旋转等操作。请您先通过查询“品名浏览”,或“出土地浏览”、“登录号查询”确认您需浏览的一个或两个拓本影像列表后,勾选所需比对的影像档,再按“确定”钮,画面将另跳影像比对视窗。(1)“品名浏览”功能,主要是让使用者能直接通过拓片题名来检索拓片影像。使用者只需点选一到两件的题名,就可进行影像检索。(2)“出土地浏览”功能，则是让使用者能直接通过拓片出土地来检索拓片影像。使用者首先点选想到查询的地名，进入后，再点选一到两件的题名，就可完成影像检索。(3)“登录号查询”功能，先通过“简易查询”或“进阶查询”将浏览的一个或两个拓本的登录号，输入栏位，再按“确认”钮。显示查询的影像列表后，勾选所需比对的影像，便可进行影像对比工作。

参考网址：http://rub.ihp.sinica.edu.tw/~hanrelief/h/#

（温煥原 辑）

202. 辽金元拓片资料库（“中央研究院”历史语言研究所）

“辽金元拓片资料库”内容以“中央研究院”历史语言研究所傅斯年图书馆藏辽、金、元三朝的碑拓为主，年代介于公元946—1382年之间，其中以元代拓片占绝大多数，其次是金与辽拓片，皆属于珍贵的历史文物。“中央研究院”历史语言研究所傅斯年图书馆藏有辽、金、元拓片约2,000幅。其中以元代拓片占绝大多数，约1,400幅；辽、金拓片各为160,450幅。傅斯年图书馆收藏拓片，其过程有如邢义田先生于《汉代石刻画象拓本目录·代序》中所说：“当时藏品来源甚为复杂，以赠送、交换、自行椎拓和购买四途为主。”（文物图象研究室汉代拓本整理小组编《汉代石刻画象拓本目录》，“中央研究院”历史语言研究所2002年版第1页）辽、金、元拓片就是夹杂其他藏品，通过上述四种方式，成为附属傅斯年图书馆的典藏品。傅斯年图书馆辽、金、元拓片内容，则涵盖了墓志、墓碑、刻经、造像、题名、诗词、道教、佛教、圣旨、令旨、法旨等等，丰富多采。傅斯年图书馆所藏辽、金、元碑拓，既有海内外仅存的孤本，也有品质远胜于其他典藏单位（例如中国国家图书馆）的善本。据统计，1949年前后，在今内蒙古东部、北京、河北、吉林、辽宁等地发现的辽代石刻有300余方，包括庆陵出土的哀册17方。庆陵哀册是研究契丹大、小字的仅存资料，最为珍贵。该所所藏哀册的拓片，品质远胜于其他典藏单位的所有者。

辽、金、元三代以契丹、女真、蒙古语为国语，国语与汉语通行并用，因而辽、金、元三代文献既有汉文书写者，也有契丹、女真、蒙古文书写者。傅斯年图书馆所藏非汉语拓片数目虽然不多（约 200 幅），却是目前罕见的拓本，是研究中古音韵和辽、金、元史相当珍贵的史料。

“辽金元拓片资料库”也有“藏品精粹”一栏，收有“元国师法旨”、“元加号大成国书碑”、“金宴台国书碑”、“金房山上洛村石佛寺梵文经幢”、“元莫高窟造像”、“辽道宗耶律洪基哀册并盖”、“辽蓟州三河县重修文宣王庙记”、“金修唐乾陵殿庑记”、“金赵闲闲游草堂诗并跋”、“元重修汾东王庙记”。数据库涵盖有题名、登录号、年代、高宽、语文、刻立地点等内容。

“辽金元拓片资料库”免费向读者开放。查询方式有“简易查询”、“进阶查询”和“资料浏览”。在“进阶查询”上有“登录号”、“品名”、“作者”、“语文”、“年代”、“主题”、“释文”、“题跋”、“印记”、“著录”、“刻立地点”等栏目，分别对应的是“傅斯年图书馆的拓片编目号”、“（碑名）拓片的名称”、“撰文者”、“拓片上的文字（汉文或非汉文）”、“立石年代（卒年或…）”、“内容分类（幢塔墓志神道碑）”、“拓片文字释读”、“后人在原石上所刻或在拓片上书写的文字”、“刻在原石上或钤在拓片上的印章”、“与品名相关的文献记载”、“立石地或出土地”等关键词。

参考网址：http://rub.ihp.sinica.edu.tw/lcyrub/

（温嬿原 辑）

203. 考古数据数位典藏资料库（“中央研究院”历史语言研究所）

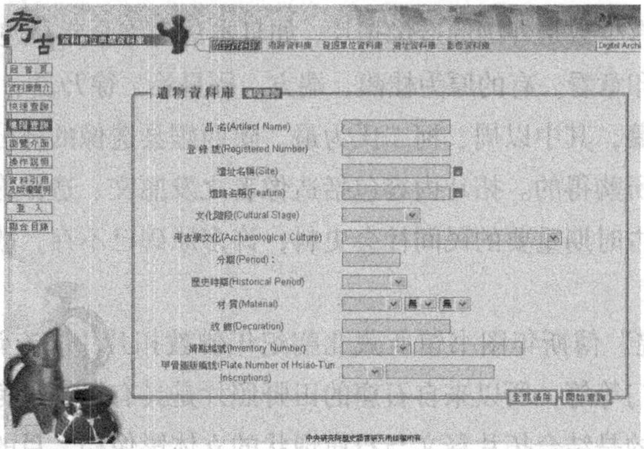

“中央研究院”历史语言研究所建置。“考古数据数位典藏资料库”是一个以“中央研究院”历史语言研究所考古工作成果为主的考古数据库，目前开放查询的部分以该所考古报告及相关出版品已发表的材料为限。系统采取考古系络关系，而分为遗址、遗迹、遗物三个子数据库并收纳各种媒体数据，包括与考古工作及研究相关的各式照片、线绘图、拓片、田野记载表、墓葬记载表、地图等各式记录，提供国内外对于商周考古、安阳考古、殷墟考古、中国上古史、中国历史、中国上古美术史、中国上古艺术史、古文字、甲骨文、金文、青铜文明等领域的参考数据。

参考网址：http://archeodata.sinica.edu.tw/h3/Artifact/db_intro.htm

（毛建军 辑）

204. 佛教石刻造像拓本资料库（“中央研究院”历史语言研究所）

傅斯年图书馆所藏佛教造像拓片为全台湾收藏最丰富者。这些拓片以中国为主，地区包括河南、河北、山西、山东、陕西、四川和甘肃等，始自公元5世纪初，迄自民国。此外也有少数是外国的造像拓片，如日本法隆寺金堂释迦、药师等造像记。从拓片上的收藏印章看，有的原为桂馥、端方、周星诒、徐乃昌、柯昌泗、潘祖荫、刘喜海等人的旧藏，其中以周、柯二氏为最。陕西耀县造像的部分则是该所石璋如先生田野调查时所购得的。拓片内容包括造像者之发愿文、造像缘起、法会的邑义人力组织，是中古时期重要的民间社会史料，许多原碑已不存，故拓片为唯一保存的遗物。

“中央研究院”傅斯年图书馆所藏北朝纪年佛教拓片中，有许多是拓自石窟，比如说云冈、龙门等等，所以来自石窟的田野照片是具有极高参考价值的。在“佛教史迹”所提供的是结合拓片释文与石窟现状的立体影像档，目的是希望能让有兴趣者去还原这块碑所在的空间位置以及与其他造像碑的关联性，并希望将原本单调、平面的文字，予以立体化与活化。

在“拓片寻宝”一栏里，收藏有“宋德兴造像记”、“孙秋生两百人等造像记”、“丘穆陵亮夫人尉迟造像记”、“李赞邑等邑义五百余人造像碑”、“元详造像记”，分别记有“登录号”、“中文题名”、“年代”、“出土地”、“高宽”等信息。

该数据库免费向读者开放，在资料库查询中有“题名”、“原刻起讫年代”、“西历”、“原刻地点”、“傅图登录号”、“全文检索”、“造像内容”、“题跋”、“印记”等栏目进行检索，也可以直接点选“确认”键，浏览全部资料。

参考网址：http://rub.ihp.sinica.edu.tw/~buddhism/index.html

（温燎原 辑）

205. 先秦甲骨文金文简牍词汇资料库（“中央研究院”历史语言研究所）

“先秦甲骨文金文简牍词汇资料库”分为词汇检索与全文检索，收录甲骨文、金文、简牍三种文字材料，依词类、材质做为搜寻条件，展示词汇的词性、时代、书目来源、释文段落，特色在于打破材质作为前提的预设，以词汇本身为焦点，横跨不同时代观察词汇的流变。该资料库所收语料忠实记录了殷周到春秋、战国时期历法、官制、地理、战争、法律、土地买卖、赏赐、渔猎、祭祀、嫁娶、亲属称谓、氏族标识、国际关系等诸多问题，这些丰富的语文材料正能补充传统文献之不足。甲骨文主要采用《甲骨文摹释总集》（甲骨文合集1–13、小屯南地甲骨、英国所藏甲骨、花园庄东地甲骨）；金文则收录《殷周金文集成》、《新收殷周青铜器铭文暨器影汇编》，以2005年以前出土的青铜铭文为主；简牍包括《楚帛书甲乙丙本》、《曾侯乙墓竹简》、《包山楚墓竹简》、《望山楚墓竹简》、《江陵九店东周墓竹简》、《郭店楚墓竹简》、《新蔡葛陵楚墓竹简》七种文本的词汇资料，以上材料提供词汇检索及全文检索。另收录《睡虎地秦墓竹简》、《云梦龙冈秦简》、《上海博物馆藏战国楚竹书》1—7册，提供全文检索。现阶段词汇共收录约13万笔，每个词汇包括出处、编号、上下文，便于使用者回查与检阅，帮助理解词汇意义。

“先秦甲骨文金文简牍词汇资料库”目前只有金文部分，简牍部分尚在建设中。确切地说，即使是金文部分目前也尚不完善，但已有功能也能提供不少便利。“先秦甲骨金文简牍资料库”分为“词汇检索”及“全文检索”两种搜寻介面，可依使用者的需求进行选择。“词汇检索”的内容是经蒐集、整理、考释的词汇资料，搜寻方式包括三部分：“词汇查询”、“词类查询”以及“材质 / 书籍查询”，可自行输入词汇进行检索，也可通过限定词类或出土材料范围，找出符合条件的词汇。查询后会显示条列式资料，提供严式、宽式、词类、时代、材质、书籍、编号、释文等信息，并且可依词类、时代、材质 / 书籍 / 编号三种方式进行排序。“全文检索”包括两个部分：“释文查询”和“材质 / 书籍查询”。可以在“释文查询”栏位键入不含标点的任何字词，再选择所需要的出土材料，便可得到详细的相关资料。例如释文键入“煮”，材质 / 书籍选择“金文”，然后开始查询，将会得到 19 笔资料，提供宽严式释文、时代、材质、书籍、编号、部件。可以了解“煮”这个字在金文中的使用情形。检索出来的结果，建议下载“汉字构形资料库”，才能够看到整理、隶定之后的各式字体。使用者也可利用“编号”对照原出版品及各家注释，或“殷周金文暨青铜器资料库”，可更进一层得到铭文全文隶定、拓片影像及青铜器后设资料等资讯。检索出来的结果，建议下载“汉字构形资料库”电脑才能够显示隶定后的各式字体。使用者也可利用“编号”对照原出版品及各家注释，检索出来的结果如果是金文资料，使用者也可依“器号”对照到“殷周金文暨青铜器资料库”，能够进一步取得释文、拓片、器影影像及青铜器资料等相关讯息。

参考网址：http://inscription.sinica.edu.tw/

（温燨原 辑）

206. 殷周金文暨青铜器资料库（“中央研究院”历史语言研究所）

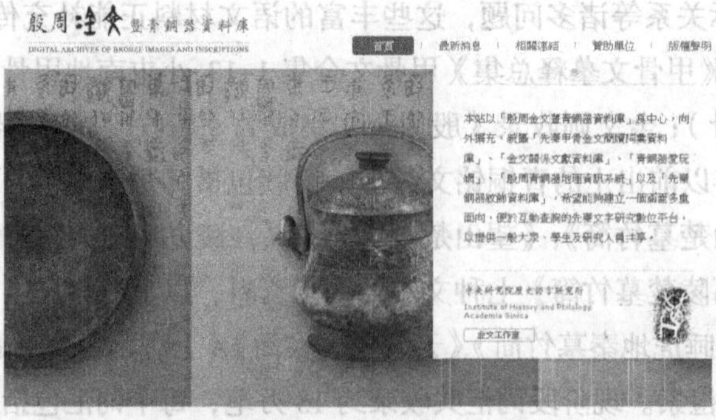

“中央研究院”历史语言研究所建置。“殷周金文暨青铜器资料库”自 1998 年启动建设至今，已臻完善，除可提供查询学者利用最多的“铭文拓本”、“释文”、“时代”、“器影”（青铜器器形照片）、“著录”、“现藏”等诸多资料外，还提供了查询

青铜器出土地点的历史地理资讯系统，十分强大和方便，对学界而言是一项很大的贡献。

“殷周金文暨青铜器资料库”提供器号、器名、时代、字数、出土地点、出土年代、现藏、释文、著录等多种检索方式，较为全面。“殷周金文暨青铜器资料库”中的资料主要采自《殷周金文集成》一书，其最大的特点是可以为使用者在线提供金文拓片、释文、时代、出土地等诸多信息。“殷周金文暨青铜器资料库”的另一项重要功能是直观展示青铜器在考古单位中出土位置的平面图。经查询后，在返回的检索结果中，如青铜器“出土地点”后出现图标，即可点击打开出土平面图，点击左侧铜器，即可在右侧考古单位平面图中看到其相应位置。这项功能大大方便了对礼器制度及其他相关礼俗的研究。

参考网址：http://www.ihp.sinica.edu.tw/~bronze/

（毛建军 辑）

207. 汉代简牍资料库（“中央研究院”历史语言研究所）

“汉代简牍资料库”所整理校对与数字化的典藏品是“中央研究院”历史语言研究所所藏的汉简，其中以1930—1931年瑞典考古学家贝格曼（Folke Bergman）等人在内蒙古与甘肃境内的额济纳河流域发掘的居延汉简为主，约1.1万余枚，另外还包括1930年、1934年黄文弼在新疆盐泽发现的罗布淖尔汉简（58枚），以及1944年、1945年夏鼐、阎文儒勘查玉门关、阳关及汉代边防烽燧遗址路线，所发现的敦煌小方盘城汉简（76枚）、武威剌麻湾汉简（7枚）。这些汉代边塞地区出土的简牍文书直接、生动地记录了西汉中晚期到东汉初期，当地军民的军事、法律、教育、经济、信仰以及日常生活的情形，举凡汉代的吏制、养老、抚恤、秩奉、农垦屯田、边塞防御、算数、历法等问题，均可从所藏简牍得到深具价值的研究素材，是国内一批价值非凡的文化资产。

有鉴于电脑应用对汉简研究的助益，历史语言研究所简牍整理小组自上世纪90

年代初期起，即以红外线摄影仪、扫描器、电脑，重新释读所藏简牍，并进行影像、释文资料数字化，同时也进行“简帛金石资料库”以及《居延汉简补编》红外线影像档系统的建置，可谓台湾学术界数位典藏先驱之一。拓片与古文书数位典藏计画在前述的基础上，建置“数位典藏资料库”（Digital Archives Database）– 历史语言研究所藏“汉代简牍资料库”，将典藏的简牍文书数字化与将简牍文书所关联的后设资料（Metadata）经系统分析予以结构化方式呈现，得以将这批珍藏历史文物由博物馆实体典藏，穿越时空的藩篱成为虚拟的“汉代简牍资料库”。“汉代简牍资料库”提供汉简基本资料、释文以及彩色照、红外线照、反体照等数字影像浏览，此外建置“历史语言研究所藏居延汉简遗址查询系统”，可整合资料库与地理资讯系统的时空资讯，藉此增进汉简研究的便利性。

使用该数据库时，首先点选历史语言研究所藏“汉代简牍资料库”或“资料检索”进入检索画面。该资料库提供三种检索方式，包括“简易检索”、“进阶检索”、“浏览检索”。“简易检索”适用于有特定检索目标的使用者，可藉由键入简号、品名、释文、遗址代码、遗址名称等查询资料库。“进阶检索”适用于对简牍资料已有基本概念的使用者，通过给定两项以上的查询值，进行交叉查询（此处使用布林逻辑“and”），如查询出土遗址为“A35 大湾”且释文含有“肩水都尉”字样的简片。浏览检索适用于没有特定检索目标，或对简牍资料不熟悉者可就某一类别或范围资料进行浏览。

“汉代简牍资料库”提供简号、品名、年代、遗址、形制等资料浏览。以“简号浏览”为例，于简号浏览勾选简号“10.1–”可浏览简号为“10–19”的简，或勾选其他欲查询的简号范围进行查询（此处使用布林逻辑“or”）。如欲以遗址浏览出土汉简，可于遗址浏览勾选“A2 察汗松治”或勾选其他欲查询的遗址进行查询（此处使用布林逻辑“or”）。

“汉代简牍资料库”已经开放 500*500 pixel 影像，使用者仅需点选欲浏览的小图即可看到 500*500 pixel 影像，如需阅览更大图像，方需登入账号密码，方式为直接点击该 500*500 pixel 图即可进入登录页面。

参考网址：http://rub.ihp.sinica.edu.tw/~woodslip/index.htm

（温爍原 辑）

208. 汉籍电子文献(瀚典全文检索系统)(“中央研究院”历史语言研究所)

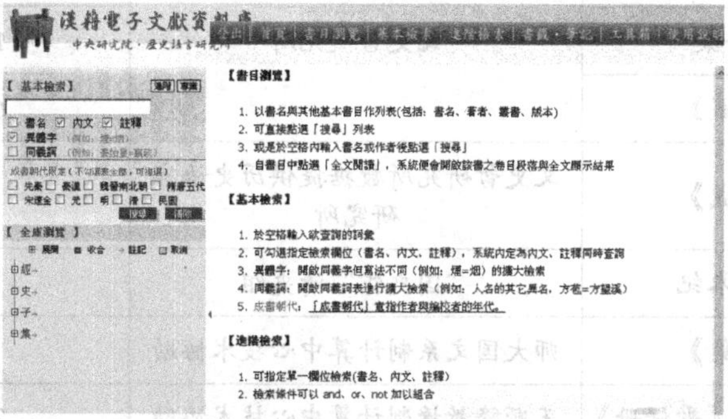

“汉籍电子文献”（瀚典全文检索系统）是迄今为止最具规模的中文古籍数据库之一，也是目前网络中资料整理最为严谨的中文全文数据库之一。它包含整部《二十五史》、阮刻《十三经》、超过 2,000 万字的《台湾史料》、1,000 万字的《大正藏》以及其他典籍，合计字数 13,400 万字，并以每年至少 1,000 万字的速率增长，蔚为壮观。“汉籍电子文献”部分资料的查询属于有偿服务（需付费取得密码方能检索），部分资料属有条件开放（能够检索古籍，但不能全文浏览，检索结果只能显示少量段落），大部分资料则免费开放，不仅提供查询，还可全文浏览古籍。

“汉籍电子文献”包含的新字将近 1 万字，远超出大五码的造字容量。目前已造 4,555 字，如果经常使用，务必安装造字档。限于人力，沿用当初以点阵方式制作的造字，直接转换为 Windows 造字。

“汉籍电子文献”所收资料列表：

资料库名称	制作单位	字数
汉籍全文资料库	历史语言研究所	50,758,837（免费版）
古汉语语料库	历史语言研究所	1,692,394
台湾文献丛刊	台湾史研究所史籍自动化室	47,054,208
《文心雕龙》	信息所文献处理研究室	1,700,011
《佛经三论》		104,257
清代经世文编	近代史研究所	18,292,747
《中华民国史事日志》		1,452,451
《新民说》		119,728
内阁汉文题本专题档案：刑科婚姻类提要		211,033

姚际恒著作集		951,560
泉翁大全集	文史哲研究所	1,542,048
《正统道藏》		6,092,586
《词话集成》	文史哲研究所数据提供历史语言研究所	95,347
新清史－本纪	“国史馆”清史组	878,629
《乐府诗集》	师大国文系制计算中心技术协助	633,146
闽南语俗曲唱本《歌仔册》	王顺隆教授制计算中心技术协助	2,366,353
人文资料库师生版 1.1	“中央研究院”内容摘自上列资料库	24,907,254

参考网址：http://hanji.sinica.edu.tw/cover2.html

（温燎原 辑）

209. 近代名人暨外交经济档案数位典藏（“中央研究院”近代史研究所）

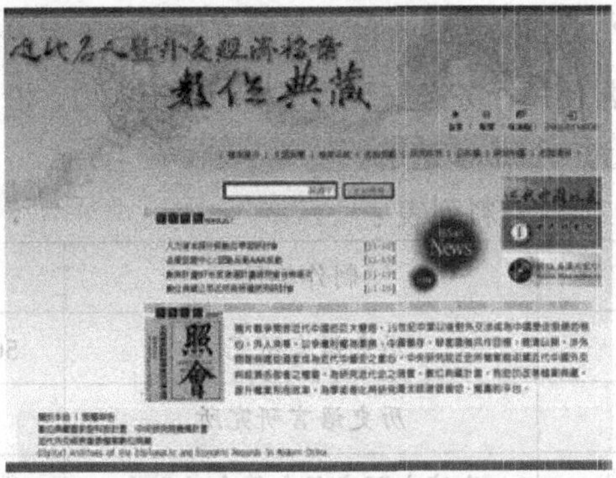

“中央研究院”近代史研究所建置。自 1997 年起，“中央研究院”近代史研究所档案馆开始进行馆藏档案的数字化，并建置馆藏目录与影像检索系统，以及“近代名人暨外交经济档案数位典藏”网站，期能藉由数字化及网络的结合提升档案利用效率，进而推广中国近现代史的研究与教育。

参考网址：http://www.mh.sinica.edu.tw/PGDigitalDB.aspx

（毛建军 辑）

210. 胡适档案资料库（“中央研究院”近代史研究所）

“中央研究院”近代史研究所建置。“中央研究院”近代史研究所胡适纪念馆自2000年即开始积极推动档案数字化与数据库的建置，主要的数字化典藏工作有如下列三大重点：将纸本、相片正负片、文件底片、微卷、录像带、录音带等不同媒材载体的档案，转制为数字文件，以利于典藏；藉助于检索数据库的发展，建置Web接口数据库管理系统，便于学者查考与使用。“胡适档案资料库”服务系统分为两个类别，分别是胡适日记检索系统及胡适档案检索系统，其差异在于目录字段著录格式的不同。在陆续完成文件档案数字化整编之后，于2007年6月底完全纳入胡适档案检索系统。2009年，再将原胡适日记的目录作调整与补充，也纳入胡适档案检索系统，总查询笔数达21,179笔。

参考网址：http://www.mh.sinica.edu.tw/koteki/metadata1_2.aspx

（毛建军 辑）

211. 清代粮价资料库（“中央研究院”近代史研究所）

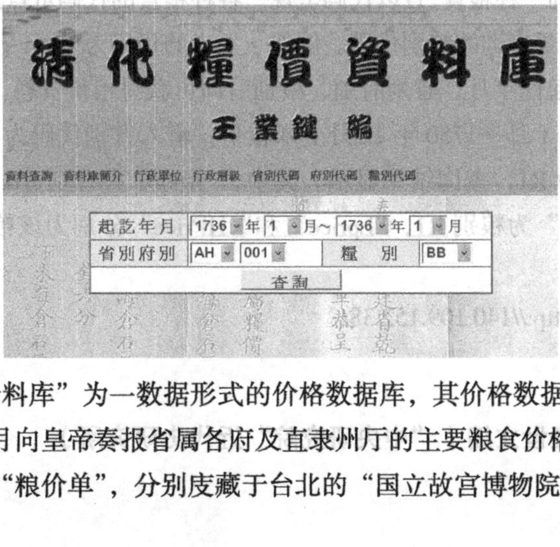

“清代粮价资料库”为一数据形式的价格数据库，其价格数据是指清代自1736年开始，各省按月向皇帝奏报省属各府及直隶州厅的主要粮食价格。这些奏报的粮价原始文件称为“粮价单”，分别庋藏于台北的“国立故宫博物院”、北京的第一历

史档案馆和北京的中国社会科学院经济研究所。清单的书写有一定的格式。“清代粮价资料库”的建制是经济史上重要的基础工程，“清代粮价资料库”可说是1912年以前中国历史上最丰富可靠、时间序列最长且统计方式不变的数据，具有高度的学术研究价值。在农业社会中，粮价为最重要的经济指标之一，因为粮食消费往往占家庭消费总支出的一半以上，粮价变动因而影响到社会经济中各个部门的荣枯以及社会上大多数人的福利，而清代存在全国性的粮价陈报制度，例行地搜集市场的粮价资讯，对工业化以前的国家而言，实为独一无二的机制，粮价清单即是这个制度运作下保留至今的重要产物。

“清代粮价资料库”查询以起讫年月、省别府别、粮别三种条件并同查询。这三个条件输入说明如下：

（1）起讫年月

以西元年（粮价清单的价格资料是以中历月表示的价格，粮价研究须进行统计分析，以转为西元年为佳，才能避免中历年出现一年有12或13个月（润月）不一的情形）输入，每次最多可查询30年。选定起始年后，系统自动设定可查询的最大讫年，使用者可以选定这区间内的年份来查询所需的粮价资料。例如：选定起始年为1750年，则使用者可选择的讫年为1750—1779年。

（2）省别府别

每次仅可查询一省中的一个府，且省与府皆以代码来呈现。各省与其各府的代码可点选网页上方的“省别代码”、“府别代码”来获得代码（可点选网页上方的“行政单位”、“行政层级”，了解清代各级行政区域的属性及其体系）。例如：查安徽省安庆府，省别代码为AH，府别代码为001。

（3）粮别

每次仅能查询一种粮食，且以代码呈现。各种粮食的代码可点选网页上方的“粮别代码”，获得所要查询的粮别代码。例如：上米的代码为R1。

使用者输入起讫年月、省别府别、粮别后即可获得粮价资料，例如：查询安徽省安庆府1750年1月—1750年12月上米粮价，输入省别代码为AH，府别代码为001，上米代码为R1，查询结果显示。其中，”Area”为省别AH，“Area Code”为府别001，“Grain”为粮别R1，“Lprice”和”HPrice”分别为该粮食的最低价和最高价。

参考网址：http://140.109.152.38/

（温燎原 辑）

212. 清代经世文编（“中央研究院”近代史研究所）

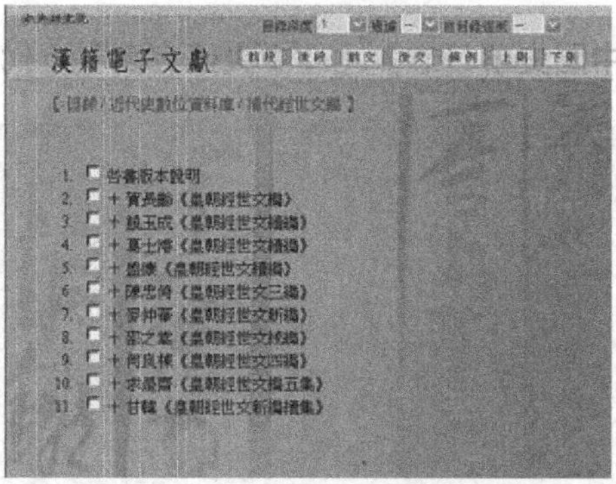

明末以来形成的“经世文编”体，乃中国知识分子表达经世思想的重要文献，其中包含了大量政治、外交、经济、社会等多方面史料。“中央研究院”近代史研究所近年来已先后完成10部清代的经世文编全文数据库，计有贺长龄《皇朝经世文编》、葛士浚《皇朝经世文续编》、盛康《皇朝经世文续编》、邵之棠《皇朝经世文统编》与陈忠倚、麦仲华、何良栋、甘韩等人所编的经世丛书等。这几部书成书时间起自道光，迄于光绪年间，在记载方面也各具特色，可说是晚清时期最重要的史料之一。

目前该数据库已全新改版，全套新系统以Pure Java撰写。为保持新版汉籍系统的高度移植性，刻意未选用资料库进行全文检索，改以全文检索引擎（Lucene）建制索引，Lucene为一套全文检索API，提供适当介面进行索引的建立、搜寻、修改。目前资料库已经有1.3亿字，每年将以数千万字的速度增加。新版系统特点：

（1）搜寻速度快：以《十三经》为例，共1,400万字，搜寻“之”字，可找到33,532段，出现257,609次，其搜寻时间不用0.1秒。

（2）维护性高：旧版系统使用C撰写，程式难以维护。新版系统使用JSF+Spring+Hibernate MVC架构，程式易于维护修改，并使用IBM Directory LDAP Server及Websphere Application Server，系统易于维护管理。

（3）移植性高：不含索引档，全部程式仅30MB，由于不使用资料库，新版可快速移植至各平台系统，目前已移至Windows、Linux。

（4）功能增强：与旧版和其他全文检索系统相比，新版汉籍可以进行目录浏览，并可随意展开单层目录，可快速查询所需资料。并提供统计资讯，可计算查询条件出现总次数、比率等。

新版系统功能目前仍在修改，将加入“目录检索”、“书签”等进阶功能、并加入地名、朝代等专词检索。

参考网址：http://dbj.sinica.edu.tw:8080/handy/index

（温燎原 辑）

213. 《近现代中国史事日志》（“中央研究院”近代史研究所）

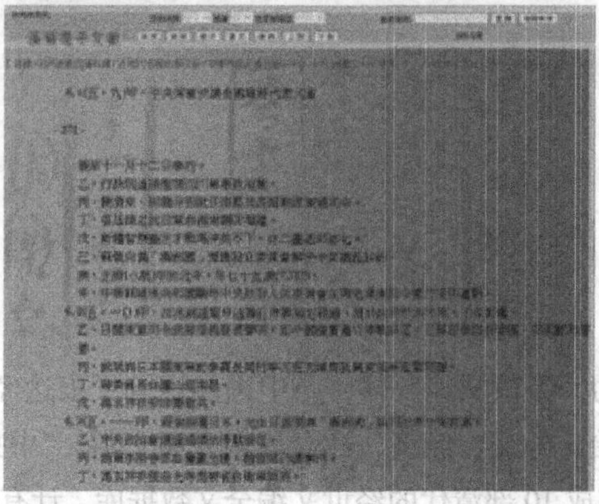

《近现代中国史事日志》数据库完成于 1997 年，内容包含该所创办人暨首任所长郭廷以先生费时数十载所精心编著的《近代中国史事日志》与《中华民国史事日志》两部工具书，共 200 余万字。《近代中国史事日志》起自公元 1830 年，迄于 1911 年，以清季为主，内容以政治、军事、外交为重点，其有关经济、社会、文化者也尽量编入，资料极为完备。《中华民国史事日志》起于 1912 年，迄于 1949 年，篇幅更多，叙事更详，与《近代中国史事日志》构成 150 年来近代中国最忠实的纪录，二书系治学治事不可须臾离手的必备工具书，而全文数据库的完成更有利学者节省检索与查寻的时间。

参考网址：http://www.mh.sinica.edu.tw/PGDigitalDB.aspx

（温燎原 辑）

214. 《新民说》（“中央研究院”近代史研究所）

梁启超（1873—1929 年）所撰写的《新民说》是中国近代思想史的一篇重要文献。该文最早是以连载的方式刊于在日本横滨出版的《新民丛报》之上，此文从 1902 年初开始，至 1903 年底梁氏访美归来之后继成，全文约 12 万字。《新民说》在近代中国思想界产生了莫大的影响，它的读者包括了在中国与日本的学生与知识分子和海外华人，甚至也通过一些像读报、宣讲与演说等渠道影响到一部分庶民。该文不但在发行之初为人喜爱，后来屡经翻刻，以其他的型式出版，在20世纪二、三十年代都还有广大的读者。该数据库目前仅限内网使用。

参考网址：http://dbj.sinica.edu.tw:8080/handy/index

（温燎原 辑）

215. 晚清西学书目（“中央研究院”近代史研究所）

就晚清中国思想文化的脉络而言，要述说西学在晚清思想文化界的流播样态，便需要对各式各样的西学书籍进行广泛而精准的调查。通过晚清时期的西学书目，开展对于各类西学书籍的调查工程，将可为描绘西力东渐的历史图像，提供扎实、广泛而精准的基础。“晚清西学书目”数据库包含有《增版东西学书录》、《广学会译著新书总目》、《上海制造局译印图目录》、《泰西著述考》、《冯承钧翻译著述目录》及《日本书目志》等书。该数据库目前仅限内网使用。

参考网址：http://www.mh.sinica.edu.tw/PGDigitalDB.aspx

（温燎原 辑）

216. 近代史研究所档案馆馆藏中外地图查询系统（“中央研究院”近代史研究所）

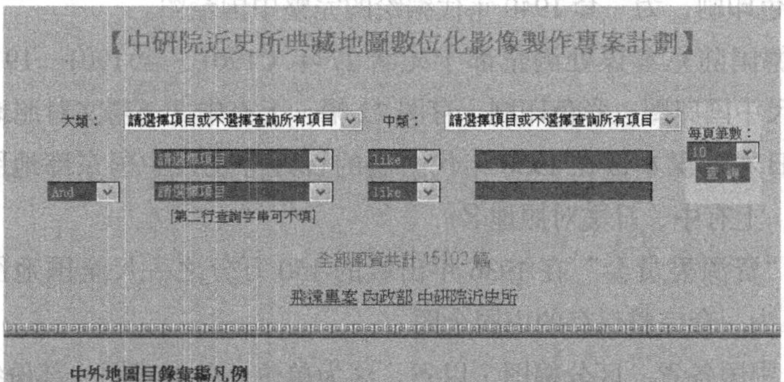

"中央研究院"近代史研究所十分注重第一手的原始史料搜集工作，在1955年即与"外交部"洽商，接收该部清季总理各国事务衙门、"外务部"、民国北洋政府外交部的珍贵档案。1966年起，又自"经济部"接收清末至民国的商部、农商部、实业部、经济部等单位的档案数据。1988年近代史研究所设立档案馆，有系统地保存、整编所接收的档案，这些档案资料当中整理出许多珍贵的地图，经馆方细心整理后出版《近代史研究所档案馆藏中外地图目录汇编》（二册），内容包括"中央研究院"近代史研究所档案馆收藏1949年以前编绘、出版的全国性地图、各省地图、水道及河流附近地图、世界各国地图此四大类，共50小类，地图总数为15,000余幅。

以下分别就各类地图数量、性质作概略介绍。

全国性地图：意指比例尺在50万分之一以上，绘制成图以两省以上为范围的地图。这类图又依编绘出版机关的不同，细分为13小类，包括：

（1）1917—1918年间，北京参谋本部制图局编绘之50万分之一尺全国舆图，共分成237幅，套色印刷，为一套印刷精美，保存完整的全国地图。

（2）1931—1932年间，参谋本部陆地测量总局编印的50万分之一尺全国舆图，图样與分幅均與前者相同，惟采单色印刷，纸质较差，且已不完整，有图62幅。

（3）1914年"陆军部总务厅"编绘的川贵省50万分之一尺舆图，单色印刷，成图21幅，保存完整。

（4）河西新疆50万分之一尺地图，编绘者与测绘时间不详，采黑、绿两色印刷，成图40幅，上有汉、回文地理名词对照表。

（5）1914年"北京陆军测量局"编绘的50万分之一尺舆图，单色印刷，仅存7幅，涵盖范围包括山西、陕西、甘肃、湖南、湖北、四川等省与蒙古的一部份。

（6）百万分之一尺中国舆图：包括"北京参谋本部制图局"在1914年测绘的9幅，"南京参谋本部陆地测量总局"在20世纪30年代编绘的五幅，均采套色印刷，保存者均非成套。

（7）"国防部测量局"在1943—1947年间编绘的百万分之一尺全国舆图，分成85幅，单色印刷，为一套1940年代编绘的完整中国全图。

（8）德国陆军参谋处测量部于光绪27年（1901）至1901—1912年间编绘的百万之一尺中国舆图，彩色印刷，存图22幅，上有中文与德文对照地名。

（9）日本参谋本部在1930年代绘制的百万分之尺中国东部地图，分成四幅，彩色印刷，上有中、日文对照地名。

（10）"资源委员会"在1936年出版的150万分之一尺全国地图，单色印刷，共25幅，为一套完整保存的中国全图。

（11）中国各省、区分幅图；以省、区为单位，各自成图（部份省份缺图），包括蒙古、西藏、南海诸岛，比例尺不一，共22幅。

（12）邮政舆图：系“交通部邮政总局”在1933年编绘出版，套色印刷，图幅甚大（146×107公分），计30幅，其中尚包括两幅军事委员会在1941年出版的中华民国公路全图。

（13）各省分幅空白图：系20世纪30年代“中央大学”地理系绘制，以省、区为单位，各成一图，每图上以点、线标明县界、县治所在，各图比例尺不一，以250万分之一尺居多，图幅最小的只有30×21cm，利用上十分便利。

水道图及河流附近地形图：又可分为10小类：

（1）“参谋本部陆地测量总局”在1936年编绘的扬子江尺沙段航测图，比例尺10,000分之一，单色印刷，共27幅，涵盖湖北、湖南两省的盐利、华容、岳隆等县境长江江图及附近地形详图。

（2）“黄河水利委员会”在1945年编绘的黄河下游地形图，比例尺50,000分之一，套色印刷，共49幅，主要涵盖河南、河北、山东省境黄河附近各县。

（3）10,000分之一尺黄河下游地形图。这是“黄河水利委员会”从20世纪20年代至抗战前测绘的大比例尺地图，登录于该目录者有两类，一为手绘原稿图，图幅长宽约90×60公分，一为胶片图（附有胶片冲洗成的照片式地图，收藏在该所经济档案中的“全国经济委员会”档卷中），系前述手稿图拍摄而成（拍摄年代应在抗战前夕），图幅长宽为23×15公分。这一小类地图数量多达3,651幅，最大特色是图上除有详细的地形、地貌以外，村庄名称、格局、大小、户数、土壤种类、出产农作物种类、地价等资料俱备，对于研究20世纪30年代以前华北农村的社会经济问题，是非常有价值的数据与工具。

（4）1945—1946年间“黄河水利委员会”测绘的宁夏省境黄河沿岸附近沟渠水道地形图，系手绘原稿图，共72幅，比例尺未载明，涵盖范围包括宁朔、永宁、贺兰、平罗、惠农等县。

（5）绥远省境内民生渠形势图：此图测绘机关及比例尺均未载明，测量时间为1945年，计存原稿图165幅，从中可以看出民生干、支渠分布情况及其与黑河、黄河的联系。

（6）长江水道暨沿岸地形图：系海道测量局及扬子江水道讨论委员会在1920—1930年所测绘编印，共存图48幅，自长江口至汉口，各图比例尺不一，多数为25,000分之一尺，少数75,000分之一尺，对于长江水道本身及沿岸地形（包括口岸城市）有详细的描绘

（7）江苏宁镇澄淞四路要塞图：这是江苏陆军测量局在1915年前后测绘的要塞形势图，包括地形图、炮位图，共139幅，除了将上起南京，下迄出海口的长江

沿岸地形及江防要塞分布描绘的巨细靡遗外，并附有各要塞炮位数量、名称、口径、每炮射程、速率、攻坚、火药、制造厂、制造年月、安置年月等资料，研究民国军事史者，当可从中获取不少宝贵数据，对闻名中外的江阴要塞布防形势有兴趣的人，可以来看看这里的巨幅地图。

（8）中国沿海及南洋各岛屿港湾水道图：这是日本水路部在20世纪20年代至40年代先后测绘的详图，共存图242幅，范围涵盖中国沿海、台湾及南洋群岛，图中文字以日文为主，中国部份附有汉字对照。

（9）扬子江港湾及中国沿海水道图：这类图有两种，一为“海军部水路测量局”在20世纪30年代至40年代所测绘的长江沿岸及中国沿海各港湾水道及地形图，共56幅；另一为“海军总司令部”在1947—1948年所编绘，计12幅，内容与“海军部”时代所编绘类似。

世界各国地图：

多数为彩色印刷，共139幅，其中有两套地图占了多数：一为“军事委员会军令部陆地测量总局”在1941—1942年间编绘的“世界形势全图”（共22幅），另一为俄国参谋本部在1900年前后编绘的“欧俄全图”，共96幅。

该数据库的地图皆已制成微卷及扫描电子文件，除了开放在线查询浏览之外，使用者可依微卷卷次号或档案编号至档案馆申请地图复制。数据库系根据“中央研究院”近代史研究所出版的《近代史研究所档案馆藏中外地图目录汇编》所作成的目录查询系统。全部地图分为全国性分幅舆地图（代号C）、各省分幅地形图（代号P）、各种水道图暨沿河地形图（代号R）、世界地图（代号W），等四大总目。使用者可以下拉式选单选取。每一总目下再依比例尺、省别或区域分有多项分目。使用者选定总目后，可以下拉式选单选取各类分目。数据库每张地图所具备的字段，除档案编号外，计有：图名、比例尺、省区、测绘者、测绘日期、微卷卷次、备注与影像文件名，登录项目中有空白者，系数据阙如，影像文件名于日后制作数字影像后方可链接。

参考网址：http://gis.rchss.sinica.edu.tw/mapdap/?page_id=1205

（温燎原 辑）

217. 近史所档案馆馆藏影像检索系统（“中央研究院”近代史研究所）

“近史所档案馆馆藏影像检索系统”兼具目录查询及数字影像阅览功能；除具有基本与进阶检索功能外，并以分割视窗显示档案的阶层关系与描述资讯。已提供数字影像者，可直接于网络申请阅览；未提供数字影像者，可于网络申调后至档案馆阅览室阅览。

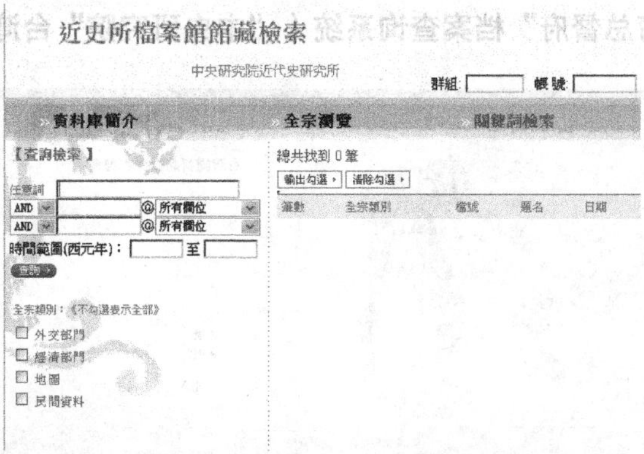

该数据库提供的影像有 1860—1928 年的外交部门档案，共计 1,166,130 页；经济部门档案有 05- 商部、06- 农工商部、07- 工商部、08- 农商部、09- 全国水利局、10- 内务部、17- 实业部（大图除外）、18-23- 经济部商业司（大图除外）、23- 建设委员会、26- 全国经济委员会、28- 汪政府经济部门、30- 行政院经济安定委员会、31- 行政院美援运用委员会、49- 台湾区生产事业管理委员会、50- 行政院外汇贸易审议委员会，共计 2,482,170 页。系统所提供影像页数，将随个别档案整编进度而更新。

申请前需要申请账号，账号申请后方可进入“近史所档案馆馆藏影像检索系统”，初次使用者，还得下载影像看图程式。查询方法有全宗浏览、查询检索、人名权威三种类型。读者点击网站上方“全总浏览”后，就会出现该数据库收藏的所有影像内容，点击各个内容后的小箭头，即可展开下一层级的目录，点选层级题名，右边视窗出现该层级的描述，左方浏览字数有限，无法完全呈现时，可参见右方详目；读者点击网站上方“查询检索”后，网站左上方会出现“查询检索”的栏目，读者可在栏目中输入想查询的内容，点击“查询”按钮后，右方即可出现要查询的内容，使用“查询检索”观看结果时，右边的层级只有显示的功能，而无法点击回上一层级，若要使用这一功能，只能回到“全宗浏览”查询。“人民权威”查询分为“索引查询”和“资料库”查询，“索引查询”是按照姓氏笔画来分类；而“资料库”查询是按照姓名、国籍、职称等关键字来查询。

参考网址：http://archdtsu.mh.sinica.edu.tw/filekmc/ttsweb?@0:0:1:ttsfile3@@0.07609095151876782

（温燎原 辑）

218. “台湾总督府”档案查询系统（“中央研究院”台湾史研究所）

“台湾总督府”档案原收藏于“台湾总督府”官房文书课的大书库内。包括“台湾总督府”公文类纂永久保存卷册 6,789 卷、15 年保存卷册 3,226 卷。

“台湾总督府”公文类纂一览表：

档案类型	卷（册）数	起迄年代
“台湾总督府”公文类纂及其他保存文书类：	11,190	明治 28 年（1895）至昭和 20 年（1945）
“台湾总督府”永久保存公文类纂	6,789	明治 28 年（1895）至昭和 8 年（1933）
“台湾总督府”15 年保存公文类纂	3,226	大正元年（1912）至昭和 21 年（1946）
“台湾总督府”五年保存文书	88	昭和 17 年（1942）至昭和 19 年（1944）
“台湾总督府”一年保存文书	4	大正 5 年至昭和 10 年（1916—1935 年）
进退原议	297	明治 30 年（1897）至昭和 20 年（1945）
“台湾总督府”法务部（课）、会计课参考书类	415	大正元年（1912）至昭和 18 年（1943）
国库补助永久保存书类	362	昭和 16 年（1941）至 18 年（1943）
税赋关系书类	9	

另外，曾设立于“总督府”内但因业务已完成而撤销的机构也存有一定数量的档案，如“临时土木局”、“糖务局”、“高等林野调查委员会”、“临时台湾土地调查局”、人事任免、地方行政机关申请国库补助、借款关系等，加上收发文簿、类别目录、总目录等文书处理上的登记簿、原“总督府”内法务部（课）、会计课的参考文件档案，使档案总数达到 15,062 卷之多。此外，明治 28 年（1895）至明治 34 年（1901）台北、新竹、台中、台南、嘉义、凤山、台东各县厅的地方行政文书，

即所谓旧县公文类纂共783卷，也由当时的“台湾总督府”直接管理。上述档案，战后陆续移转由该会典存至今，档案总数共15,845卷。以下举“台湾总督府”公文类纂为例作一说明。

“台湾总督府”公文类纂是指“台湾总督府”档案中永久保存及15年保存装钉成卷的档案，及其他不同年分的保存书类，是日治时期“台湾总督府”直接统治台湾的官方记录，也是“总督府”档案典型的代表。日治时期的台湾总督，在日本中央政府授权范围内，有广泛的行政权、立法权（律令）、司法权；统治初期，武官总督更有编组军队的军政权及指挥作战的军令权。但是“台湾总督府公文类纂”主要是民政方面的统治记录，包括财政、经济、产业、学务、机关组织编制、法律、命令制定等记录皆包含于其中。军政方面除据台第一年曾实施军政统治，有少许军事文书外，军事方面公文书所占比率极低。

公文类纂保存年代虽然区分有永久保存及15年保存，然而时至今日，两者都已是极为重要史料。从档案跨越的年代而言，大致可分为明治、大正、昭和三时期。皆系依据各年代“总督府”内文书课订定的相关文书处理规则规定编辑而成。保存年限区分、门类标准不尽然相同，重要性较低的文书，绝大多数已被销毁。大体而言，明治、大正、昭和三时期中，以明治期卷册最多，内容几乎全是以毛笔在美浓纸上书写。大正期的数量次之，利用洋纸、钢笔书写的情况渐增。昭和期数量最少，且在昭和10年（1935）以后的永久保存文书、昭和9年（1934）以后的15年保存文书并未装钉成卷，而是薄册状态。另外因业务授权关系，此一时期绝大多数业务授权由部、局长或课长级决行这些文书，不再移送官房文书课集中整理保管，仍由原单位保管，致未能一同保存下来，这是昭和期“总督府”公文类纂数量大减的原因。

“台湾总督府公文类纂”数量庞大，分门别类编纂成卷之门、类，因年度而有不同，必须还原各该年度原文书处理规则规定的门类，以便进行查阅。当时档案归档编纂之时，所考虑者仅是业务上调阅参考所需，并不考虑后世研究、利用之便。读者必须先了解各年度门类关系，而后才能了解档案的内容与特质。另外，当时业务上调阅、参考价值较低的档案，分属五年或一年保存文书，几已全部销毁；昭和时期授权“总督府”内局、课长级决行文书由于分别保管，战后不知所终。这也是今日读者研究这批档案普遍遭遇的限制。

在“总督府”档案中“人事档案”是比较特殊的一类。它是进退原议公文类纂。从大正5年（1916）至昭和10年（1935）“总督府”暨所属机关人事任免、升等、人力精省等的纪录，共279卷。原来人事档案皆附于各年度公文类纂之内，但因“总督府”业务扩张，人员增加变动颇多，乃不再并入“总督府”公文类纂之内，而自成单元，编纂成卷。这部份档案并未分类，目录也较不完整，查阅上的限制更多。

在保存文书类档案之中，国库补助永久保存书类，也是比较特殊的一类。这一部分档案卷册都相当的厚，收录资料也相当多。内容包括地方行政机关申请补助以及申请借款两大类。申请补助者，除地方机关维修道路、筑河海堤、建设自来水等向“总督府”申请补助者外；日本民间在台企业（如各大制糖公司、各公司行号），台籍人士也得以兴建灌溉渠道、开垦土地等作为理由，向“总督府”申请补助。至于举债部分，则全是“总督府”所辖地方州、厅以及市街庄这些各级行政机构，为推展政务或兴办事业，向“总督府”申请举债贷款，日后再行偿还。申请之际，须附有说明资料，故不少皆附有相关年代的地方行政机关预算书、兴建学校、市场建筑图等，若能有系统整理，或将可成为重要的日治中、末期台湾各地方行政区域研究的重要资料。

在该数据库网页中我们可以看到许多的栏位，使用者可在有兴趣查询的栏位输入关键字来作查询，当使用者输入关键字之后，例如在册号栏位输入“3,145”，使用者若是要送出查询，只要按下网页中的查询按钮即可。在输出格式方面，使用者可以选择使用“条列式输出”或是“详细输出”，选择“条列式输出”，之后仍然提供 Link 连结到单一纪录的详细输出，因此使用者可先选择“条列式输出”浏览概略资料，在连结到详细输出观看详细资料。在输出语言选择方面，使用者可选则“中文输出”或是“日文输出”，若是选择“中文输出”则查询结果网页以“Big-5”内码呈现，若选择“日文输出”则查询结果网页以“Shift-JIS”内码呈现，方便日文浏览器使用者。另外在该数据库网页中，某些栏位可以使用范围查询，包括了册号以及西元及日本年号日期方面直接输入“开始”及“结束”范围即可，在“册号”栏位，可使用逗号间隔，“~”符号来输入范围，以下是几个范例：134,200-134,500 代表要查询第 134 册，以及 200 至 500 册；“1776”代表要查询第 1,776 册；900-1,311,4,000-5,000 代表要查询 900 至 1,311 册，以及 4,000 至 5,000 册。在特定栏位，栏位名称有标註“*”号者，如文件名称以及府（书类）番号，使用者可以使用“视觉输入”来输入特殊造字（即使用一般输入法无法输入的字元），方便使用者在不需安装特殊造字以及输入法的情况下使用该网页查询。使用方法是，先在欲输入的栏位，使用鼠标点一下，然后按下“视觉输入”按钮，然后便可以在下拉式字型图上自由点选欲输入的字元，请注意特殊造字在一般“Input”栏位中以“%??%??”显示，视为正常现象，若想能够一边输入一边预览，请在载入该网页时同意安装并执行“ShowTxtX.ocx”（特殊字元显示元件）。

参考网址：http://sotokufu.sinica.edu.tw/

（温嬿原 辑）

219. 日治时期台湾研究古籍资料库（“中央研究院”台湾史研究所）

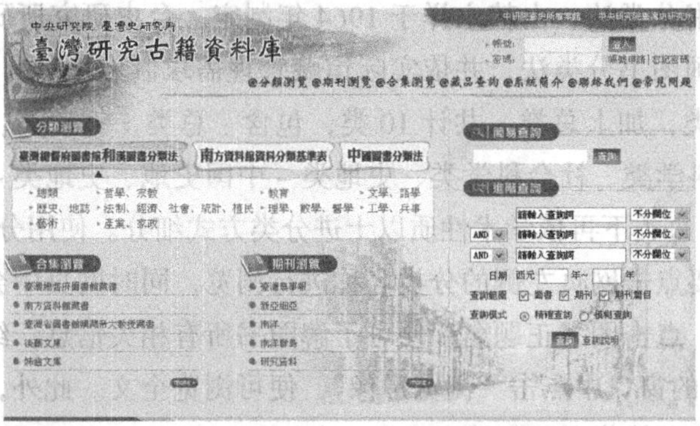

“日治时期台湾研究古籍资料库”由“中央研究院”台湾史研究所建置。“中央研究院”台湾史研究所下辖行政管理、学术推动及研究发展三大组织团。“日治时期台湾研究古籍资料库”由学术推动及研究发展组团中的图书档案委员会档案馆建置，收录了台湾日治时期官方及坊间刊行的各种出版品，包括台湾各界人士所赠送的 1995 年以前的各种出版品及台湾总督府图书馆、南方资料馆藏书以及台湾省图书馆购藏帝大教授藏书，并于 2004 年对上述史料陆续数位典藏，于 2005 年对外开放。至 2011 年 7 月为止，该数据库开放近 3,000 册图书、逾 80 种期刊、85 万幅影幅。

“日治时期台湾研究古籍资料库”详细著录了日治时期官方及坊间刊行的各种出版品的资料类型、书名、作者、分类方法、分类号、内容关键词、出版社、创作语言、页（面）数、高广深度、图书章节（期刊卷期）、条码号等目录信息。该数据库免费向读者开放使用，读者无需申请账号便可搜索相关书目以上所有信息，但全文影像则需要申请账号方可浏览，且仅供教育、学术研究单位或政府机关所属人员申请。

“日治时期台湾研究古籍资料库”以分类浏览、期刊浏览、合集浏览三种方式为读者提供详细的书目信息。

首先，分类浏览主要以三种分类方式为主，包括：(1) 台湾总督府图书馆对汉图书分类法。此分类法为日治时期台湾各图书馆的主要分类标准，共分为 10 类：总类，哲学宗教类，教育类，文学语学类，历史地志类，法制、经济、社会、统计、植民类，理学、数学、医学类，工学兵事类，艺术类，产业家政类。10 大类下又根据实际需要细分多种小类。(2) 南方数据馆对图书数据的分类法；此分类法以日治时期日本十进分类法为基准，并依馆藏需要改编制定，共分为总记、政治、经济、植民、产业、工业、商业、历史、自然科学、杂类 10 大类。各大类下依据实际需要再细分。（3）中国图书分类法。简称“中图法”，是目前台湾图书馆界最通用的图书分类法，由赖永祥于1964年制定。台史研究所研究人员主要参考刘国钧的中国图书分类法，并依实际馆藏管理需求制定而成。“中图法”主要依学科分成九类，加上总类，共计10类，包含：总类、哲学类、宗教类、自然科学类、应用科学类、社会科学类、史地类－中国史地、史地类－世界史地、语文类、艺术类。每类下再依学术性质以十进分类方式细分。使用分类方式浏览时，读者可根据需要点击网页左侧的分类名称进行浏览，同时网页中会显示所在类收录的图书资料，点击图书正题名，便可了解图书所有相关信息，继而点击“图书章节”，在弹出的窗口中点击“浏览影像”，便可浏览全文。此外，读者还可以直接输入书名、作者等信息进行搜索。

其次，期刊浏览方式罗列了资料库所收集的近113种期刊，包含日本、韩国、东南亚各国家，中国及台湾地区等的经济、政治、文学、教育、哲学等各种期刊。所收期刊多由日本出版社刊行，创作语言多为日语。由台湾及东南亚地区出版社刊行的刊物，也以日文为主。读者点击“期刊浏览”，便可直接查看各期刊名。若需要查看更多详细信息，点击期刊名即可；若需查看期刊卷数、篇名以及浏览全文，继续点击“期刊卷数”、“篇”，在弹出的对话窗口中点击浏览影像，便可浏览全文。

再次，读者通过合集浏览方式，可了解台湾总督府图书馆、南方资料馆、台湾省图书馆购藏帝大教授、台湾史研究所古籍、后藤文库及姉齿文库的相关藏书信息。资料库所收台湾总督府图书馆藏书约有10万册，其中法制、经济、社会、统计、植民等书目数量最多，文学类、历史类书目数量也可观，且八成以上为日文图书。南方资料馆所藏书以南洋、华南图书资料及南方调查研究资料为主，因而西文图书数量最多，总藏书约计3万册。台湾省图书馆购藏帝大教授藏书，是台湾总督府图书馆第5任馆长山中樵在任期间蒐集的多位返日的台北帝国大学教授的藏书，约计2万余册，以社会科学类书目为主，约九五成的书为日文图书。台湾史研究所古籍包括自台湾史研究所储备处成立以来所蒐集的1950年以前出版的旧籍，馆藏在持续增加中，藏书主要以应用科学类书籍为主，其次是社会科学及中国史类图书。后藤文库主要为日本人后藤新平在出任台湾总督府民政局长时所藏书籍，以文、史、哲类书籍为主，其中又以历史、地志类数量最多。且后藤文库藏有丰富的线装书，其中包括清乾隆4年（1739）校刊本《史记》、乾隆41年（1776）刊本《周官精义》等。姉齿文库主要为日本人姉齿松平在台任职期间所藏书，总藏书约2,000余册，且以法律相关的书刊为最多。读者若需要浏览各馆藏书目，点击“合集浏览”，网页会显示“台湾总督府图书馆藏书”、“南方资料馆藏书”等条目，点击相关条目，在弹出的窗口中会显示各书库的分类法，读者可按分类浏览方式进行检索浏览。此外，读者可直接输入书名、作者等信息进行检索。

除以上三种方式外，“日治时期台湾研究古籍资料库”还提供藏品查询方式以供检索，查询范围包括图书、期刊、期刊篇目。输入书名、作者、关键字等便可进行简易的精确查询或模糊查询。此外，还可根据题名、作者、识别号、关键字、出版者、合集名称、个人文库、条码号、目录及插图图说中任意两至三个搜索词进行进阶搜索。

“日治时期台湾研究古籍资料库”搜集和整理台湾日治时期的所有刊行的出版品，并将所藏书刊进行数位典藏，旨在志愿台湾史的深化研究，在古籍保存、整理及数字化领域做出的很大的贡献。而且，该数据库依据日治时期台湾的主要分类方法及当前台湾流行的图书分类法对典藏书目进行详细的分类，并对典藏书目进行详细的目录信息著录，内容丰富而详细，文献价值极高，并标明创作语言，便于读者阅读。该数据库属于专业型数据库，建置比较成熟，但是同样存在一些不足。如每部书并没有对其内容进行简单的介绍，只罗列章节或列举关键字词，并不能使读者对书目进行初步的把握。

参考网址：http://rarebooks.ith.sinica.edu.tw/sinicafrsFront99/index.htm

（郑若萍 辑）

220. 台湾日记知识库（“中央研究院”台湾史研究所）

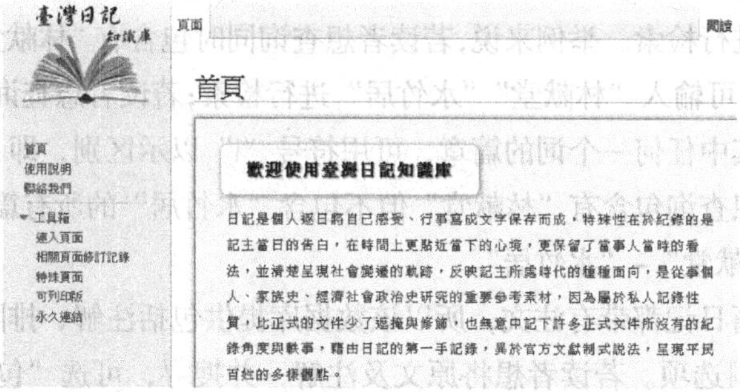

“台湾日记知识库”由“中央研究院”台湾史研究所下辖图书档案委员会档案馆建置，收录《吕赫若日记》、《田健治郎日记》、《杨基振日记》、《黄旺成先生日记》、《简古狱中日记》、《灌园先生日记》及《水竹居主人日记》等多种日记，包括了日记全文以及批注内容，约有500万字，超过1.3万条批注。“台湾日记知识库”也在不断新增不同记主的日记。至2013年3月止，“台湾日记知识库”共收录日记文稿23,443篇，图片4,150幅。

"台湾日记知识库"提供时间序列浏览日记，所有记主的日记文稿皆依概念层次排列，即以"记主、年、月、日"方式排列。依次点击日记所在的年、月、日，便可浏览记主当日的日记内容。单篇日记页面，同时标出新、旧历日期。如水竹居主人1906年1月28日的日记，页面显示的新、旧历时间为："丙午年（明治39年·一九〇六年），旧元月四日，新一月廿七（八）日曜日。"新、旧历日期下紧接日记正文。正文下显示有"上下篇导览列"，点击"上下篇浏览列"，便可预览上、下一年/月/日的日记。有引用资讯的部分单篇日记，"上下篇导览列"下有"引用资讯方框"，点击方框右侧"显示"链接，便可取用各种格式的页面引用资讯，遇有新旧历换年时系统会增加提示文字。"引用资讯方框"下为注文。日记正文右侧显示有月历表，通过月历表，便可快速浏览本月其他日记文稿。此外，可查原始文稿影像的单篇日记，月历表下显示有原始影像连接，点选后可放大图像进行浏览。

检索结果网页下方显示有日记的不同分类，如："水竹居主人日记/台湾日记/1937-01-28/1月28日。"点击"水竹居主人日记"，读者可浏览水竹居主人所撰写的所有日记，且所有日记按时间排序；点击"台湾日记/1937-01-28"，可浏览此分类下其他记主1937年1月28日的日记；点击"1月28日"，可浏览水竹居主人及其他记主在其他所有年份中1月28日的日记内容。

"台湾日治知识库"还提供全文检索。读者在首页搜寻列输入所需查询的关键词便可查询。若输入的查询词较长，检索引擎会将查询词的字串做出拆字处理，若读者想得到精确、不拆字的检索结果，可在查询词前后加双引号。读者还可一次输入多个关键词进行检索。举例来说，若读者想查询同时包含有"林献堂"与"水竹居"两个词的篇章，可输入"林献堂""水竹居"进行检索；若读者想查询包含"林献堂"与"水竹居"其中任何一个词的篇章，可用符号"|"以示区别，即："林献堂"、"水竹居"；若读者想查询包含有"林献堂"但不包含"水竹居"的所有篇章，可使用"–"符号，即："林献堂" – "水竹居"。

因几乎每篇日记都带有注文，所以该数据库提供包括注解、排除注解、只查注解三种检索范围选项。若读者想将原文及注解一并搜寻，可选"包含注解"选项，若只想查询原文部分，不包含注解，可选"排除注解"，反之，可选择"只查注解"选项。

此外，该数据库统还提供限制分类查询、限制页面标题查询，限定页面标题开头查询等查询方式。搜寻的结果按所输入的关键词的相关程序进行排序，读者也可选择"页面标题 – 顺排"、"页面标题 – 倒排"、"页面更新"、"热门程度"等方式进行排序。如果读者若希望将查询结果按日记日期排列，可选择按页面标题排序方式，将相同日记加以集中后再按日期显示。按页面标题排序时，标题内的英文与数字系按字序排列；汉字则按 Unicode 字码大小排序，而非按其笔划顺序，因此笔划少者不一定会排在笔划多者前方。

“台湾日记知识库”对日记原文进行注解，为读者阅读与理解日记并了解记主提供了极大的便利。且该数据库检索的范围选项精确而合理，方便而快捷，但知识库并没有将检索方式分为“简单检索”与“高级检索”两种方式，而只单纯显示搜寻栏，并使用各种符号加以区分检索，符号虽不多，但容易使读者混淆。

参考网址：http://taco.ith.sinica.edu.tw/tdk/

（郑若萍 辑）

221. 《台湾文献丛刊》资料库（“中央研究院”台湾史研究所）

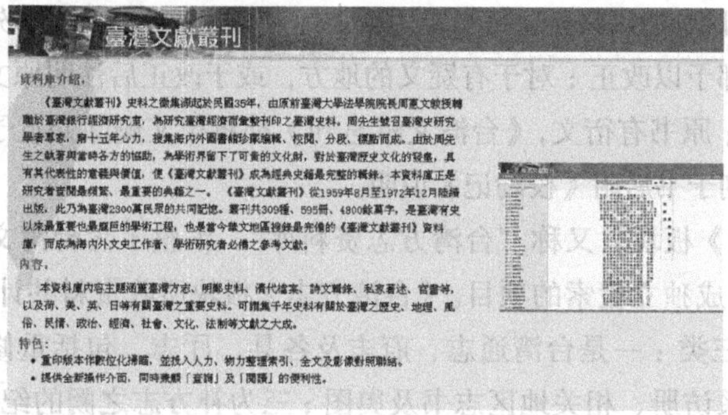

“《台湾文献丛刊》资料库”由“中央研究院”台湾史研究所建置，属于“中央研究院”台湾史研究所档案馆馆藏数据库。《台湾文献丛刊》是台湾银行经济研究室在 1957—1972 年间编印出版的台湾研究相关文献大集结。

“《台湾文献丛刊》资料库”为台湾“‘中央研究院’瀚典全文检索系统”的一个子检索系统。“瀚典全文检索系统”包含汉语全文资料库、古汉语语料库、《台湾文献丛刊》、《文心雕龙》、《佛经三论》、《清代经世文编》、《中华民国史志日志》、《新民说》、内阁汉文题本专题档案、邢科婚姻类提要、姚际恒著作集、泉翁大全集、《正统道藏》、词话集成、新清史－本纪、《乐府诗集》、闽南语俗语唱本《歌仔册》等 17 个资料库。

“《台湾文献丛刊》数据”下分《台湾文献丛刊》及《台湾方志》两大版块。

《台湾文献丛刊》在台湾银行经济研究室周宪文先生策划主持下从事编印，共收台湾研究资料 309 种，计 595 册。就创作宗旨而言，周宪文先生认为：“研究历史，一要有史料，二要有史观；前者有公开资料的风气，后者得凭个人独特的修养。”因而，《台湾文献丛刊》的创刊宗旨，不仅是在尽量挖掘并提供有关台湾的研究资料满足

"台湾研究"这一专题之需，更是"为学人服务"、"为学术进步致力"，便于社会上拥有正确史观的高明之士进行深入研究。就藏主而言，《台湾文献丛刊》所收资料有公家所藏，有私家所藏。就藏地而言，有台湾所藏，有海外所藏，其中以台湾本地居多，且收录了不少海内孤本、抄本及稿本等。就资料时限而言，《台湾文献丛刊》本以"清代有关台湾的私人著述"为限，后因客观环境之需要，变更为：除私人撰述外，并及官书；除清代人士所转述外，上及唐、宋、元、明之文，下逮日治时期台湾当地人士著述。就资料内容而言，以台湾为中心，一切直接或间接有关台湾地理、历史、风俗、人情等的资料，《台湾文献丛刊》都尽力搜集。就编纂体例而言，《台湾文献丛刊》在原则上对已有序跋的资料，不另加序文，但若干重刊旧印本或抄本，尤其是稿本，必须要有所说明时，都加"弁言"或"后记"。此外，每书目录，均加注页码，以便检索；没有目录的书籍，均加以目录编排；书中目录与卷首目录不符的，均据书中目录加以订正。每书皆用新式标点排印。原书凡是有舛误的地方，《台湾文献丛刊》都予以改正；对于有疑义的地方，或于改正后注明原文，或于原文下注明疑漏之文；原书有衍文，《台湾文献丛刊》都将衍文删除并且予以说明；至于舛误过多的，则于书后附《校勘记》说明。

《台湾方志》板块，又称"台湾方志资料库"，汇整了《台湾文献丛刊》中所有方志类书，自成独立检索的项目。《台湾方志》板块所收资料共计 46 种，116 册，其内容可分为三类：一是台湾通志、府志及各县、厅志，包括重修、续修各种版本；二是各地采访册、相关地区志书及舆图；三为补方志之阙的纪略、资料。"台湾方志资料库"的版本，皆为《台湾文献丛刊》标点本，惟高拱乾、范咸、蒋毓英的《台湾府志》(简称高志、范志、蒋志)，采用 1985 年北京中华书局版。"台湾方志资料库"因搜集的是《台湾文献丛刊》中方志类书目，因而资料库各书目前的序号与《台湾文献丛刊》书目序号相一致，如"台湾方志资料库"目录第 2 条为"六八清一统台湾府"，"六八"表示《清一统台湾府》一书在《台湾文献丛刊》中的序号。

"《台湾文献丛刊》资料库"所有目录及全文全面开放，读者无需申请浏览账号，点击目录找到所需书目点击进入便可阅读。此外，输入所需查询的关键词，读者即可对《台湾文献丛刊》及"台湾方志资料库"进行分别检索。

"《台湾文献丛刊》资料库"所收资料全面，包含海内外、公家及私人所藏书，资料范围也自上古至日治时期，且各书经过严密的校勘、考订，不仅便于普遍读者阅读、更有利于学术研究，也具有很高的收藏价值。

参考网址：http://hunteq.com/taibook.htm

（郑若萍 辑）

222. 上古汉语标记语料库（“中央研究院”语言学研究所）

“上古汉语标记语料库”是“中央研究院”“古汉语素语料库”的一个次语料库，应汉语史研究需求而建成。“中央研究院”“古汉语素语料库”的建构始于1990年，始创者为黄居仁（历史语言研究所研究员）、谭朴森（英国伦敦大学亚非学院教授）、陈克建（信息所研究员）、魏培泉（历史语言研究所研究员）等，最初经费来源为蒋金国基金会以及“中央研究院”历史语言研究所，目标只是搜集上古汉语（先秦至西汉）的素语料。“古汉语素语料库”的构建自构建之初至今未曾间断，语料也由上古汉语扩充到中古汉语（东汉魏晋南北朝）和近代汉语（唐五代以后），并分别于1995年、1997年对上古汉语语料、近代汉语语料进行标注。

“中央研究院”“古汉语素语料库”又依据是否经过断词及标词类而分成两类，即未加标的素语料库以及有标注的标记语料库。目前，素语料库所搜集的语料已含盖上古汉语、中古汉语、近代汉语大部分的重要语料，并已陆续开放使用；在标记语料库方面，上古汉语及近代汉语都已有部分语料完成标注的工作，资料库视结果逐步提供上线检索。

目前该数据库还不能上线检索，对该数据的检索、查询功能，暂无法作出详细介绍。

参考网址：http://ancientchinese.sinica.edu.tw/

（郑若萍 辑）

223. 近代汉语标记语料库（“中央研究院”语言学研究所）

“近代汉语标记语料库”是“中央研究院”“古汉语素语料库”的一个次语料库。“中央研究院”“古汉语素语料库”是应汉语史研究需求而建构的语料库。“中央研究院”“近代汉语标记语料库”网页版已于2001年11月开放供各界使用。该数据库目前提供《红楼梦》、《金瓶梅》、《平妖传》、《水浒传》、《儒林外史》、《醒世姻缘》、《西游记》、《关汉卿戏曲集》、《元刊杂剧三十种》、《永乐大典戏文三种》等10部古典文献语料的在线检索。

读者首先可设定文献的搜索范围：或小说、或戏剧、或全部资料或某一部小说或戏剧。在弹出的“内容检索”页面，可对所查询词的词类及关键词的语法特征进行限定。词类候选单及特征候选单可分别查看语料库提供的附录一及附录二。在“内容检索”页面，读者可直接在下拉框中选择各种词类及特征。另外，读者还可对重叠词进行搜索，重叠词分AAB（如：试试看）、ABB（如：亮闪闪）、AABB（如：高高兴兴）、ABAB（如：研究研究）等四种格式。所有检索结果均显示关键字所在句及出处。另外，在检索结果显示页面，读者可点击“进阶检索”，分别对词项、词头、词尾、词类、词类特征、重叠词形态等进行检索，还可对显示的结果进行语料筛选、对词类出现的数量进行统计，还可依所需条件对语料进行排序。

“近代汉语标记语料库”的查询功能和断词标类的凭准，与“中央研究院”“现代汉语平衡语料库”大致相同，但也有其特色：如在查询功能方面，“近代汉语标记语料库”可以在显示词项及其词类的同时，显示例句的出处，便于历史语法的研究者使用；在断词标类的凭准方面，“近代汉语语料库”也因着眼不同而做了一些变动。

“中央研究院”语料库网页版的所有功能均对外开放使用，但为防主机资源耗用过剧及顾及数据传输的实际限制，语料库暂以检索结果为限制的条件：院内检索限两万行数据，院外检索限2,000行数据。

“近代汉语标记语料库”相对于“古代汉语标记语料库”来说，对外提供了全面的检索功能，而且提供的检索条件非常详细，词语的词头、词尾检索极为方便，为研究学者研究近代汉语提供了极大的便利。

参考网址：http://db1x.sinica.edu.tw/cgi-bin/kiwi/pkiwi/pkiwi.sh

（郑若萍 辑）

224. 先秦甲骨金文简牍语料库（“中央研究院”语言研究所）

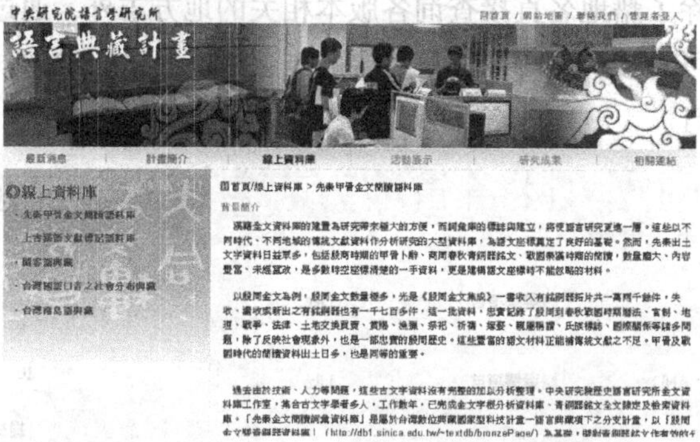

“先秦甲骨金文简牍语料库”由“中央研究院”语言研究所建置，旨在搜集和保存先秦金文、简牍所包含的丰富语料，同时金文、简牍所包含的历法、官制、地理、战争、祭祀、氏族标志等诸多材料可补传统文献的不足。

“先秦甲骨金文简牍语料库”分为金文、甲骨以及简牍三个子数据库。以金文词汇数据库为例。金文词汇数据库包括三个部分：词汇库查询、词汇库索引以及词汇库管理。词汇库查询可以自行输入关键词或以《殷周金文集成》青铜器器号进行检索；若无任何金文的先备知识，也可通过词汇库索引，以词类和更精确的内容分类找出符合条件的词汇，更可以“时代”和“出土地”相关的时空数据缩小检索范围。

为方便读者浏览观察，检索结果每个字段都提供排序功能，同时尽量提供已有的研究成果加以批注说明，例如在“人名”部分可连结至“先秦人物志”数据库，据此，读者可以在人名交叉比对的过程中，发现人物身份及关系。“地名”、“国族名”以及“出土地”部分，读者可连结到“中华文明之时空基础架构”（http://ccts.sinica.edu.tw/），即可藉此获得清晰的地理信息概念。读者也可点选“器号”连结至“殷周金文暨青铜器数据库”，更进一层得到铭文全文隶定、拓片影像及青铜器后设数据等信息。

“词汇库管理”主要提供给系统管理者对整个系统进行维护、数据建置及更新。

因该数据库网页目前在更新当中，关于该数据库的详细资料还待完善。

参考网址：http://languagearchives.sinica.edu.tw/cht/index.php?code=list&ids=26

（郑若萍 辑）

225. 中国大陆各省地方志书目查询系统（“中央研究院”图书馆）

“中国大陆各省地方志书目查询系”统由“中央研究院”图书馆建置。长久以来，国内外皆已有不同版本的地方志目录的出版，但一套整合性的在线地方志目录，能供用户从网络上立即查询检索的书目检索系统则尚未创见也，中国各省地方志书目查询系统的建置即旨在填补此空缺。此外，该系统与“中华文明之时空基础架构”相接，因而读者除了藉地名直接查询各版本相关的地方志外，通过“中华文明之时空基础架构”还可直接从地图上任一特定的点、线、面进行检索，以取得与各方位相关的地方志数目。

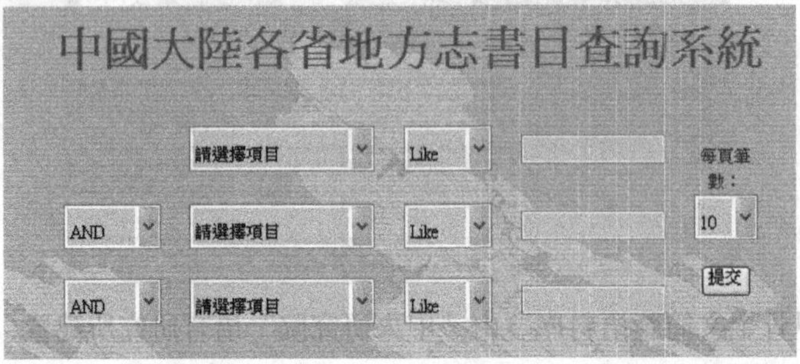

“中国各省地方志书目查询系统”以《中国地方志联合目录》为基础，参照2000年新出版的《中国地方志总目提要》等，增补1949年以后各地新编如省、县、市志、自治州志、乡志、街志等2,000余种。凡具有方志初稿性质的志料，以及新刊行的孤本地方志，该数据库都加以著录。简而言之，该系统所收录的地方志基本涵盖宋、元、明、清各时期，特别是1949年以后的地方志。

读者可针对地方志的省份、地区、地方志名、编修者年代、编纂人名、公元字段进行检索，检索结果涵盖方志名、卷数、纂修者、丛书名、出版地、修纂时间、出版时间、版本、备考、馆藏地、稽核项等。凡有数种版本的地方志，该地方志目录只编一号，并在地方志名称及纂修者下，分别列举版本；若有其余残本或不同名称，则另编一项。通过稽核项，读者可了解所需查询地方志的地图、图版、插图数量以及图版颜色、折页、大小、放置位置等状况。

参考网址：http://webgis.sinica.edu.tw/place/

（郑若萍 辑）

226. 古文字的世界（台湾“国科会数位博物馆”）

“古文字的世界”为台湾“国科会”数位博物馆先导计划之一，该计划由钟柏生任计划主持人。“古文字的世界”分为甲骨文、金文及东周文字三个部分。

甲骨文部分列有“甲骨文的发现、搜集与流传”、“不问苍生问鬼神－殷王算命”、“甲骨文的内容”、“甲骨文小常识”四个版块。通过文字与图片，该网站简要介绍了王懿荣、刘鹗等人与甲骨文的发现传奇。为展示甲骨正式发掘的艰辛与成就，特意以当时日记的形式再现了1936年YH127坑发掘甲骨的一段“神话”。关于甲骨占卜的具体过程和甲骨文的具体内容，涉及到大量的专业知识，该网站均给出了详细的文字说明，同时配以相应的图片和专业解释。金文部分无法显示。东周文字部分则有“东周文字发现纪要”，重点介绍了“孔子壁中书”、“汲冢竹书”两批著名材料；“东周文字的种类”则介绍了货币文字、简牍文字、简帛文字、玺印文字、陶器文字、玉石器文字、漆器文字等；另外还有“大家来学‘东周文字’”和“东周文字研究述要”两个版块，但未链接具体内容。

除知识介绍外，“古文字的世界”还设计有专门的“资料库”版块。首先列出甲骨文、金文及东周文字中，出现贝字及以贝子为偏旁的字形总表。点选字形总表中的任何一个字形，即可链接进入资料库。“古文字的世界”内容分为下列几项：字头、字形、析行、词性、词义、辞例、出处、语译与说明。部分的辞例可以链接拓片，以便使用者参考。

参考网址：http://ultra.ihp.sinica.edu.tw/~bronze/

（汶莹莹 辑）

227. 明人文集联合目录与篇名索引资料库（汉学研究中心）

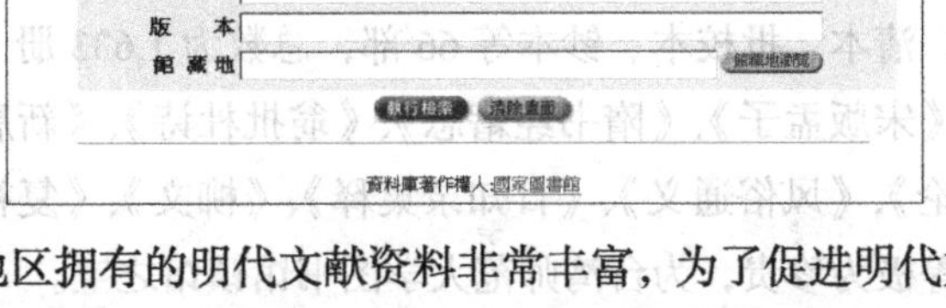

目前，台湾地区拥有的明代文献资料非常丰富，为了促进明代文学的研究工作，汉学研究中心将台湾地区收藏单位（包括台湾故宫博物院图书馆、台湾大学图书馆、“中央研究院”历史语言研究所傅斯年图书馆、台北“国家图书馆”。）所收的明代文献加以整合，加上汉学研究中心所藏明人文集，初步建置了“明人文集联合目录

与篇名索引资料库”。

“明人文集联合目录与篇名索引资料库”有“联合目录”和“篇目索引”两大功能，具备全文、篇目、书名、作者检索等多项检索功能。所提供的检索方式有：“全文检索”、“文集书名、作者、版本及馆藏地等索引浏览”两种方式，为从事明、清文学研究的学者及爱好者提供了比较方便快捷的资料查询系统。

进入“明人文集联合目录与篇名索引资料库”，使用者可以选择“基本书目查询”或者选择“书名浏览”、“作者浏览”、“馆藏地浏览”等搜索项，进行查询。如：在“作者浏览”项输入“徐渭”，在结果中我们可以找到八种徐渭的书籍以及书籍的版本情况。

此外，“明人文集联合目录与篇名索引资料库”网站的书可以下载，但每次不能超过200笔，此数据库为学术研究提供了很多便利。

参考网址：http://ccs.ncl.edu.tw/expertdb5.aspx

（毋燕燕 辑）

228. 善本古籍数字典藏系统（台湾师范大学）

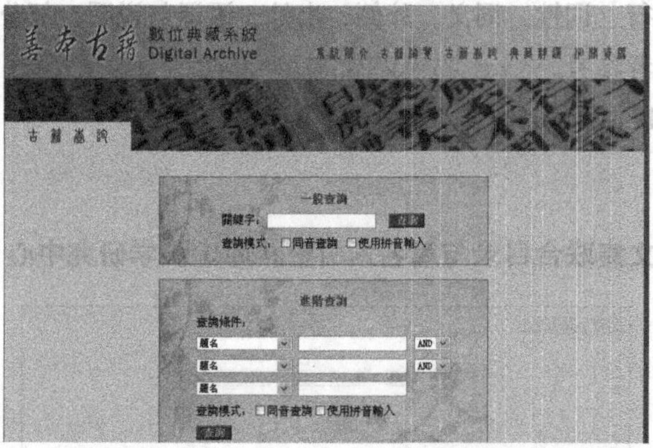

据台湾师范大学图书馆网站介绍，台湾师范大学典藏古籍包含善本书及线装书共计25,880册，分散存放于总图书馆及国文系。善本书计有宋本一部、元本一部、明本122部、清本、批校本、钞本等66部，总数为1,633册；普通本线装书计24,247册。其中《宋版孟子》、《隋书经籍志》、《翁批杜诗》、《新唐书纠缪》、《东华录》、《白虎通德论》、《风俗通义》、《日知录集释》、《柳文》、《复初斋文集》、《小方壶斋舆地丛钞》等极为珍贵，为台湾师范大学图书馆镇馆之宝。

近年来信息科技的进步促使图书馆不断改善典藏品的利用方式，以提供读者更便捷的服务。台湾师范大学图书馆为方便读者可以无远弗届地利用珍藏的古籍，也避免古籍因一再借阅而受损，特规划数字化作业，于2005年度计划实施“本校珍藏古籍及艺术品数字典藏项目”。自2006年7月起，每年编列经费执行善本书扫描工作，截至2010年10月止，已扫数量291种1,515册、完成123，958页。自2008年起，陆续建置“善本古籍数字典藏系统”，将已扫描的善本古籍全文影像上网供读者使用。

“善本古籍数字典藏系统”提供馆藏古籍的相关书目数据，读者可检索古籍的类型、题名、作者、索书号、师大图类目、版本、序跋题校者、出版时间、主题等，还可以点选该书的卷次及篇目，以便在网络上阅览到整部古籍的影像，这批数字典藏品将可成为重要的汉学研究资源。

“善本古籍数字典藏系统”分为“古籍浏览”、“古籍查询”、“典藏精选”、“相关资源”等部分组成。

“古籍浏览”分为一般浏览和和主题浏览。一般浏览分为列表和详目两种显示方式。列表显示有编号书籍题目、作者、版本和索引号，详目则有该书的具体浏览内容如该书的编号、类型、索书号、题名、英文题名、师大图类目、登录号、作者、版本、版式、外形高度、装订、丛书名、馆藏单位等方面来浏览，甚为详细。主题浏览分为根据经部、史部、子部、集部、丛部来进行浏览。。

“古籍查询”分为一般查询和进阶查询。一般查询可用关键字进行检索，进阶查询则根据书籍的具体内容诸如题名、作者、版本、索引号、出版时间等来进行检索。一般查询和进阶查询下都有同音查询和使用拼音输入两种辅助输入方法。

“典藏精选”一栏有号为台湾史范大学图书馆镇馆之宝的宋版清版珍贵书籍几种，如《宋版孟子》、《隋书经籍志》、《翁批杜诗》、《新唐书纠缪》、《东华录》、《白虎通德论》、《风俗通义》、《日知录集释》、《柳文》、《复初斋文集》、《小方壶斋舆地丛钞》等，并可浏览全文影像。

“相关资源”一栏中有其他图书馆的相关链接，如台北“国家图书馆”“中文古籍书目资料库”、台北“国家图书馆”“古籍影像检索系统”、台北“国家图书馆”特藏线上展览馆、认识中国古书、“中央研究院”傅斯年图书馆“善本古籍数位典藏系统”、香港大学冯平山图书馆“馆藏善本目录”、上海图书馆“古籍书目查询”、中国人民大学图书馆“普通线装古籍书目数据库”、中国国家图书馆“善本古籍文献总库”、北京大学数字图书馆“古文献资源库”、中国科学院文献情报中心“古籍管理系统”、复旦大学图书馆古籍部“明人文集书目”、复旦大学图书馆古籍部“清人文集书目”、东洋文化研究所所藏“汉籍善本全文影像资料库”、东洋文化研究所“汉籍目录”等15种。

参考网址：http://da.lib.ntnu.edu.tw/rarebook/ug-101.jsp

（王叶迟 辑）

229. 中华电子佛典在线藏经阁 CBETA 电子佛典集成（中华电子佛典协会）

由台湾大学佛教研究中心释恒清法师开始筹募所需经费，并由“北美印顺导师基金会”与“中华佛学研究所”全力支持赞助后，于 1998 年 2 月 15 日假法鼓山安和分院举办筹备会议并于当日正式成立“中华电子佛典协会”。“中华电子佛典在线藏经阁 CBETA 电子佛典集成”是由中华电子佛典协会制作。“中华电子佛典在线藏经阁 CBETA 电子佛典集成”是以《大正新修大藏经》（大藏出版株式会社）第一卷至第八十五卷、《卍新纂续藏经》（株式会社国书刊行会）第一卷至第九十卷为底本，并正式取得该底本版权者大藏出版株式会社及株式会社国书刊行会输入。

“中华电子佛典在线藏经阁 CBETA 电子佛典集成”适用于 MS Windows 98 以上的操作系统，须安装 Internet Explorer 6.0 以上的版本。“中华电子佛典在线藏经阁 CBETA 电子佛典集成”全文检索可具体册、页、栏、行，也可具体到具体经文出处，检索起来甚是便利。

参考网址：http://www.cbeta.org/index.htm

（王叶迟 辑）

230. 佛光山电子《大藏经》（佛光山文教基金会）

佛光山电子《大藏经》由佛光山宗委会发行，佛光山文教基金会出版。系统以佛光山编纂的《佛光大藏经》为底本建置而成。目前已完成《佛光大辞典》、《禅藏》、《阿含藏》、《佛光教科书》，并制成光盘。佛光山电子《大藏经》每种查询皆有该电子版简介、安装和使用说明，甚为明了方便。佛光山电子《大藏经》同时具备在线简易查询的功能，其中经典项包括阿含藏查询、禅藏查询、净土藏查询、般若藏查询、法华经查询；词典项有佛光大辞典查询；星云大师著作项有迷悟之间查询、佛光教科书查询。使用者可输入字符串查询佛光山电子《大藏经》的相关内容。

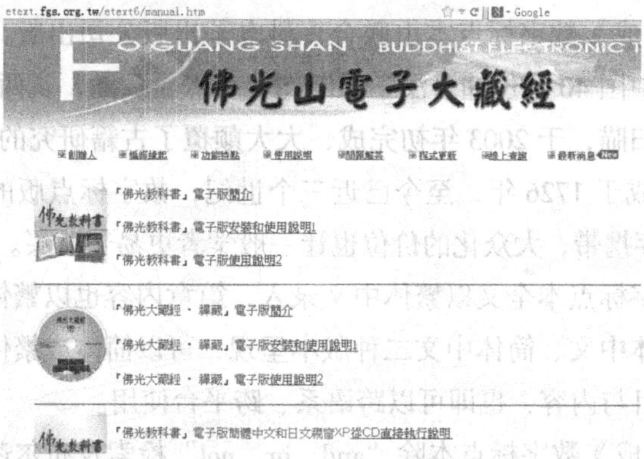

参考网址：http://etext.fgs.org.tw/etext6/manual.htm

（王叶迟 辑）

231. 《古今图书集成》数字标点版（联合百科电子出版公司）

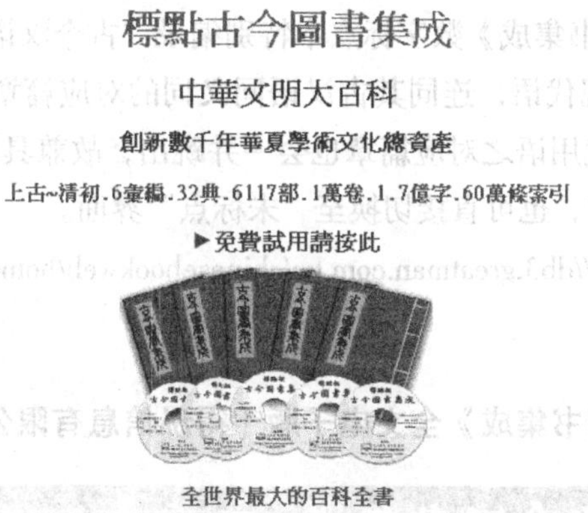

《古今图书集成》由清陈梦雷编撰，蒋廷锡校订，康熙皇帝钦赐书名，雍正皇帝写序，是我国现存最大的类书。全书 1 万卷，目录 40 卷，分为 5,020 册，520 函，42 万余筒子页，1.6 亿字，内容分为 6 汇编、32 典、6,117 部。全面收录了从上古到明末清初的古代文献资料，全书按天、地、人、物、事次序展开，规模宏大，分类细密，纵横交错。举凡天文地理、政治经济、军事法律、哲学伦理、教育科举、文化艺术、音乐舞蹈、琴棋诗画、宗教神话、禽虫草木、农桑渔牧、医药偏方、油盐茶酒、木陶舟车……图文并茂，无所不包，并有 6,000 多幅精美图表，具有极高的史料、文献、学术、科研与实用价值，被中外誉为“大清百科全书”，篇幅为《大英百科全书》的四倍，既是我国现存最大型、最重要的类书，也是全世界最大的百科全书。

《古今图书集成》数字标点本由联合百科电子出版公司出版。《古今图书集成》数字标点本动员中国40余位知名汉学家断句、标点、校勘，及两岸60余名软件工程人员研发打字扫瞄，于2003年初完成，大大颠覆了古籍研究的旧思维。《古今图书集成》初版印成于1726年，至今已近三个世纪，数字标点版的问世，不仅更易于阅读理解，储存携带，大众化的价位也让一般学者更易于购买。为忠于原著，《古今图书集成》数字标点本全文以繁体中文录入，篇章内容也以繁体中文呈现，但软件界面分别以繁体中文、简体中文二种版本呈现，可以简体或繁体输入，搜寻相对应的繁体中文篇目与内容，也即可以跨语系、跨平台使用。

《古今图书集成》数字标点本除“and、or、not”检索及布尔逻辑模糊检索等主功能外，用户还可从目录中依汇编、典、部、汇考等经纬目分层浏览，或自订检索范围、自选检索项目查找图文，检索结果中除呈现查找到的篇章标引外，还会呈现关键词词频、关键词色字标示、继续查询等加值功能。此外，独具“查询管理”与“分类管理”功能，方便用户储存检索结果再利用，以及自设数据夹复制、剪贴、编辑等，将数据库的主副功能发挥至极致。

另外，《古今图书集成》数字标点本特别编录“古今汉语同义词库”，收录1万多条同义词，输入现代语，连同其古汉语同义词的对应篇章都会一并找出，反之，输入古汉语，其现代用语之对应篇章也会一并跳出，故兼具语文教学功能。而习惯阅读未标点版的用户，也可直接切换至“未标点”界面。

参考网址：http://db3.greatman.com.tw/chinesebookweb/home/index.asp?inorout=out

（王叶迟 辑）

232. 《古今图书集成》全文电子版（得泓信息有限公司）

《古今图书集成》全文电子版由得泓信息有限公司提供数据库内容，大铎信息股份有限公系统制作。这部工具书全书现已数字化，以提供更便利多元的检索途径，让今人悠游于浩瀚无比的古文献海洋，探索先人的知识结晶。

《古今图书集成》全文电子版主要特色：数据重新整理编排为25,151卷，全文依照原件式样输入，利于阅读；每一卷的目录重新拆解、编排以阶层式结构呈现并可对应全文；内含35,784个古文罕用字，以Unicode或图形表达；使用环境简易，Win98环境以上，即可使用此数据库；查询后提供了读者"目录对照全文"或"摘要对照全文"的功能；系统操作简易，结构分明，指引清楚，让使用者解除完全不知身在何处的困扰；

《古今图书集成》全文电子版在检索查询后提供了"摘要或目录"的全文查询，全文影像调阅的部分，使用全国唯一全彩全文影像阅览方式，将检索到的值以"红色斜体"文字来表示，也可使用此系统特别提供的上下翻找按键来查询数据，更贴心设计了"放大"、"打印"、"存盘"的功能。

《古今图书集成》全文电子版主要功能有：（1）分类检索：可依原有的六大汇编、32典及各部所属的汇考等类别作顺序浏览。（2）标题检索：可就已知的标题进行直接检索。（3）布尔检索：可经由and、or、not三种操作数分别进行词汇组合检索。（4）图谱检索：可以输入图名即可检索。（5）全文检索：可地毯式的搜索《古今图书集成》全部1.44亿字。另外，还有古今地名对照、特殊字及考证数据查询等功能。

参考网址：http://192.192.13.178/book/index.htm

（王叶迟 辑）

233. 《使信月刊》（1850—1947）影像资料库（汉珍数位图书公司）

1847到1900年间活跃于苏格兰的联合长老教会（United Presbyterian Church）非常热衷于海外宣教，而中国与满州是其主要的宣教点之一。1847年闻名的布道家宾威廉（William Chalmers Burns，1815—1868）受聘为其第一任海外宣道师前往中国，以闽南（1850年入厦门）、粤东（以汕头、潮州、汕尾为中心）及台湾南部（1865年设教）为主，且于1881年起至新加坡及马来西亚传教。其传道区域，用闽南腔者最多，也有用客家语者，因而客家传道也于汕头为基点进行。

英国长老教会的机关报，中文译名为《长老教使信》或《使信月刊》，记录该会的宣教史。

《使信月刊》收录多位19世纪到中国及台湾的宣教师回报母会宣教实况的纪录。

（毛建军 辑）

234. 《国粹学报》全文资料库（1905—1911）（汉珍数位图书公司）

1904年月发行《国粹学报》。《国粹学报》以月刊发行，用文言文纂写稿件，着重语言文字、典章制度、人物事述，主要纂稿人多为当时有名的国学大师，《国粹学报》受重视的程度不言自明。《国粹学报》重视学术史研究，而求古今学术的会通，分社说、政篇、史篇、学篇、文篇、丛谈、纂录等七编，另有附录；其中“纂录”及“附录”不只是该刊各执笔人的文字，主要是包含历代先贤的未刊搞。《国粹学报》第26期开始增设了“博物”一栏，刊录了100多幅以中国本土的动植物为对象的“博物图画”，即是古今学术会通的表现。《国粹学报》自1905年2月23日创刊至1911年3月停刊，发行82期，共收录当时国学权威著作600余种，明遗民和清代以来学者遗文400余篇。该刊每期均附有历代名人画像以及各类图片（含拓片、书法、绘画、博物图等），累计有600余幅。全部数据库检索条目超过3,000条。原文影像采用广陵书社在2006年3月所出版的复刻版，该版本以民国初年的分类汇编本为底本，每一期的图画分别抽出，汇编于书前；同时对正文部分详列其目，缀于正文前以便读者使用。

（毛建军 辑）

235. 汉文《台湾日日新报》全文电子版（汉珍数位图书公司）

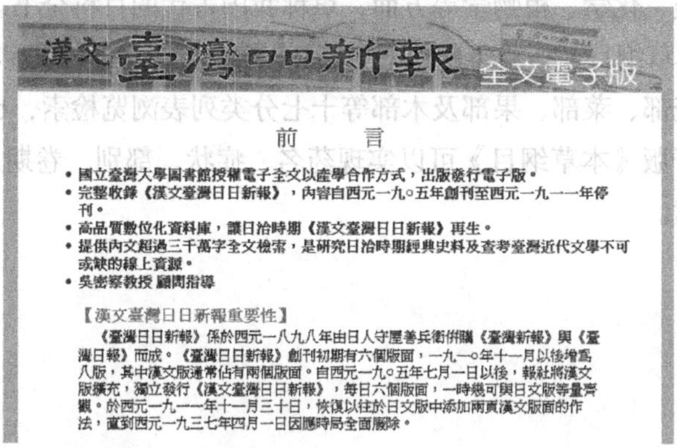
漢文臺灣日日新報 全文電子版

前　　言

• 國立臺灣大學圖書館授權電子全文以產學合作方式，出版發行電子版。
• 完整收錄《漢文臺灣日日新報》，內容自西元一九○五年創刊至西元一九一一年停刊。
• 高品質數位化資料庫，讓日治時期《漢文臺灣日日新報》再生。
• 提供內文超過三千萬字全文檢索，是研究日治時期經典史料及查考臺灣近代文學不可或缺的線上資源。
• 吳密察教授 顧問指導

【漢文臺灣日日新報重要性】

《臺灣日日新報》係於西元一八九八年由日人守屋善兵衛併購《臺灣新報》與《臺灣日報》而成。《臺灣日日新報》創刊初期有六個版面，一九一○年十一月以後增爲八版，其中漢文版通常佔有兩個版面。自西元一九○五年七月一日以後，報社將漢文版擴充，獨立發行《漢文臺灣日日新報》，每日六個版面，一時幾可與日文版等量齊觀。於西元一九一一年十一月三十日，恢復以往於日文版中添加兩頁漢文版面的作法，直到西元一九三七年四月一日因應時局全面廢除。

完整收录《汉文台湾日日新报》，内容自 1905 年创刊至 1911 年停刊。《台湾日日新报》为日本治理台湾时期，发行量最大、延续时间最长的报纸，其出版质量为人称道，甚或有史学家连横、尾崎秀真等任职该报而使《台湾日日新报》奠下良好发展基础。提供清晰全文影像，微卷共计 10 余万页面数据转为通用 PDF 格式，重现台湾史珍贵学术资源。浏览并检视全文。

（毛建军 辑）

236. 《本草纲目》电子版（汉珍数位图书公司）

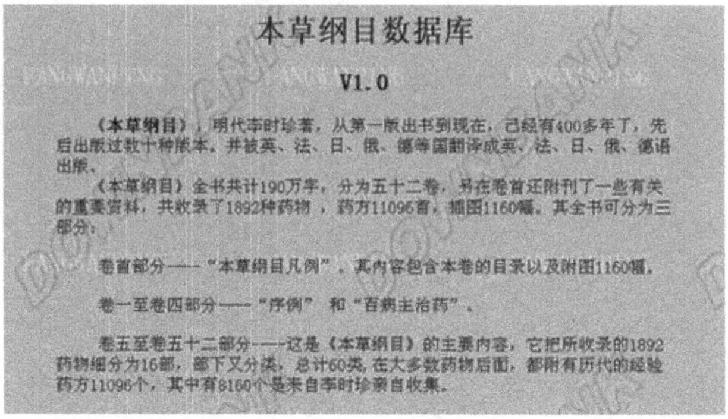
本草纲目数据库

V1.0

《本草纲目》，明代李时珍著，从第一版出书到现在，已经有400多年了，先后出版过数十种版本，并被英、法、日、俄、德等国翻译成英、法、日、俄、德语出版。

《本草纲目》全书共计190万字，分为五十二卷，另在卷首还附刊了一些有关的重要资料，共收录了1892种药物，药方11096首，插图1160幅。其全书可分为三部分：

卷首部分——"本草纲目凡例"，其内容包含本卷的目录以及附图1160幅。

卷一至卷四部分——"序例"和"百病主治药"。

卷五至卷五十二部分——这是《本草纲目》的主要内容，它把所收录的1892药物细分为16部，部下又分类，总计60类，在大多数药物后面，都附有历代的经验药方11096个，其中有8160个是来自李时珍亲自收集。

《本草纲目》是明代伟大的医药学家李时珍穷毕生近三十年的精力研读大量医学专书所完成。李时珍生长于世代医业人，在继承家业、研习医药的道路上有感于本草书籍有许多谬误之处，为古代本草进行了全面的整理、补阙及修正，更提出了许多创新的见解及思维。李时珍家学渊源以及日后在太医院当御医，为重修本草之路提供了许多有利条件，逐兴起立下重修本草药学的志愿。

《本草纲目》有系统地总结了明代以前的所有药物成就，《本草纲目》的博大精深至今仍是海内外本草医学上最重要的著作，内容不仅表现在药物学方面，而且还旁及天文、地质、化学、植物学等方面，堪称我国古代的百科全书。

电子版《本草纲目》具有药名浏览功能，读者可以通过药名或症状依水部、火部、土部、草部、壳部、菜部、果部及木部等十七分类列表浏览检索，也可全页PDF档进行阅读。电子版《本草纲目》可以实现药名、症状、部别、卷期及全文等五个字段的关键词检索。

（毛建军 辑）

中国香港

237. 中国古籍库（香港中文大学图书馆）

香港中文大学图书馆中文古籍善本典藏收录超过 850 种，共 1. 4 万册中文线装书珍本。藏书年份上溯元朝，下迄清乾隆时期。书库内部分藏书更是硕果仅存的珍本，如元刻本《小学书集成》、明刻本《青湖先生文集》及《轂音集》、清文澜阁《四库全书》写本、《中丞集》及《书影》等。图书馆出版有《香港中文大学图书馆古籍善本书录》、《香港中文大学图书馆中国古籍目录》，以作导引。

为了妥善保存这批珍贵的文化资产，同时提高馆藏使用率，香港中文大学图书馆自 2006 年起，积极推动古籍数字化计划，希望通过数字科技，将古籍目录、影像等数据编目建置资料库并上传网络，使馆藏得以突破时空限制，便利海内外学术研究使用。“中国古籍库”依据《香港中文大学图书馆古籍善本书录》、《香港中文大学图书馆中国古籍目录》两书而成，一些较珍贵的罕见的藏书，均附书影。直至 2007 年 12 月底，已有 533 种 2,077 册有电子版。

“中国古籍库”浏览古籍分以下条目：题名浏览、拼音题名浏览、撰著者浏览、版本浏览、出版 / 刻印浏览、出版年浏览。分类浏览后可出现所欲浏览图书的具体情况，如题名、拼音题名、其他题名、撰著者、出版年、出版年（公元）、版本、册数、装订、其他著者、四库分类、附注、索书号、馆藏、资料来源等，实为详瞻。

“中国古籍库”古籍检索分为简单检索和进阶检索。简单检索输入所需文字进行检索，进阶检索便可按上述如题名、撰著者等条目进行选择性检索。

参考网址：http://chrb.lib.cuhk.edu.hk/LatestNews.html

（王叶迟 辑）

238. 郭店楚简数据库（香港中文大学图书馆）

“郭店楚简数据库”由香港中文大学图书馆与香港中文大学中国语言及文学系张光裕教授共同制作，并发放于互联网内，主要为张光裕教授《郭店楚简研究·第一卷·文字编》乙书载录16篇释文修订本，提供全文检索。《郭店楚简研究》根据《郭店楚墓竹简》乙书，对新出土的楚简文字及内容作全面整理及研究。郭店楚简1993年湖北荆门郭店出土，经整理有字竹简703枚，另残简27枚，总字数计12,072文。竹简年代属战国中期偏晚，内容包括《老子》、《太一生水》、《缁衣》、《鲁穆公问子思》、《五行》、《尊德义》等16篇道家及儒家著作。读者如欲检索“郭店楚简数据库”，可按竹简编号、篇目名称、或于内容项下输入有关字词，作全文检索。2001年开始，数据库新增“郭店楚简主要参考论著”检索系统，读者可于作者、书/篇目或出处项下，输入欲查检数据的关键词，即可检获所需。

参考网址：http://bamboo.lib.cuhk.edu.hk/

（王叶迟 辑）

239. 长沙走马楼三国吴简·嘉禾吏民田家莂数据库（香港中文大学图书馆）

香港中文大学张光裕教授、黎明钊教授制作，香港中文大学图书馆建置。数据库是以《长沙走马楼三国吴简·嘉禾吏民田家莂》（文物出版社，1999年版）一书的释文所建成的全文检索系统。出土于长沙走马楼的吴简是了解汉末至孙吴时期，地方官府运作的第一手资料。“嘉禾”是指公布的2,000枚木简，年代多为孙吴嘉禾

4 年（235）和 5 年（236）；“吏民田家莂”则指这批竹简是当地的郡县小吏和百姓租佃官府田地的契约文书。这批资料对研究汉末三国的经济史，价值非凡。读者如欲检索嘉禾吏民田家莂数据库，可于出土编号、地名、人名、年代编号或内容项下输入有关字词，作全文检索。

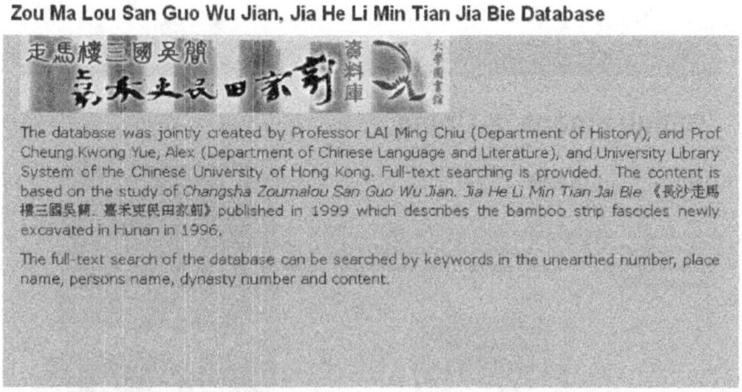

参考网址：http://rhorse.lib.cuhk.edu.hk/

（毛建军 辑）

240. 冯平山图书馆藏善本目录（香港大学冯平山图书馆馆）

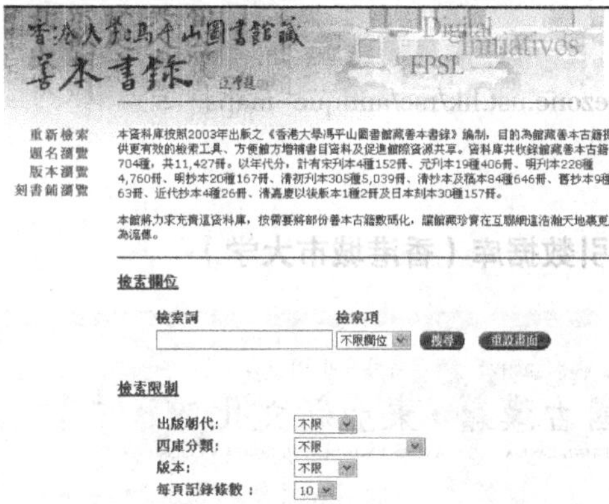

香港大学冯平山图书馆馆藏古籍位居香港各馆前列。“冯平山图书馆藏善本目录”是依据 2003 年出版的《香港大学冯平山图书馆藏善本书录》所编制，收录馆藏善本古籍 704 种，共 11,427 册。以年代分，计有宋刊本 4 种 152 册、元刊本 19 种 406 册、明刊本 228 种 4,760 册、明抄本 20 种 167 册、清初刊本 305 种 5,039 册、清抄本及稿本 84 种 646 册、旧抄本 9 种 63 册、近代抄本 4 种 26 册、清嘉庆以后版本 1 种 2 册及日本刻本 30 种 157 册。使用者可通过题名浏览、版本浏览、刻书铺浏览，或者以检索方式查找。检索可根据检索项输入关键词，检索项有题名、著者、拼音题名、刻书铺、四库分类等。检索结果会详列该书具体信息，如题名、排架号、拼音题名、版本、数量、行格、版式、装订、撰述者、出版年、四库类目等。

参考网址：http://bamboo.lib.hku.hk/fpslindex/

（王叶迟 辑）

241. 古地图数据库（Antique Maps of China）（香港科技大学图书馆）

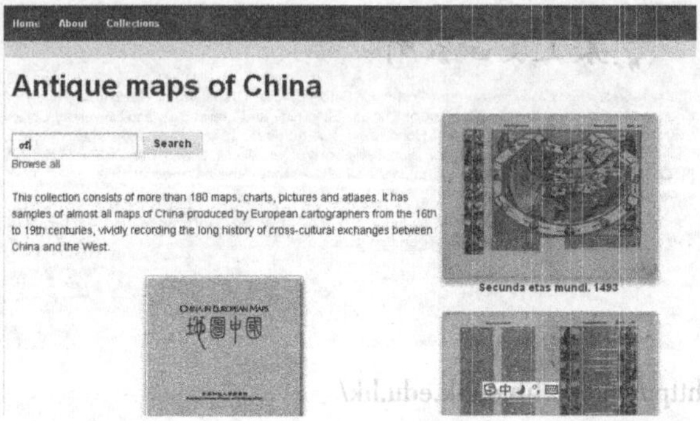

香港科技大学图书馆建置。可检索浏览 16 到 19 世纪欧人所绘的地图影像及其中的著录数据。数据库为英文接口，包括来自香港科技大学图书馆特藏收藏的超过 230 副的欧洲制图生产的中国地图、书籍和地图册。这些地图档案生动记录了中国和西方文化的交流。

参考网址：http://lbezone.ust.hk/rse/antique-maps

（毛建军 辑）

242. 韩国汉籍索引数据库（香港城市大学）

香港城市大学邵逸夫图书馆与美国加州大学伯克利分校东亚图书馆、韩国国立济州大学、韩国景仁出版社合作，将全套 3,000 册的汉文《韩国历代文集丛书》制

成首个附有汉语、现代韩语及韩语罗马拼音索引的网络数据库。

香港城市大学邵逸夫图书馆是目前全港唯一藏有汉文《韩国历代文集丛书》的图书馆。这部文献总汇搜罗完备，被喻为韩国的《四库全书》，内容涵盖哲学、历史、文艺、政治、社会、经济、军事、地理、天文等学科，收录7世纪至20世纪3，000余名韩国学者的作品。

韩国的汉文古籍没有标点，含有大量古体或异体汉字，行文及措辞都与中国古文大有差别，不易解读。因此，城大图书馆与中国文化中心的文化及历史专家，以及中文、翻译及语言学系的韩语及日语学者，通力合作历时近三年，提取逾100万项书名、作者、篇名等资料，为这一套丛书制成索引，纳入数据库。

参考网址：http://www.cityu.edu.hk/lib/digital/kr_classics/index.htm

（毛建军 辑）

243. 《汉达文库》（香港中国古籍研究中心）

《汉达文库》由香港中文大学中国文化研究所中国古籍研究中心于1998年建立，至今已有六个中国古代传世文献及出土文献数据库，分别为甲骨文数据库、竹简帛书数据库、金文数据库、先秦两汉文献数据库、魏晋南北朝文献数据库、类书数据库数据库等。数据库共收录约8,000万字，其年代由商周以至魏晋南北朝，地域则及于楚、齐、鲁等重要文化区域。下面分别叙述：

甲骨文数据库

（1）将七种甲骨要籍中所收录的甲骨文字重新临摹，并加校勘、释文；（2）在窗口系统上，可同时显示甲骨文字原字形及隶定释文；（3）收录所有甲骨文字的字形总表，并附其释文、隶定字、《类纂》编号，以及增补相当数量前人未收录的甲骨文字及其片号。另附有标准甲骨文字库，收录13册《甲骨文合集释文》及《英国所藏甲骨集》等七种海外所藏甲骨卜辞资料，重新整理、校勘，乃互联网上最完备的甲骨文全文检索数据库。数据库特色：（1）采用七种甲骨着录，均为海内外具有国家级受誉的出版审定书物；（2）所有甲骨文字经研究人员重新临摹并加校勘、释文;（3）在窗口系统上,可以同时显示甲骨文字原字形及隶定释文,方便读者参照;（4）设有收录所有甲骨文字的字形总表，每字下附有释文、隶定字、《类纂》编号，并增补相当数量前人未收录的甲骨文字及其片号；（5）提供便捷检索功能，可以通过甲骨单字、关联字符串以及句式进行检索；（6）提供甲骨文字出现字数频率数据，以便专业学者研究分析。

竹简帛书数据库

（1）采用北京文物出版社提供的释文；（2）所有数据经重新点校，并于校改之处加上校改符号；（3）同时显示简帛图片和对照释文；（4）提供单字及字符串两种检索模式。收录出土简帛文献包括《武威汉简》、《马王堆汉墓帛书》、《银雀山汉简》、《睡虎地秦墓竹简》等多种，附释文、图像逐简对照显示。数据库特色：（1）采用北京文物出版社提供的释文；（2）经研究人员重新标点、校勘，凡经校改之处，均加上校改符号，以建立原始文献数据；（3）在窗口系统上，可以同时显示简帛图片和对照释文；（4）选择特定的图片部份时，系统会自动将相关释文对应显示，方便研究；（5）提供便捷的检索程序，可以单字、字符串及句式检索文献，检索结果可直接打印或存档，以便重复查阅。

金文数据库

（1）以《殷周金文集成》为素材，分设汉字部首和原形部首两种检索法；（2）释文分A、B两种形式显示：释文A依据铭文原来位置，以隶定字对应显示，方便读者了解铭文原貌；（3）释文B以隶定字顺序显示，并加句读；提供金文原形字和释文点击对应显示；附有金文的时代、出土、现藏、著录等数据。数据库录入数据主要来源于中国社会科学院考古所编《殷周金文集成释文》（2001年10月出版），总计收录12,021铜器，约1.8万张拓本（包括摹本），约近100万字器物数据说明，另14万字隶定释文，皆经研究人员仔细校勘，具有金文铭文和释文对照检索，以及词串统计等功能。数据库特色：（1）采用荣获多次国家出版金奖的审定书籍《殷周金文集成》;（2）金文字总表检索是根据金文的字形特点进行，分设汉字部首和原形部首检索两种检索方法，方便读者达到快捷检索的目的；（3）释文设有断句，并分A、B两种形式显示。A释文专用隶定古文字，俾便读者了解铭文原貌；B释文以隶定古字顺序显示，俾便读者理解铭文内容；（4）在窗口系统上，设有金文原形字和释文点击对应显示，便于读者学习、研究金文;（5）设有金文每件铜器如时代、出土、现藏、着录等数据说明和注释，以便供读者参考；（6）设有所有金文器铭字数频率数据，俾便专业学者研究、统设及分析。

先秦两汉文献数据库

依据旧刻善本（当中大多为《四部丛刊》本），将先秦两汉传世文献输入计算机，然后重新点校，并于校改之处加上校改符号。两汉及以前全部传世文献，乃中国传统文化精粹，具有重大历史价值。建立数据库目的在以计算机重新纪录这批重要文献，藉以传世，有助学者全面探讨中国上古文化特质。编纂《先秦两汉古籍逐字索引丛刊》，及以电子媒体出版“汉达古籍数据库检索系统”。不论学者的研究范围属文学、历史、语言或哲学，均可利用数据库进行归纳、分析、统计及比勘等工作，节省时间，集中精力于更高层次及更具创意的研究工作。数据库特色：（1）以一固定年代的全部传世文献为对象，不论经、史、子、集，不论文献字数多寡，均悉数输入数据库，俾便学者从事有关时代的文化、历史、语言的全面探讨，以及断代字典、辞典的编纂工作。（2）数据库输入文献所据版本，均为旧刻善本而未经后人擅意改动者，当中大多为《四部丛刊》本，然后由研究人员重新标点、校勘；凡经校改之处，均加上校改符号，以建立原始文献数据库。

魏晋南北朝文献数据库

（1）依据旧刻善本（当中大多为《四部丛刊》本），将魏晋南北朝传世文献输入计算机，然后重新点校，并于校改之处加上校改符号；（2）散佚不全者，参照清人辑佚成果（主要为《玉函山房辑佚书》本），重新整理，共输入文献近1,000种，合共超过2,500万字。数据库特色：（1）以一固定年代的全部传世文献为对象，不论经、史、子、集，不论文献字数多寡，均悉数输入数据库，俾便学者全面探讨六朝文化、历史、语言的实况及其演变；（2）由于六朝文献每多散佚不全，研究人员多参照清人辑佚成果，重新搜集整理，务求巨细不遗，精密准确；（3）数据库输入文献所据版本，均为旧刻善本而未经后人擅意改动者，当中大多为《四部丛刊》或《玉函山房辑佚书》本，然后由研究人员重新标点、校勘；（4）凡经校改之处，均加上校改符号，以建立原始文献数据库。

类书数据库

收录自魏晋六朝起以迄明、清所有类书文献，诸如《群书治要》、《太平御览》、《册府元龟》、《永乐大典》等皆在收录之列，务求巨细无遗。数据库总字数将超过6,000万字，皆据旧刻善本，再重新标点、校勘。输入类书文献皆据旧刻善本，再由研究人员重新标点、校勘，凡经校改之处，均加上校改符号，俾便学者知道底本原貌。提供一完整的中国类书数据库，臂助学者利用数据从事更高层次的文献比对研究工作。

参考网址：http://www.chant.org/

（王叶迟 辑）

244. 《文渊阁四库全书》电子版系列（香港迪志出版公司）

《文渊阁四库全书》电子版是香港迪志出版公司一个主力研发的项目，除了得到各国著名学府及图书馆的采用之外，更被誉为大型中文电子出版工程的典范。此外，香港迪志出版公司还与各学术及出版机构发展合作项目，将文献资料转换为数据库、设计应用软件程式，并为各大机构提供中文信息电子化的工程顾问和咨询服务。同时也为《中华文化通志》的港澳及海外总发行商。自《文渊阁四库全书》电子版推出以来，受到大量用户赞赏和采用，计有哈佛大学、耶鲁大学、普林斯顿大学、北京大学、清华大学、复旦大学、台湾大学、台湾师范大学，香港中文大学及香港大学等著名学府。院校图书馆以外的机构有美国国会图书馆、中国国家图书馆、中国社会科学院、台湾“中央研究院”及“国立故宫博物院”等。

自 1999 年出版，针对不同学术用户或个人的需要，香港迪志出版公司先后推出原文及标题检索版、原文及全文检索版、原文及全文检索版（网络版）及个人标题版。为了精益求精，配合大型图书馆计算机网络系统的需要，香港迪志出版公司于 2002 年再开发内联网版，使产品更能配合学校环境使用。

《文渊阁四库全书》电子版画面制作精美古雅，设有三种背景音乐和九种版面颜色供读者选择，并以《景印文渊阁四库全书》为底本。该资料库内容收录计 200 万条卷内标题、3,400 余种典籍、近 3,000 位著者资料、3.6 万册 470 万页原书全文影像、约 8 亿汉字的全文资料。它在保持原书真迹的基础上，将书中一切具有检索意义的书名、作者、类目、标题乃至全文中的字、词、语全部数字化，实现了书名、著者、类目和全文中的字、词、语等多途径检索。

《文渊阁四库全书》电子版系列产品详列如下：

原文及全文检索内联网版

为配合院校及图书馆的需要，专为一大型计算机网络环境而设的内联网版 3.0

版经已推出，新版本保留旧有产品功能外，完整采用最新国际 ISO/IEC10646:2003 Unicode 5.0 大字库，再加强了检索效能、参考及研究工具等，为内联网络用户提供更大的方便。具体说来：（1）多种检索功能：精确检索 / 模糊检索；进阶检索（与、或、非检索，并可设定两组关键词之间的字距）；在显示结果中再检索；分类词条检索；书名检索；著者检索。（2）检索范围：全文 / 注释 / 全文及注释 / 标题及图像标题 / 书名 / 著者 / 四库类目范围。（3）系统中加入六种“汉字关联”的设定（繁简 / 异体 / 古今 / 通假 / 新旧 / 中日），能把用户检索字符串所衍生的关联字一并进行检索，避免因汉字不同写法而使检索有所遗漏。（4）用户也可利用参考工具了解内容或查证数据，目前备有以下参考工具：《中华古汉语字典》（附普通话发音）、《四库字典》（《说文解字》、《重修玉篇》、《康熙字典》《重修广韵》）、《集韵》、《四库大辞典》、《四库全书》总目及简明目录、关联字查询、、古今纪年换算、干支 / 公元年换算、八卦、六十四卦表。

原文及全文检索网络版

该网络版有以下特色：（1）采用年费订阅模式，订户可以 IP 地址或登入账号及密码进入《文渊阁四库全书》电子版网上版，年费按并发用户账号的数目计算。每个账号同时只能登入一次，学校可按使用需求订阅一个或多个账号。年费包括开设 20 个个人账号。所有用户均可使用所有个人化功能，但 IP 用户的个人记录在注销后将不被保留。（2）无须安装程序，直接网上查阅：学校一经订阅网上版，校内的师生即可通过浏览器登入指定站台查阅《文渊阁四库全书》电子版，无需进行服务器程序及数据的安装。（3）强大检索功能及辅助工具：各种强大检索功能，包括全文检索、进阶检索、在显示结果中再检索及类目浏览等；各种辅助工具，包括字典、书签、复制、打印等。（4）在线查询使用情况：网络提供管理员账号，以便管理员查询订阅合约数据，以及了解产品的使用需求，包括用户使用时间、检索关键词及参考工具的使用等。

便携硬盘模式

《文渊阁四库全书》电子版便携硬盘模式，专为个人用户而设，方便用户在没有区域网络或互联网的环境下查阅《四库全书》。全套《文渊阁四库全书电子版》以轻巧的硬盘装载，方便携带，随时随地可连接计算机使用，并可加入个人化记录。拥有“便携硬盘模式”，用户无需再苦苦等候学校或图书馆的资源，独享查阅《四库全书》的乐趣。便携硬盘模式采用了最新国际标准 ISO/IEC 10646:2003 Unicode 5.0 七万多字的大字库，再加入按 Unicode 编码的新造字 1.2 万多个，可检索字符数量达 82,787 个，检索范围接近 100%。检索结果以树状结构显示，用户可弹性按《四库全书》的分类检视匹配结果。书名、卷名、匹配数、朝代及著者一目了然。并可直接预览关键词上、下文的概要，减省浏览各匹配全文的时间。用户阅读内文时，可选择“原文文本”与“原文图像”并列显示，方便直接对照校勘。

原文及全文检索版（日本语版）

随着日本地区越来越多学者利用《文渊阁四库全书电子版》作为学术辅助研究工具，迪志文化与日本西冈汉字情报工学研究所（KAITEL）在2004年开始携手合作开发《文渊阁四库全书》电子版（原文及全文检索版）日本语版，并于2005年1月20日正式推出。迪志文化授权西冈（KAITEL）负责日本地区的总销售代理及客户服务。日本语版除提供日文的功能操作界面及使用说明外，同时就现有四库用户的使用意见，进一步完善了系统功能，务求让日本客户更容易掌握产品的操作。为节省日本院校客户的安装工序，日本语版将配套计算机发售，完整的四库程序及数据将会由西冈预先替客户安装入手提电脑，让客户免除安装步骤并可实时使用四库全书电子版。

专题系列之中医类

中医药专业版是为配合用户在研究中医学而设，内容包含104本共2,250卷中国医学经典著作，收录在一张DVD光盘内，方便研读和收藏。其有以下优点：

（1）检索功能、搜寻数据快捷方便：用户在书目范围内，输入字符串或单字，即可在正文及注释中进行全文检索，为研究和一般阅读带来极大的方便。系统采用最新ISO/IEC10646:2003 Unicode 5.0国际标准编码、8.2万字大字库，可检索内容接近100%。（2）价钱经济、书目内容涵盖广泛：客户不用购买整套四库电子版，用较经济价钱便可享阅多种医学书籍，当中累积不少前人钻研的医药、病理、病症、疗法等丰富知识和经验心得。（3）联机字典、多项研究辅助工具：配备《中华古汉语字典》，用户查阅内容时可实时点击单字，查看释义。系统提供复制及打印功能，方便用户引用内容，或将内容加以编辑；并提供多种辅助研究工具，简化数据整理的程序，包括：A笔记：用户阅读时，可随意在页上记录笔记，并储存作为日后参考。B书签：用户阅读时，可在内容页加上书签，并储存方便日后随时翻阅。C标点：用户阅读文本书页时，可自行添加标点到选定位置，并作储存，方便研究。D标记文字：用户阅读时，可在重点文字加上标识颜色，作为日后参考。另附有典籍内容介绍及中医分类词条索引数据册。

专题系列之艺术类

艺术及珍玩收藏专业版专为对中国艺术及珍玩收藏有兴趣人士而设，内容包含178部经典史学及艺术著作，收录在一张DVD光盘内，方便研读和查考数据。其有以下优点：（1）多种检索，搜寻数据快捷无误：用户在书目范围内，输入字符串或单字，即可在正文及注释中进行全文检索，为研究和一般阅读带来极大的方便。系统采用最新 ISO/IEC10646:2003Unicode 5.0 国际标准编码，8.2 万字大字库，可检索内容接近 100%。(2) 数据齐备、专业词条方便查找：提供每种书目的详尽说明，方便用户了解各书特点。用户浏览书目时可看到每卷内各项标题，一目了然。备有数千条艺术及珍玩词条，提供检索灵感，用户可使用便捷输入法，快速查找。(3) 联机字典、多项工具辅助研究：配备《中华古汉语字典》，用户查阅时可实时点击单字，查看释义和读音。提供复制及打印功能，方便用户引用内容，或将内容加以编辑。提供多种辅助工具，简化数据整理的程序，包括：笔记、书签、标点、标记文字等，另配有古今纪年换算，方便了解内容。

另外，值得一提的是，《文渊阁四库全书》电子版同其他古籍电子版本相比，虽具有资料丰富详尽的特点，但也存在一些查询方式上的缺憾。如该电子版的“全文检索”查询又细分为“正文文字”检索和“注释文字”检索两类，这本为缩小查询范围，帮助读者更快捷方便的找到所需文字信息，在同类产品中尚属首创。但以扫描方式存储古文献的软件显然难像人脑那样精确分辨其中的正文和注释文字。《文渊阁四库全书》电子版似乎以文字大小来定义正文和释文，将全文中的大字体归为正文，小字体归为释文，这就不免出现疏误。如在“全文检索”“注释文字”一栏中查询“苏轼”一词，出现 2,414 个匹配，其中《钦定四库全书简明目录》将对苏轼著作进行说明文字部分定义为释文，如“《东坡易传九卷》”下“宋苏轼撰”的文字即被认为是注释文字，而同样在该电子版的《钦定四库全书总目》中，“《东坡易传九卷》”下“宋苏轼撰”则被认为是正文文字，这只因《钦定四库全书简明目录》的文字格式异于别书，书目名称的字体大于后面的正文内容。另外，把包含有双行小字的原文段落复制到作者正在编写的文档里，双行小字注的文字全部自动转换为与正文一样的大字，与正文无法区别，需要重新调整，给使用者的引用带来很大不便。随着我国数字信息技术的不断发展，笔者以为，这些不足将在《文渊阁四库全书》电子版以后的升级产品中得到解决。

（张三夕 盛莉 王叶迟 辑）

245. 中国文化研究所文物馆（香港中文大学中国文化研究所）

该网站由香港中文大学中国文化研究所主办。香港中文大学文中国文化研究所文物馆致力于中国文物的收藏、保存、研究与展览。网站的内容包馆藏与惠借两个方面。文物馆馆藏品历年递增，现藏品总数已逾 1.3 万件。1993 年，文物馆获原藏于猛进书屋的明、清以至近代广东书画千余种，奠定了馆藏书画的基础。此后又承各方捐赠，馆藏品年代由明、清上溯宋元。

金石铭刻、碑拓法贴是建馆以来的搜集重点，有不少流孤本与珍本。其他领域诸如青铜彝器、玉石、雕刻、漆器、珐琅、牙雕、竹刻、文玩、造像等，也各有精品。其中的古代玺印、铭刻文物、善拓碑帖、名家书画、秦汉简牍等，具有较高的研究与收藏价值。

网站分为展览、藏品精选、出版、文物馆馆友会等栏目。“展览栏”分为现时展览、展览预告和专题展览三个子栏目，主要向读者预告与传递展厅的展览信息。“出版栏”主要用来介绍藏品专刊、出土文物、书画、陶瓷、玉器、漆器、玺印等馆藏文物的影印出版情况。“藏品精选栏”分为书法、绘画、陶瓷、铜器及玉器、铭刻及碑帖、文玩、雕塑及其他等栏目。藏品精选栏下的各个子栏，都精选了馆藏品中的精品，通过影印与照片的方式供读者在线浏览、鉴赏。

“书法栏”在线影像展示的馆藏品著录项包括作者、作者生卒年、字体、作品题名、创作年代、所用材质、尺寸、文献来源以及作者与书法作品内容的简介。绘画、陶瓷、铜器及玉器、铭刻及碑帖、文玩、雕塑及其他等栏目与书法栏的著录项相似，仅随情况而有所增减，如玺印若没有作者，便不著录作者。

由于香港中文大学中国文化研究所文物馆所的藏品有不少孤本与珍本，网站以图片展示的藏品又是精选的，因而大都具有较高的研究价值。但网站也存在一些可以改进的地方，如藏品精选栏中的内容不是太多，而且只能浏览检索，不能进行分项检索。

参考网址：http://www.cuhk.edu.hk/ics/amm/index.html

（张世敏 辑）

中国澳门

246. 古籍藏书资料（澳门大学图书馆）

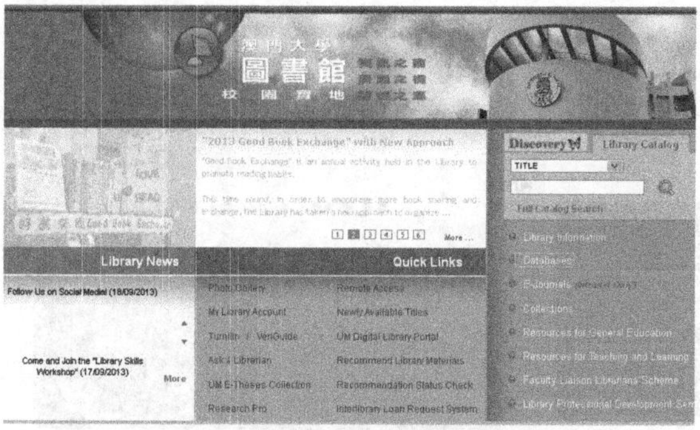

澳门大学图书馆现有藏书约 29 万册，其中古籍线装书 1.3 万册，微缩数据 5,000 卷。澳门大学图书馆特色馆藏包括汉文古籍、澳门文献、葡文文献等。汉文古籍为澳门大学图书馆最珍贵的典藏品。其中多为清朝乾隆 60 年（1795）以前的刻本、抄本及批校本和套印本，如明弘治正德间慎独斋本《新编纂注资治通鉴外纪增义》、嘉靖本《重校正唐文粹》、隆庆本《尺牍清裁》、清康熙本钱谦益注《杜工部集》、雍正本《区太史文集》、《广东通志》、乾隆本《粤东金石略》、《番禺县志》及清抄本《咸平集》等，都是价值颇高的古籍善本。澳门文献是澳门大学图书馆古籍藏书的另一大特色。以明、清时期的别集、总集为主，部分更为清代前期的禁书，均具较高的文物和学术价值。此外，清代以来的岭南方志、史籍也为数不少。葡文文献主要有清代中晚期刊行于中国的天主教古籍。

为了进一步保存和利用大学的古籍数据，澳门大学图书馆近年加强了对古籍的整理研究工作，并于 2003 年开始实施古籍文献数字化计划。澳门大学图书馆首先对馆馆藏珍贵古籍优先数字化，并将其盖上电子水印及连上 innovative 的 multimedia 功能系统，目前共完成了 201 种（583 册），读者提供图书馆 WEBPAC 系统可阅览原书图像。此外，澳门大学图书馆还购置了大型古籍电子版丛书，如香港迪志公司的文渊阁《四库全书》电子版，北京书同文数字化技术有限公司的《四部丛刊》全文检索版。澳门大学图书馆还积极参与中文古籍文献资源共享计划，于2006年6月参与了“中文古籍书目资料库”合作项目，目前“资料库”有澳门大学图书馆古籍藏书资料182笔，并将每年新增资料200笔。

检索可通过关键词、标题、作者进行检索。检索结果会显示所查书籍的相关信息，如出版信息、作者、出版日期、物理描述、出版类型、数据库等。

参考网址：http://library.umac.mo/lib.html

（王叶迟 辑）

247. 澳门历史档案库（澳门历史档案馆）

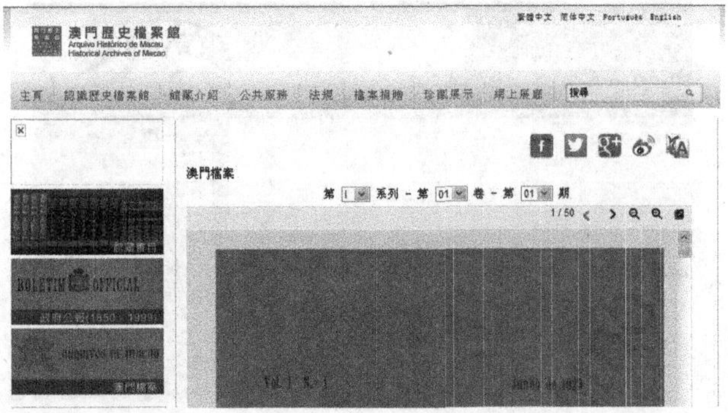

澳门历史档案馆为澳门官方文史资料收藏、保管、分析、研究的主要机构。澳门历史档案馆成立以来，经过收集和整理，澳门历史档案馆收藏澳门政府的葡文档案及西文古籍近5,000册，幻灯片660张，图片、照片一批。部分档案已拍成缩微资料，采用葡萄牙PORBASE电脑化系统储存。缩微资料主要为民政厅、教育司、财政司、总督办公室、市政厅、海军、国际扶轮澳门分社、经济司、圣心慈善堂等机构的档案资料，另收有葡萄牙里斯本国家档案馆有关广东官员与澳门政府1714—1885年间往来的中文信函及民间通信的1,500多件微缩片。

澳门历史档案馆数据库收录了民政厅、土地工务运输局、市政厅等10个的机关的卷宗、图片等，在数据库中检索到该馆约收录共38,820组档案，收录语言约19种，该馆收录的文件日期自1630—2000年，胶卷复本自1459—1970年，该数据库是以字符串／文件号来检索，如以字符串来检索，可以配合卷宗／汇集、档案语言、年份来检索，且部分档案可以看到档案实物，但这个数据库需先注册成为读者才可使用。澳门历史档案馆收录的澳门历史档案最多，收录时间范围也是最久。

参考网址：http://www.archives.gov.mo/cn/

（王叶迟 辑）

国外地区

248. 韩国古典籍综合数据库（韩国国立中央图书馆）

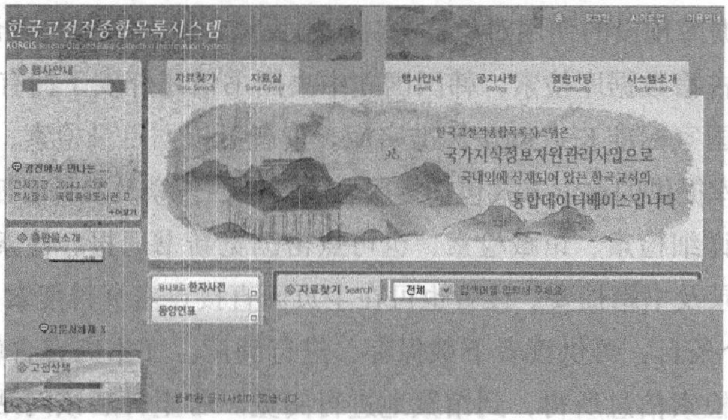

“韩国古典籍综合数据库”由韩国国立中央图书馆建置。韩国国立中央图书馆成立于 1945 年。该馆素来重视古籍的收藏工作，并成立了专门负责咨询和决策韩国古籍建设政策的全国古籍委员会。

韩国国立中央图书馆收藏的古籍为 1910 年以前出版或手抄的线装本。“韩国古典籍综合数据库”系统是一个一站式韩国古文献书目检索系统，并附含原文和书目解题。“韩国古典籍综合数据库”现在共有 47 家机构参与，拥有 42 万个数据，不仅收录韩国的古籍收藏数据，同时也收录国外收藏的韩国古文献相关数据。

“韩国古典籍综合数据库”的语言设置为韩语，然而由于该库所藏皆为古代汉籍，故部分中文典籍已被译为韩语，或者韩汉对照，或者仅有中文内容。根据目录显示，该数据库内容丰富，其中有许多专著记述关于古代中国与朝鲜两国之间的交流，如许筠，号蛟山所著的《乙丙朝天录》，内容记述 1615 年至 1616 年（乙卯至丙辰）这两年间，许筠作为副使到燕京去谢恩的经历及感受。该著作以汉诗形式书写，可视为作者的纪行诗歌集。另外，如《燕行录》记载朝鲜使臣于 1699 年 11 月 3 日至 1700 年 3 月 20 日期间在出使中国的行程记录。作者记述了当时出使外国路途遥远的艰辛，如天气的恶劣，在外住宿的情况，预定到达日期的限制与沿途赶路的所见所闻。而另一本写于1694年的专著《燕行日记草》，则记述了朝鲜使臣出使中国的沿途见闻，其中包括对中国地名由来的详细说明。作者出使的目的其实是代表朝鲜国王欲向清廷上奏，求请将朝鲜废后复位。可见，当时朝鲜本国内朝廷的动向，都得向清廷请示及汇报。此外，从中我们也可看出古代朝鲜对中国历史是有一定程度的学习与了解的。李家焕（1742—1801年）所写的文章可看出这一点，其中对策文占了3篇，论及天文、地理及文体，议论文占了3篇，包括《不度乌江论》、《萧何大兴未央宫论》及《不受维州论》。这些资料都可为中韩两国外交关系及古代中国的研究提供新材料与新视角。韩国研究学者琴知雅发表于2012年第2期《职大学报》的《历代朝鲜士人对楚辞的接受及汉文学的发展》一文，就参考了“韩国古典籍综合数据库”中的古籍文献资料。

由于该数据库预设的使用对象群为韩国本民族，故其页面设置语言皆为韩语，然而为了便于古籍数据库检索，韩国国立中央图书馆还开发了拥有15,000个汉字字库集的韩国国家标准KSC5601标准字库。读者可依据目录检索，进行点击阅读资料。该数据库提供的检索方式包括标题、关键词、作家及发行者四类，读者可进行简略检索、详细检索、馆藏检索，也可点击浏览新书通报。检索结果包括文献基本信息、目录及书籍提要。读者也可在主页面直接点击资料搜索（data search），目前共有20个条目，可供读者下载保存，进行阅读。文本内容含韩汉双语对照。其他则需依据检索信息所得，到馆藏地进行阅览。希望日后该网站的主页面能够提供汉语版浏览。

参考网址：http://www.nl.go.kr/korcis/

（郑诗傧 辑）

249. 《奎章阁古籍书目》数据库（韩国首尔大学）

“《奎章阁古籍书目》数据库”由首尔大学奎章阁建置。奎章阁作为韩国历代皇家文献的典藏机构，一直倍受国内外“韩国学”研究人员的重视。奎章阁为朝鲜第

22代国王于1776年在昌德宫后苑所创建，现隶属于首尔大学。自李朝初期开始，奎章阁已历经李朝末期、日本殖民时期，收藏文献日益增多。目前，奎章阁计有各种古籍图书273,956册（件）。据《奎章阁图书韩国本综合目录》和《奎章阁图书中国本综合目录》合计，其中中文古籍共有7,530种、87,963册。奎章阁所藏文献以五大类构成：（1）奎章阁珍本古籍；（2）一般古籍；（3）文书档案；（4）书板及匾额；（5）“韩国学”资料及微缩胶卷。韩国国家图书馆协会十分重视历史文献的典藏数字化工作，1998年由国家投入巨资对奎章阁所藏古籍进行数字化处理，其工作分两部分，一是对奎章阁所藏古籍进行计算机编目，建立“《奎章阁古籍书目》数据库”，一是计划对全部奎章阁所藏古籍进行图像扫描并提供网络全文阅读服务。目前，部分古籍已建置成全文数据库，以PDF文件提供给读者。

“《奎章阁古籍书目》数据库”包含大量数据库：（1）古地图。其内容包括《广舆图》、《海东地图》、《东舆图》、备边司地图、朝鲜地图、八道（省）郡县地图；（2）奎章阁图书解题。对韩国版和中国版图书类、文集解说、语文学资料、外交文书、监理署文书、衙门文书、海关文书等的旧韩末古文书等，提供解题，并对部分资料提供英文解题；（3）奎章阁图书目录。数据库将馆藏内的各种资料按照各书名、书编号、史部分类、语学资料或文学资料、经济相关文献、庄土文绩（王室土地的农耕成果及其税收的有关文件）类等，进行目录分类，提供服务。其中，以经部、史部、子部、集部、丛书部分类，富含大量的文献资料，且各部类中的书籍皆附有提要；（4）近代政府记录类。将各道、各郡收藏10种110册、公文编案99册、各道外交资料、通商相关资料149册、司法禀报180册等，进行资料整理。这些资料是可以了解近代化政策和对西欧资本主义列强侵略所做的对应等的资料。其中司法禀报是1894年至1910年为止的裁判记录，具有各阶层生活面貌和思维方式、统治行为等的综合信息；（5）内阁日历。包含了1779年至1883年为止的奎章阁日记，被指定为贵重本图书。内容有很多实录、承政院日记等其他编年史资料看不到的内容，共1,249册；（6）承政院日记。承政院日记是国宝第303号，相当于国王的秘书室的承政院编纂的日记形式，被视为珍贵的历史记录物，具体内容从仁祖年间（1623）开始到高宗年间（1894）共3,047册所组成，目前还没有影印本；（7）日省录。1973年12月被指定为国宝，内容包括正祖以后的国王政事以日记形式整理的编年史资料。朝鲜时代由奎章阁编写，所以是象征奎章阁的代表性资料，共2,329册；（8）册版。首尔大学校奎章阁收藏的朝鲜时代主要册版做成的图片，内容有古镜重磨方、十七史略通考、光国志庆录、续光国志庆录等，共102种；（9）古典原文信息数据库。该数据库把馆藏内的古典资料以各年度、国王名、记事、主要资料、目录、解题等区分，加强汉籍资料的特征。

读者可登录“《奎章阁古籍书目》数据库”的目录类，浏览该数据库所包含的文献，进行浏览点击，阅读其书目信息及提要。此外，该数据库也提供原文资料检索，检索分类成各种主题信息，如全部、诉讼、文集、王室资料、古文书、朝鲜王朝实录、古地图等。读者可进行普通检索。若读者有具体的书名、条码及作家信息，则可进行具体检索，缩小查找范围，进一步阅读书目信息及提要。有意阅读全文者，必须先在线进行申请阅览，也可申请复印，然后再到该馆藏地进行全文阅览或领取复印件。

参考网址：http://www.kostma.net/sub/gatewayDetail.aspx?gwCorpsId=4

（郑诗傧 辑）

250. 古典韩国学资料库（韩国学中央研究院）

“古典韩国学资料库”由韩国学中央研究院建置。该资料库是以韩国学中央研究院作为中枢的国际韩国学研究资料网络资源库。韩国学中央研究院是韩国教育科学技术部管辖下的教育机构，专责深入研究韩国学和韩国文化。“古典韩国学资料中心”是构建“韩国学资料中心计划”的一环，这项计划是由奎章阁、藏书阁、岭南圈资料中心（韩国国学振兴院联合体）、湖南圈资料中心（全北大学联合体）、海外圈资料中心（高丽大学）五大区域中心以及有关研究机构共同参与，合作构建统一的“韩国学资料”网络。而“古典韩国学资料中心”就是以韩国学中央研究院旗下的“藏书阁”作为建构中心而成立的。藏书阁所藏古籍计有 15 万册（件），其中古籍有 115,894 册（件），古文书共 39,058 件。藏书阁的主要资料有王室族谱、御制御笔、地理及地图类、王室古文书、大汉帝国期的资料、《至正条格》等。这些都是丰富汉籍文献的宝贵资料。以《至正条格》为例，该文献就是中国元朝至正年间（1341—1367 年）编制而成的法典。后在高丽末期时传入，在庆州孙氏宗家的古文献中被发现的，对于高丽及朝鲜时期法案的制定与外交政策起到很大的参考借鉴作用。目前，中国国内也已失传，故韩国现今保存的《至正条格》为世界唯一的孤本。其价值不言而喻。

这些藏书阁资料被整理、分类及数字化，组成“古典韩国学资料库”。资料库内容分成古图书及古文书两类。古图书达 15,517 种，原文图片多达 256 万张和 3,100 册文本信息。内容是以宫廷仪礼类、誊录类、五军营相关资料、《乐善斋》本韩文古代小说等宫廷历史和文化相关的韩国宫廷文化历史资料为主流。这些资料很多都成为历史剧编纂的丰富素材。比如宫廷服饰资料以及传统服饰复原等方面，也都成为了韩国传统文化传播的重要资源。该数据库并以巨帙资料为主，将《乐善斋》本韩文古代小说资料文本化，提供进一步研究发展的可能。古文书资料库是由藏书阁所珍藏并传于后世的王室珍藏古文书和全国名门望族所珍藏的古文书两种来组成。其中，王室古文书占 4,557 个原文图像资料，全国名门望族的古文书占 15,850 个原文图像，及 7,030 个原文文字和 8,883 个诠释。以上两种资料内容包括财产继承文书、合同文书、法庭诉讼文书、官职任命状、古文书如教令类、疏答启状类、牒关通报类、证凭类、明文文记类、书简通告类、置薄记录类、诗文类、书画类等，一一按类划分，有助于读者详细了解朝鲜时代地方社会的生活。

古图书以原文图像、原文文字及书目提要为分类主题。原文图像下，又依据四部分类法，即经、史、子、集及书目两种方式来分类。原文文字下则以文学体裁（散文及韵文两大类）、题目及仪轨资料分类。以上两种，读者皆可按目录展示，进行浏览、点击所需要的资料阅览。而书目提要方面只提供 1,388 条，无分类，读者仅能依据书目罗列序号，搜索、点击阅览。

古文书方面，则分成名门望族及王室古籍两大类。在名门望族部分，同样以原文图像、原文文字及书目提要为分类主题。原文图像中又以文书文体（教令类、疏札启状类、谍关通报类、证凭类、明文文记类、书简通告类、置簿记录类、诗文类、书画类、成册古文书）、文书音序标题及名门望族（27 宗家）分类搜索。读者可依据所掌握的资料信息，进行纲目浏览及检索，并点击阅览资料。

韩国学中央研究院不仅建置了丰富且便利的“古典韩国学资料库”，也在其研究院的主页面上提供“韩国学资料的信息化”栏目。读者可点击进入该栏目，进一步咨询韩国学资料中心网站（http://www.kostma.net）。该网站由三个主要部分组成，即“韩国古代文书资料馆”、“韩国学资料门户”、“人物关系信息（万家谱）”。通过“韩国学资料门户”，读者享由奎章阁、藏书阁、岭南圈、湖南圈、海外圈五大区域中心以及有关研究机构共同参与，合作构建统一的“韩国学资料综合指南服务”。此项服务将韩国学资料分成八大类：古书、古文书、仪轨、族谱、日记、户籍、明文、书简，并将韩国学资料与电子地图、电子年表等视觉媒体联系起来，方便研究人员使用。可以说，韩国学中央研究院建设了一个极为方便研究人员及读者使用的电子图书馆服务。这对于“韩国学”的热衷者、域外汉籍研究者、关注古代中国与朝鲜发展关系的学者而言，都是一个丰富的学术宝藏。

参考网址：http://yoksa.aks.ac.kr/

（郑诗傧 辑）

251. 文泉阁古籍数据库（韩国庆尚大学图书馆）

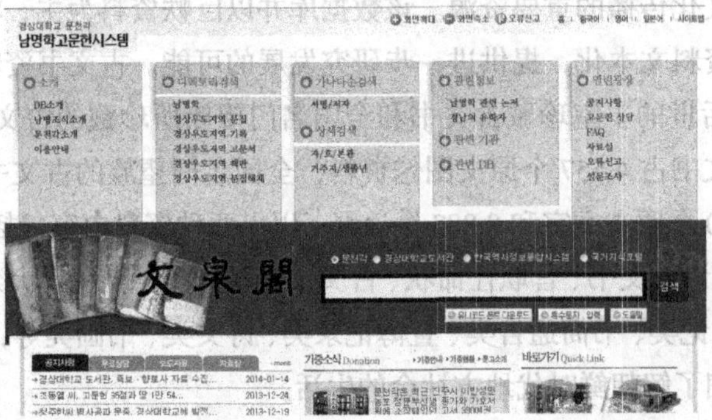

“文泉阁古籍数据库”由庆尚大学校图书馆建置。“文泉阁”是庆尚大学校图书馆旗下的古籍收藏室的名称。庆尚大学校图书馆从1986年在得到狭川海印寺收藏的儒家文集册版100册后，便开始收藏古籍，并于1989年在图书馆内另设古籍收藏室。2003年设立南冥学馆，并将收藏在图书馆的古籍及全部相关图书，转移到南冥学馆。2007年，又设立一个古籍专门图书馆——“文泉阁”。可以说，“文泉阁”的建置，是经过长时段的对于古籍的关注、搜索与保存而成的。

“文泉阁古籍数据库”是将庆尚大学校文泉阁收藏的古书2万卷和南冥学研究所收藏的资料中，即南冥曹植（1501—1572年）学派及庆尚右地道区与儒学家相关的文集与记录类等，经过严格挑选，用35万张分量的古书原文图片构建成数据库。然后，在相关文献中，如有其他机构已经构建完成的古文献，则可以通过此数据库进行互动阅览。

目前，该数据库收藏庆南地区各家门寄赠的2万件古籍、古文书、册版和2万卷相关图书，一共4万卷资料。另外，还收藏、管理庆尚南道物质文化1,508件。其内容由以下各项数据库组成，如庆尚右道记录类（包括该省的郡志、邑志、族谱、存案等）、庆尚右道文集（该区域内至少3,000名的儒学家的个人信息和文集）及南冥学相关古文献数据库。此数据库提供南冥曹植先生的文集，即《南冥先生文集》的各种版本与校勘本，其年谱、门人录、德川书院相关记录等。另外，还有由无闷堂朴絪（1583—1640年）编纂的《山海师友渊源录》，收录了从游南冥者24人，门人 50 名的个人信息及文集记录。

资料检索方面，读者可点击查阅资料库内容，文献以序号罗列展示，无具体分类，唯每条罗列文献都提供基本信息，即作者的基本信息，文献的原文图像及原文文字，读者可点击阅览。另外，该数据库也对庆尚右地道区的儒学家 3,000 多名人物的姓名、字号、生卒日期、籍贯、居住地、及学派的关系等，进行严密的调查，提供综合信息，并增加详细搜索功能。

参考网址：http://nmh.gsnu.ac.kr/#

（郑诗傧 辑）

252. 国学收藏数据库（韩国国学振兴院）

“国学收藏数据库”由韩国国学振兴院建置。韩国国学振兴院是韩国有体系的调查、收集、研究、研修的综合性国学机关。2001 年开馆以来，积极推行国学资料收集运动。目前，韩国国学振兴院所藏包括古籍、古文书、木版等，共计 14 万件。在这些资料中，包含珍贵文物 36 种 448 件，特别是木版共收集 3.7 万张。国学院以收集的资料为基础，积极推行影印、解题集发刊、古典翻译、课题研究、国译专家培养等研究事业。韩国国学振兴院同时也积极进行国学收藏数据库的建设。

“国学收藏数据库”是由三个部分组成的，即古图书，古文书及日记类。在古图书方面，又分类成《岭南士林文集》及文集详解。古文书方面，则以书院及地方名门的文书为分类。书院所载文书包括教令类、证凭类、明文文记类、书简通告类等。而地方名门的文书则以宗家名之，如安东权氏、昌宁曹氏、清州郑氏等，都是关于生活、买卖有关的文书或往来信件。举例而言，清州郑氏所藏文书中，有一封信件是向友人论及中国诗歌的，并赞美中国诗歌之美。而日记类的主题也非常丰富，包括生活日记、官职日记、纪行日记、使臣日记、战争日记、见闻、流配、临终文、书院日记、乡校日记等。内容丰富，可读性颇高。

该数据库也提供检索便利于读者。古图书方面，以书目、时代及作家分类，书目及作家方面，皆以韩国音序为准，顺序罗列；时代方面则以年度记，年度未详的图书则另作一类。每条书目都有基本信息，如书名、作家、出版信息、分类及连接信息，读者可点击阅览。古文书方面，则以文书的文体类型、时代、发给者、受给者、生活记录分类。日记类方面，则提供了五种检索方式予读者，如时间、空间（指韩国城市）、主题、书名及作家五类。以上资料，读者皆可点击阅览，该数据库提供原文图像及文字供读者阅览。

参考网址：http://www.ugyo.net/

（郑诗傧 辑）

253. 《叻报》（新加坡国立大学图书馆）

Lat Pau

叻报是战前新加坡出版和行销最久的中文日报，由薛有礼于1881年12月创办。从创刊日起至1932年3月停办为止，该报总共刊行了52年。叻报乃是研究战前新加坡以及那时期华人的珍贵历史资料。遗憾的是最早印行的期数早已失传。现存于中文图书馆的期数，谨限于由1887年8月19日到1932年3月31日。

Lat Pau, the longest running Chinese daily during pre-War Singapore, was started by Mr See Ewe Lay in December 1881 and lasted 52 years before it finally ceased in March 1932. Lat Pau is an invaluable historical source for research into pre-war Singapore as well as Chinese overseas during that period. Unfortunately the earliest issues of the newspaper were lost and now the issues extant at the NUS Chinese Library cover only the period August 19 1887 to March

《叻报》，英文名字 Lat Pau，新加坡大学图书馆建置。《叻报》是战前新加坡出版和行销最久的中文日报，由薛有礼于 1881 年 12 月创办。从创刊日起至 1932 年 3 月 31 日停办为止，该报总共刊行了 52 年。《叻报》乃是研究战前新加坡以及那时期华人的珍贵历史资料。遗憾的是最早印行的期数早已失传。现存于中文图书馆的期数，仅限于由 1887 年 8 月 19 日到 1932 年 3 月 31 日。《叻报》的数字化乃由已故王陈秀锦女士（王佐夫人）的家属赞助。王夫人为前新加坡大学图书馆主任。

现在总共可见的《叻报》是 1887 年 8 月 19 日第 1724 期到 1932 年 3 月 31 日第 14781 期，总共有 13,058 期报纸。读者可以根据自己所需的年份直接点击。任意打开一年可以看到：Issue No（总期数），Data（时期），Link（关联），按时间先后排列到 12 月最后一天。

该报纸对新加坡的介绍比较广泛，包括了当时的政治时局、新技术新产品介绍、广告新闻等等，还配有插图，总体上比较生活化。报纸的纪年时间采用中西纪年相结合，前期为清朝皇帝纪年后期为中华民国纪年，一直都穿插着公元纪年。

不足之处是报纸上传的是当年的报纸图片，很多字迹已经模糊，辨认比较困难。

参考网址：http://www.lib.nus.edu.sg/lebao/index.htm

（孙德贤 辑）

254. 《古典籍资料》（日本国立国会图书馆）

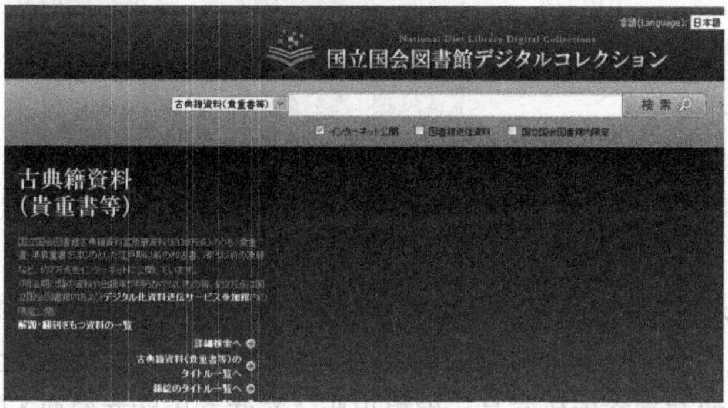

日本国立国会图书馆藏书 780 万册，是日本最大的公共图书馆。日本德川幕府、明治维新时期的文献、中国古籍、日本语言和文学、俄国沙皇文献是该馆特藏。其中中文古籍、图书、资料约 25 万册，包括清代文献、地方志、族谱和图书杂志报纸等，文献价值很高。

1998 年，日本国立国会图书馆制定了《国立国会图书馆数字图书馆计划》，该计划对传统文化和珍贵典籍十分重视，并优先选择古籍数字化项目。至 2003 年期间，已有 500 余件中文古籍图像数据库。其中《永乐大典》（卷 2279–2281）、《古文孝经》、《姓解》（北宋刊本）、《天台山记》（大原三千院旧藏）等都是罕见的珍本古籍。对于未在网站上公开的资料，读者可到国会图书馆《古典籍资料》（Rare Books Image Database）检索阅读。

该数据库提供了详细的检索方式，检索页面上的对象群里将资料分类成锦绘、绘图、重要文化财等，读者可勾选其中之一或者全选。此外，其检索方式还包括了关键词（如书志事项、解题、翻刻）填写、题目、著者或编者检索、古典籍分类（读者可从分类中提供的分支如国书总目录的分类、四部分类、绘图或地域名，即旧国名或都市名，三个选项中作出选择）、请求记号、及勾选古籍或汉书，或是印刷资料或书写资料。读者检索后，能够点击阅览，无需付费。此外，资料库内的电子书也能下载使用，每次上限20页，隔30秒后方可继续下载下一个20页。虽然不能一次性全部下载，但至少还是掌握了有用资源。

参考网址：http://dl.ndl.go.jp/#classic

（郑诗傧 辑）

255. 《汉籍目录》数据库（日本东洋文库）

“《汉籍目录》数据库”由日本东洋文库建置。东洋文库相当全面地收藏了各国有关东方研究的书籍，其中包括敦煌文书缩微胶卷和照片。文库设有研究部，聘任兼职或专职的东洋文库研究员，编辑出版《东洋文库欧文纪要》（Memoirs of the Research Department of the Toyo Bunko）、《东洋文库和文纪要》（即《东洋学报》），以及《东洋文库论丛》、《东洋文库欧文论丛》等杂志、丛书。研究部下设敦煌文献、西藏、中亚、伊斯兰等研究委员会。其中，敦煌文献研究委员会编印《西域出土汉文文献分类目录初稿》四册、《敦煌吐鲁番社会经济文书集》。西藏研究委员会则编有《斯坦因搜集藏语文献解题目录》12册。

东洋文库的另一特色就是收藏了大量汉籍，包括珍稀汉文善本、古方志、旧族谱及出土文献等。所藏中国珍罕古籍有：中国方志和丛书约4,000部、中国方言辞典500多册、中国家谱、清版满蒙文书籍、各种版本的马可波罗《东方见闻录》、中国探险队报告、中国考古学资料、《顺天时报》、《华北正报》、各种版本的大藏经和其他西藏文献3,100件等。这无疑是一个丰富的资源库。

东洋文库相继编纂了馆藏汉籍目录，收录包括《增补东洋文库汉籍丛书分类目录》（1965年出版）、《东洋文库所藏中国古籍目录集部》（1967年出版）、《东洋文库所藏中国古籍目录经部》（1978年出版）、《东洋文库所藏中国古籍目录史部》（1986年出版）、《东洋文库所藏中国古籍目录子部》（1993年出版）等。东洋文库所藏“《汉籍目录》数据库”即以已出版的书目图书为底本建置而成。东洋文库所藏的汉籍统合检索服务包括汉籍网上检索、新收藏汉籍检索、续修四库全书数据库检索、越南本汉籍检索。文库中所藏的全书志资料皆可横断检索。检索时，必须统一使用旧字体，即繁体中文。该数据库只能供检索用，如欲阅览资料，可到东洋文库去查阅。若是珍本或善本，则必先提前预订。

参考网址：http://www.toyo-bunko.or.jp/

（郑诗傧 辑）

256. 亚洲历史资料中心数字档案（日本国立公文书馆）

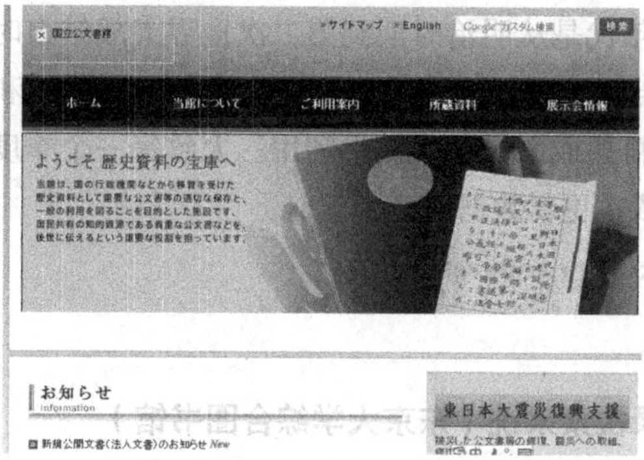

日本国立公文书馆负责管理国家行政档案和其他文书档案、图书和古代文献资料，并提供借阅、进行调研和从事档案外事活动。日本国立公文书馆馆藏档案1,003万卷，图书资料53万册。该馆内阁文库藏有1603年以来的和、汉古籍，明治政府的地方志资料，西欧图书资料和文献译本，各省厅刊物及近代政治、行政区划等资料。

自2005年4月起，在日本国立公文书馆网站中的数字档案馆系统提供国立公文书馆馆藏文件的目录数据及高分辨率图像。数字档案馆系统提供了来自政府各部门和机构的62万卷文件的目录数据，以及48万册日本和中国图书的目录数据，还有54万卷政府文件原文和43万册图书原文。用户可以用任意单词或关键字进行检索，例如按卷宗或文件的标题、或者文件形成部门的名称进行检索。用户还可以进行分层检索。运用以上检索方法，用户可以看到国立公文馆保存的文件的详细目录和数字图像。用户还可以进行链接到世界上各个不同数据库的交叉检索，以共享更大范围内的信息和知识。数字档案馆使得任何人在任何地点和任何时候可以快速、方便和安全地免费利用有价值的国立公文书馆馆藏文件。日本国立公文书馆网站上的数字画廊使用户能够看到指定的重要历史材料的清晰数字图像，或者浏览在阅览室里较难看见的历史材料的大尺寸数字图像或者历史材料的彩色数字图像。用户按地区或类别进行检索，可以通过放大或缩小看到历史材料数字图像的细节和全景。日本亚洲历史资料中心是日本国立公文书馆内设的一个重要部门，于2001年11月30日成立。它是通过互联网，在电脑画面上提供日本政府有关机构所保管的亚洲历史资料（原始资料）的电子资料中心，是由国立公文书馆所运营的。亚洲历史资料中心在近现代的日本内阁、外务省、陆军、海军的公文书以及其他纪录当中选出日本与亚洲近邻各国之间的关系相关的资料，将它进行数字化，构筑图像数据库，通过在这个网站上公开提供资料，尝试共有历史事实的数字存档。亚洲历史资料中心就是通过灵活使用最尖端的技术，使“任何人”在“任何时候”和“任何地点”都能免费阅读和打印历史资料，尝试下载图像数据。该中心提供的资料年代是从明治时期到第二次世界大战结束时期。在日本政府机关拥有的资料中，当前把国立公文书馆、外务省外交史料馆和防卫省防卫研究所收藏的亚洲历史资料换成图像依次提供利用。大致每一个季度更新一次数据，只要准备就绪就打算依次更新数据。

参考网址：http://www.archives.go.jp/

（毛建军 辑）

257. 汉籍目录检索系统（东京大学综合图书馆）

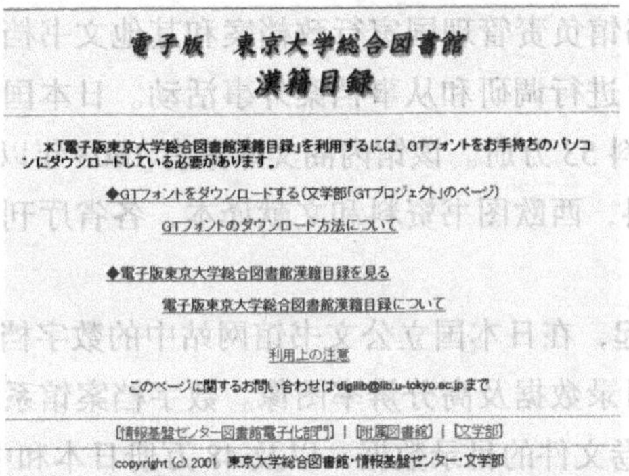

“东京大学综合图书馆汉籍目录检索系统”由日本东京大学图书馆建置。由于地震等自然灾害的影响，东京大学综合图书馆所藏汉语典籍多遭毁坏，同时，日本学界人士也更明确地了解到中国汉字对日本文化、生活等方面的影响，为长久地保存汉语古籍及完善汉语典籍目录，东京大学综合图书馆开始陆续搜集整理日本各地图书馆及神社所藏汉语典籍，以及各慈善团体捐赠的汉语典籍，并于1986年开始对这些汉语典籍进行数字化。《东京大学综合图书馆汉籍目录》（下简称“《汉籍目录》”）为日本东京大学“汉籍目录编辑计划”的成果，自1983年始，东京大学就开始了对《汉籍目录》的编辑。至1995年，《汉籍目录》编纂完成并由株式会社东京堂出版发行。

《汉籍目录》为东京大学综合图书馆所藏汉籍的分类目录。该目录所著录的汉籍，主要包含用文言文、古汉语撰述的中国古籍，并带有附注、编纂、翻译。此外，该目录收录的还包括书画、拓本、印章等作品，也包含在日本、朝鲜翻刻和抄写的书籍以及改编、精选、增注的内容。但对改编和增注部分所作的解释和训读内容，该目录并不收入。

《汉籍目录》采用四部分类法，下分经、史、子、集丛书五部，各部分类和排列按日本昭和55年(1980)刊印的《京都大学人文科学研究所汉籍目录》为标准编排，同时，依具体要求在编排方面做了些许调整。目前，该目录著录的汉籍共计9,563部，其中经部1,512部，史部2,235部，子部3,326部，集部2,119部，丛书部255部。该目录的著录，按以下格式和顺序进行编排：书名·卷数、作者·编辑者、注释·点评者、校订·参阅者、训点·训读者、刊记、旧藏者的批注·序跋、索书号、册数、旧藏文库名。此外，该目录还详细搜集和著录了同一本书的不同版本，其中包括相同版本的新印本和新修本以及续刻、附刻本，同时注明了不同版本的书名和卷数等信息。正文后附书名索引，索引以五十音顺序编排。

该系统首先显示《汉籍目录》一书的序、凡例、总目、本文索引（音一览）、跋、版权页及《汉籍目录》委员会名单。检索系统提供的检索方式为书名索引检索方式，索引以五十音顺序编排，读者点击检索页面左侧的索引列表，即可搜寻所需查询的书籍。检索结果只显示该音标下的所有书名及该书所在页码，点击页码即可查看该书的目录。

"东京大学综合图书馆汉籍目录检索系统"实为《东京大学综合图书馆汉籍目录》一书索引的电子检索版，无法阅读全文影像，也无法进行全文电子版检索。

参考网址：http://kanseki.dl.itc.u-tokyo.ac.jp/kanseki/index.html

（郑若萍 辑）

258. 电子版贵重书籍珍藏（东京大学图书馆）

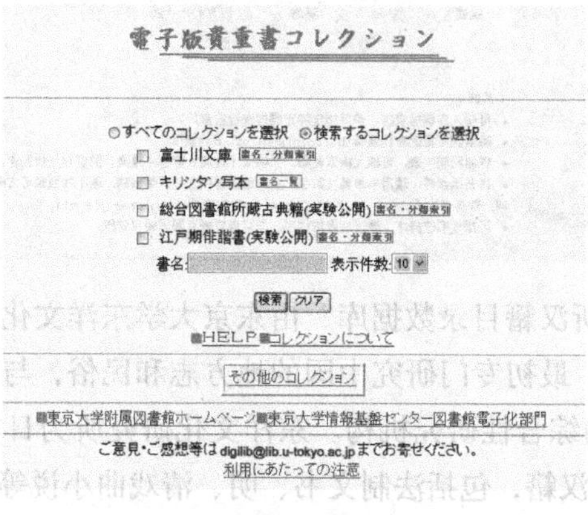

“电子版贵重书籍珍藏”由东京大学图书馆建置。日本东京大学图书馆自 1986 年开始对馆藏典籍进行数字化工作。东京大学图书馆首先将馆藏 776 万册图书进行目录数字化，建立了完整的图书目录数据库。同时，东京大学图书馆投入巨资开发建设电子版贵重汉籍数据库，该系统下辖富士川文库、基督徒手稿（キリシタン写本）、综合图书馆所藏古籍及江户时期俳谐书（江戸期俳諧書）四个数据库目前已建设完成的数据库有：富士川文库、综合图书馆所藏古典籍和霞亭文库。

“电子版贵重书籍珍藏”检索页面提供“选择所有藏品（すべてのコレクションを選択）”及“选择需检索的藏品（検索するコレクションを選択）”两种检索范围。若读者确定了检索范围，点击后者并选择所需检索的书目所在的文库即可进行查询，查询结果显示所检索书的书名及作者，点击书名即可浏览全文影像；点击书名右侧的“书志详细”可了解关于该书的更多信息。反之，选择前者输入书名即可，查询结果将显示各数据库所收资料笔数及书名，同样，点击书名及“书志详细”可浏览全文影像及书目的其他详细信息。

“电子版贵重书籍珍藏”收藏了许多珍贵的典籍，如古写本何晏《论语集解》、万历本陶宗仪《书史会要及补遗》、清王世陛《幼学指南》等。这些古籍已经全文拍摄了彩色或黑白照片，读者无序申请账号浏览便可直接检索及浏览，方便快捷。

参考网址：http://rarebook.dl.itc.u-tokyo.ac.jp/gazo/cgi-bin/col_cgi.cgi

（郑若萍 辑）

259. 汉籍目录数据库（东京大学东洋文化研究所）

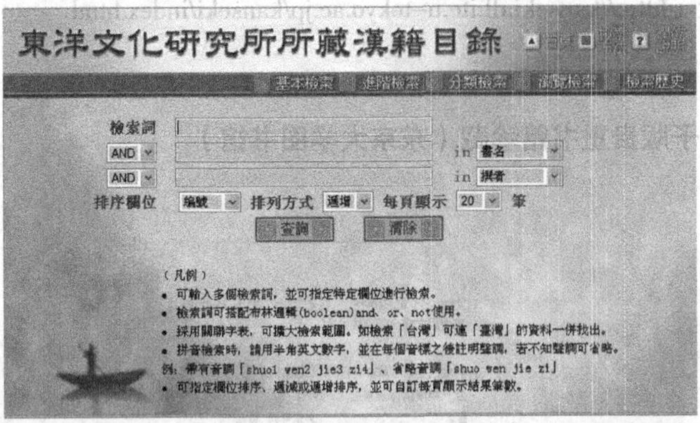

“东洋文化研究所汉籍目录数据库”由东京大学东洋文化所建置。东洋文化研究所成立于 1941 年，最初专门研究中国的地方志和民俗，与侵略中国有关，后扩大成研究亚洲各国的综合性研究机构。东洋文化研究所为日本收藏中国文献资料的重镇，约有 7 万本汉籍，包括法制文书、明、清戏曲小说等，其中有许多是善本

书。该数据库只著录东洋文化研究所于2001年前所收藏的汉籍目录。读者需浏览2002年之后所收集的中国古籍资料及中国中华民国元年（1911）后刊行的中文书籍，可访问东京大学网络目录资料库（OPAC：http://mulopac.dl.itc.u-tokyo.ac.jp/）或NACSIS Webcat（English Version：http://webcat.nii.ac.jp/webcat_eng.html）。至2013年3月23日止，该数据库收录资料总数为10.6万余笔。

为便利读者对古籍原始资料的利用，东洋文化研究所将相关贵重的中文古籍，如《十三经注疏》、《汲冢周书》、《竹书纪年》、《重修二十一史》等3,889笔资料制作成全文影像资料库及复制本，读者链接东京大学东洋文化研究所所藏汉籍善本全文影像资料库（http://shanben.ioc.u-tokyo.ac.jp/index.html），并查询检索所需查询书目即可浏览全文影像。

该数据库的检索页面显示字体为中文繁。为满足不同的检索需要，该数据库提供基本检索、进阶检索、分类检索及浏览检索四种检索方式。每种检索，读者皆可搭配布林逻辑and、or、not使用，还可进行拼音检索，若拼音音调不明时，可省略声调检索。

基本检索：读者可输入单一检索词检索全文即可。该系统提供编号、索书号、书名递增或递减排序。读者还可自订每页显示结果笔数。

进阶检索：读者可输入多个检索词，并可指定特定栏位进行检索。

分类检索：该数据库提供的分类法分经、史、子、集、丛书五部。经、史、子、集四部下面的子类与中国传统的分类法基本上一致。丛书类下分杂丛、景仿、辑佚、郡邑、一姓所著书、一人所著书六类。杂丛类迄于宋、止于近代，共收录349笔资料。景仿类收录《四部丛刊》及《古逸丛书》等50笔资料。辑佚类收《玉函山房辑佚书》、《敦煌石室遗书》等103笔资料。郡邑类下分旧直隶、东三省、江苏、安徽、山东、浙江、湖北、福建、广东、云南10小类，共收录73笔资料。一姓所著书类收录《二程全书》、《高邮王氏遗书》等28笔资料。一人所著书类共收录355笔资料，下分汉、魏、六朝、宋、明、清初、清中叶前期、清中叶后期、清季、近人8类。

浏览检索：该数据库提供索书号、撰者、丛书项、内容分类、编号等五个索引栏位，读者可输入字首来筛选索引值，或不输入任何索引词浏览所有资料。例如，选择撰者为索引栏位，并输入“王”进行查询，数据库会筛选出所有姓名以“王”字开头的撰者。编号和索书号等以数字顺序排列，若希望检视该类号相关资料，可输入到前一位数字即可。例如，欲检索“贵重-55”的周边资料时，输入“贵重-5”进行检索，除“贵重-5”外，其他资料如“贵重-50”“贵重-51”到“贵重-59”都会一并显示。

此外，“东洋文化研究所汉籍目录数据库”使用 Unicode（UTF-8），具有相当高程度的异体字检索功能，所以读者使用中文繁体字、简体字皆可进行检索。无法显示的异体字则利用“今昔文字镜”（http://www.mojikyo.org/）来显示，使用“今昔文字镜”显示的字型，在检索结果页上，会显示如下的“文字镜代号”，如：[D028963] 业斋续鸳鸯湖櫂歌一卷。

所有查询结果以简目式和详目式方式呈现。简目式显示的内容包括：书名、撰者、丛书版本。点击详目栏即可浏览该书的详细信息。详目式显示的内容包括：索书号、函册、书名（包括汉字题名和拼音题名）、撰者（包括撰者所在时代、作者名、作者拼音、著作方式）、出版项（包括出版 / 刻书的年份、地点及出版 / 刻书者，以及版种）、丛书项、注记、内容分类、编号、子目编码、资料库名等。

“东京大学东洋文化研究所汉籍目录”收录的中文古籍资料数量庞大、内容丰富，且对书目的撰者、版本等有详细的介绍和著录，并且详细著录了同一本书的不同版本，对目录学贡献重大。该数据还提供详细的中、日文检索说明，读者若有疑问选择中、日文切换，即可根据所需的语言进行浏览使用说明，这极大地方便了不懂日文的中国学者对目录资料的使用。

参考网址：http://www3.ioc.u-tokyo.ac.jp/kandb.html

（郑若萍 辑）

260. 汉籍善本全文影像资料库（东京大学东洋文化研究所）

“汉籍善本全文影像资料库”由东京大学东洋文化研究所建置。东京大学东洋文化研究所是日本具有代表性的亚洲研究中心，所内藏图书大约有 62 万册，其中汉籍有 10 万余种。该所东洋学研究讯息中心主要致力于亚洲各地研究资料的搜集、保存和数字化。该数据库系东洋学研究情报中心重点计划“贵重汉籍之修缮与数字化”及新规教育研究事业费制作，也是科学研究费“亚细亚古籍电子图书馆”以及“亚细亚多语言数字图书馆”的子计划之一。

“汉籍善本全文影像资料库”收录的汉籍范围基于“东京大学东洋文化研究所贵重图书的指定、保存及利用相关规定”，以被指定为“特别贵重图书”的为主挑选而来。截至目前2009年3月为止，该数据库列举了包括A类、B类共4,630种书籍。A类书籍指全世界任何地区皆可浏览全部影像书籍，共4,019种。B类书籍指除了东洋文化研究所外，仅限特定机构（如有东京大学总合图书馆、驹场图书馆、人文社会科学系研究科、附属图书馆业务用等）才可浏览全部影像的书籍。其他机构则只能浏览部分影像，该类书籍共611种。目前，这些资料正依序进行微胶卷摄影。

“汉籍善本全文影像数据库”显示语言以中文为主，并提供两种不同的排列方式以便读者浏览书籍清单，即四部分类顺序及书名笔画顺序。四部分类顺序下分经、史、子、集、丛书五部，经部收录资料66笔，史部收录338笔，子部收录289笔，集部收录1,681笔，丛书收录837笔资料。查询结果以简目式方式呈现，简目式显示的内容包括书名、内容分类、索书号，以及文、目、彩三种图案。文，表示该书有全文影像，点击此图案即可浏览；目，点击此图案，可浏览该书的详细资料，包括：索书号、函册、书名（汉字题名、拼音题名）、撰者（朝代、作者名、拼音名、著作方式）、丛书项、所在文库、内容分类、编号、子目号码、资料库名等，原则上与“东洋文化研究所汉籍目录资料库”著录的信息相同。彩，点击此键可连接该书彩色书影，书影与“东洋文化研究所汉籍目录资料库”所载的书影相同。首页刻有印章。以上三种图案的出现，因每本书的具体情况而定。

“汉籍善本全文影像资料库”全文影像还可免费下载。点击影像上方的“PDF影像链接”便可直接下载该书的PDF电子影像版。另外，点击卷次也可下载该卷的PDF电子影像版。除采用以上两种分类方式进行检索，读者还可直接针对书名、索书号以及内容分类三种检索值进行检索，只需在搜寻栏选定检索范围、输入检索关键词即可。

“汉籍善本全文影像资料库”检索简单，且采用中国传统的四部分法，显示语言为中文繁体，为中国读者提供了极大的便利。在该数据库所下载的PDF电子影像较为清晰，每一字几乎都可辨明，但首页会标注版权及出处，标注的文字会影响读者对该页的阅读。读者使用该数据库时，应注意使用中文繁体。此外，该数据库的目录信息与“东洋文化研究所汉籍目录资料库”基本符合，可配合使用。

参考网址：http://shanben.ioc.u-tokyo.ac.jp/index.html

（郑若萍 辑）

261. 全国汉籍数据库－日本所藏中文古籍数据库（京都大学人文科学研究所）

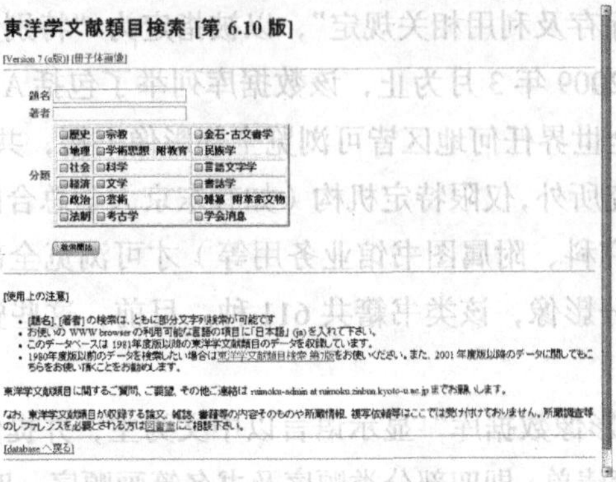

"全国汉籍数据库－日本所藏中文古籍数据库"，即日本全国汉籍数据库，由京都大学人文科学研究所建置，由日本京都大学人文科学研究所全国汉籍协议会研制并管理。2001 年，京都大学人文科学研究所全国汉籍协议会选定"国立情报研究所"、"东京大学东洋文化研究所附属东洋学研究情报中心"、"京京都大学人文科学研究所附属东亚洲人文情报学研究中心"三者为干事机关，在干事机关的组织上组建"data base 创建委员会"，以此推进该数据库建立。

日本是海外收藏中文古籍最为丰富的国家。据统计，日本各公私图书馆编撰的汉籍目录近八万种。干事机关之一的京都大学人文科学研究所将 database 采录的"汉籍"定义为"大约截止于清末（辛亥革命以前）的中国人用汉语著述的书籍"，但是由于采录的范围由于参与机关的目录各异，该数据库不可能将全部目录统一起来，因而，日本、朝鲜以及越南人的部分著作也被采录进来。截止于 2012 年 3 月，该数据库收录的汉籍数量为 845,319 部，囊括 71 个参与机关。所有参与机关在该数据日本全国汉籍 database 协议会简介（全国汉籍データベース协议会）中有相关网址链接。

"全国汉籍数据库－日本所藏中文古籍数据库"提供的检索方式分简单检索及详细检索方式两种，每种检索，读者皆可搭配布林逻辑 and、or、not 使用。直接在该数据库首页用中文繁体输入关键词，即可进行简单查询。详细检索分书名、著者名、刊年、出版者、子目、关键词、所藏机构等检索栏。查询结果将在下方显示，显示的内容包括检索结果总数、包含检索关键词的所有书目名称、作者、作者时代、版本、收藏机构等信息。点击书目名称，即可查看书目更多详细信息。

若在检索结果后有"jpg"字样，标明该条结果后有该书的电子影像。电子影像页面会显示该书的分类、书名、作者、版本、总册数。有些书目的电子影像页面右下角会有“典據情報へ”字样，点击即可查看该书的更多信息，如刊行年份、作者简介，序跋名及其作者，藏书印等信息。

“全国汉籍数据库－日本所藏中文古籍数据库”所著录的中文古籍的卷数、作者、版本、序跋名、藏书印等信息，对目录学研究有重要作用。另外，该数据库还提供《四库全书总目提要》全文，且显示语言为中文繁体，该数据的检索页面使用的同样是中文繁体，十分便于中国读者使用。

参考网址：http://www.kanji.zinbun.kyoto-u.ac.jp/kanseki/

（郑若萍 辑）

262. 东洋学文献类目检索系统（京都大学人文科学研究所）

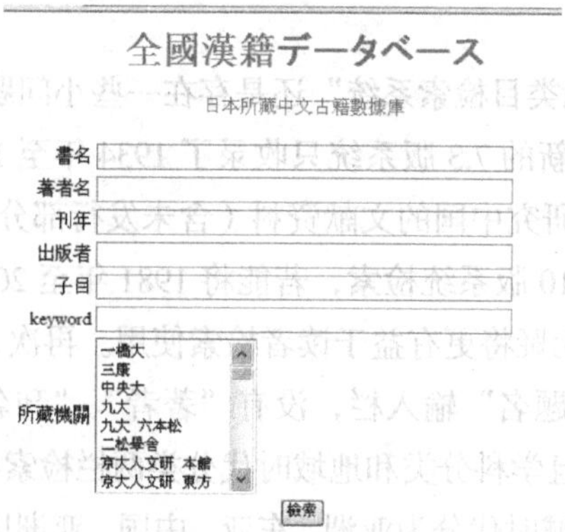

京都大学人文科学研究所从1963年起便按计划逐年编纂中国研究的论著目录，日后并扩充至东亚地区，收录最详尽的亚洲研究书目。目前京都大学人文科学研究所正积极与东京大学、东北大学、鹿儿岛大学等机构合作建设“中国古籍书目数据库”。

京都大学人文科学研究所“东洋学文献类目检索系统”，包括京都大学图书馆电子图书馆收藏的大量中文古籍和考古资料，自1994年京都大学图书馆就开始选择部分易损古籍优先进行数字化，目前已完成30万页数字化资料并建有PDF文档和全文对照阅读系统。目前最新的7.3版系统收录了1934年至1980年，以及2001年以来的来自世界各国尤其是亚洲地区的学者研究中国的文献资料（含未发行部分），1981年至2000年的世界各国研究中国的文献则需使用6.10版系统检索，且“册子体画像”系统已将1934年至1962年的中国史研究纸质版文献和1962年至1980年的中国学研究纸质版文献全部电子化，建有PDF文档免费全文对照阅读服务项目。

读者可使用ASCII码（英文）、big-5码、GB码、JIS码等在6.10版系统或7.3版系统中进行资料的检索查询。在6.10版系统中，读者可在著者输入栏或题名输入栏中输入关键词，检索栏目包括历史、地理、社会、经济、政治、法制、宗教、学术思想（附教育）、科学、文学、艺术、考古学、金石·古文书学、民族学、语言文字学、书志学、杂纂（附革命文物）、学会消息等学科，最终显示总检索结果数，每条检索结果以单独的表格显示，包括ID、著者、题名、杂志名及期号、出版年、页码、分类等七栏内容，每个检索结果的表格之间按ID从小到大的顺序依次纵向排列。

在最新的7.3版检索系统中只有“题名”输入栏，各条检索结果均横向列出著者、题名、所在刊名、卷期、页码、出版时间等，全文本形式，无表格，而且无论使用何种语言检索，检索结果将显示出所有语言的相关资料；检索栏目有两栏，一是学科分类，包括历史、地理、社会、经济、政治、法制、宗教、学术思想（附教育）、科学、文学、艺术、考古学、金石·古文书学、民族学、语言文字学、书志学、杂纂（附革命文物）；二是地域时代分类，包括亚洲、东亚、中国、亚洲以外、美国、俄国、欧洲、其他等。

不过，“东洋学文献类目检索系统”还是存在一些小问题。首先，从数据库内容来看，目前该资料库最新的7.3版系统只收录了1934年至1980年，以及2001年以来的来自世界各国学者研究中国的文献资料（含未发行部分），而1981年至2000年的相关文献则需使用6.10版系统检索，若能将1981年至2000年的相关文献也能收录进最新的7.3版系统无疑将更有益于读者检索使用。再次，最新的7.3版系统只设置唯一的输入栏——“题名”输入栏，没有“著者”、“刊名”、“年限”等输入栏；未统计检索结果总数；且学科分类和地域时代分类两栏检索栏目目前（2013年10月12日）都无法使用，地域时代分为亚洲、东亚、中国、亚洲以外、美国、俄国、欧洲、其他等也不尽科学，有待商榷。最后，检索系统若能对检索结果依次编号，且读者可选择以出版时间的先后顺序排列，则更有利于读者对检索资料的阅读和使用。

参考网址：http://ruimoku.zinbun.kyoto-u.ac.jp/ruimoku7/index.html.ja（7.3版系统）

（彭琴 辑）

263. 中国历史地图数据库（京都大学人文科学研究所）

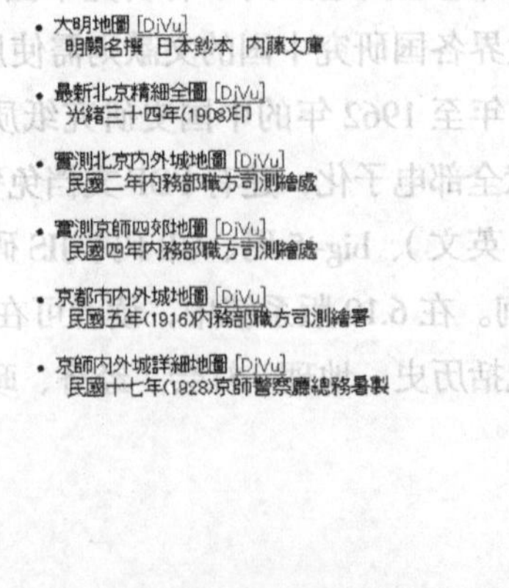

京都大学人文科学研究所建置。“中国历史地图数据库”收录了大量东亚各国古疆域图，其中尤以中国历史地图数据库资料最为丰富和详实。如《日本钞本大明地图》、《道光 12 年绘海塘图》、《道光 19 年云南布政子使刘氏刊云南全省舆图》、《咸丰 9 年刊四川全省舆图《光绪 28 年测绘安平县境地舆全图》都是非常重要的中国古代舆图资料。目前“中国历史地图数据库”已能查阅《大明地图》、《光绪北京精细全图》、《直隶省城街道全图》、《安平县境地舆全图》、《清国上海全图》等 30 余种中国历史地图。“中国历史地图数据库”系统支持日语、英语和简体中文，影像浏览阅读。

参考网址：http://kanji.zinbun.kyoto-u.ac.jp/db-machine/imgsrv/maps/

（毛建军 辑）

264. 石刻拓片资料（京都大学人文科学研究所）

“石刻拓片资料”展现了日本京都大学人文科学研究所所藏的石刻拓本资料。“石刻拓片资料”分为“画像石”及“文字拓本”两部分。“画像石”部分按照地域排列，收录山东、江苏、河南、陕西、山西、四川几个地域的汉代画像石，每一种画像石均附有照片。“文字拓本”部分按照朝代分类，自汉至民国均有拓片公布，支持繁体字题名检索及全文检索。

“画像石”部分，以山东地域收录的资料为最，分为“山东一”和“山东二”两个部分，收录有曲阜画像石、孝堂山画像石、滕县画像石等。以“曲阜画像石”为例，共包括 16 个画像石并逐一附有照片，每张照片按照文件编号、标题、年代、大小、出土地、原石所在地、备考来说明画像石的基本信息。“文字拓本”部分，以汉代收录的资料为最，按年代细分为前汉、后汉（建武 - 汉安）、后汉（建和 - 延熹）、后汉（建宁）、后汉（熹平 - 建安），另列出后汉年代不明、年代不明两项。每张拓本均附有照片，除“画像石”的各项说明外，还增加了“字数行数”一项，以体现文字拓本的特点。

在检索方式上，“石刻拓片资料”仅提供“文字拓本”的题名检索和全文检索，功能略显单一。同为拓片资料库，中国国家图书馆“中文拓片资料库”、北京大学数字图书馆“古文献资料库之拓片库”、台湾“中央研究院”历史语言研究所的“拓片资料库”均提供揭示拓片基本信息的字段检索，台湾“中央研究院”历史语言研究所的资料库还兼及揭示基于石刻文献内容的拓片深层次信息的字段。

参考网址：http://kanji.zinbun.kyoto-u.ac.jp/db-machine/imgsrv/takuhon/index.html

（汶莹莹 辑）

265. 雕龙－中国日本古籍全文数据库（日本凯希多媒体公司）

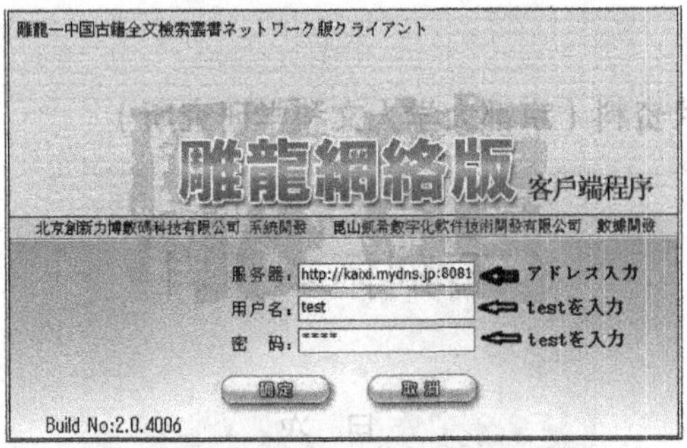

日本凯希多媒体公司研制，昆山数字化软件技术开发有限公司加工制作。“雕龙－中国日本古籍全文检索数据库”是一个综合性全方位的古籍数据库，它包含中国和日本的政治、经济、宗教、哲学、人文、风俗、地理、文化、历史、文学等各个方面。数据库由八个分库组成：《正统道藏》、《道藏辑要》、《永乐大典》、《四部备要》、中国地方志、六府文藏、日本古典书籍库、清代史料。目前收入古籍文献约1万多种，15亿字。

（杨毅 辑）

266. 美国国会图书馆“在线书目”（美国国会图书馆）

美国国会图书馆建置的“在线书目”（Library of Congress Online Catalog）收藏有卷数庞大的中文、日文、韩文等书籍，中文古籍方面包括宋、元、明、清善本古籍5万余册，其中，有一卷叫《一切如来》的书，是公元975年北宋早期佛经的木版印刷品；此外该馆还藏有4,000多种共6万余册中国地方志，其中100多种为中国国内孤本。关于中国少数民族的文字资料，该部也收有200多种藏文木版印刷品，400多种满文资料和3,000种云南纳西族东巴文资料。除古籍外，近现代关于1938－

1945年中国抗战期间相关文献也达5,000种左右。该系统还对部分珍贵古籍进行了全文图像数字化处理，目前共有850种的中文善本书，大约35万个影像已经完成数字化。

美国国会图书馆在线书目最新系统（http://catalog2.loc.gov/）提供三种检索方式：浏览检索（Browse）、高级检索（Advanced Search）、关键词检索（Keyword Search）。

（1）浏览检索（Browse）只提供一栏检索项，读者先选择检索项类型，有题名、著者/发明人、图书编号、标准书号，再在其后检索栏中输入检索字串。

（2）高级检索（Advanced Search）提供三栏检索项，每栏检索项可输入题名、国会图书馆馆藏编号/国际标准图书编号/国际标准期刊编号、著者/发明人、是否馆藏、非国际标准、丛书、出版信息等。每栏检索项之间的关系有“且（And）”、“或（Or）”、“非（No）”三种选择。

（3）关键词检索（Keyword Search）只提供一栏检索项，读者可选择输入题名或著者/发明人或主题或专家。

三种检索方式界面都提供打印、订阅、收藏/分享等服务；检索界面的时长限制都是5分钟；检索结果都可按每页100条、每页75条、每页50条、每页25条四种方式显示；而且读者在检索时都可选择限制项，包括出版年、出版年限、具体馆藏地、资料类型、语言，以便快速准确地检索到所需资料。

参考网址：http://catalog2.loc.gov/

（彭琴 辑）

267. 葛思德东亚图书馆珍藏古籍（普林斯顿大学东亚研究所）

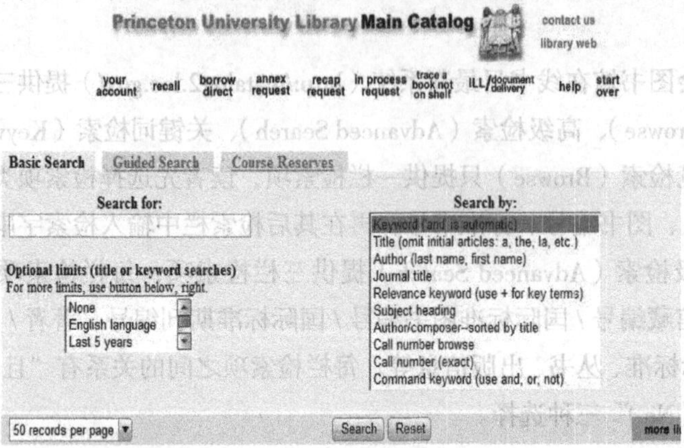

葛思德东亚图书馆（East Asian Library and the Gest Collection）收录中文书籍约42.5万册，包括传统线装书、现代西式装订书和期刊集本，涉及学术研究的各个方面，而在中国文学和历史（普林斯顿大学东亚研究所的研究重点）、哲学和宗教、地理等领域的藏书尤其全面，比如收录了大型丛书如《四部丛刊》、《丛书集成》、《文渊阁四库全书》、《四库全书存目》、《古今图书集成》等。其中珍藏古籍库（Rare Book Collection）收入中文古籍线装书约10.2万卷，少数是明以前的版本，大多是明朝和清朝前期精良刻本，涵盖中国文化的各个方面，尤其是医药、佛教、历史和文学，比如收录有手稿本《佩文韵府》、1544年版的司马光《资治通鉴》、《大明实录》手抄稿、1529年版的《文选》、5,000卷本的《大藏经》。由于收录古籍数量大且版本比较好，珍藏古籍库的藏书历来受到世界各地学者的推崇和亲睐。

普林斯顿大学葛思德东亚图书馆网站不提供馆藏古籍书目信息检索功能，读者欲查询需登陆普林斯顿大学图书馆主要书目检索系统（Main Catalog of Princeton University）。该系统提供基本检索、主题式检索、教师指定书目检索三种检索方式，读者可输入英文、汉语拼音、中文繁简体汉字等进行检索，检索结果包括著者、题名、出版时间、馆藏地、索书号等，都可按每页10条、每页20条、每页25条、每页50条四种方式，按题名、著者、入藏日期降序 / 升序四种方式，以表格形式罗列出来。而且读者在检索时都可选择限制项，包括出版日期、语言、标签类型、语言、媒介载体、馆藏地、出版地等，以便快速准确地检索到所需古籍资料。

普林斯顿大学葛思德东亚图书馆网站也收录相关电子资源，包含有东亚图书馆杂志、中医古籍电子书、电子数据库目录、东亚文字安装说明、文渊阁四库全书电子数据库使用说明、中国期刊网使用说明、OCR扫描说明。

其中，东亚图书馆杂志（The East Asian Library Journal）专栏收录 1986 年至 1987 年的葛思德图书馆（今东亚图书馆前身）杂志和 1993 年至 2010 年的东亚图书馆杂志的电子版文本，提供杂志目录浏览检索、关键词检索两种检索方式，读者可免费在线阅读和下载，从中可以了解到该馆收录历年收录中文古籍的具体情况。

电子文本（Digitized Texts）专栏收录 PDF 格式电子版的 50 种中医古籍及六种其他类中文古籍，专栏首页编有这些古籍的目录索引，包括每部书的汉语拼音书名、繁体汉字书名、汉语拼音著者名、繁体汉字著者名，且以古籍书名第一个字的声母在 26 个英文字母中的先后顺序为编排顺序。比如，中医古籍《保赤汇编》（第一个字“保”声母“b”）就编排在《痘疹传心录》（第一个字“痘”声母“d”）之后。这 50 种中医古籍及六种其他类中文古籍的 PDF 电子书读者皆可根据需要免费点开阅读。

不过，令人遗憾的是，到目前为止普林斯顿大学葛思德东亚图书馆网站电子文本（Digitized Texts）专栏只是将 50 种中医古籍及六种其他类中文古籍的 PDF 格式电子书，简单地罗列在网页上，并没有设置相应的检索功能，读者基本上需要上下浏览完整个网页才能找到所想查询的古籍的目录。不过，普林斯顿大学葛思德东亚图书馆近年来一直致力于将大量馆藏善本古籍电子化的工作（其中大部分属于蒋经国国际学术交流基金会支持的国际合作项目，合作伙伴包括哈佛大学的哈佛燕京图书馆、美国国会图书馆、台湾中央研究院傅斯年图书馆），相信随着其电子化工作的推进，该专栏中电子版珍藏古籍的种类和数量都将大大增加，完善的检索功能也会随着建立起来，以便更好地服务读者。

参考网址：http://catalog.princeton.edu/

（彭琴 辑）

268. 英国中文图书联合书目（大英图书馆等）

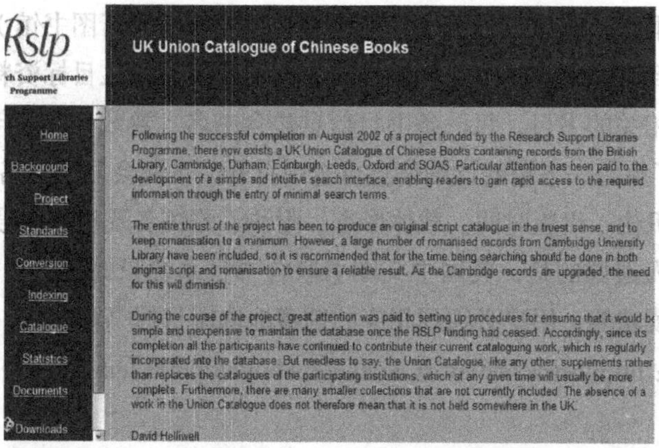

"英国中文图书联合书目"（UK Union Catalogue of Chinese Books）由英国研究支持图书馆项目(Research Support Libraries Programme RSLP)建置。它包括大英图书馆、牛津大学、剑桥大学、杜伦大学、爱丁堡大学、利兹大学、伦敦大学亚非研究所等大学或研究所的图书馆所收藏的含中文古籍在内的中文图书，基本囊括了英国的主要中文图书，下面以大英图书馆为例简要介绍英国中文图书（含中文古籍）的数字化情况。

大英图书馆典藏中国珍贵文献和古籍6万多种。大英图书馆于1980年开始采用MARC磁带建立"古版书简明标题目录"（Incunable Short Tit1e Catalogue，简称ISTC），是全球该类文献最大的（又是唯一的）联机数据库，主要收载15世纪用活版印励术印刷的文献的题录。ISTC数据库的来源主要为大英图书馆收藏的1501年以前印刷的文献的题录和两个重要的联合目录Go-ff和IGI，除此之外，还收录了包括部分中文古籍的书目。大英图书馆于1993年发布了"2000年规划目标"（Strategic Objectives for the Year 2000），计划到2000年实现馆藏文献数字化并运行于网络，为全球读者尽可能的提供检索和阅读其馆藏。1995年，英国图书馆开始实施"数字化图书馆计划"（The Digital Library Program），其中两项计划与珍藏文献有关。一是The Electronic Beowulf（简称EB），二是British Library Images Online。EB计划是将11世纪盎格鲁－撒克逊史诗手稿和丹麦皇家图书馆所藏18世纪相关稿本进行数字化。British Library Images Online是将英国图书馆馆藏珍罕文献影像数字化，目前在线的中文影像数字资源还很少，但也可窥见部分珍贵的中文古籍如手写本的《中国古代地图》、《急就篇》等。

英国中文图书联合书目系统提供两种检索方式，用户可以用中文或汉语拼音来检索，其所检索的资讯也以中文显示。一是高级检索，即用户可输入多个关键词（关键词之间的关系可为"和"或"或"或"非"）和作者名，还可输入具体日期或时限并选择馆藏地（大英图书馆、牛津大学图书馆、剑桥大学图书馆、杜伦大学图书馆、爱丁堡大学图书馆、利兹大学图书馆、伦敦大学亚非研究所图书馆）以限制检索范围，更快查找到目标书籍。二是精确检索，即用户直接输入目标资料的题名。检索结果显示所有相关的书目，每一条书目信息包含书名、卷数、出版年代以及所藏馆名；用户若想了解每一书籍的详细信息可选中打开，页面会显示书名、卷数、作者、出版地及出版机构、出版时间、载体形态、附注、藏馆名及相应编号等。

不过，令人遗憾的是，英国中文图书联合书目系统只提供书目信息检索功能，不提供书目阅读功能，用户必须到相应的馆藏地取阅目标书籍。

参考网址：http://www.bodley.ox.ac.uk/rslpchin/oldindex.htm

（彭琴 辑）

269. 东亚典藏之中文书目（澳大利亚悉尼大学）

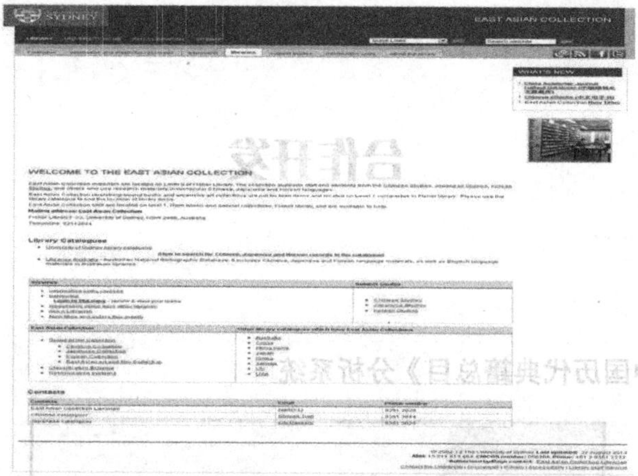

东亚典藏（East Asian Collection）之“中文书目”主要服务于悉尼大学本校中国研究系的师生。

用户只能在澳大利亚悉尼大学图书馆书目检索系统使用汉语拼音或繁简体汉字检索“中文书目”。用户以汉字检索则结果也以汉字显示，以汉字拼音检索则结果同时以汉语拼音和汉字显示。用户点中目标书目信息即可获得更详细的书目信息，包括书名、出版者、版本、借阅状态、馆藏地、索书号以及图书外形描述、所属丛书名等。需要注意的是，用户若输入汉字拼音进行查询，必须将每个汉字的拼音分开书写才能查找到目标书籍，比如“si ku quan shu”，若输入“sikuquanshu”则无法搜索到《四库全书》的相关信息。

当然，用户只能通过澳大利亚悉尼大学图书馆书目检索系统了解东亚典藏（East Asian Collection）中汉籍收藏情况，无法在线阅读。

参考网址：http://www.library.usyd.edu.au/libraries/eastasian/

（彭琴 辑）

合作开发

270. 《中国历代典籍总目》分析系统

《中国历代典籍总目》分析系统由中国国家图书馆和北京大学数据分析研究中心联合研制。《中国历代典籍总目》分析系统以史志、官修和馆藏目录为基础，以知见、私藏和国家珍贵古籍名录为补充，从30余种目录文献中，整理收录了240余万书目，全面汇总中国历代书目，展现华夏五千年文明成果，堪称当代“历史艺文志”。在全面收录汉籍书目的基础上，该系统采用数据采集技术，在古籍文献中分析责任者、责任时间、责任行为、版本特征，以及装帧特征等多种维度的相关性，进一步揭示数据背后隐藏的学者间诸如学术传承、经济地位等复杂的社会关系，最大限度地实现“辨章学术，考镜源流”。此外，用户可通过评论交流模组交流阅读知识、评价书目信息，还可保存书目信息。2010年2月，“中国历代典籍总目分析系统”，通过了教育部组织的国家级技术鉴定。

《中国历代典籍总目》收录所有的古典文献（现存的和亡佚的）书目信息，计约240余万书目，能够帮助从事课题研究的老师快速找到所有相关文献资料，最大限度地实现“辨章学术，考镜源流”。

《中国历代典籍总目》分析系统拥有强大的全文检索和高级检索功能。除支持繁简通检外，还支持以书名、书目范围、书目分类、书目层级、版本类型、版本时代、责任者、责任行为为条件，进行全文范围的书目信息检索。

《中国历代典籍总目》分析系统与其他系统的显著区别在于其具有强大的多维分析功能，其中最主要的多维分析功能之一即责任者相关性多维分析。同一书目著录的责任者之间通常具有很复杂的社会关系，在品种、版本、印次和藏本层次上，通过对这些责任者著录信息进行定量分析可以获得较多的学术传承、交游往来甚至姻亲关系的知识。同时，在海量数据的基础上，“中国历代典籍总目”还可以对书籍的成书年代、品种、藏地等进行多维分析，以获得定量的学术发展和研究重点的历史分布情况。

（毛建军 辑）

271. 《中国古代文学史电子史料库》

“中国古代文学史电子史料库”由首都师范大学、鞍山师范学院、南京师范大学、四川师范大学等数家高校联合研制开发。“中国古代文学史电子史料库”是国内迄今为止规模最大的中国古代文学作品全文数据库，收录书籍包括两部分：一是先秦至晚清的历代文学作品和文学理论，其中先秦 29 种，两汉魏晋南北朝 28 种，隋唐五代 10 种，宋辽金 14 种，元明、清 69 种，其他部分 12 种，共 162 种（含子书 266 种），计约 8,000 万字；二是 20 世纪以来的较有代表性的文学史 15 种，计约 1,000 多万字。“中国古代文学史电子史料库”充分吸收了古籍研究整理的成果，选目精审，版本可靠；“中国古代文学史电子史料库”录入完整文本，不摘录或精选，一般不包括注释和校勘；全部文档均为简体字、新式标点，版本一般选用较好的通行版本和已经整理的版本。

“中国古代文学史电子史料库”文献基本涵盖了中国古代文学史所涉重要作品，有 1.5 亿字，随文插配的数千幅珍稀图片，有助于理解文学作品的内涵，拓展读者的阅读空间。“中国古代文学史电子史料库”设计方案新颖，解决了多数据之间的复合关联等技术难题，结构合理，文字处理规范，符合国家有关标准；检索功能强大，速度快捷，准确性高，采用了较为先进的防盗版加密技术，界面美观，操作简便。该软件独创的动态联机字典、词典，功能实用，技术先进，能突破纸本书注释的局限，较好地解决了古籍阅读中的文字障碍。现将该库收入书目列出如下：

表1：先秦卷29种

序号	书目	版本及收集情况
01	《周易》	《十三经注疏》/中华书局影印清阮元校刻本/1980年第1版
02	《诗经》	《十三经注疏》/中华书局影印清阮元校刻本/1980年第1版
03	《尚书》	《十三经注疏》/中华书局影印清阮元校刻本/1980年第1版
04	《周礼》	《十三经注疏》/中华书局影印清阮元校刻本/1980年第1版
05	《仪礼》	《十三经注疏》/中华书局影印清阮元校刻本/1980年第1版
06	《礼记》	《十三经注疏》/中华书局影印清阮元校刻本/1980年第1版
07	《论语》	《十三经注疏》/中华书局影印清阮元校刻本/1980年第1版
08	《孟子》	《十三经注疏》/中华书局影印清阮元校刻本/1980年第1版
09	《孝经》	《十三经注疏》/中华书局影印清阮元校刻本/1980年第1版
10	《国语》	上海古籍出版社/1978年3月第1版
11	《墨子》	《墨子閒诂》/中华书局/2001年4月第1版
12	《老子》	《老子校释》/中华书局/新编诸子集成第一辑/1984年11月1版
13	《庄子》	《庄子集释》/中华书局/1961年7月第1版
14	《列子》	《列子集释》/中华书局/新编诸子集成第1辑/1979年10月1版
15	《荀子》	王先谦《荀子集解》/中华书局/新编诸子集成第1辑/1988年9月1版
16	《韩非子》	《韩非子集释》/中华书局/1998年7月第1版
17	《吕氏春秋》	《吕氏春秋校释》/学林出版社/1984年4月1版
18	《春秋左传》	《十三经注疏》/中华书局影印清阮元校刻本/1980年第1版
19	《春秋公羊传》	《十三经注疏》/中华书局影印清阮元校刻本/1980年第1版
20	《春秋穀梁传》	《十三经注疏》/中华书局影印清阮元校刻本/1980年第1版
21	《战国策》	上海古籍出版社/1985年3月第2版
22	《山海经》	《山海经校注》/上海古籍出版社/1980年7月第1版

序号	书目	版本及收集情况
23	《穆天子传》	《穆天子传西征注疏》/ 中国书店 /1990 年 8 月第 1 版
24	《楚辞章句》	《楚辞补注》/ 中华书局 /1983 年 3 月第 1 版
25	《商君书》	《商君书锥指》/ 中华书局 / 新编诸子集成第一辑 /1986 年 4 月第 1 版
26	《管子》	《管子注释》/ 广西人民出版社 /1982 年 9 月第 1 版
27	《孙子兵法》	《十一家注孙子校理》/1999 年 3 月第 1 版
28	《晏子春秋》齐·晏婴	中华书局 / 新编诸子集成第一辑 /1962 年 1 月第 1 版
29	《文子》	《文子疏义》/ 中华书局 / 新编诸子集成第一辑 /2000 年 9 月第 1 版

表 2：两汉魏晋南北朝卷表 28 种

序号	书目	版本及收集情况
01	《淮南子》汉·刘安	《淮南子集释》/1998 年 10 月第 1 版
02	《盐铁论》汉·桓宽	中华书局 / 新编诸子集成 /1992 年 7 月第 1 版
03	《新书》汉·贾谊	《新书校注》/ 中华书局 / 新编诸子集成 /2000 年 7 月第 1 版
04	《新语》汉·陆贾	《新语校注》/ 中华书局 / 新编诸子集成 /1986 年 8 月第 1 版
05	《吴越春秋》赵晔	上海古籍出版社 /1997 年 7 月第 1 版
06	《越绝书》袁康	
07	《西京杂记》晋·葛洪	中华书局 /1985 年 1 月第 1 版
08	《韩诗外传》	岳麓书社 /1994 年 4 月第 1 版
09	《列女传》汉·刘向	
10	《论衡》汉·王充	黄晖《论衡校释》/ 中华书局 / 新编诸子集成第 1 辑 /1990 年 2 月第 1 版
11	《新序》汉·刘向	《新序详注》/ 中华书局 / 新编诸子集成 /1997 年 8 月第 1 版
12	《说苑》	《说苑校正》/ 中华书局 / 新编诸子集成 /1987 年 7 月第 1 版
13	《史记》汉·司马光	中华书局 /1959 年 9 月第 1 版
14	《汉书》汉·班固	中华书局 /1962 年 6 月第 1 版
15	《后汉书》南朝主·范晔	中华书局 /1965 年 5 月第 1 版

序号	书目	版本及收集情况
16	《三国志》汉·陈寿	中华书局
17	《文选》（李善注）	上海书店影印清胡克家刻本 /1988 年 12 月第 1 版，
18	《文心雕龙》南朝梁·刘勰	人民文学出版社 / 范注 /1958 年 9 月第 1 版
19	《水经注》郦道元	
20	《洛阳伽蓝记》杨衒之	《洛阳伽蓝记校注》/ 上海古籍出版社 /1958 年 2 月第 1 版
21	《颜氏家训》北齐·颜之推	《颜氏家训集解》/ 中华书局 / 新编诸子集成第 1 辑 /1993 年 12 月第 1 版
22	《乐府诗集》宋·郭茂倩编	中华书局 /1979 年 11 月第 1 版
23	《搜神记》晋·干宝	中华书局 /1979 年 9 月第 1 版
24	《殷芸小说》南朝梁·殷芸	上海古籍出版社 /1984 年 4 月第 1 版
25	《世说新语》南朝宋·刘义庆	《世说新语笺疏》/ 上海古籍出版社 /1993 年 12 月第 1 版
26	《玉台新咏》	《玉台新咏笺注》/ 中华书局 /1985 年 6 月第 1 版
27	《先秦汉魏晋南北朝诗》	中华书局 / 逯钦立辑 /1983 年第 1 版
28	《全上古三代秦汉三国六朝文》清·严可均编	商务印书馆 / 国学基本经典 /1999 年 10 月第 1 版

表 3：隋唐五代卷 10 种

序号	书目	版本及收集情况
01	《全唐诗》	上海古籍出版社影印清康熙扬州诗局本 中华书局（简体横排本）
02	《全唐文》清·董诰等编	中华书局 /1983 年 11 月第 1 版
03	《全唐五代词》	中华书局 /1999 年 12 月第 1 版
04	《太平广记》宋·李昉	中华书局 /1961 年 9 月第 1 版
05	《敦煌变文集》	《敦煌变文校注》/ 中华书局 /1997 年 5 月第 1 版
06	《游仙窟》唐·张鷟	上海书店 /1985 年 11 月第 1 版

序号	书目	版本及收集情况
07	《唐语林》	《唐语林校正》/ 中华书局 /1987 年 7 月第 1 版
08	《大唐新语》唐·刘肃	中华书局 /1984 年 6 月第 1 版
09	《玄怪录·续玄怪录》唐·牛僧儒	上海古籍出版社 /1985 年 7 月第 1 版
10	《唐才子传》元·辛文房	《唐才子传校笺》傅璇琮主编 / 中华书局 /1987 年 5 月第 1 版

表 4：宋辽金卷 14 种

序号	书　目	版本及收集情况
01	《全宋词》	中华书局 /1999 年 1 月新 1 版
02	《宋诗钞》	中华书局 /1986 年 12 月第 1 版
03	《西昆酬唱集》	上海书店出版社 /2001 年 10 月第 1 版
04	《全金元词》	中华书局 /1979 年 10 月第 1 版
05	《辽诗别裁》	
06	《瀛奎律髓》元·方回选评	上海古籍出版社 /1986 年 4 月第 1 版
07	《唐宋八大家文钞》	
08	《三国志平话》	《全相平话五种》/ 人民文学出版社
09	《武王伐纣平话》	《全相平话五种》/ 人民文学出版社
10	《西游记平话》	
11	《苕溪渔隐丛话》	
12	《诗人玉屑》	
13	《文镜秘府》	《文镜秘府论校注》王利器校注 / 中国社会科学出版社 /1983 年 7 月第 1 版
14	《董解元西厢记》	人民文学出版社 /1962 年 1 月第 1 版

表 5：元明清卷 69 种

序号	书目	版本及收集情况
01	《元诗别裁集》	上海古籍出版社 /1979 年 4 月第 1 版
02	《明诗综》	
03	《清诗别裁集》清・沈德潜等	上海古籍出版社 /1984 年 3 月第 1 版；岳麓书社 /1998 年 2 月 1 版
04	《全元散曲》	中华书局 /1964 年 2 月第 1 版
05	《元曲选》	《元曲选校注》/ 河北教育出版社 /1994 年 6 月第 1 版 / 中华书局 /1958 年 10 月第 1 版
06	《明清民歌时调集》	上海古籍出版社 /1987 年 9 月新 1 版
07	《西厢记》元・王实甫	人民文学出版社 /1994 年 12 月第 1 版
08	《琵琶记》元・文明	上海古籍出版社
09	《荆钗记》元・柯丹邱	
10	《白兔记》	
11	《拜月亭》元・施惠	《幽闺记》/ 中华书局
12	《杀狗记》明・徐	
13	《三国演义》明・罗贯中	人民文学出版社 /1973 年 12 月第 3 版
14	《水浒传》明・施耐庵	人民文学出版社 /1997 年 1 月第 2 版
15	《四声猿》明・徐渭	
16	《宝剑记》明・李开光	
17	《鸣凤记》明・王世贞	
18	《浣沙记》明・梁辰鱼	中华书局 /1959 年 3 月第 1 版
19	《紫钗记》明・汤显祖	
20	《南柯记》明・汤显祖	
21	《邯郸记》明・汤显祖	
22	《牡丹亭》明・汤显祖	人民文学出版社 /1963 年 4 月第 1 版
23	《西游记》明・吴承恩	人民文学出版社 /1980 年 5 月第 2 版

序号	书 目	版本及收集情况
24	《金瓶梅》明·兰陵笑笑生	《新刻绣像批评金瓶梅》（崇祯本）/齐鲁书社/1989年6月第1版
25	《东周列国志》明·冯梦龙、蔡元放	中华书局/1996年7月第1版
26	《封神演义》明·许仲琳	人民文学出版社/1973年12月第1版
27	《三宝太监西洋记通俗演义》明·罗懋登	上海古籍出版社/1985年3月第1版
28	《平山冷燕》	人民文学出版社/1983年6月第1版
29	《好逑传》	广东人民出版社/1980年12月第1版
30	《剪灯新话》明·瞿祐	
31	《清平山堂话本》明·洪楩	中华书局/2001年9月第1版
32	《熊龙峰刊小说四种》	
33	《京本通俗小说》	
34	《醒世恒言》明·冯梦龙辑	人民文学出版社/1956年7月第1版
35	《喻世明言》明·冯梦龙辑	人民文学出版社/1958年4月第1版
36	《警世通言》明·冯梦龙辑	人民文学出版社/1958年1月第1版
37	《拍案惊奇》明·凌濛初	上海古籍出版社/1982年8月第1版
38	《二刻拍案惊奇》明·凌濛初	上海古籍出版社/1983年9月第1版
39	《一捧雪》明·李玉	
40	《人兽关》明·李玉	
41	《永团圆》明·李玉	
42	《占花魁》明·李玉	
43	《清忠谱》明·李玉	
44	《笠翁十种曲》明·李渔	《李渔全集》/浙江古籍出版社
45	《长生殿》清·洪升	人民文学出版社/1958年5月第1版
46	《桃花扇》清·孔尚任	人民文学出版社/1959年4月第1版
47	《聊斋志异》清·蒲松林	人民文学出版社/1989年9月第1版

序号	书　目	版本及收集情况
48	《子不语》清·袁枚	《新齐谐·续新齐谐》/人民文学出版社/1996年12月第1版
49	《阅微草堂笔记》清·纪昀	
50	《儒林外史》清·吴敬梓	人民文学出版社/1958年11月第1版
51	《红楼梦》清·曹雪芹	人民文学出版社/1982年3月第1版
52	《官场现形记》清·李宝嘉	人民文学出版社/
53	《二十目睹之怪现状》清·吴沃尧	人民文学出版社/
54	《老残游记》清·刘鹗	人民文学出版社/1957年10月北京第1版
55	《孽海花》清·曾朴	上海古籍出版社/1980年1月新2版
56	《三侠五义》清·石玉昆述	中华书局/1996年7月第1版
57	《施公案》	北京出版社
58	《醒世姻缘传》清·西周生	
59	《歧路灯》	河南人民出版社
60	《镜花缘》清·李汝珍	人民文学出版社
61	《再生缘》	
62	《玉梨魂》清·徐枕亚	
63	《品花宝鉴》清·陈森	吉林文史出版社/1999年1月第1版
64	《浮生六记》清·沈复	人民文学出版社/1980年7月第1版
65	《晚明小品》	
66	《晚清文选》	
67	《列朝诗集小传》清·钱谦益	上海古籍出版社/1959年9月第1版
68	《晚明十六家小品》卢人龙	
69	《近三百年名家词选》龙榆生	

表6：综合卷12种

序号	书　目	版本及收集情况
01	《历代诗话》	中华书局 /1981 年 4 月第 1 版
02	《历代诗话续编》	中华书局 /1983 年 8 月第 1 版
03	《清诗话》	上海古籍出版社 /1978 年 9 月第 1 版
04	《诗话总龟》（前集、后集）	人民文学出版社 /1987 年 8 月第 1 版
05	《清诗话续编》	上海古籍出版社 /1983 年 12 月第 1 版
06	《词话丛编》（全五册）唐圭璋	中华书局 /1986 年 11 月第 1 版
07	《初学记》唐・徐坚	京华出版社 /2000 年 5 月第 1 版
08	《艺文类聚》	上海古籍出版社 /1999 年 5 月新 2 版
09	《太平御览》宋・李昉	河北教育出版社 /1994 年 7 月第 1 版
10	《古文辞类纂》清・姚鼐	上海古籍出版社 /1998 年 7 月第 1 版
11	《骈体文钞》清・李兆洛	上海古籍出版社 /2001 年 5 月第 1 版
12	中国古典戏曲论著集成	中国戏剧出版社 /1959 年 7 月第 1 版

表7：文学史系列15种

序号	书　目	版本及收集情况
01	《宋元戏曲史》王国维	上海古籍出版社 /1998 年 12 月第 1 版
02	《中国大文学史》谢无量	
03	《白话文学史》（上卷）胡适	东方出版社 /1996 年 3 月第 1 版
04	《中国小说史略》鲁迅	山西古籍出版社 /2001 年 8 月第 1 版
05	《插图本中国文学史》郑振铎编	北京出版社 /1999 年 1 月第 1 版
06	《中国诗史》冯沅君	
07	《中国中古文学史讲义》刘师培	人民文学出版社 /1957 年 7 月第 1 版
08	《中国文学史》钱基博	中华书局 /1993 年 4 月第 1 版
09	《中国文学史》游国恩等	人民文学出版社 /1963 年 7 月第 1 版
10	《中国文学史》社会科学院	人民文学出版社 /1962 年 7 月第 1 版
11	《中国文学批评史》郭绍虞	上海古籍出版社 /1979 年 12 月新 1 版

序号	书　目	版本及收集情况
12	《中国文学批评史》罗根泽	上海古籍出版社 /1984 年 3 月新 1 版
13	《中国文学发展史》刘大杰	上海古籍出版社 /1982 年 5 月新 1 版
14	《中国文学史》袁行霈主编	高等教育出版社 /1989 年 8 月第 1 版
15	《中国文学史》章培恒等主编	复旦大学出版社 /1997 年 4 月第 1 版

从以上七个列表可知，中国古代文学史电子史料库收入的小部分书籍的版本情况不明。不过，为了与该史料库配套，赵敏俐等同时还编写了《中国古代文学史电子史料库书目提要》（首都师范大学出版社，2003 年），对所选书目的作者、内容、版本、流传情况等进行了简要的介绍，读者可借以参考。

值得注意的是，读者必须购买光盘才能使用该史料库（光盘由首都师范大学、鞍山师范学院、南京师范大学、四川师范大学联合开发，北京国学时代文化有限公司制作）。

（彭琴 辑）

272. 中国高等教育文献保障系统（CALIS）

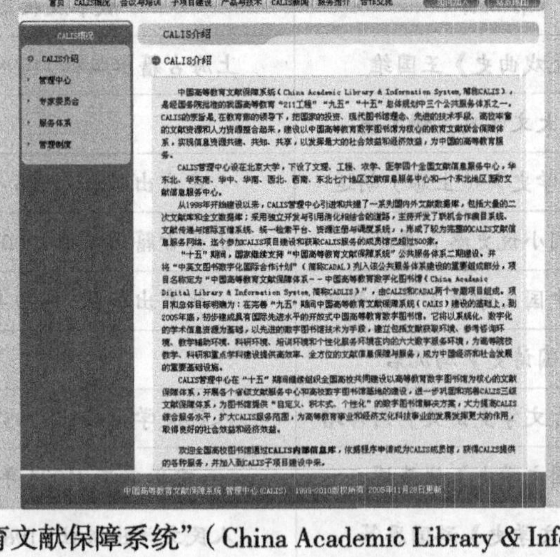

“中国高等教育文献保障系统”（China Academic Library & Information System，简称 CALIS）是经国务院批准的我国高等教育总体规划中三个公共服务体系之一。“中国高等教育文献保障系统”（CALIS）设立的宗旨是建设以中国高等教育数字图书馆

为核心的教育文献联合保障体系，实现信息资源共建、共知、共享。从1998年开始建设以来，CALIS管理中心引进和共建了一系列文献数据库，迄今参加CALIS项目建设和获取CALIS服务的成员馆已超过500家。鉴于CALIS在联机编目方面取得的宝贵经验以及古籍文献在图书馆藏书中的特殊位置，CALIS决定将联机编目延伸至古籍文献。2001年10月CAL1S古籍联合目录数据库建设研讨会在北京大学召开，开始着手古籍编目客户软件需求方案和古籍联合目录相关规则的制定工作。2003年12月CALIS古籍联合目录系统正式启动。目前联合目录数据库已经积累了300余万条书目纪录，其中古籍数据量达40万条。

联合目录子项目

CALIS联机合作编目中心是中国高等教育文献保障体系的两大服务中心之一，其秉承“实现信息资源共建、共知、共享，发挥最大的社会效益和经济效益，为中国的高等教育服务”的宗旨,致力于CALIS联合目录数据库的建设,并提供相关服务。

CALIS联合目录数据库建设始于1997年。到2004年10月为止，联合目录数据库已经积累了160余万条书目纪录，馆藏信息达600余万条。目录数据库涵盖印刷型图书和连续出版物、电子期刊和古籍等多种文献类型；覆盖中文、西文和日文等语种；书目内容囊括了教育部颁发的关于高校学科建设的全部一个二级学科，226个三级学科。

2000年3月，CALIS联机合作编目系统正式启动，以联合目录数据库为基础，以高校为主要服务对象，开展了联机合作编目、编目数据批量提供、编目咨询与系统培训等业务，方便了成员馆的编目工作，提高了书目数据库建设效率。得益于成员馆的共同努力，CALIS联合目录以其实时性强、数据质量高享誉业界。为更好地促进编目工作的标准化和规范化，应广大用户的要求，联机合作编目中心即将开展编目员业务培训和资格认证工作。

为提高服务能力，扩大服务范围，CALIS联机合作编目中心已在华南、华东南、华中、西南等地建立了镜像服务站，并计划在“十五”期间把联合目录数据库从一个以图书和期刊为主的联合目录数据库发展为以印刷型书刊书目记录为主流产品，还包括电子资源、古籍善本、非书资料、地图等书目记录，能连接图片、影像、全文数据库的多媒体联合数据库。

CALIS联机合作编目中心目前有成员馆470余家，已经形成了相对稳定的数据建设队伍。随着队伍的壮大和用户发展委员会的组建，联机合作编目中心将进一步强化管理，规范运作，更快、更好地为广大用户提供优质服务。

2001年10月14–16日，CALIS古籍联合目录数据库启动研讨会在北京大学图书馆召开。古籍联合目录数据库项目的第一批参加单位：清华大学、中国人民大学、北京师范大学、复旦大学、华东师范大、南开大学、吉林大学、南京大学、武汉大学、四川大学、北京大学负责此项业务工作的同志，以及中国国家图书馆、南京图书馆、辽宁图书馆、中山图书馆的有关专家，共30余人，对会议的各项议题进行了集中、深入的讨论，三天的会议标志着CALIS联机合作编目的古籍联合目录数据库项目正式启动。

联合目录主页：http://www.calis.edu.cn/calis/lhml/

数据库查询：http://opac.calis.edu.cn

专题特色数据库子项目

全国高校专题特色数据库是CALIS“十五”建设的子项目之一。项目在“十五”期间，将遵循“分散建设、统一检索、资源共享”的原则，在“九五”建设的基础上，进一步统一特色库的建库标准和服务功能要求，构建统一的公共检索平台，采取重点支持和择优奖励相结合的资助方式，鼓励具有学科优势和文献资源特色的学校积极参加专题特色数据库的建设，建成一批具有中国特色、地方特色、高等教育特色和资源特色、服务于高校教学科研和国民经济建设、方便实用、技术先进的专题文献数据库。这些数据库不仅是支持高校重点学科建设的一批重要数字资源，而且将成为中国高等教育数字图书馆的基础数据之一。

项目在CALIS“十五”建设结束时，建成具有相对统一建设标准、由不少于50个专题库组成的特色数据库群。数据库群建立在可独立运行的各个特色库基础上，除了具备可分布式检索的基本功能外，还将在CALIS管理中心的支持下，建立一个基于集中式元数据库的特色资源库中心门户。凡是立项资助的专题特色库，在验收时，其数据量应不少于4万条，其中全文数据不少于20%。

全国高校专题特色数据库建设内容主要有以下方面：

（1）通过项目建设，形成中国高校独有的数字化特色文献资源。其特色体现为：学科特色，以某重点学科或某特定专题、或具有交叉学科和前沿学科、或能体现高等教育特色的资源；地方特色，如具有一定的地域和历史人文特色，或与地方的政治、经济和文化发展密切相关的资源；馆藏特色，如具有他馆、他校所不具备或只有少数馆具备的特色馆藏，或散在各处、难以被利用的资源等。

（2）建库标准采用《我国数字图书馆标准规范研究》项目所推荐的一系列相关标准、元数据标引格式规范、文献著录的有关国际标准和国家标准；对各类型特色库实现统一元数据检索与分布式的全文服务功能；建立特色库元数据收集及对象数据访问机制，使“十五”期间特色数据库系统具有分散对象数据和统一元数据集的构架。

（3）应用现阶段先进并成熟的技术，构架专题特色数据库运行平台。专题特色库运行平台的功能包括统一的元数据检索与分布式的全文服务，以实现合作建设与资源共享。软件平台划分为两个部分：分别是参建单位特色库建库系统和元数据中心节点系统。建库系统由项目组向各承建单位推荐适当的系统软件，以便使运行平台具有相对一致的起点和整体性。在 CALIS 技术中心的指导下，提供统一的相关标准与接口，将专题特色数据库纳入 CALIS 综合文献服务体系。

（4）在项目建设过程中，形成适合中国高校现阶段发展的专题特色库组织机制和运作模式。项目实施采用集中组织管理、建库标准相对统一、参建学校分散建库、专家监督指导的方式，充分调动各高校图书馆的积极性，把尽可能多的高校特色资源组织到 CALIS 资源体系之中。数据库的建设和维护主要依靠各校自主投入，CALIS 进行政策和技术引导，并根据不同的情况适当给予一定的经费补贴和奖励。

（5）项目建设遵循 CALIS 资源共享的规则，数据库完成后作为 CALIS 的共同建设成果，建设单位向 CALIS 成员馆提供二次文献的 WEB 方式的公开免费检索；对于一次文献，除涉及版权和保密的由参建单位自行选择发布方式外，原则上提供对 CALIS 成员馆的公开服务，并探索建立资源共享的利益补偿机制。项目在形成一定阶段性成果后，面向社会各界服务，建立与之相关的服务机制和配套收费体系。

预期建设成果：完成不少于 50 个具有中国特色、地方特色、高等教育特色和资源特色、服务于高校教学科研和国民经济建设、方便实用、技术先进的专题文献数据库。其中，约 10% 的专题库形成标志性的成果，在资源内容和技术设计方面具有示范效应。

承建单位：武汉大学

子项目管理网站：http://202.114.65.58/portal/portal/media-type/html/group/whuguest/page/area_spec_intro.psml

特色库中心网站：http://tsk.cadlis.edu.cn/tskopac

全国高校专题特色数据库项目在 CALIS“十五”建设结束时，将建成 50 个专题库组成的特色数据库群。其中涉及古籍数字化的项目甚多。如“巴蜀文化特色数据库”（四川大学）独具巴蜀地域及其历史人文特色，全面覆盖巴蜀地方历史、文化相关的文献资源，包括“巴蜀文化文摘型数据库”和“巴蜀文化研究全文数据库”。全国高校专题特色数据库详参下表：

名　称	负责单位
中国科技史数字图书馆资料库	清华大学
学苑汲古：高校古文献资源库	北京大学
中国年谱数据库	华东师范大学

名 称	负责单位
明清诗文集综合数据库	复旦大学
河南地方文献数据库	郑州大学
宋代文献数据库	河南大学
河洛文化文献专题数据库	洛阳师范学院
汉代文化与人文南阳数据库	南阳师范学院
《红楼梦》特色数据库	湖北大学
书院文化数据库	湖南大学
江南制造局专题特色数据库	西安交通大学
敦煌学数据库	兰州大学
清代图像人物研究资料数据库	苏州大学
张謇研究特色数据库	南通大学
中医药古籍文献数据库	南京中医药大学
汉画像石砖数字资源库建设	徐州师范大学
巴蜀文化特色数据库	四川大学
地方文献数据库	成都大学图书馆

参考网址：www.calis.edu.cn

（彭琴 辑）

273. 国际敦煌项目（IDP）

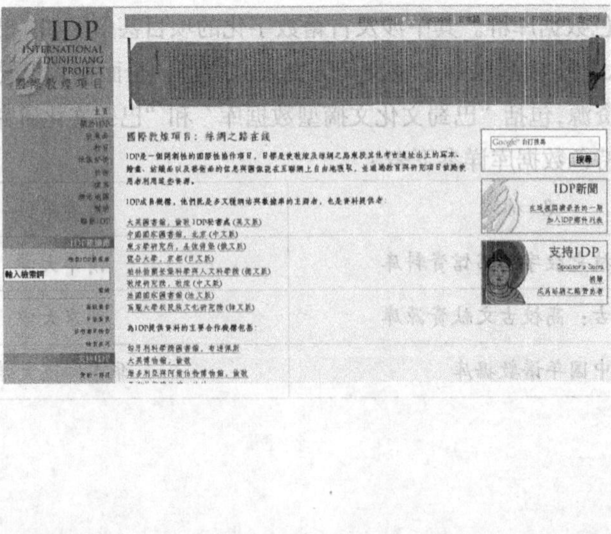

国际敦煌项目（The International Dunhuang Project，简称 IDP）是一个开创性的国际性协作项目，目标是使敦煌及丝绸之路东段其他考古遗址出土的写本、绘画、纺织品以及艺术品的信息与图像能在互联网上自由地获取，并通过教育与研究项目鼓励使用者利用这些资源。IDP 由英国图书馆于 1993 年发起，参与单位有中国、法国、俄罗斯、德国、日本等国家或地区的敦煌文献典藏机构。IDP 包括建立国际敦煌工程数据库、研究保护敦煌遗书的新的技术手段等多项内容，其宗旨在于通过国际合作，将各国所藏敦煌文献全部数字化，并实现网络共享，从而促进敦煌学的研究。目前已有 5 万余件中亚写卷和印本以及 3 万余件中国国家图书馆馆藏敦煌文献资源数据。读者可通过中国国家图书馆和英国图书馆的 IDP 主页进行检索利用。

目前为止，IDP 数据库图片数分布情况（注：数据时刻在更新，以下是截至 2013 年 10 月 12 日的情况）。不同语言界面显示的结果不同，这可能是不同机构工作人员统计不一致导致的结果。

总计	英国	中国	俄国	日本	德国	敦煌	法国
413,327	145,568	101,424	22,671	17,364	67,798	2,818	55,684

参考网址：http://idp.nlc.gov.cn/

英国 IDP 数据

英国拥有大约 5 万 0 件中国西域地区收集来的写卷、绘画和艺术品，以及数千张老照片，大部分来源于斯坦因前三次的探险。斯坦因第二次和第三次探险的部分发掘品收藏在新德里的印度国家博物馆。布达佩斯的匈牙利科学院图书馆收藏很多斯坦因的探险照片、个人著作和部分写卷。牛津的鲍德利图书馆有斯坦因的大部分论文。大英图书馆有与马继业、霍恩雷、斯坦因和英国人在中亚相关的著作。其他少量收集品分散在英国其他机构。

大英图书馆斯坦因收集品有超过 4.5 万件写卷、印本、木简以及其他材料，涵盖多种语言，包括汉文、藏文、梵文、西夏文、于阗文、龟兹文、粟特文、回鹘文、突厥文和蒙古文。有一些写卷里包含了不止一种文字，有些还无法释读。收集品里还包括一些麻布和纸质绘画，还有一小部分纺织品残片和一些艺术品例如经帙、剪纸和画笔，以及斯坦因在印度、巴基斯坦、中国西北、伊朗、伊拉克和约旦拍摄的正片、负片和幻灯片多达 10,000 多张，时间范围是 18 世纪 90 年代到 1938 年。

除了斯坦因的收集品，大英图书馆还收藏了由英属印度政府收集的中亚写卷，通常指的是霍恩雷的收集品，22 件于 1895 至 1899 年委托给霍恩雷在加尔各答进行释读。1902 年他的报告（1899 和 1901）出版后，最终收藏于大英博物馆。在他 1899 年退休后另外 10 件（编号 142–144，147–152，156）转交给他研究。霍恩雷的收集品包括 2,000 多个梵文、1,200 吐火罗文和大约 250 个于阗文词汇以及少量的汉文、波斯文和回鹘文。

大英博物馆斯坦因从中国西北所获收集品包括将近 400 幅敦煌绘画、一些丝织品、从不同遗址所获几千件文物，包括建筑构件、陶制雕塑、丝织品、4,000 多枚钱币。该馆还收藏斯坦因在伊朗、伊拉克探险所获收集品。

大英图书馆、大英博物馆、维多利亚与阿尔伯特博物馆的收集品均作为 IDP 数字化的一部分。

以下按语种列出概况（截至 2013 年 10 月 12 日）：

语言 / 文字	写本 / 印本数量	已数字化数量
系统无法显示	2	2
阿维斯陀语	2	2
英语	0	0
法语	0	0
德语	9,776	9,678
印度那加里文字	21,168	13,373
古突厥文	86	61
帕拉文	24	24
悉昙文	10	10
古叙利亚语	351	351
不适用	1	1
于阗文	9	5
伪造文字	1	1
八思巴文	374	374
吐木舒克语	2,250	2,220
吐火罗文	0	0
回鹘文	0	0

语言 / 文字	写本 / 印本数量	已数字化数量
大夏文	7	5
契丹小字	13	12
契丹文	2	2
婆罗谜文	0	0
巴利文	0	0
帕提亚语	9	9
摩尼教中古波斯文	252	226
新波斯语	0	0
未识文字	0	0
柯克突厥文	0	0
梵文	5	5
汉文	8,456	8,209
犍陀罗语	0	0
犹太 > 斯文	1	1
突厥文	94	48
笈多文	0	0
粟特文	1,109	684
蒙文	7,020	3,830
藏文	1,269	1,262
西夏文	5	5
象雄文	1	0
阿拉伯文	233	165
龟兹文	0	0
总计	43,708	31,576

* 注意：由于某些写卷含有多种语言或文字，此处给出的写卷与已数字化写卷总数并非各栏的数字之和。

此外，2,000多张斯坦因照片已经数字化，以后将计划逐步增加。

大英博物馆斯坦因绘画和部分艺术品已经上网。现在正在寻找基金数字化剩余部分。钱币部分目前没有列在IDP计划中，但是正在商谈之中。

维多利亚和阿尔伯特博物馆所有700件丝织品已经在IDP网上。

匈牙利科学院图书馆所藏斯坦因照片目前正在数字化，从2005年11月开始上传到IDP数据库中。IDP目前正与新德里国家博物馆商谈进行数字化计划。

中国IDP数据

2001年，中国国家图书馆与大英图书馆合作，启动IDP国际合作项目，旨在将两馆所藏的敦煌文献数字化，并使之能够在IDP数据库中自由利用。2002年11月，IDP中文网开通。数千件敦煌写本的数字图像目前可以在网上查阅，并且都在增加中。目录数据也已经在网上发布。中国国家图书馆的其他中亚写本、以及中国其他收集品的数字化整理工作也即将进行。

到目前为止（2013年10月12日），中国IDP数据总藏具体如下：

语言 / 文字	语言 / 文字	写本 / 印本数量
系统无法显示	0	0
阿维斯陀语	0	0
英语	0	0
法语	0	0
德语	0	0
印度那加里文字	6,394	1,651
古突厥文	0	0
帕拉文	0	0
悉昙文	0	0
古叙利亚语	0	0
不适用	0	0
于阗文	0	0
伪造文字	1	1
八思巴文	0	0

语言 / 文字	语言 / 文字	写本 / 印本数量
吐木舒克语	0	0
吐火罗文	0	0
回鹘文	0	0
大夏文	0	0
契丹小字	0	0
契丹文	0	0
婆罗谜文	0	0
巴利文	0	0
帕提亚语	0	0
摩尼教中古波斯文	0	0
新波斯语	0	0
未识文字	0	0
柯克突厥文	0	0
梵文	0	0
汉文	0	0
犍陀罗语	0	0
犹太 > 斯文	1	1
突厥文	0	0
笈多文	0	0
粟特文	0	0
蒙文	9	6
藏文	0	0
西夏文	0	0
象雄文	0	0
阿拉伯文	0	0
龟兹文	0	0
总计 *	6,404	1,656

到目前为止，中国所藏敦煌藏品、吐鲁番及其他中亚写本和文书主要分布在以下 15 个地区和机构：中国国家图书馆、甘肃敦煌吐鲁番学资料研究中心等、天津博物馆、天津图书馆、北京大学图书馆、上海图书馆、上海博物馆、浙江省图书馆、南京图书馆、湖北省博物馆、国家博物馆、重庆博物馆、天津市文物公司、旅顺博物馆（大连）以及其他机构。具体情况如下所述。

中国国家图书馆藏敦煌文献

1910 年，傅宝书将 8,697 件写本从敦煌带到北京，这批遗书是中国国家图书馆敦煌遗书收藏的主体部分。后经政府调拨、社会捐赠、该馆采购，迄今为止总数目约 16,000 号左右。中国国家图书馆的收藏品分为四大部分：

《敦煌劫余录》(第一部敦煌写本目录)：1922 年，陈垣先生任北平图书馆馆长期间，将入藏的 8,697 号敦煌写本分类编排，出版了《敦煌劫余录》，著录内容为编号、起止字、纸数、行数、品次、陈垣的附记等，这是世界上第一部敦煌写本的分类目录。该目录于 1931 年 3 月由当时的“中央研究院”历史语言研究所专刊第四种出版。陈寅恪在序言中提出“敦煌学”这一名称。

敦煌石室写经详目续编：继第一次对敦煌藏经洞遗书清点注册后，又从这批敦煌遗书中挑选出相对比较完整的 1,192 件，编为 1192 号，尽收《敦煌石室写经详目总目续编》中，于 1935 年完成。

残片部分：经过两次对敦煌遗书清点，剩下支离破碎的残片，大抵都是 20 厘米 -30 厘米长，有的残片甚至更小，仅夹杂为数不多较长的卷子，但都因纸质糟巧、硬脆不易展开。略计近 4,000 号，已纳入《中国国家图书馆藏敦煌遗书总目录》。

新字号部分：在中国国家图书馆藏敦煌遗书 16,000 号中，其中有 1600 余号敦煌遗书是近几十年陆续收藏的，冠以“新”字，称之为新字号。

敦煌吐鲁番学资料研究中心

敦煌吐鲁番学资料研究中心是中国国家图书馆与中国敦煌吐鲁番学会合作为学术界设置的专业性较强的学术服务机构。1983 年冬筹建，1988 年 8 月正式成立，阅览室同时对外开放。自筹建以来，资料中心积极从事敦煌、吐鲁番学有关数据的系统搜集、整理和入藏，编辑出版有关目录和论著，为国内外敦煌吐鲁番学界提供阅览和咨询，同时，为学术交流提供了诸多方便条件，得到了有关专家、学者的好评。到目前为止，敦煌吐鲁番学资料阅览室已入藏敦煌吐鲁番学及隋唐史、西域历史地理、宗教文化等各类文献资料近 3 万册件，包括缩微胶卷、照片、书、刊、会议数据、音像数据等文献类型。

这里有中文（包括少数民族文字）、西文、日文等多种文字的研究数据，按 10 个专题分类排架，它们是与敦煌吐鲁番学有关的历史、文献目录、考古、语言文字、艺术、少数民族语言文字、宗教、综合研究、工具书和科技类藏书。

甘藏敦煌文献除藏经洞、其他石窟和佛塔出土的一部分外，大部分来自当地名士、官宦、乡绅之手。北朝写本较多，佛经居多，其中不乏珍本、孤本。

甘肃所藏敦煌文献目前公布整理的共计696号，全部收录在由甘肃藏敦煌文献编委会、甘肃人民出版社、甘肃省文物局所编辑的《甘肃藏敦煌文献》(6卷)中，1999年由甘肃人民出版社出版。

天津博物馆

该馆收录敦煌文献350号，一部分为历年征集收购所得，一部分为我国著名文物收藏家周叔弢先生1979年所捐赠。大部分为佛教经卷、论疏。其特点为：保存状况好；跨越年代较长；保存了大量的佛教典籍与史料；具有书法艺术价值的经卷不下五、六十卷；经卷上钤有收藏印共50方。天津博物馆所藏敦煌文献全部收录在由上海古籍出版社、天津市艺术博物馆共同编辑的《天津市艺术博物馆藏敦煌文献》(1–7卷)中，1996–1998年由上海古籍出版社出版。

天津图书馆

天津图书馆所藏敦煌遗书均为残片，贴为六册页，共177号：《唐人写经残卷》三册；《唐人写经册(残页)》一册；《唐人写经真本》一册；《敦煌石室写经残字》一册。大部分为佛经。目录详见天津图书馆历史文献部《天津图书馆藏敦煌遗书目录》(《敦煌吐鲁番研究》，第八卷，中华书局，2005年1月)。

北京大学图书馆

北京大学图书馆藏敦煌文献286号，大部分为1950年向达先生任馆长时购入。佛书占多数，另有少数道书及社会文书。还有一些较为罕见的非汉文残卷如古藏文、于阗文、回鹘文、西夏文等。北京大学图书馆藏敦煌文献全部收录在由北京大学图书馆、上海古籍出版社共同编辑的《北京大学图书馆藏敦煌文献》(1–2卷)中，1995年由上海古籍出版社出版。

上海图书馆

上海图书馆藏敦煌吐鲁番文献187号，主要为上海市文管会捐赠、上海博物馆移交及历年收购。其特点为：署有年月的写本占所藏文献的比例较高；非佛教内容的写本比例较高；经名家鉴藏、题跋者多。上海图书馆藏敦煌文献收录在上海图书馆、上海古籍出版社共同编辑的《上海图书馆藏敦煌吐鲁番文献》(1–4)中，1999年由上海古籍出版社出版。

上海博物馆

上海博物馆收藏敦煌吐鲁番文献80号，大部分为佛经。上海博物馆收藏的敦煌吐鲁番文献收录在上海古籍出版社、上海博物馆共同编辑的《上海博物馆藏敦煌吐鲁番文献》（1–2 卷），1993 年由上海古籍出版社出版。

浙江省图书馆

浙江省图书馆共收藏敦煌文献 201 号，其收藏特点是：藏品内容门类丰富，除佛教经卷外还有道经、经济文书、愿文、诗词、小说、书仪、画像等；所藏经卷大部分被著名学者收藏并留有题跋、手迹与印章，弥足珍贵；写卷相对完整，保存良好。浙江省藏敦煌文献全部收录在毛昭晰主编的《浙藏敦煌文献》中，2000 年由浙江教育出版社出版。

南京图书馆

南京图书馆收藏敦煌卷子 32 号，目录详见由方广锠、徐忆农《南京图书馆所藏敦煌遗书目录》(《敦煌研究》1998 年第 4 期)。

湖北博物馆

湖北博物馆收藏敦煌遗书 31 号，据经卷收藏印看，大部分经卷收藏者为徐兰如先生，另若干件有康有为、罗振玉题跋。内容以佛经居多。目录详见王倚平、唐刚卯《湖北省博物馆藏敦煌经卷概述》(《敦煌吐鲁番研究》2005 年第 5 卷)。

国家博物馆（原历史博物馆）

国家博物馆藏有敦煌写经，完整的目录尚未发表，藏品数量不详。具有书法艺术价值的敦煌写卷，发表在由史树青主编的《中国历史博物馆藏法书大观》第 11 卷、12 卷（柳原书店，1994，1999）上。

重庆博物馆

重庆博物馆收藏敦煌卷子 13 号，为重庆市博物馆 50—60 年代所入藏，其目录《重庆市博物馆藏敦煌吐鲁番写经目录》由杨铭先生发表在《敦煌研究》1996 年第 1 期上。

天津市文物公司

天津市文物公司历年从社会上所收敦煌卷子共计 30 号，特点为：内容较为丰富；时代跨度较大；珍品荟萃。全部收录在天津市文物公司主编的《敦煌写经》，1998 年由文物出版社出版。

旅顺博物馆

1914 年，大谷光瑞由于不善理财，使西本愿寺严重亏损，辞去西本愿寺宗主一职，大谷收集品遂分散到日本、中国和韩国的一些公私收藏者手中。收藏在中国的大谷收集品原均藏在旅顺博物馆，在五十年代敦煌文书中的 620 件全部移交当时的北京图书馆（今中国国家图书馆），旅顺博物馆仅剩下 9 件敦煌文书和一些吐鲁番文书。详见尚林、方广锠、荣新江所纂《中国所藏“大谷收集品”概况》，1991 年 3 月由龙谷大学佛教文化研究所出版。

除了以上收藏机构外，广东省立中山图书馆、中国佛教协会、香港（香港中文大学博物馆展出的英国皇家亚洲学会所藏一件写本）和台湾“中央图书馆”、历史语言研究所和历史博物馆也有收藏。IDP通讯第12期提供了台北收集品的详细信息。

法国IDP数据

法国国家图书馆和集美博物馆是国际敦煌项目（IDP）发起单位之一。其收集品正在进行数字化，有望不久上网。数字化情况如下（截至2013年10月12日）：

语言 / 文字	写本 / 印本数量	已数字化总数
系统无法显示	0	0
阿维斯陀语	0	0
英语	0	0
法语	0	0
德语	4,015	4,014
印度那加里文字	0	0
古突厥文	0	0
帕拉文	0	0
悉昙文	0	0
古叙利亚语	0	0
不适用	0	0
于阗文	0	0
伪造文字	1	1
八思巴文	0	0
吐木舒克语	66	66
吐火罗文	0	0
回鹘文	0	0
大夏文	0	0
契丹小字	0	0
契丹文	0	0

语言 / 文字	写本 / 印本数量	已数字化总数
婆罗谜文	0	0
巴利文	0	0
帕提亚语	0	0
摩尼教中古波斯文	0	0
新波斯语	0	0
未识文字	0	0
柯克突厥文	0	0
梵文	0	0
汉文	13	13
犍陀罗语	0	0
犹太 > 斯文	1	1
突厥文	44	44
笈多文	0	0
粟特文	0	0
蒙文	4,456	3,809
藏文	0	0
西夏文	0	0
象雄文	0	0
阿拉伯文	20	20
龟兹文	0	0
总计 *	8,548	7,900

* 注：由于某些写卷含有多种语言或文字，此处给出的写卷与已数字化写卷总数并非各栏的数字之和。

德国 IDP 数据

在德国研究协会（DFG）资助的数字化项目支持下，从 2005 年 11 月始，根据合作协定，柏林吐鲁番藏品中的汉文和藏文开始数字化工作，数字化后进入 IDP 数据库。以下所列表格仅显示了参加此项目后数据的制作情况。但需要指出的是，它并不包括柏林吐鲁番藏品中的中古伊朗语、古突厥语和蒙古语文献残片的数字化图像，可通过网站在 BBAW 的科学院项目"吐鲁番研究"（Turfanforschung）之数字吐鲁番档案（Digitales Turfanarchiv）中免费查阅。BBAW 的吐鲁番项目，也不包括吐火罗语残片，这些数字化内容，在 TITUS 项目中。截至 2013 年 1 月 1 日，德国 IDP 数字化情况如下：

表 9：德国 IDP 数字化详情表

语言 / 文字	写本 / 印本数量	已数字化总数
系统无法显示	0	0
阿维斯陀语	2	2
英语	0	0
法语	0	0
德语	22,255	21,650
印度那加里文字	5,000	4,964
古突厥文	0	0
帕拉文	0	0
悉昙文	0	0
古叙利亚语	2	2
不适用	0	0
于阗文	0	0
伪造文字	0	0
八思巴文	4	3
吐木舒克语	1	1
吐火罗文	1	1
回鹘文	0	0

语言 / 文字	写本 / 印本数量	已数字化总数
大夏文	0	0
契丹小字	659	659
契丹文	1	1
婆罗谜文	1	1
巴利文	16	16
帕提亚语	0	0
摩尼教中古波斯文	4	4
新波斯语	89	89
未识文字	3	3
柯克突厥文	850	850
梵文	0	0
汉文	15,804	15,206
犍陀罗语	1	1
犹太 > 斯文	0	0
突厥文	909	909
笈多文	132	131
粟特文	0	0
蒙文	275	275
藏文	6,734	6,725
西夏文	6	6
象雄文	26	26
阿拉伯文	52	52
龟兹文	0	0
总计 *	30,537	29,898

* 注意：由于某些写卷含有多种语言或文字，此处给出的写卷与已数字化写卷总数并非各栏的数字之和。

日本 IDP 数据

2005 年 IDP 与龙谷大学签订了一份建立日语网站和数字化中心的协议书。2006 年初，该网站建立，并开始在网页上发布图片和数据。以下是按语言分类制作的一个摘要列表（截至 2013 年 10 月 12 日）：

语言 / 文字	写本 / 印本数量	已数字化总数
系统无法显示	0	0
阿维斯陀语	0	0
英语	0	0
法语	0	0
德语	0	0
印度那加里文字	6,699	6,699
古突厥文	0	0
帕拉文	0	0
悉昙文	0	0
古叙利亚语	0	0
不适用	0	0
于阗文	0	0
伪造文字	0	0
八思巴文	0	0
吐木舒克语	0	0
吐火罗文	0	0
回鹘文	0	0
大夏文	0	0
契丹小字	0	0
契丹文	0	0
婆罗谜文	0	0

语言 / 文字	写本 / 印本数量	已数字化总数
巴利文	0	0
帕提亚语	0	0
摩尼教中古波斯文	3	3
新波斯语	0	0
未识文字	0	0
柯克突厥文	0	0
梵文	0	0
汉文	0	0
犍陀罗语	0	0
犹太 > 斯文	0	0
突厥文	0	0
笈多文	0	0
粟特文	0	0
蒙文	0	0
藏文	0	0
西夏文	0	0
象雄文	0	0
阿拉伯文	4	4
龟兹文	0	0
总计 *	8,418	8,418

* 注意：由于某些写卷含有多种语言或文字，此处给出的写卷与已数字化写卷总数并非各栏的数字之和。

俄罗斯 IDP 数据

作为 IDP 项目的一个部分，圣彼得堡东方学院所藏敦煌文献也正在进行数字化工作。此项目始于 2004 年 1 月，目前可以在线使用佛经写卷（F-n 编号）。其他断片的数字化工作正在进行中。截至 2013 年 10 月 12 日，数字化情况如下：

语言 / 文字	写本 / 印本数量	已数字化总数
系统无法显示	0	0
阿维斯陀语	0	0
英语	0	0
法语	0	0
德语	1	0
印度那加里文字	2,584	285
古突厥文	0	0
帕拉文	0	0
悉昙文	0	0
古叙利亚语	0	0
不适用	0	0
于阗文	0	0
伪造文字	0	0
八思巴文	0	0
吐木舒克语	0	0
吐火罗文	0	0
回鹘文	0	0
大夏文	0	0
契丹小字	0	0
契丹文	0	0
婆罗谜文	0	0

语言 / 文字	写本 / 印本数量	已数字化总数
巴利文	0	0
帕提亚语	0	0
摩尼教中古波斯文	0	0
新波斯语	0	0
未识文字	0	0
柯克突厥文	0	0
梵文	0	0
汉文	2	0
犍陀罗语	0	0
犹太 > 斯文	0	0
突厥文	0	0
笈多文	0	0
粟特文	4,320	48
蒙文	3	0
藏文	0	0
西夏文	0	0
象雄文	0	0
阿拉伯文	2	0
龟兹文	0	0
总计 *	6,910	334

* 注意：由于某些写卷含有多种语言或文字，此处给出的写卷与已数字化写卷总数并非各栏的数字之和。

以上所述各国 IDP 数据情况都在持续更新中，用户可随时关注 IDP 官方网站左边“收集品”栏。

系统参考网址：http://idp.nlc.gov.cn/

（彭琴 辑）

274. 大学数字图书馆国际合作计划（CADAL）

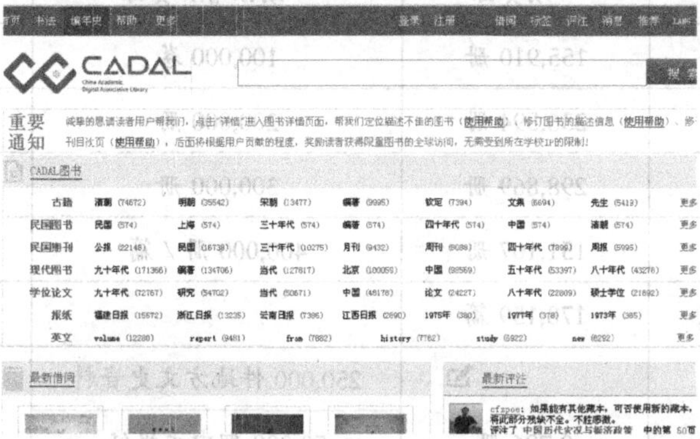

“大学数字图书馆国际合作计划”（China Academic Digital Associative Library，CADAL）前身为“中英文图书数字化国际合作计划”（China-America Digital Academic Library，CADAL）。

2002 年 9 月，国家计委、教育部、财政部在下发的《关于“十五”期间加强“211 工程”项目建设的若干意见》文件中，将“中英文图书数字化国际合作计划（CADAL）”列入“十五”期间“211 工程”公共服务体系建设的重要组成部分。“中英文图书数字化国际合作计划（CADAL）”与“中国高等教育文献保障系统（CALIS）”共同构成中国高等教育数字化图书馆的框架。

“大学数字图书馆国际合作计划”项目（CADAL）建设的总体目标是：构建拥有多学科、多类型、多语种海量数字资源的，由国内外图书馆、学术组织、学科专业人员广泛参与建设与服务，具有高技术水平的学术数字图书馆，成为国家创新体系信息基础设施之一该项目由国家投资建设，作为教育部“211”重点工程，由浙江大学联合国内外的高等院校、科研机构共同承担。项目一期建设由浙江大学和中国科学院研究生院牵头，北京大学、清华大学、复旦大学、南京大学等 16 个高校参与建设。建成二个数字图书馆技术中心（浙江大学，中国科学院研究生院）和 14 个数字资源中心（北京大学，清华大学，浙江大学，复旦大学，南京大学，中国科学院研究生院，上海交通大学，西安交通大学，武汉大学，华中科技大学，吉林大学，中山大学，四川大学，北京师范大学），形成一套成熟的支持 TB 量级数字对象制作、管理与服务的技术平台。

“大学数字图书馆国际合作计划”项目（CADAL）一期建设了 102.3 万册中英文数字资源，其中有 155,910 册中文古籍。项目二期计划建设 150 万册 / 件数字资源，其中古籍有 10 万卷（件）。CADAL 资源统计具体如下表：

资源	一期资源	二期拟增加资源	总计
中文古籍	155,910 册	100,000 卷	255,910 册
民国书刊	236,594 册	200,000 册	436,594 册
中文现代图书	298,869 册	300,000 册	598,869 册
英文图书	151,107 册	400,000 册 / 篇	551,107 册 / 篇
中文学位论文	178,159 篇		178,195 册
其他中文资源	2,786 册	250,000 件地方文史资料 50,000 期中文报纸 200,000 件媒体资源	502,786 册

“大学数字图书馆国际合作计划”项目（CADAL）的合作伙伴队伍庞大，包括中国境内的清华大学图书馆、北京大学图书馆、吉林大学图书馆、西安交通大学图书馆、浙江大学图书馆、复旦大学图书馆、南京大学图书馆、武汉大学图书馆、中山大学图书馆、四川大学图书馆、上海交通大学图书馆、北京师范大学图书馆、华中科技大学图书馆、中国科学院国家科学图书馆、中国人民大学图书馆、中国农业大学图书馆、景德镇陶瓷学院图书馆、暨南大学图书馆、华南理工大学图书馆、厦门大学图书馆、华东师范大学图书馆、首都医科大学图书馆、北京交通大学图书馆、北京大学医学图书馆、同济大学图书馆、兰州大学图书馆、山东大学图书馆、中国海洋大学图书馆、重庆大学图书馆、陕西师范大学图书馆、苏州大学图书馆、南昌大学图书馆、河南大学图书馆、内蒙古大学图书馆、井冈山大学图书馆、广西大学图书馆、湖南大学图书馆、北京舞蹈学院图书馆、北京电影学院图书馆、云南大学图书馆、中央美术学院图书馆、中央戏剧学院图书馆、华中师范大学图书馆、南京农业大学图书馆、西南大学图书馆、东北师范大学图书馆、汕头大学图书馆、浙江师范大学图书馆、西北农林科技大学图书馆、东南大学图书馆、青海师范大学图书、中国民航飞行学院图书馆、中央广播电视大学图书馆、海南大学三亚学院图书馆、中南大学图书馆、华南师范大学图书馆、浙江大学城市学院图书馆、新疆农业大学图书馆、电子科技大学图书馆、西南交通大学图书馆、西北工业大学图书馆、中国美术学院图书馆、西藏大学图书馆和现代教育技术中心、河北师范大学图书馆、上海师范大学图书馆、北方民族大学图书馆、石河子大学图书馆、哈尔滨工业大学图书馆、西南政法大学图书馆、宁波大学图书馆等，以及国外地区的美国卡内基－梅隆大学、UIUC、IA、哈佛燕京图书馆、哥伦比亚大学，

印度的印度科学院（班加罗尔）、教育研究网（德里）、安那大学、阿鲁密工程学院、果阿大学、印度天体物理学院、印度信息技术学院（阿拉哈巴德）、国际信息技术学院（海得拉巴）、Kanchi Mutt、马哈拉施特拉邦工业发展合作组织、旁遮普技术大学、Shanmugha 科技艺术研究院、Sringeri Mut、海得拉巴省城市中心图书馆、印度神祈巴拉吉的神殿、浦那大学等。

“大学数字图书馆国际合作计划”项目（CADAL）网站实行借阅模式，要求认证读者身份。所有用户在借阅受版权保护的图书之前，必须在借阅服务平台注册并登录。登录环节既是用户访问控制机制的接入入口，也是用户使用个性化服务的前提。用户需要输入正确的用户名和密码，经过验证后就会登录成功。CADAL 参建单位的注册用户允许借阅部分民国、现代出版物。

“大学数字图书馆国际合作计划”项目（CADAL）网站中的古籍、英文图书全部开放，用户可利用 CADAL 现有的图书统一并行检索系统检索，同时通过过滤图书类型（包括古籍、民国图书、民国期刊、现代图书、学位论文、报纸、视频等七类）更快地查询到目标古籍的所有相关目录信息。比如，用户若输入“纪昀”，检索结果将会显示所有作者署名为“纪昀”的古籍书目（如《纪文达公遗集》（上））、所有书名中带有“纪昀”的书目（如周积明著的《纪昀评传》）以及有关纪昀的资料（如解丽娟的学位论文《试论<阅微草堂笔记>的史料价值与学术价值》）。用户若需要精确检索，则可在“高级检索”方式中选择书名、作者、出版机构、关键字、描述等的组合检索，以便更快地查找到目标书籍。

而且，用户只要在 CADAL 上免费注册后即可点击检索到的目录信息中的古籍书名，系统会直接帮助用户定位到书籍阅读器上，用户可免费阅读目标古籍。书籍阅读器页面提供双页阅读模式、单页阅读模式和古文阅读模式、图书试读模式，设置有翻页、缩放、目录、页面跳转、微型评注等多种功能，用户可按章节试读、借阅和转借图书内容，还可做读书笔记、评注等，如同阅读纸质书一样清晰方便。

系统参考网址：http://www.cadal.zju.edu.cn/Index.action

（彭琴 辑）

275. 美国国会图书馆典藏之中国相关地图文献查询系统

“美国国会图书馆典藏之中国相关地图文献查询系统”（The Query System for China Related Map Collection from Library of Congress）为美国国会图书馆与台湾“中央研究院”合作开发建置。

美国国会图书馆拥有超过 500 万幅的地图、7.2 万本的地图集，以及 6,000 本的参考数据，藏品丰富，内容多样，是世界上重要的地图数据库之一。而自 1800 年国会图书馆建立时，地理及地图部门也是第一个成立的部门。总体来说，美国国会图书馆地理及地图部门藏品内容包罗万象，世界各地及区域内政治实体所包含的各种官方地志、矿产土壤资源、航海图、地理丛书等，皆有所收藏。部分数据已经通过数字化方式，通过因特网提供各界自由和开放使用，但这些只是占美国国会图书馆地理及地图部门很小部分收藏。

台湾“中央研究院”于 2004 年 10 月与美国国会图书馆正式签订学术合作协议书，双方建立长期合作研究与数字典藏数据流通交换的互惠关系，并在院内利用“数字典藏改善学术研究环境计划”经费支持下，分别于 2004-2006 年执行“美国国会图书馆典藏之中国相关地图文献清查计划”以及 2008-2010 年执行“美国国会图书馆暨国家档案馆典藏之空间图资数字典藏计划”，就美国国会图书馆地理地图部所典藏的中国相关地图，双方共同合作，进行数字化保存与应用。“美国国会图书馆暨国家档案馆典藏之空间图资数字典藏计划”共计完成 81,239 张地图影像拍摄，其中完整的地图应有 7 万张以上及 3,100 余张记载地图信息的封面与地图索引影像，后续将持续进行上述地图的数据整理与建文件工作。

“美国国会图书馆暨国家档案馆典藏之空间图资数字典藏计划”提供两种查询检索功能。

一是浏览检索，即读者可根据需要在“class1”一栏点选时间（目前只提供从 2005 年 11 月 8 日到 2005 年 12 月 15 日之间 25 天的时间检索范围）后，在“class2”一栏点选地图集，特定的时间往往对应特定的地图集，比如 class1“2005 年 11 月 30 日”对应的 class2 选项为 G7810_S1000_C5、G7811_F2_unknown_C3、G7811_R3_S500_J3、G7820_NS_C5、G7820_S100_C5--E1N、G7820_S100_C5--E1S、G7820_S100_C5--E2、G7820_S100_C5--E2S 等八个地图集。通过时间和地图集的组合选择，读者可检索到地图的相关详细信息，包括地图图像（可扩大可缩小，清晰方便）、地图馆藏编号、地图馆藏地、地图名称、地图比例、地图绘制者等。

二是高级检索，即读者可输入电子文件名称、地图馆藏地、地图名称、地图比例、地图绘制者、出版地等相关信息中的任意一项或两项（组合关系为“或”或者“和”），以查询到所需的地图。需要注意的是，用户输进的文字必须是汉语拼音或英文。

总体来说，“美国国会图书馆典藏之中国相关地图文献查询系统”所提供的地图资料质量都较高，提供的检索查询系统使用起来也比较方便。不足之处在于，目前该系统可检索的地图数量远远少于美国国会图书馆馆藏的中国相关地图数量。

参考网址：http://gis2.sinica.edu.tw/map_loc/

（彭琴 辑）